V&Runipress

Türkisch-deutsche Studien. Jahrbuch 2010

Herausgegeben von Şeyda Ozil, Michael Hofmann
und Yasemin Dayıoğlu-Yücel

Şeyda Ozil / Michael Hofmann /
Yasemin Dayıoğlu-Yücel (Hg.)

Türkisch-deutscher Kulturkontakt und Kulturtransfer

Kontroversen und Lernprozesse

Mit 22 Abbildungen

V&R unipress

Bibliografische Information der Deutschen Nationalbibliothek

Die Deutsche Nationalbibliothek verzeichnet diese Publikation in der Deutschen
Nationalbibliografie; detaillierte bibliografische Daten sind im Internet über
http://dnb.d-nb.de abrufbar.

ISBN 978-3-89971-858-4

Druck und Bindung: CPI Buch Bücher.de GmbH, Birkach

Gedruckt auf alterungsbeständigem Papier.

Inhalt

Vorwort

Zu türkisch-deutschen Beziehungen im weitesten Sinne wurde und wird viel geforscht. Allerdings treffen die Einzeldisziplinen selten zusammen, um ihre Ergebnisse gemeinsam zu diskutieren und Handlungsspielräume für die interkulturelle Praxis in Deutschland und der Türkei zu erörtern. Auch bleiben türkische Positionen teilweise außen vor. Das Forschungsprojekt *Türkisch-deutscher Kulturkontakt und Kulturtransfer*, aus dem die Idee für das vorliegende Jahrbuch geboren wurde, hat die Analyse der wechselseitigen Einflussnahmen und die Verbesserung der interkulturellen Kommunikation zwischen Deutschland und der Türkei zum Ziel. Forschungsschwerpunkte liegen in den Bereichen kulturwissenschaftliche Theorie, Literatur, Sprache / Linguistik und Medien.

Ziel dieses Jahrbuches ist es, Wissenschaftlern[1], die zu türkisch-deutschen Themen arbeiten – unabhängig von ihrem Standort – eine Plattform zur Verfügung zu stellen, auf der ihre Arbeiten präsentiert und interdisziplinär vernetzt werden können. Gerade bei jüngeren Generationen wird die Auseinandersetzung mit deutsch-türkischen Beziehungen auf kultureller, politischer und sozialer Ebene immer populärer, was sich beispielsweise im Programm der im Rahmen unseres Forschungsprojekts durchgeführten Graduiertenkonferenz *Interkulturelle Konstellationen im deutsch-türkischen Kontext* (Paderborn, 8.–10. Dezember 2009) spiegelte. Die Nachwuchsförderung wird auch im Vordergrund der nächsten aus dem Projekt geförderten Graduiertenkonferenz (Istanbul, 13.–14. Oktober 2011) stehen. Auch diesen Nachwuchswissenschaftlern möchte das Jahrbuch ermöglichen, ihre Forschung einem generell an diesen Themen interessierten Publikum zugänglich zu machen.

Die Beiträge der ersten Ausgabe des Jahrbuches setzen sich aus den Konferenzbeiträgen der im Rahmen des Projektes vom 13. bis 15. Oktober 2010 an der

---

1 Im gesamten Band wurde aus Gründen der Übersichtlichkeit und Einheitlichkeit auf die Nennung der jeweils weiblichen Formen verzichtet, auch wenn die einzelnen Verfasser ursprünglich diese Unterscheidung gemacht hatten. Die weibliche Form ist immer impliziert.

Istanbul Universität durchgeführten internationalen Konferenz *Türkisch-deutscher Kulturkontakt und Kulturtransfer: Kontroversen und Lernprozesse* zusammen. Die Reihenfolge der Beiträge orientiert sich thematisch an den Sektionen der Konferenz.

Bei der dreitägigen Konferenz diskutierten Wissenschaftler aus den Bereichen Sprach-, Literatur- und Medienwissenschaft, Interkulturelle Kommunikation, Wissenstransfer, Politik, Soziologie, Übersetzung u. a. aktuelle Forschungsergebnisse zu türkisch-deutschen Kontaktfeldern. Dabei ging es hauptsächlich darum, kontroverse Aspekte im türkisch-deutschen Kontakt zu thematisieren, denn weder eine Betonung vermeintlich unüberwindbarer Widersprüche noch eine harmonisierende Verdrängung von Konflikten können zu einer Verbesserung der türkisch-deutschen Beziehungen führen.

Uns ist daran gelegen, die türkisch-deutschen Beziehungen sowohl aus deutscher und türkischer Perspektive als auch möglichst aus einer Doppel- oder Außenperspektive in ihrer Vielfalt zu reflektieren. Während beispielsweise aus innerdeutscher Perspektive die türkischstämmigen Einwohner Deutschlands, die die größte Bevölkerungsgruppe mit ‚Migrationshintergrund' stellen und so immer wieder im Fokus der Debatten um Integration stehen, womit sich unter Bezugnahme auf Sarrazin der Beitrag von Michael Hofmann beschäftigt, von besonderer Relevanz sein mögen, ist Deutschland aus der Perspektive der türkischen Außenpolitik insbesondere wegen der Beitrittsverhandlungen mit der EU wichtig, worum es u. a. im Beitrag von Udo Steinbach geht. Weitere zwischen beiden Staaten diskutierte Themen wie die Ausbildung von Kindern und Jugendlichen türkischer Herkunft und andere aktuelle Themen wie der Türkei-Besuch von Bundeskanzlerin Merkel werden im Rahmen linguistischer Untersuchungen in dem Beitrag von Canan Şenöz-Ayata behandelt.

Obwohl es über aktuelle Kontaktzonen hinaus eine weit in die Vergangenheit reichende Geschichte des gemeinsamen Kulturkontaktes (vgl. dazu die Beiträge von Nina Berman zur Praxistheorie am Beispiel der Darstellung türkischer Figuren in der deutschen Literatur im 18. und 20. Jahrhundert bis in die Gegenwart und Leyla Coşans Beitrag zum Türkenbild in Wunderzeichenberichten im 16. und 17. Jahrhundert) und zahlreiche wissenschaftliche Kooperationen zwischen der Türkei und Deutschland gab und gibt (vgl. hierzu die Beiträge von Kader Konuk zu Erich Auerbachs Exil in Istanbul zu Beginn der Nazi-Herrschaft, Esra Akcan zu Bruno Tauts architektonischem Wirken in Ankara im selben Zeitraum und den historischen Überblick über deutsch-türkisches Brain Drain von Ulaş Sunata), existiert noch kein Publikationsorgan, das die geisteswissenschaftliche Forschung zu deutsch-türkischem Kulturkontakt im weitesten Sinne bündelt.

Dass sich Themenfelder und Disziplinen überschneiden können, zeigt Mahmut Karakuş anhand der Analyse des Romans *Die Madonna im Pelzmantel* von Sabahattin Ali, in dem der Held zunächst zur Berufsausbildung, auch eine

Art des Wissenstransfers, nach Deutschland reist. Karin E. Yeşiladas Beitrag beschäftigt sich mit Gotteskriegerkonfigurationen in der deutschsprachigen Gegenwartsliteratur und ist dadurch eng mit dem Islam-Diskurs der Gegenwart verknüpft. Der Analyse des gesellschaftsprägenden Deutschlandbildes in türkischen Filmen widmet sich die Medienanalyse von Ersel Kayaoğlu. Ortrud Gutjahr zeigt in ihrem Beitrag zu Ayse Polats Film *En Garde* auf, wie filmisches Erzählen und interkulturelles Lernen inszeniert werden; Deniz Göktürk plädoyiert für einen stärkeren Fokus auf Aspekten der Vernetzung, Überlagerung und Zirkulation im Kulturkontakt und exemplifiziert das in ihrer Medienanalyse.

Aus didaktischer Perspektive nähern sich dem Thema interkulturelle Kompetenz im deutsch-türkischen Themenfeld mit Bezug auf die Ausbildung von Deutschlehrern in der Türkei Tülin Polat und Nilüfer Tapan, mit Bezug auf Deutschunterricht und die Literaturdidaktik im allgemeinen Christian Dawidowski und Matthias Jakubanis sowie Yasemin Dayıoglu-Yücel und Inga Pohlmeier anhand Dilek Zaptçıoğlus Jugendroman *Der Mond isst die Sterne auf.*

In diesem Jahrbuch ist also nicht nur eine Disziplin, und auch nicht nur die Germanistik oder die Turkologie, vertreten und angesprochen, sondern gerade die interdisziplinäre Vernetzung verspricht neue Synergien zu entdecken und Synthesen zu wagen und somit die wissenschaftliche Beschäftigung mit türkisch-deutschen Themen anzuregen. Erstaunlicherweise gibt es z. B. weder in Deutschland noch in der Türkei einen Lehrstuhl für Interkulturelle Kommunikation mit Schwerpunkt türkisch-deutscher Kommunikation, wohl aber einzelne Wissenschaftler, die sich mit dieser Thematik beschäftigen, wovon die Beiträge von Elke Bosse und Asker Kartarı zeugen. Dabei zeigen gerade die Diskussionen um Integration, welch großer Bedarf an Forschung in diesem Themenfeld besteht. Deswegen ist es wichtig, dass beispielsweise Sprachwissenschaftler, die zum Thema Mehrsprachigkeit arbeiten – wie Heike Wiese und Volker Hinnenkamp, die gerade die besondere Sprachkompetenz von mehrsprachigen Kindern und Jugendlichen betonen, während im öffentlichen Diskurs oft die Rede von der ‚doppelten Halbsprachigkeit‘ ist –, nicht nur in der Sprachwissenschaft rezipiert werden, sondern im Zusammenhang mit Bildungswissenschaftlern, Soziologen und Politologen.

Das Themenfeld literarische Übersetzung wird in den Beiträgen von Erika Glassen zur Konzeption und Enstehung der *Türkischen Bibliothek* und mit einem Bericht zur Praxis des Übersetzens von Yadigar und Kasım Eğit zu ihrer türkischen Übersetzung der Romane *Buddenbrooks* und *Effi Briest* behandelt. Ein weiterer Praxisbericht stammt aus Zehra İpşiroğlus Theaterworkshop mit jungen Migrantinnen.

Obwohl die Komplexität, Hybridität und vielfache Vernetzung von Kulturen mittlerweile (und endlich) breit akzeptiert ist, werden Kollektive noch immer in

Großkategorien wie Nation und Religion eingeordnet, die eine vermeintliche Homogenität suggerieren – vgl. dazu den Beitrag von Ernst Struck, in dem neben der Vorstellung des Studienganges *Kulturwirtschaft* an der Universität Passau ein Überblick über historische Raumkonzepte gegeben wird. Diese Aporie spiegelt sich im Titel dieses Jahrbuches wieder. Es wurden zwar die Begriffe ‚türkisch‘ und ‚deutsch‘ gewählt, diese sind zunächst jedoch programmatisch offen und gerade nicht essentialistisch, nicht homogenisierend und nicht ausschließlich gemeint. Dafür steht beispielsweise der Beitrag von Ayhan Kaya in diesem Band, der sich mit den ‚Euro-Turks‘ am belgischen Beispiel auseinandersetzt.

Nachdem in diesem ersten Band das Themenspektrum in seiner Vielfalt beleuchtet und türkisch-deutsche Themen eher breit gefächert werden, sollen in den Folgebänden verstärkt Schwerpunkte gebildet werden. So ist für die nächste Ausgabe der Schwerpunkt ‚50 Jahre türkische Arbeitsmigration nach Deutschland‘ geplant.

Gerade die Tatsache, dass 2011 dieses Jubiläum (durch diese Wortwahl wollen wir auch die zahlreichen positiven Aspekte des türkisch-deutschen Kulturkontaktes herausstellen) begangen wird, beweist, dass sich türkisch-deutsche Themen nicht ohne weiteres erschöpfen lassen. In diesem Sinne hoffen wir mit diesem Jahrbuch langfristig einen Beitrag zu ihrer Diskussion zu leisten.

Unser Dank gilt den Wissenschaftsorganisationen BMBF und TÜBITAK für die Förderung des Projekts sowie dem DAAD und der Istanbul Universität, ohne deren Unterstützung wir die Konferenz nicht im selben Rahmen hätten verwirklichen und diesen Band nicht so zügig in Druck geben können. Für die umsichtige Redaktion der Beiträge möchten wir allen Istanbuler und Paderborner Mitarbeitern des Projekts danken, vor allem Sami Türk (Istanbul) und Tobias Zenker (Paderborn).

Şeyda Ozil, Michael Hofmann, Yasemin Dayıoğlu-Yücel

Istanbul, Paderborn, Hamburg
Dezember 2010

Udo Steinbach

Die Türkei und die EU – eine deutsche Perspektive

Die Konferenz zum Thema *Türkisch-deutscher Kulturkontakt und Kultur-transfer* kommt zu einem wichtigen Zeitpunkt. In Deutschland tobt eine kontroverse Debatte über das Thema einer richtigen Politik der Integration von Migranten. Bereits ein flüchtiger Blick aber auf die Substanz dieser Diskussion lässt erkennen, dass sie einen klaren Schwerpunkt hat: Es geht – fast ausschließlich – um Migranten muslimischen Glaubens; und das bedeutet im Falle Deutschlands wesentlich um Türken und Araber. Noch nie seit die Integrationsdebatte geführt wird, haben sich skeptische und negative Stimmen so radikal geäußert. Das Buch von Thilo Sarrazin, *Deutschland schafft sich ab* (Sarrazin 2010), (und noch radikaler dessen Äußerungen im Vorfeld der Veröffentlichung des Buches) sowie die Forderung des Vorsitzenden der Christlich-Sozialen Union (CSU), Horst Seehofer, Deutschland brauche keine Zuwanderung „aus anderen Kulturen" (konkret: aus der Türkei und arabischen Ländern) sind Wegmarken dieser Debatte.[1] Deutsche Leitkultur und christlich-abendländische Kultur werden wieder beschworen. Dass aus diesen Kreisen auch ein klares ‚nein' zur Mitgliedschaft der Türkei in der EU kommt, verwundert nicht. Und so besteht ein Zusammenhang zwischen der Einwanderungspolitik in Deutschland und der Frage nach der Gestaltung der Beziehungen zwischen der EU und der Türkei.

Die Istanbuler Konferenz weist in die andere Richtung: Kulturkontakt und Kulturtransfer sind ein dynamisches Geschehen, sie haben über die Jahrzehnte Wahrnehmungen von einander verändert. Sie eröffnen neue Formen der Begegnung und machen Grenzen zwischen Kulturen, hier: ‚der türkischen' und ‚der deutschen' fließend.

---

1 Diese Äußerung stammt aus einem Interview Seehofers in der Zeitschrift Focus vom 9. Oktober 2010.

Emotionale Befindlichkeiten

Eine klar gefügte und einheitlich ‚deutsche' Perspektive freilich hat es durch die Jahrzehnte der Mitgliedschaftsdebatte nicht gegeben. Betrachten wir nur die politische Klasse, so lassen sich drei Kategorien erkennen:

– die nachhaltigen Befürworter. Sie stellen die lange politische Interaktion des Osmanischen Reiches und der europäischen Mächte durch das 19. und frühe 20. Jahrhundert heraus, verweisen auf die tief greifende Modernisierung seit dem Beginn der Türkischen Republik und die bestehende wirtschaftliche Verflechtung. In wachsendem Maße treten auch sicherheitspolitische Argumente in den Vordergrund: die Rolle der Türkei in ihrem regionalen Umfeld und die Bedeutung des Landes mit Blick auf die künftige Energieversorgung Europas.

– die Befürworter einer ‚privilegierten Partnerschaft'. Zahlreiche Vorbehalte – nicht zuletzt auch kultureller Natur – lassen sie zu dem Schluss kommen, dass eine Mitgliedschaft der Türkei die EU bis zum Zerbrechen belasten würde. Im Grunde aber halten sie sich die Tür offen, indem sie für die Fortführung der Verhandlungen ‚mit offenem Ausgang' eintreten.

– die unzweideutigen Gegner einer Mitgliedschaft. Ihre Argumente sind vor allem kultureller Natur. Für sie ist die Türkei kein Teil Europas, sondern Teil der islamischen Welt. Ihre Mitgliedschaft wäre unzuträglich. Die Verhandlungen sollten abgebrochen werden. Horst Seehofers Forderung, die Einwanderung „aus anderen Kulturkreisen" auszusetzen, ist die migrationspolitische Schlussfolgerung dieses Türkei-Pessimismus.

Aus Gründen, die tief in der deutschen Befindlichkeit und in der Verunsicherung wurzeln, die das deutsche Selbstbewusstsein in den letzten Jahren erfahren hat, wird die Debatte zum Thema ‚Türkei' und ‚muslimische Einwanderung' mit großer Emotionalität geführt. Emotionale Wahrnehmungen lassen rationale Argumentation zurücktreten. Das Bemühen, durch Umfragen Positionen zu erhärten, führt zu einem nicht mehr zu überschauenden Wust von ‚Ergebnissen'. Dies zeigt auch der dramatische Erfolg des Buches von Thilo Sarrazin. Noch nie ist in Deutschland ein Buch in so kurzer Zeit in so hoher Auflage verkauft worden. Dabei ist sein Inhalt eher statistisch trocken; sind die Ausführungen zum Islam pauschal. Was aber den Erfolg des Buches (das die meisten Käufer kaum gelesen haben dürften) programmiert hat, sind die provokanten Thesen der Interviews des Autors im Vorfeld des Erscheinens des Buches. Die an die Grenzen des Rassismus führenden Formulierungen haben die Ängste eines nicht beträchtlichen Teils der deutschen Öffentlichkeit berührt. Der Graben ist nun aufgerissen; jetzt kann man sich sicher fühlen. ‚Man' weiß, wo man steht; und wen ‚man' nicht möchte: Zuwanderer islamischen Glaubens, die sich – nicht zuletzt auch aus religiösen und kulturellen Gründen – nicht integrieren und mithin vornehmlich auf der Tasche der öffentlichen Sozialhaushalte liegen.

Der öffentlichen Aufwallung ist eine intellektuelle Vorarbeit voraus gegangen. Deren Protagonisten haben eine neue Spezies intellektueller Arbeit geschaffen: den ‚Islamkritiker‘. Durch das Jahr 2010 hindurch waren die Feuilletons der Meinungsforen von ‚kritischen‘ Ergüssen zum Thema ‚Islam‘ besetzt. Dabei ging es nicht um eine wissenschaftliche Auseinandersetzung mit Theologie, Geschichte oder Kultur des Islams in seiner vielfältigen Erscheinung. Es ging auch nicht um den einzelnen Muslim in seiner jeweils individuellen Existenz – den guten und bösen, den frommen Gläubigen und den Gewalttäter. Vielmehr ging es zu meist um ‚den Islam‘, der im Licht der Gewalthaftigkeit von Muslimen am Rande islamischer Gesellschaften (mit marginalen Ablegern in Europa) essentiell und klischeehaft als mit der Moderne im Konflikt stehend dargestellt wurde. Die Befunde von Sarrazin – obwohl eigentlich in der Sache nichts Neues – ließen die tatsächlichen und vorgeblichen Integrationsdefizite zur Bestätigung der von den ‚Islamkritikern‘ zuvor festgestellten grundsätzlichen Entwicklungsdefizite ‚des Islams‘ werden.

Wie sehr hier der Nerv eines breiten Publikums getroffen war, ließ auch das ungeheure Echo auf die Sarrazin'schen Befunde in den Medien erkennen. Es lässt sich nicht anders als ein Ausdruck von Ängsten deuten, deren Wurzeln tief und vielfältig sind. Zusammenfassend lassen sie sich als – eingestanden oder nicht – Zweifel verstehen, dass die deutsche Gesellschaft, schrumpfend und alternd, dem langsamen Verfall ausgeliefert ist. Mit der wachsenden Präsenz von Muslimen werden alte Phobien, die sich aus der Geschichte erklären lassen, aber lange begraben schienen, wieder lebendig: Der Islam als das Fremde weckt Ängste der Überfremdung und des Verlusts von Identität. In einem solchen Klima tritt die sachliche Auseinandersetzung mit tatsächlichen Defiziten der Integrations- und Ausländerpolitik über die Jahrzehnte zurück.

Dabei muss freilich bemerkt werden, dass es sich hierbei nicht um ein spezifisch deutsches Problem handelt. Es findet sich in zahlreichen europäischen Gesellschaften. Beispielhaft sei hier nur erinnert an den Wahlerfolg des Rechtspopulisten Geert Wilders in den Wahlen in den Niederlanden im Sommer 2010; er erklärt den Koran für ein „faschistisches Buch", rückt es in die Nähe von Hitlers *Mein Kampf* und fordert das Verbot des Buches (zitiert in Ross 2010). Auch in den Gemeinderatswahlen in Österreich am 10. Oktober 2010, die starke Gewinne populistischer Kräfte ergaben, schien es auf – zum Beispiel in dem Slogan: „Sarrazin statt Muezzin".

Die wirkliche ,deutsche Perspektive'

Was folgt aus dem angedeuteten Befund für die Rolle Deutschlands mit Blick auf
die Gestaltung der Beziehungen zwischen der Türkei und der EU? Eine These
soll es andeuten: Der Weg der Türkei in die EU führt über Berlin Kreuzberg und
Neukölln.

Diese These beinhaltet zwei Sachverhalte: Zum einen ist kaum bestreitbar,
dass Deutschland als die bis auf weiteres größte Macht in der EU eine aus-
schlaggebende Rolle bei der Entscheidung zu spielen haben wird, welchen Status
Brüssel der Türkei am Ende einzuräumen bereit sein wird. Ohne ein klares Wort
aus Berlin wird es eine volle Mitgliedschaft der Türkei in der EU nicht geben.

Wo aber steht Deutschland – ein Land, in dem sich Phobien ausbreiten, die
auf einem Feindbild Islam beruhen, und in dem Politiker und breite Teile der
Öffentlichkeit eine Zuwanderung von Bürgern aus eben jenem Land in Frage
stellen, das sich in einem Verhandlungsprozess mit der Europäischen Union
befindet, der auf die Aufnahme der Türkei in diese gerichtet ist? Ein Land, in
dem Politiker unumwunden feststellen, dass die Türkei nie Mitglied der EU
werden könne? Kreuzberg und Neukölln (als *pars pro toto* für auch andere
Stadtteile in Deutschland), hier werden jene Befunde identifiziert, aus denen am
Ende Phobien werden: Parallelgesellschaft, Bildungsverweigerung, Kriminalität,
die sich in der Wahrnehmung mit bestimmten Zügen einer ,islamischen' Sozialisierung verbindet, und hohe Sozialkosten. Hieran macht sich eine Kosten-
Nutzen-Rechnung fest, nach welcher die ,islamische' Einwanderung nur geringen Nutzen, aber unverhältnismäßig hohe Kosten gebracht habe.

Vor dieser Herausforderung gibt es zwei Perspektiven auf die Zukunft des
deutsch-türkischen Verhältnisses: Die eine ist die Fortschreibung des *Status
quo*. Dann würde sich in Deutschland ein Prozess der Entfremdung beschleu-
nigen. Die große Mehrheit von Türken und Deutschen würden beziehungslos
nebeneinander leben. Darauf, was das für die gesellschaftliche Stabilität des
Landes bedeuten würde, kann an dieser Stelle nicht eingegangen werden. Zugleich aber würde auch die internationale Stellung Deutschlands als eines nach
außen abweisend erscheinenden und mit seinen eigenen Problemen absor-
bierten Landes geschwächt. Die Türkei auf ihre Weise würde fortfahren, ihren
Platz im internationalen System, insbesondere in ihrem regionalen Umfeld, neu
zu bestimmen. Die Konturen einer solchen Entwicklung lassen sich durchaus
bereits erkennen.

Die andere Perspektive ist die einer ,Vision' von einer neuen Qualität der
Beziehungen zwischen Deutschland und der Türkei. Diese Vision aber ist keine
Utopie und keine Fata Morgana. Sie gründet auf einem Jahrhundert der Beziehungen zwischen beiden Ländern, die – im Überblick – als besondere Beziehungen verstanden werden können.

Die Geschichte der deutsch-türkischen Beziehungen im 20. Jahrhundert ist noch zu schreiben – und vor dem Hintergrund der Notwendigkeit der Gestaltung der Zukunft ist es höchste Zeit, dass sie geschrieben wird. Über einzelne Phasen und Aspekte dieser Geschichte ist bereits manches veröffentlicht. Wichtig ist nunmehr, die Geschichte als Kontinuum zu verstehen, ihr einen roten Faden zu geben und sie als Ganzes zu bewerten. Ohne das Ergebnis dieser Arbeit zu antizipieren, läge die Bilanz in der Erkenntnis, dass zwei Staaten und Gesellschaften bei aller Verschiedenheit ihrer Zivilisationen, Kulturen und – natürlich – religiösen Grundlagen immer wieder einander berührt und sich auf einander zubewegt haben. An keiner Stelle der Geschichte beider Länder sind Verwerfungen aufgetreten, die sie unabänderlich in unterschiedliche Lager gestellt hätten. Beide Länder und ihre Gesellschaften haben tief greifende Wandlungsprozesse durchlaufen, die ein positives und optimistisches Licht auf den Prozess der Integration werfen.

Diese Geschichte begänne mit der Militärmission, der wirtschaftlichen Durchdringung des Osmanischen Reiches durch Deutschland und der ‚Waffenbrüderschaft' im Ersten Weltkrieg. Hierzu wird der Historiker unendlich viel Kritisches zu sagen haben; aber es ist die Geschichte zweier Völker, die in einem kritischen Stadium ihrer Existenz ein hohes Maß an Gemeinsamkeit erlebt und in ihrer kollektiven Geschichte abgespeichert haben. Das Ende einer Ära, das beide Völker gemeinsam erlebt haben, hat sie zu tief greifenden Prozessen der Veränderungen genötigt. Grundlagen und Dynamiken dieser Veränderung und Erneuerung weisen – bei auch tief greifenden Unterschieden – zahlreiche Gemeinsamkeiten auf. Die Aufnahme verfolgter Akademiker und Künstler seitens der Türkei in den dunklen Tagen des Nationalsozialismus dringt langsam auch tiefer in das deutsche Bewusstsein ein. Das Wirken dieser Persönlichkeiten hat im öffentlichen Leben der Türkei Spuren hinterlassen, die auch heute noch erkennbar sind.

1963 wurde zwischen der Europäischen Wirtschaftsgemeinschaft (EWG) und der Türkei ein Assoziierungsvertrag geschlossen. Er beinhaltete eine Perspektive der Türkei auf Mitgliedschaft. Präsident Walter Hallstein bescheinigte der Türkei, sie sei ein „Teil Europas". Auch wenn dieser Tatbestand weit davon entfernt war, Teil des öffentlichen Bewusstseins zu sein, so war es doch die deutsche Seite, die insbesondere aus sicherheitspolitischen und strategischen Interessen darauf drängte, den für die Sicherheit des Westens so wichtigen Verbündeten auch über die Perspektive auf eine Mitgliedschaft in der EWG so fest wie möglich an das westliche Lager zu binden. Dass diese Entscheidung langfristig Deutschland ganz besonders berühren würde, sollte sich erst Jahrzehnte später erweisen. Mit Blick auf die Europa-Perspektive der Türkei sollte Deutschland eine besondere Rolle zuwachsen.

Bereits zwei Jahre zuvor, im Jahr 1961, war das deutsch-türkische Abkommen zur Entsendung von Gastarbeitern geschlossen worden. Keiner hat wohl damals geahnt, dass es für Deutschland und die deutsch-türkischen Beziehungen schicksalhaft werden sollte. Aus den ‚Gastarbeitern', von deren Rückkehr in die Türkei damals ausgegangen wurde, wurden Bürger. Deutschland wurde zu einem Einwanderungsland, ein Tatbestand, der erst nach über dreißig Jahren der Einwanderung politisch anerkannt werden sollte. Türkische Migranten zogen die besondere Aufmerksamkeit, aber auch besondere Besorgnisse auf sich. Die Integration erschien in ihrem Falle schwieriger als im Falle der Migranten aus anderen – europäischen – Ländern. Parallelgesellschaften entstanden in deutschen Großstädten; der Islam schien die Integration in besonderem Maße zu erschweren. Entsprechende Debatten wurden seit den 1980er Jahren in Politik und Öffentlichkeit geführt; sie haben in der Gegenwart, 2010, besonders schrille Töne angenommen.

Zugleich aber veränderte sich Deutschland tief greifend. Die Änderung des Staatsbürgerschaftsrechts, namentlich die Ersetzung des *ius sanguinis* (des Rechts auf die deutsche Staatsbürgerschaft für denjenigen, der deutscher Herkunft ist) durch das *ius soli* (das Recht auf Staatsbürgerschaft für denjenigen, der auf deutschem Boden geboren wird) war ein wichtiger Schritt in Richtung auf die Integration eines Teils der Gesellschaft, der seinen Ursprung außerhalb Deutschlands hat. Türkischstämmige Migranten haben davon in besonderer Weise profitiert. Wenn auch Missstände und Versäumnisse nicht klein geredet werden sollen: Das Fehlen einer Einwanderungspolitik hat über Jahrzehnte einen Stau an Problemen mit sich gebracht, dessen Abarbeitung viele Jahre in Anspruch nehmen wird.

Dass unter den Fehlern und Versäumnissen dem Mangel an gezielten Maßnahmen von Bildung und Ausbildung ein besonderer Stellenwert zukommt, wird gegenwärtig zu recht wortreich beklagt. Dem stehen positive Entwicklungen auf Seiten der Migranten gegenüber. Unübersehbar hat sich ein Aufstieg türkischstämmiger Einwanderer in allen Teilen der Gesellschaft vollzogen. Sie stärken den Optimismus, dass es gelingt, angedeutete Probleme zu lösen. Auf der anderen Seite haben sich in Deutschland Entwicklungen vollzogen, die vor einem Jahrzehnt (und weniger) in dieser Weise kaum vorherzusehen waren. Der Islam ist sichtbar geworden; zahlreiche Moscheen wurden – trotz (allerdings am Ende begrenzter) Proteste – gebaut. Über Jahre errichtete Hürden für die Einführung eines islamischen Religionsunterrichts wurden weithin abgebaut. Um die Einrichtung von Lehrstühlen für Islamische Theologie hat geradezu ein Wettlauf zwischen Landesregierungen und Universitäten in ihrem Regierungsbereich eingesetzt.

Parallel dazu beginnt sich auf türkischer Seite ein Bewusstsein dafür zu entwickeln, dass Integration auch bedeutet, die Abhängigkeit von Strukturen und Institutionen in der Türkei abzustreifen und sich in Deutschland selbst

gemäß den politischen, gesellschaftlichen, kulturellen und religiösen Bedürfnissen der Einwanderer zu organisieren. Dieser Prozess bedingt grundlegende
Entscheidungen auf beiden Seiten: Die türkische Regierung muss ihre Bereitschaft bekunden, die Migranten aus ihrer Verantwortung zu entlassen; und die
deutsche Gesellschaft muss ihre Bereitschaft bezeugen, die Migranten mit ihrer
eigenen Identität als Muslime aufzunehmen.

An beidem hat es über die Jahre gefehlt. Für die türkische Seite waren die in
Europa (vornehmlich in Deutschland) lebenden Migranten ‚gurbetçi', d. h. eigentlich bedauernswerte Menschen, für die – bis zu ihrer Rückkehr irgendwann
– die Türkei so viel Verantwortung wie möglich zeigen müsse. Für die deutsche
Seite waren die Türken nicht zuletzt auch aus kulturellen und religiösen Gründen unwillkommene Gäste, an deren Bereitschaft, den Werten des Grundgesetzes gemäß zu leben, ständig Zweifel entgegen zu bringen angebracht sei.

Wandel der Wahrnehmungen

Jüngste Entwicklungen lassen hier ein grundsätzliches Umdenken erkennen:
Die höchsten Repräsentanten der Türkei und Deutschlands haben in erstaunlich
offener, engagierter und couragierter Weise neue Töne zur künftigen Gestaltung
des Verhältnisses zwischen beiden Ländern angeschlagen. Den Anfang machte
Bundespräsident Christian Wulff in seiner Rede zum zwanzigsten Jahrestag der
deutschen Wiedervereinigung am 3. Oktober 2010, in der er mit großer Deut-
lichkeit feststellte, der Islam sei ein Teil Deutschlands. Eine Woche später nahm
Ministerpräsident Recep Tayyip Erdoğan bei seinem Besuch in Berlin anlässlich
des Fußballländerspiels zwischen Deutschland und der Türkei um die Qualifi-
kation zur Europameisterschaft im Jahre 2012 die Gelegenheit wahr, sich zu
positionieren: Mit einer Klarheit, die man bei ihm bis dahin vermisste, rief er die
türkischstämmigen Migranten zur Integration auf. Es sei selbstverständlich,
dass sich die Menschen türkischer Abstammung hier in Deutschland integrierten. Wenige Tage später griff Staatspräsident Abdullah Gül in die in
Deutschland geführte Integrationsdebatte ein, indem er die türkischen Migranten mahnte, Deutsch zu lernen und zwar „akzentfrei" (zitiert in Lerch 2010).

Das auf diese Weise generierte konstruktive und positive Moment in den
deutsch-türkischen Beziehungen war dann auch der Duktus bei dem Besuch des
deutschen Bundespräsidenten in der Türkei. Als erster deutscher Bundespräsident hielt Christian Wulff eine Rede vor dem türkischen Parlament. Mit Bezug
auf das deutsch-türkische Verhältnis sagte er bei dieser Gelegenheit Dinge, die in
dieser Klarheit noch nicht gehört worden sind: So etwa, dass die Beziehungen
beider Länder so intensiv seien wie wohl noch nie in der Geschichte – ob in
Politik oder Wirtschaft, in Wissenschaft oder Kunst. Die Türkei sei mit ihrem

wachsenden Gewicht in der Welt „für uns ein ganz wichtiger Partner" (Wulff 2010). Vor seiner Rückreise legte er am 21. Oktober noch den Grundstein zu einer deutsch-türkischen Universität, die im Jahr 2011 ihre Arbeit aufnehmen soll.

Die genannten Entwicklungen lassen erkennen, dass sich die deutsche Gesellschaft und die Zuwanderer aus der Türkei auf dem Weg der Integration befinden. Integration ist ein Prozess, der darauf gerichtet ist zu verhindern, dass eine Gesellschaft angesichts auf sie zukommender innerer und äußerer Herausforderungen ‚integer', also ‚ganz' bleibt und nicht zerfällt bzw. von Spannungen zerrissen wird. In diesem Sinne anerkennen die Migranten die Grundlagen der Gesellschaft und des Staates, in die hinein sie zuwandern. Die Mehrheitsgesellschaft ihrerseits aber öffnet Räume, innerhalb derer die Zuwanderer leben können, ohne ihre Identität, die sie aus ihrem Herkunftsland mitbringen, aufgeben zu müssen. Genau darauf hat der Bundespräsident in seiner Ankaraner Rede noch einmal ausdrücklich hingewiesen.

Ein auch nur flüchtiger Blick in die deutsche Gesellschaft der Gegenwart lässt erkennen, dass sich die Stellung der Einwanderer aus der Türkei zu verändern begonnen hat. Die Statistiken zeigen, dass der Anteil derer, die Hochschulabschlüsse erstreben und erreichen, deutlich gestiegen ist. Wo immer der Blick hinfällt, sehen wir heute Migranten – nicht nur aus der Türkei –, die einen sichtbaren Status in Politik, Wirtschaft, den Medien, der Wissenschaft und der Kunst erreicht haben.

Damit sollen die Probleme, die in der emotional geführten und zum Teil auf Klischees reduzierten Debatte zum wiederholten Male angesprochen werden, nicht unter den Teppich gekehrt werden. Wer kann übersehen, dass sich seit 1961 nach Jahrzehnten des Fehlens eines Konzepts der Zuwanderung Probleme angestaut haben, die eben nur in einem langen Prozess einer rationalen Gesellschaftspolitik abgebaut werden können. Dafür stehen Orte wie Kreuzberg oder Neukölln.

Pakt für Entwicklung und gemeinsame Zukunft

Wenn der Weg der Türkei in die Europäische Union – dies eine ‚deutsche Perspektive' – über Kreuzberg und Neukölln führt, so kann dieser Weg unter zwei Vorzeichen beschritten werden: einem negativ emotionalen oder positiv rationalen.

Ersterer scheint unter den schrillen Tönen der Gegenwart begangen zu werden. Es ist aber ein Weg, der nirgendwohin führt. Ausgehend von einem statischen und verengten Begriff von Kultur und Identität wird nicht erkannt, dass die Moderne uns allen eine ständige Neubestimmung unserer Standorte und unserer Handlungsspielräume abverlangt; diese Herausforderung aber besteht nur, wer um die multiplen Dimensionen von kultureller Identität weiß. Die Forderung, die Einwanderung von Menschen aus ‚anderen Kulturen' auszusetzen, ist der bislang weitestreichende Ausdruck von eindimensionaler Wahrnehmung der gesellschaftlichen Wirklichkeit in der Gegenwart. Unschwer aber ist erkennbar, dass dieser Weg unter jedem Aspekt in die Sackgasse führt.

Im Überblick über das zurückliegende Jahrzehnt kann festgestellt werden, dass Deutschland – bei allen Irrungen, Wirrungen und Umwegen – den positiv-rationalen Weg beschritten hat. Dafür gibt es viele Indizien. Die Wende kam mit der Anerkennung, dass Deutschland ein Einwanderungsland ist, und mit der Änderung des Staatsbürgerschaftsrechts. Lediglich beispielhaft sei an dieser Stelle auf die Entwicklungen im Prozess der religiösen Integration der Muslime erinnert: Mag es auch im Vorfeld des Baues von Moscheen noch Unruhen geben – am Ende werden sie gebaut und finden in der Gesellschaft Akzeptanz. Und schienen noch vor wenigen Jahren dem islamischen Religionsunterricht an Schulen nahezu unüberwindliche Hindernisse entgegen zu stehen, so ist der Anspruch darauf heute weithin akzeptiert. Die theologisch-institutionelle Infrastruktur dafür wird geschaffen; der Wissenschaftsrat hat die Einrichtung von Instituten für Islamische Theologie gefordert; und Universitäten und Kultusminister befinden sich geradezu im Wettstreit, die Forderung zu verwirklichen.

Deutschland wird sich nicht abschaffen, wie es Thilo Sarrazin populistisch voraussieht; Deutschland ist dabei, sich neu zu schaffen. Das gilt nicht zuletzt auch für das Thema Einwanderung und Islam hierzulande. Auch die Türkei ist dabei, sich neu zu schaffen. Die türkische Wirtschaft gehört – im Weltmaßstab – zu den am schnellsten wachsenden. Wichtiger aber noch ist der große Fortschritt, den Staat und Gesellschaft in den letzten Jahren in Richtung Demokratie und Pluralität gemacht haben.

Geschichte und Gegenwart legen es nahe, die Qualität der deutsch-türkischen Beziehungen neu zu reflektieren. Beide Länder sind technologie- und wissensorientiert. Deutschland hat einen hohen Standard technologischen Wissens erreicht, den es an die Türkei weitergeben kann. Die Türkei hat ein großes Potential an jungen Menschen und potentiellen Fachkräften, die Deutschland dringend benötigt. Dies und vieles andere deutet darauf hin, dass sich beide Länder in einem ‚Pakt für Entwicklung und gemeinsame Zukunft' verbinden sollten. Das Programm der Istanbuler Konferenz *Türkisch-deutscher Kulturkontakt und Kulturtransfer* belegt auf seine Weise, wie umfänglich Türken und Deutsche auf dem Gebiet ihrer je eigenen Sprache und Kultur miteinander interagiert haben.

In dieser Perspektive kommt Deutschland eine besondere Rolle im Prozess der weiteren Annäherung der Türkei an die Europäische Union zu. Bundespräsident Wulff hat dies in seiner Rede vor dem türkischen Parlament eingeräumt. Es gilt, die Dynamik des Prozesses der Integration – im skizzierten Sinne – türkischstämmiger Migranten in Deutschland (und anderswo in Europa) auf die Ebene der Gestaltung der künftigen Beziehungen zwischen der Türkei und der Europäischen Union zu projizieren.

Literatur

Focus (2010):„Kampfansage an Schmarotzer und Zuwanderer", 9.10.2010, verfügbar unter http://www.focus.de/politik/deutschland/horst-seehofer-kampfansage-an-schmarotzer-und-zuwanderer_aid_560515.html [letztes Zugriffsdatum 8.12.2010].

FAZ; Lerch, Wolfgang Günter (2010): „Wulff zu Besuch bei Abdullah Gül", 19.10.2010, verfügbar unter: http://www.faz.net/s/RubDDBDABB9457A437BAA85A49C26FB23A0/Doc~EB3C54FAA701F46ABAF46B8A94FAE8E51~ATpl~Ecommon~Scontent.html [letztes Zugriffsdatum: 10.12.2010].

FAZ, Ross, Andreas (2010): „Der gar nicht einsame Kämpfer", 06.03.2010. verfügbar unter: http://www.faz.net/s/Rub99C3EECA60D84C08AD6B3E60C4EA807F/Doc~EB2FFC858C9704C588333CDFF4E14504A~ATpl~Ecommon~Scontent.html [letztes Zugriffsdatum: 08.12.2010].

Sarrazin, Thilo (2010): *Deutschland schafft sich ab. Wie wir unser Land aufs Spiel setzen*, München.

Wulff, Christian (2010): „Rede anlässlich des Staatsbanketts gegeben vom Staatspräsidenten der Republik Türkei", 16.10.2010, verfügbar unter: http://www.bundes praesident.de/Reden-und-Interviews-11057.668012/Bundespraesident-Christian-Wul.htm [letztes Zugriffsdatum: 08.12.2010].

Ayhan Kaya

Power of the Weak: Making and Unmaking Communities in the Turkish Diaspora

This article aims to shed light upon dynamics of community construction by migrants of Turkish origin (Euro-Turks) and their descendants in European countries such as Germany, France, Belgium and the Netherlands (see Kaya / Kentel 2005, 2008).[1] European countries are recently inclined to be more as-similationist *vis-a-vis* Muslim origin migrant populations. Robert Carle cites what a Lutheran Bishop once said to underline the 'public fear' caused by the Islamic ascendancy in the Netherlands: "I fear that we are approaching a sit-uation resembling the tragic fate of Christianity in northern Africa in Islam's early days." (cited in Carle 2006: 70) Migrants of Muslim origin are increasingly represented by the advocates of the 'clash of civilizations' thesis as members of a "precarious transnational society" in which people only want to 'stone women', 'cut throats', 'be suicide bombers', 'beat their wives' and 'commit honour crimes'. These prejudiced perceptions about Islam and Muslim migrants have been reinforced by the impact of previous events ranging from the Iranian Revolution to the Cartoon Crisis in Denmark in 2006, or from the Arab – Israel war in 1973 to the notorious book by German economist Thilo Sarrazin (2010), who was likely to explain the integration problems of migrants of Muslim origin through genetic factors. Recently, it has become inevitable for many people in the West to have the urge to defend Western civilisation against this 'enemy within', who is culturally and religiously dissimilar to the 'civilised' western subject. Silvio Berlusconi, then the Italian Prime Minister, is one such person:

> We are proud bearers of the supremacy of western civilisation, which has brought us democratic institutions, respect for the human, civil, religious and political rights of

---

1 The research included in-depth interviews and focus-group discussions, as well as 1,065 structured interviews with ninety questions in Germany, 600 interviews in France, and 400 in Belgium. The research in Germany and France was held in 2004 and the one in Belgium in 2007. The research on the Dutch-Turks, conducted in the winter of 2007, consists of only qualitative research techniques.

our citizens, openness to diversity and tolerance of everything [...]. Europe must revive on the basis of common Christian roots (*The Guardian*, 27.09.2001).

In the meantime, community boundaries in the countries of the European Union are being redrawn due to the ascendancy of ethno-culturalist and religious discourse as opposed to the destabilizing forces of globalization such as deindustrialization, insecurity, poverty and unemployment, and migrants and their descendants feel the urge to find ways and tactics to come to terms with new forms of governmentality.[2] This article aims to explain how 'Euro-Turks' reconstruct their community boundaries, focussing on religion, ethnicity and nation. In doing so, referring to the in-depth interviews conducted for our latest work on the Belgian-Turks (Kaya and Kentel 2008), the advantages and disadvantages of the community will be delineated.

It has become apparent in the last decade that not only has 'live-and-let-die separatist multiculturalism' not worked out well, but 'secularist republican mono-culturalism' has not operated well either (Kaya 2009). Both understandings have failed to prompt migrants and minorities to represent themselves on legitimate political grounds. On the contrary, both have imprisoned migrants and their descendants in their own discrete ghettoes. A variety of governmental policies concerning immigrants – no matter whether they are initiated by republicanists or multiculturalists – have so far contributed to the othering, reminorisation and reethnicization of immigrant populations, especially of Muslim origin, in the European countries. Aras Ören, a Turkish novelist and poet, warns of the dangers inherent in the acceptance of otherness and cultural difference:

> [I am afraid that while] the conservatives [assimilationists] lock us into our cultural ghetto by preserving the culture we brought with us as it is and by denying that there can be symbiosis or development, [...] the progressives [multiculturalist liberals] try to drive us back into that same ghetto because, filled with enthusiasm, by the originality and excotism of our culture, they champion it so fervently that they are even afraid it might disappear, be absorbed by German [western] culture (Quoted in Suhr 1989: 102).

The term 'Euro-Islam' in general, or 'Euro-Turk' in particular, used in this text, is very convenient for specifically referring to the migrants of Muslim, or Turkish, origin dwelling in EU countries. My use of the word 'Euro-Islam' is not an attempt to propose a new label in order to contribute to the efforts of integrating immigrants of Muslim origin and their children into the European way of life. Instead, the term manifests the existence of two antithetical processes taking

---

2 'Governmentality' refers to the "art of government". The idea of 'governmentality' is not limited to state politics alone; it also includes a wide range of control techniques, and applies to a wide variety of objects, from one's control of the self to the 'biopolitical' control of populations (Foucault 1979).

place simultaneously in the life-worlds of immigrants of Turkish background and their children. Such hyphenated identities refer to the fact that cultures do not have fixed boundaries, thus they are always in the making. The hyphen in-between addresses the fact that there is something new on the way.

Making and unmaking communities: tactics of the weak

Ethno-cultural communities refer to symbolic walls of protection, cohesion and solidarity for immigrant groups. On the one hand, it is comforting for them to band together away from the homeland, communicating through the same languages, norms and values. On the other hand, their growing affiliation with culture, authenticity, ethnicity, nationalism, religiosity and traditions provides them with an opportunity to establish solidarity networks against structural problems. Accordingly, the revival of honour, religion and authenticity emerges on a symbolic, but not essentialist level, as a symptom. Such a revival comes from the structural exclusion of individuals of migrant origin from political and social-economic resources.

In order to provide reasons for the failure of the integration movement in the West, one should look into the ways in which 'communities' are producing and reproducing themselves. Kreuzberg (Berlin), Schaerbeek, Port Namur (Brussels), Keupstrasse (Cologne), Villier le Bel, La Courneuve, St. Dennis or Crétil (Paris) and Bos en Lommer (Amsterdam) provide good examples of a location where one can find diasporic communities of Muslim origin. The first thing that a *flaneur* of such diasporic spaces will notice is that the symbols, colours, languages, sounds, figures, postures and dress-codes are all almost like replicas of what exists in the homeland. Such diasporic spaces provide the members of diasporic communities with a symbolic 'fortress' protecting them against structural problems. To put it differently, such places serve as a security valve for diasporic subjects to soften the blows coming from the external world in the form of unemployment, poverty, inequality, exclusion and discrimination. A middle-aged-man interviewed in Schaerbeek said that "Schaerbeek is a place where 'an ignorant peasant' from Emirdağ arrived just after he had put his shepherd's stick on the shelf." The Schaerbeek community is a shelter, even a fortress, for the vulnerable social actor:

> According to me, the advantages of living in Schaerbeek are a lot more than the disadvantages. At least we are not dispersing and vanishing. If we dispersed and lived separately, our children would be in a worse situation: they would be exposed to degeneration. This way, at least they are familiar with our traditions.

Because the wider society in which they live is an 'alien' society and full of 'dangers', the community provides them with a kind of social control (Bauman 2000):

> Let me be frank, it is very easy for a young man to obtain whatever he wants here. Let me be more frank, he can get women, alcohol, whatever he desires anytime. Prostitution is widespread. Drugs are available in certain areas. Their use is legal. Young people who came here from Turkey have also experienced deviation. But I cannot say that this is true for the majority. Maybe you will call it tribalisation, but I tell you there is an advantage in living together: it prevents us from dispersal.

The community essentially presents a collective need. The community strategy of keeping people together is counteracted by some individuals through a kind of what François Dubet (2002) calls "necessary conformism". Conformism is a 'tactic' deployed by some individuals in order to comply with the rules of the game, set out by the power of the community. The strategies and tactics used in everyday life are explicated very well by Michel de Certeau (1984). 'Strategies' would entail deliberate and reflexive attempts to position the subjects in relation to the broader political-ideological space. 'Tactics', by contrast, constitute more subversive 'third spaces' (Soja 1996), in so far as they represent the becoming of identities in the absence of a central reference point. Tactics are characterized by improvisation, spontaneity and geographies of the now.[3]

Michel de Certeau (1984: 35 – 36) defines a strategy as

> the calculation (or manipulation) of power relationships that becomes possible as soon as a subject with will and power [...] can be isolated. It postulates a place that can be delimited as its own and serves as a base from which relations with an exteriority composed of targets or threats [...] can be managed.

Strategies, thus, are the conceptual instruments of a rationality that operates within a model of centre. A tactic, meanwhile, is defined by de Certeau (1984: 36) as "a calculated action determined by the absence of a proper locus": that is to say, in the context of this argument, a move that comes not so much from the margins. "The space of a tactic is the space of the other", says de Certeau. He continues,

> A tactic operates in isolated actions, blow by blow. It takes advantage of 'opportunities' and depends on them, being without any base where it could stockpile its winnings. It must vigilantly make use of the cracks that particular conjunctions open in the surveillance of the proprietary powers [...]. It can be where it is least expected [...]. In short, a tactic is an art of the weak [...]. The more a power grows, the less it can allow

---

3 For further information about the strategic and tactic positionings of everyday life, see de Certeau (1984). For further information about formal and informal nationalism, see Eriksen (1993).

itself to mobilize part of its means in the service of deception. Power is bound by its very visibility. In contrast, trickery is possible for the weak, and often it is his only possibility as a last resort (1984: 37).

Thus, the stronger the central power (the state) becomes though its coercive instruments such as the army, the police and undemocratic laws, the less effective and persuasive it becomes for its subjects. In this case, the subjects try to create their own centres of resistance. Accordingly, subordinated subjects such as individuals of migrant origin with working-class or underclass backgrounds, who feel themselves to be structurally excluded and neglected, become more oriented toward their homeland, ethnicity, culture, religion and past. The process of home-seeking, as James Clifford (1994: 307) suggests, might result from the existence of a kind of diaspora nationalism which is, in itself, critical to the nationalism of the majority. The nature of diaspora nationalism here is cultural, based on alienation, the celebration of the past and alleged authenticity. For migrants as well as for anybody else, fear of the present leads to mystification of the past in a way that constructs 'imaginary homelands' as Salman Rushdie (1991: 9) pointed out in his work *Imaginary Homelands*:

> It is my present that is foreign, and [...] the past is home, albeit a lost home in a lost city in the mists of lost time [...]. [Thus,] we will, in short, create fictions, not actual cities or villages, but invisible ones, imaginary homelands.

As Clifford rightly states, those migrant and / or minority groups who are alienated by the system, and are swept up in a destiny dominated by the capitalist West, no longer invent local futures. What is different about them remains tied to traditional pasts (Clifford 1988: 5).

The distinction between strategy and tactic, as put forward by Michel de Certeau (1984), implies that the compliance of individual members of a community with the communal rules does not necessarily mean that they internalize the community. Islam is one of the key elements in helping the communities with Muslim background conform. A young man defined religiosity in the district: "Schaerbeek is number one in religiosity. Many young people attend Quran courses, generally at the Fatih Mosque or the Ulu Mosque [...]."

The community provides its members with an opportunity not to lose their religion or ethics, and at the same time it also keeps the mother tongue alive. However, if the community is not properly regulated and governed, this may bring about a failure to learn the language of the country of settlement:

> The children know neither Turkish nor French [...]. But the education is more serious in Flemish schools. I am sending my children to Flemish schools. The Turkish parents want to have money [...]. It seems that if the children earn money, the difficulties will end [...]. I am advising the children here to go to school. But at the same time, they should learn the Turkish culture. For this reason we go to Turkey in the summer

holidays with the children. They get bored in Eskişehir. They go out but after 2 hours they get bored. They want to come back here as soon as possible. Here is their place [...].

Despite all of the protection provided by the community, its members bear other risks, in addition to failing to learn the language(s) of the host society:

> There is no way that you can suffer economically in Europe. But what is essential is the peace at home. The Turkish community is getting more restless. They experience the difficulties of being inward-looking. They cannot make their children attend school. The children envy the world outside [...].

It seems that the communities in diasporic spaces are going through a 'transition process' and their 'ghetto' qualities are dissolving. It is the younger generations who go through this process to a greater extent, and it is they who feel the difficulties of ghettoization. As the young generations are loyal to their parents and families, they cannot get away from the restraints of their community, but their presence in the community is somewhat symbolic. Their minds and behaviour transcend the boundaries of the community. They always feel the tension between the community and the wider society in the process of individuation.

Those who are aware of the crisis of the community and are experiencing the dangers and limitations of the ghetto are gradually leaving communities in order to 'protect their children'. They tend to move to other districts. Departure from the community is regarded as a path to success by the schooled generations, but this also creates certain problems. The traditional methods of older generations to 'protect' their children have proven to be unsuccessful. Those interviewed during the field research explained this through stories of 'lost generations', 'insecurity' and 'crime':

> If parents are strict, then the children escape from their homes [...]. You cannot achieve what you want by locking them in. If you prevent your daughter from going out, she will run away as soon as she has the chance and become a prostitute [...].

As de Certeau (1984: 37) reminds us, a tactic is an art of the weak. The more a power grows, the less it can allow itself to mobilize part of its means in the service of deception. Power is bound by its very visibility. In this case, subjects tend to create their own centres of resistance in the form of a 'fugitive power' to fight against the 'hard power' and 'soft power' of the community (Bauman, 2000; Farrell, 2004; and Cohen, 2007).

Failures continue along with the success stories. Despite all the limitations of the ghetto, many people try to find solutions to overcome their failures. It is possible to see several individuals who are traditional, modern, outgoing, introvert, democratic, nationalist and communitarian in the same person. For instance, a 17-year-old teenager who was born in Schaerbeek and goes to Turkey every year explained the difficulties of overcoming problems experienced in Turkey and Belgium:

> Here, we are deprived of the tastes that exist in Turkey. The Belgians think that there is happiness, money and everything in Belgium, in Europe, but on the contrary, here everything is more difficult. This is not the kind of life I want. How can I explain? The place we live in is very disordered. There is filth [...]. The environment is not good. Everybody is after money. What are they doing for money? They either sell joints, or steal, or cheat the 'gavurs' (a Turkish word for unbelievers). The Belgians and the others are afraid of us, and they say 'They are foreigners and they rob us.' The Flemish are afraid of Turks. When they realize that you are a Turk, they begin to fear. When I go somewhere, Belgians do not even turn and look at me. When a Belgian walks by right there at night, the policeman does not even look at him. But when we pass by, he keeps on looking at us and chases us to find out what we are doing there at night.

For this young man, all Belgians are *gavur* (unbelievers). He uses such a categorization of 'exclusion' and 'othering' with ease. Nevertheless, he also knows that he is subject to the same kind of categorization when he is in Turkey. As a response to this categorization of exclusion, he tends to demonstrate stronger loyalty to Turkey and Turkishness. This state of feeling even more Turkish is actually an individual tactic to overcome exclusion from within the Turkish nation:

> When we go to Turkey, we are not regarded as Turks. The neighbours in the village call us 'gavur'. But despite all of this, Turkey is different. They say 'the *Gavurs* have arrived'. They sell us things in the market at very high prices, they cheat us. Despite all these things, everything is different in Turkey. You are ready to pay 100 Euros for something which actually costs 5 YTL. The taste of things is different. You do not want to spend money here. But it has a different taste when you spend money in Turkey.

Although they prefer 'the taste' of Turkey to that of Europe, life seems to be imprisoned within a limited space for the youth who live in such ghettoes. Many of them do not have German, Belgian, French or Dutch friends except those at school. In fact, they have no ties outside the ghetto. In contrast to the ways in which young males affirm the attitudes of the older generations towards them, young females feel rather confined. The fact that the young women are not allowed to go out at night gives us some clues about a male-dominated world. This 'male to male world' bears no hope for the future.

The community is based on the components of religion, tradition, ethnicity and nation. When such a community experiences a crisis, the traditional idea of community is replaced by another form of imagined community, i.e. 'an essentialist and ethnicist national identity' that is characterized by a concrete understanding of nation. A female interviewee (28) in Charleroi draws our attention to the increasing level of isolation among the Belgian-Turks:

> What we heard from our parents is very different from what we experience now. When I look at my parents' pictures I see that they were dancing with their Flemish landlords, neighbouring with the Greeks, having assistance from the Belgians. They had solidarity with the outside people then. Now, Turks are becoming more and more isolated in comparison to the past.

The quotations extracted from the in-depth interviews and given below display the existence of a reflexive relationship between the 'nationalist construction' created in the homeland and diaspora, and demonstrate how the externally imposed nationalist identity fills the gap resulting from weakening communal ties due to the social, political and cultural changes – both generational and structural – within the community. This transformation corresponds to a transition from religiosity towards nationalism.

Since 2005 there has been an alliance among many Euro-Turks on issues such as the position of Turks in Europe, Turkey's situation *vis-à-vis* the European Union, the "Armenian Genocide", etc. Conferences are held in the mosques on special days such as the anniversary of the establishment of the Republic (29th October), or 18th March, the Commemoration Day of Martyrs. Although the people attending such conferences and gatherings have different political affiliations, everyone is ideologically inclined to agree on the survival of the state, the nation and the flag. The modern global networks of communication and transportation have partly erased the boundaries between homeland and diaspora. Hence, diasporic identities are subject to the constant interplay of the two locations, which have become almost overlapping in the symbolic world of migrants.

Conclusion

In an age of insecurity, poverty, exclusion, discrimination and violence, those subordinated individuals become more engaged in the protection of their 'honour', which they believe is the only remainder thing. It is apparent that the politics of ethnicity, culture, identity, honour, purity and religion are extensively employed by various subaltern groups of people such as communities of migrant origin in a time when the culturalist paradigm has become mainstream. Culturalist rhetoric is not only deployed by minorities, it is also employed by majority societies. As experienced clearly in the recent Dutch case of going from a state of 'tolerance' to a state of 'intolerance', culturalist rhetoric generates a dominant understanding in the West that compels the receiving societies to perceive migrants and their children within the framework of difference, religion, ethnicity and culture.[4] One should rather try to generate the idea that migrants, or transmigrants, are also 'individuals' who have similar concerns in their everyday lives as the other ordinary citizens of the receiving countries, such as living in a better world, sending their children to better schools, having better paid jobs, and living in a decent environment. It should also be kept in mind that almost of the migrants want to be freed from the label of 'the other', and that they actually want to blend in. Defining them by their cultural and religious attributes is likely to compel them to emphasize their authenticity, religiosity and ethnicity, which in turn prevents them from culturally blending into the majority society.

Bibliography

Bauman, Zygmunt (2000): *Liquid Modernity,* Cambridge.
Brown, Wendy (2006): *Regulating Aversion: Tolerance in the Age of Identity and Empire,* Princeton.
Carle, Robert (2006): "Demise of Dutch Multiculturalism", in: *Society* (March / April), 68 – 74.
Clifford, James (1988): *Predicament of Culture,* Cambridge, MA.
Clifford, James (1994): "Diasporas", in: *Cultural Anthropology* (9/3), 302 – 338.
Cohen, Robin (2007): "Hard power, soft power and fugitive power: Creolization as idea and practice", Paper presented at the International Conference on "The End of the Social", Istanbul Bilgi University, Istanbul (11 May).
de Certeau, Michel (1984): *The Practice of Everyday Life,* trans. Steven Rendall, Berkeley.
Dubet, François (2002): *Le déclin de l'institution,* Paris.
Eriksen, Thomas Hyalland (1993): "Formal and Informal Nationalism", in: *Journal of Ethnic and Racial Studies* (16/1), 1 – 25.
Farrell, Katherine N. (2004): "Recapturing fugitive power: epistemology, complexity and democracy", in: *Local Environment* (9/5), 46 – 79.
Foucault, Michel (1979): "Governmentality", in: *Ideology and Consciousness* 6, 5 – 21.

---

4 Dating back to the period of Reformation in the Middle Ages, the term 'tolerance' has recently been criticized because it simply considers cultures in an hierarchical order, placing the majority culture prior to the minority culture. The etymology of the term 'tolerance' is very illustrative to help us understand what it contains. It does not seem to be accidental that in most languages in which tolerance has been historically debated, the words tolerance (or its synonym, sufferance) and suffering have the same source. The Latin word *tolerantia* comes from *tolere,* to bear, and tolerare, to suffer, endure, and the same link exists in English (through the synonym, sufferance), in French (*souffrir*), Italian (*soffrire*), and even in Hebrew (*sevel–sovlanut*). This etymological fact happens to be philosophically significant. It indicates that there is no tolerance without suffering and then overcoming this suffering. Tolerating someone means recognizing an irreducible difference, a gap of alienness separating us, which nevertheless is accepted (Yovel 1998 and Brown 2006). This implies a concealed hatred or contest between the tolerating and the tolerated party. By this very otherness, the other represents a challenge to the self in the form of a potential competition over goods, power, moral values, and so on.

Kaya, Ayhan (2009): *Islam, Migration and Integration: The Age of Securitisation.* London.

Kaya, Ayhan / Kentel, Ferhat (2005): *Euro-Turks: A Bridge or a Breach between Turkey and the European Union? A Comparative Study of French-Turks and German-Turks.* CEPS EU-Turkey Working Papers No. 14 (January).

Kaya, Ayhan / Kentel, Ferhat (2008): *Belgian-Turks: A Bridge or a Breach between Turkey and the European Union?,* Brussels.

Rushdie, Salman (1991): *Imaginary Homelands,* London.

Sarrazin, Thilo (2010): *Deutschland schafft sich ab,* München.

Soja, Edward (1996): *Thirdspace: Journeys to Los Angeles and Other Real-and-Imagined Places,* Oxford.

Suhr Heidrun (1989): *"Ausländerliteratur:* minority literature in the Federal Republic of Germany", in: *New German Critique* 46 (Winter).

Yovel, Yirmiyahu (1998): "Tolerance as Grace and as Rightful Recognition", in: *Social Research* (Winter), 897 – 920.

Michael Hofmann

Handicap Islam? Die Sarrazin-Debatte als Herausforderung des deutsch-türkischen Diskurses

Seit dem Spätsommer 2010 hat Thilo Sarrazin, der ehemalige Berliner Finanz-
senator und SPD-Politiker, der seit April 2009 Mitglied im Vorstand der Bun-
desbank war, die deutsche Öffentlichkeit mit seinen Thesen zu Immigration und
Demographie in Atem gehalten, die in seinem Buch *Deutschland schafft sich ab*
(Sarrazin 2010) enthalten waren. Im Zentrum seiner Überlegungen steht, wie der
Titel des Buches zeigt, die Sorge darüber, dass durch die demographische Entwicklung in Deutschland die Zahl der originär deutschen Bewohner drastisch
abnehmen und dagegen die Zahl der Bürger mit Migrationshintergrund stark
zunehmen könnte. Mit einem (pseudo-)wissenschaftlichen Habitus, der sich auf
Statistiken und Forschungsliteratur stützt, verweist der Autor darauf, dass seiner
Meinung nach vor allem Migranten mit muslimischem Glauben eine hohe Geburtenrate (Fertilität) bei gleichzeitigem geringen Bildungsstand und häufig
fehlender Erwerbsbeschäftigung aufweisen. Gleichzeitig insinuiert Sarrazin
indirekt, aber letztlich deutlich, dass eine bessere Ausbildung und andere
Maßnahmen zur Verbesserung der Integration wirkungslos wären, weil der von
ihm als Problem benannten Personengruppe das Potential fehlen würde, sich in
positiver Richtung zu entwickeln (vgl. Sarrazin 2010: 96–100). Vor diesem
Hintergrund erscheint letztlich eine Steigerung der Geburtenrate ‚guter' Deutscher und eine Senkung der Fertilität bei Gruppen mit einem geringeren Potential wünschenswert.

Man könnte angesichts dieser offensichtlich ebenso herzlosen wie ausgren-
zenden und potentiell rassistischen Position schnell zur Tagesordnung übergehen und die Meinung vertreten, eine (kultur-)wissenschaftliche Auseinandersetzung mit diesem Thema sei nicht erforderlich. Demgegenüber ist aber
festzuhalten, dass angesichts der ungeheuren Wirkung und der öffentlichen
Debatte um Sarrazin und seine Thesen eine deutliche Belastung des Verhältnisses der deutschen Bevölkerung zu den Migranten festzustellen ist. Während
sich in den letzten Jahren endlich die Einsicht durchgesetzt hat, dass Deutschland ein Einwanderungsland geworden ist und dass sich daraus die Notwendigkeit ableitet, Chancen und Probleme einer heterogenen Gesellschaft ge-

meinsam zu durchleben, hat die Sarrazin-Debatte zu einer Polarisierung beigetragen, die alte und in der deutschen Bevölkerung offenbar nach wie vor
schlummernde Ressentiments zu neuem Leben erweckt hat. So vermittelte zwar
im Juli 2010 die Begeisterung über die deutsche Fußballnationalmannschaft mit
Spielern wie Mesut Özil und Sami Khedira eine Einsicht in die positiven Effekte
der Migration, dennoch wurden aber im Herbst wieder alte Vorurteile an die
Oberfläche getragen, die sich mit seit dem 11. September 2001 aktuellen anti-
islamischen Diskursen vermischen. Insofern gehört die Sarrazin-Debatte auch
zu den ‚Lernprozessen' im deutsch-türkischen Verhältnis und sie ist ein wichtiger Gegenstand einer kritischen Untersuchung. Dabei ist freilich auch zu be-
achten, dass der überwiegende Teil der veröffentlichten Meinung und auch der
Statements von Politikern Sarrazins Thesen vehement widersprochen haben.
Um so bedenklicher erscheint die immer wieder durchscheinende Behauptung
Sarrazins und seiner Befürworter, er spräche für die ‚schweigende Mehrheit' der
Deutschen.

Der vorliegende Beitrag unternimmt eine Kritik von Sarrazins Argumentation aus der Perspektive der interkulturellen Germanistik. Er zeigt, dass Sarrazin
für bestehende gesellschaftliche Probleme einen Sündenbock gefunden hat, den
er in seinem Buch als homogene Gruppe erst konstituiert und dem er dann die
Verantwortung für die aufgezeigten negativen Entwicklungen der deutschen
Gesellschaft zuschiebt. Kurz gesagt: Sarrazin konstruiert eine durch Statistiken
erst zum Leben erweckte Gruppe ‚muslimische Migranten', findet bei dieser
negative Aspekte, setzt diese in Analogie zu vermeintlich bedenklichen Erkenntnissen über die Religion des Islam und postuliert eine problematische
islamische Identität, die zu einem bedeutenden Anteil vererblich und deshalb
nicht korrigierbar sei. Meine Ausführungen rekonstruieren die fatale Logik
dieser Argumentation und zeigen, dass Sarrazin im Kern soziale Probleme beschreibt, die er ethnisiert und mit einem religiösen Bekenntnis von Menschen in
Verbindung bringt und letztlich als genetische Prägung begreift. Vor diesem
Hintergrund wäre eigentlich in der Logik von Sarrazins Argumentation die
Ausweisung der als negativ stigmatisierten Gruppe aus Deutschland geboten,
was aus ethischen, verfassungsrechtlichen und humanitären Gründen unmög-
lich ist, in einer anderen Optik als in der Sarrazins aber auch für die deutsche
Gesellschaft als der Alptraum erscheint, den das Buch zu verhindern vorgibt.

Das ‚Phänomen Sarrazin' ist gerade insofern bedenklich, als es eine Variante
des rechtspopulistischen und anti-islamischen Diskurses darstellt, der sich in
West- und Mitteleuropa, insbesondere in Österreich, Dänemark und den Niederlanden, rapide ausbreitet. Die extremistische Sicht zeigt sich in der unver-
hohlenen Indifferenz gegenüber Prinzipien des deutschen Grundgesetzes, die
gerade zu den Werten der europäischen Kultur gehören, die Sarrazin angeblich
verteidigen will:

Was ist geeignet, die Geburtenrate zu heben, und was ist geeignet eine dysgenisch wirkende Geburtenstruktur zu verhindern? Der ausschließliche Beurteilungsmaßstab ist dabei die Wirksamkeit der Maßnahmen und die ihnen zugrunde liegende pragmatische Vernunft. Sie werden nicht danach bewertet, ob sie deutschen verfassungsrechtlichen Grundsätzen genügen. Besteht der politische Wille, eine vernünftige Maßnahme durchzuführen, so wird sich ein Weg finden, sie verfassungsrechtlich zu gestalten – notfalls, indem man die Verfassung ändert. (Sarrazin 2010: 378)

Dieses Zitat ist insofern verräterisch, als es sich mit dem Terminus „dysgenisch" auf eine Bevölkerungspolitik bezieht, die rassistische Tendenzen nicht ausschließen kann (der Gegenbegriff „Eugenik" hat in Deutschland eine unschöne Geschichte).[1] Außerdem stellt sich die Frage (die Sarrazin nicht explizit beantwortet), mit welchen Mitteln er denn die unerwünschten Geburten der angeblich genetisch minderwertigen Bevölkerungsgruppen unterbinden will.

I

Ausgangspunkt von Sarrazins Argumentationsgang ist seine Sorge über die Bevölkerungsentwicklung in Deutschland: Er konstatiert eine geringe Geburtenrate, vor allem bei der Mittel- und Oberschicht. Die höhere Geburtenrate der deutschen ‚Unterschicht' nimmt er ebenfalls mit Sorge zur Kenntnis; er geht aber auf diese Problematik nicht weiter ein. Er ist sich mit vielen Beobachtern in der Einsicht einig, dass diese Entwicklung Probleme für das Rentensystem mit sich bringt. Allerdings könnte diese Überlegung gerade zu einer positiven Sicht auf die Migration führen, weil die Zuwanderer eben gerade die Defizite der deutschen Gesellschaft ausgleichen könnten. Diese Perspektive nimmt Sarrazin aber nicht ein, und hier zeigt sich das Spezifische seiner Position: Er sieht nämlich in der skizzierten Entwicklung auch und vor allem ein Problem für die ‚Intelligenz' Deutschlands. Einfach gesagt: Kluge Menschen haben kluge Kinder, dumme Menschen dumme; und der Sozialdemokrat Sarrazin glaubt erstaunlicherweise, dass sich soziale und familiäre Benachteiligungen nicht durch Bildungs- und Sozialpolitik überwinden lassen. Indem er nämlich unter Berufung auf durchaus umstrittene Thesen zur Intelligenzforschung einen sehr hohen Anteil der Vererbung an der Intelligenz postuliert, kommt er zu der einseitig negativen Sicht auf die relativ hohe Geburtenrate sozial benachteiligter Gruppen (vgl. Sarrazin 2010: 96 – 100).

Dies hängt mit einer zweiten Perspektive seines Argumentationsganges zusammen: Er kritisiert die deutsche Sozialgesetzgebung, denn er meint, das So-

---

1 Vgl. zu der Kritik der an genetischen Denkmustern orientierten Aspekte von Sarrazins Argumentation: Schirrmacher 2010a; vgl. auch Schirrmacher 2010b: S. 22 – 28.

zialsystem schaffe Anreize dafür, Kinder zu zeugen und gleichzeitig von Transferleistungen zu leben. Genau in dieser Konstellation vermutet Sarrazin den Anreiz für gering qualifizierte Zuwanderer, nach Deutschland zu kommen, da diese mit einer hohen Kinderzahl ohne zu arbeiten in Deutschland ein materiell besseres Leben führen könnten als selbst mit Arbeit in ihren Heimatländern. Sarrazin gibt aber zu, dass von diesem Problem auch Angehörige der deutschen Unterschicht betroffen seien.

Bei der Untersuchung der Personengruppen, die von Sozialleistungen leben, kommt es aber jetzt zu einer zunächst anscheinend ‚harmlosen‘ Aufteilung der Migrantengruppen, die aber äußerst problematische Konsequenzen hat. Die in Deutschland lebenden Ausländer werden nämlich in folgende Gruppen aufgeteilt: aus der EU, Aussiedler und Osteuropa, aus dem Fernen Osten, aus der Türkei, aus dem ehemaligen Jugoslawien und dem Nahen Osten und aus Afrika. Die letzte ‚Gruppe‘ bekommt die schlechtesten Noten: Sie hat den größten Anteil an Transferleistungen und gleichzeitig die höchste ‚Fertilität‘ und im Durchschnitt eine schlechte Ausbildung. Hier vollzieht sich eine entscheidende Positionierung des Buches: Es handelt sich nicht um eine objektive und wissenschaftlichen Ansprüchen genügende Auswertung einer Statistik.[2] Sarrazin hat vielmehr die Gruppe der „übrigen Ausländer" unter dem Begriff „muslimische Migranten" zusammengefasst. Damit sind gesellschaftliche, soziale und kulturelle Unterschiede zwischen Menschen etwa aus Sarajewo, Istanbul, Trabzon, Teheran, Beirut, Casablanca, aus den Dörfern Anatoliens wie aus Afrika in einer Kategorie zusammengefasst. Menschen mit völlig unterschiedlicher Herkunft werden also zu einer homogenen Gruppe zusammengefügt und – dies ist entscheidend – es ist die Gruppe der Anderen, der bedrohlich Fremden. Und: Indem all diesen Menschen die Eigenschaft „Muslim" zugeordnet wird, stellt Sarrazin in unzulässiger Weise ein Kausalitätsverhältnis zwischen einem religiösen Bekenntnis und einem schwachen sozialen Status (und letztlich: der Intelligenz) her. Ein Zahnarzt aus dem Iran wird hier mit einem Bauern aus Somalia in einer Gruppe vereinigt. Da die These von der sozialen Schwäche und geringen Ausbildung der Muslime ziemlich in der Luft hängt, fügt Sarrazin ein paar populärwissenschaftliche Erörterungen über die Geschichte des Islam ein

---

2 Eine Forschergruppe der Berliner Humboldt-Universität hat Sarrazins Behauptungen mit aktuellen wissenschaftlichen Studien zum Stand der Integration in Deutschland konfrontiert (vgl. Foroutan 2011). Es handelt sich um eine Arbeit des Forschungsprojekts „Hybride europäisch-muslimische Identitätsmodelle" (Kürzel: „Heymat"). Es geht bei dem Verweis auf diese Untersuchungen und auch bei den Arbeiten des erwähnten Forschungsprojekts nicht darum, bestehende Probleme der Integration in Deutschland zu leugnen oder schön zu reden; es geht aber sehr wohl um eine differenzierte und jeder Diskriminierung widerstehende Auseinandersetzung mit den konkreten Gegebenheiten, auch mit der konkreten Vielfalt von Identitätskonstruktionen innerhalb der ‚Pseudo-Gruppe‘ der ‚muslimischen Migranten‘.

und behauptet eine Gleichsetzung von Islam und Islamismus, um auf diese Weise die von ihm gerade erst konstruierte Gruppe der „muslimischen Migranten" zu diskreditieren:

> Aufgrund der Tatsache, dass sich der Islam in der großen Mehrheit seiner Strömungen der Aufklärung verweigert und dem Pluralismus ablehnend gegenübersteht, kann er nicht gedacht werden ohne Islamismus und Terrorismus, auch wenn 95 % der Muslime friedliebend sind. Die Übergänge sind zu verschwommen, die Ideologien zu stark und die Dichte gewalttätiger und terroristischer Ereignisse ist zu groß. (Sarrazin 2010: 277)

Die fiktive Gruppe der „muslimischen Migranten" ist also nicht nur schlecht ausgebildet und bekommt viele Kinder; sie ist, obwohl (mindestens) 95 % ihrer Mitglieder ‚friedliebend' sind, potentiell gewalttätig und antidemokratisch. Dass das sogenannte „genetische Potential" dieser Gruppe minderwertig ist, dafür findet sich natürlich in wissenschaftlichen Untersuchungen eigentlich kein Beleg. In diesem Fall wird der Argumentation durch bösartige Unterstellungen und völlig willkürliche Verallgemeinerungen auf die Sprünge geholfen:

> Ganze Clans [der türkischen Migranten; M.H.] haben eine lange Tradition von Inzucht und entsprechend viele Behinderungen. Es ist bekannt, dass der Anteil der angeborenen Behinderungen unter den türkischen und kurdischen Migranten weit überdurchschnittlich ist. (Sarrazin 2010: 316)

Dies ist bekannt, wenn man sich auf einen obskuren Bericht des *Spiegel* stützt, dessen Quellen offenbar nicht seriös genug sind, um sie direkt zu zitieren. Interessant ist, dass die zuletzt zitierte Aussage in den seit Dezember 2010 verkauften Exemplaren von Sarrazins Buch nicht mehr auftaucht. Es ist festzustellen, dass in bösartiger Weise Ressentiments geschürt werden, wenn Vorurteile und nicht belegbare Behauptungen suggestiv eingesetzt werden, um ganze Gruppen von Zuwanderern zu diskreditieren.

Als erste Konsequenz aus diesen Überlegungen erklärt Sarrazin: Die „muslimischen Migranten" kosten Geld, wollen nicht integriert werden, bekommen viele Kinder und senken die durchschnittliche Intelligenz. Auch das Argument, die „Gastarbeiter" hätten in Zeiten des Mangels an Arbeitskräften die deutsche Wirtschaft maßgeblich getragen, lässt Sarrazin nicht gelten. Für ihn gilt: Die Einwanderung der Gastarbeiter war ein Fehler, weil sie den Strukturwandel und den Verzicht auf arbeitsintensive Industrien verlangsamt hat (vgl. Sarrazin 2010: 259). Dass die italienischen Gastarbeiter fast alle in ihr Heimatland zurückgekehrt sind, rechnet ihnen Sarrazin hoch an. Er bedauert, dass es den Familiennachzug im Wesentlichen nur bei den ‚muslimischen Migranten' gegeben habe, denen er nicht zutraut, durch bessere Bildungschancen in die deutsche Gesellschaft integriert zu werden. Deshalb lautet Sarrazins Forderung: Der Familiennachzug von in Deutschland lebenden Migranten und neuer Zuzug von Migranten insgesamt muss begrenzt werden.

Als zweite Konsequenz postuliert Sarrazin: Wir brauchen eine neue Bevölkerungspolitik, die dafür sorgt, dass die Angehörigen der oberen Mittelschicht
und der Oberschicht mehr Kinder bekommen. Als Mittel dazu schweben ihm die
Ersetzung des Ehegattensplittings durch ein Familiensplitting und eine Prämie
von 50.000 € für Akademikerinnen unter 30 Jahren vor, die ein erstes Kind
bekommen (vgl. Sarrazin 2010: 389 f.). Dass diese Familienpolitik an Züch-
tungsphantasien einer inhumanen Bevölkerungspolitik erinnert, scheint den
Autor nicht zu stören, da ihm die Metapher der „Züchtung" vertraut ist, wie die
folgende Passage beweist:

> Seit Charles Darwin 1859 sein Werk ‚Die Entstehung der Arten' veröffentlicht hat und
> Johann Gregor Mendel 1865 seine Aufsatz ‚Versuch über Pflanzenhybriden', ist klar,
> dass sich die belebte Natur – und damit auch der Mensch – grundsätzlich über Se-
> lektionsmechanismen und die Vererbung von Eigenschaften weiterentwickelt. Zu den
> vererblichen Eigenschaften gehören auch die Fähigkeiten des Gehirns. Nur so ist es
> möglich, dass Säugetiere bei grundsätzlich ähnlicher Grundstruktur des Hirns un-
> terschiedliche Intelligenzprofile und unterschiedliche Intelligenzniveaus entwickeln,
> dass die Primaten unter den Säugetieren hinsichtlich der Intelligenz besonders her-
> vorstechen und dass sich der Mensch von den übrigen Primaten insbesondere durch
> seine Intelligenz unterscheidet. Jeder Hunde- und Pferdezüchter lebt davon, dass es
> große Unterschiede im Temperament und im Begabungsprofil der Tiere gibt und dass
> diese Unterschiede erblich sind. Das heißt auch, dass manche Tiere schlichtweg we-
> sentlich dümmer oder wesentlich intelligenter sind als vergleichbare Tiere ihrer Rasse.
> (Sarrazin 2010: 92)

Liest man diese – reichlich gruseligen – Bemerkungen im Zusammenhang mit
den von Sarrazin vorgeschlagenen Gebärprämie für deutsche Akademikerinnen,
dann zeigen sich die inakzeptablen Konsequenzen seiner Argumentation: Denn
es lässt sich nicht von der Hand weisen, dass die „muslimischen Migranten" mit
den dümmeren Tieren zu vergleichen sind, die man besser nicht mit den klugen
kreuzt. Heiraten zwischen deutschen und türkischen Partnern wären für den
Bevölkerungspolitiker Sarrazin also potentiell unerwünscht – eine Position, die
viele Ähnlichkeiten mit dem untergegangenen südafrikanischen Apartheidsre-
gime hat! Zu bemerken ist auch, dass die umstandslose Übertragung des Denkens Darwins auf den Kontext menschlicher Verhältnisse unter dem Stichwort
„Sozialdarwinismus" zu den Grundlagen des Nationalsozialismus gezählt wird!

II

Kritisch zu erörtern sind im Folgenden die Implikationen von Sarrazins Kulturbegriff, die sich als eine brisante Mischung aus Kulturalismus, Ökonomismus
und Genetik erweisen. Hierzu lassen sich folgende Feststellungen treffen:

1) Im Sinne von Samuel Huntingtons *Clash of Civilizations* (vgl. Huntigton 1996) differenziert Sarrazin die Migranten nach Kulturkreisen und befördert damit eine Logik der Aus- und Abgrenzung.

2) Er fixiert die Migranten aus bestimmten Ländern auf ihre religiöse Identität, die er zudem negativ bewertet.

3) Er lässt sie damit in die „Identitätsfalle" laufen, die der indische Ökonom Amartya Sen beschrieben hat (siehe unten): Die Religion wird zu dem Merkmal erklärt, das kulturelle Identität festlegt und in einer homogenisierten Weise bestimmt; eine Professorin aus Istanbul und ein ägyptischer Bauer haben damit dieselbe „kulturelle Identität".

4) Demgegenüber ist in dem positiven Gegenmodell „christlich-abendländische Identität" Aufklärung, ja sogar Atheismus als Möglichkeit impliziert; nicht-religiöse, säkulare Menschen aus Ländern, in denen der Islam die Hauptreligion darstellt, werden zu irrelevanten Ausnahmen.

5) Sarrazin glaubt nicht an positive Wirkungen von Bildungsprogrammen und von persönlicher Initiative; er glaubt nicht daran, dass die „muslimischen Migranten" in nennenswertem Maße aufstiegsfähig und –willig sind; er spricht nicht von Integrationserfolgen und von positiven Herausforderungen der deutschen Kultur und Gesellschaft durch Migranten.

6) Sarrazin grenzt damit eine wesentliche Gruppe der deutschen Bevölkerung aus und spricht ihr jegliches positives Potential, auch Entwicklungspotential ab.

7) Er beurteilt Menschen nach ihrem ökonomischen Beitrag zur Gesellschaft und diskriminiert Menschen, die keinen ökonomischen Ertrag bringen.

8) Es liegt somit ein ökonomisch und kulturell-genetisch begründeter Chauvinismus vor, der auf eine Trennung der Bevölkerungsgruppen hinausläuft und nicht Integration anstrebt, sondern Ghettoisierung beklagt, aber gleichzeitig durch Kulturalismus fortschreibt.

9) Er glaubt an eine Korrelation von Herkunft und Intelligenz, die durch Bildung kaum veränderbar ist: Juden sind intelligent, Muslime eher nicht (vgl. Sarrazin 2010: 93–95).

10) Religion wird als negatives essentielles Merkmal betrachtet, das im Wesentlichen das soziale und kulturelle Verhalten eines Menschen bestimmt.

Pointiert formuliert: Sarrazin setzt sich mit einem sozialen Problem auseinander (bildungsferne Unterschichten, Hartz IV), dessen Existenz und Bedeutung gar nicht bestritten werden kann, aber er ethnisiert und kulturalisiert und ‚religionisiert' diesen Konflikt.

Bedenklich erscheint Sarrazins Popularität, weil sie auf einen Extremismus der Mitte und auf eine Konstanz völkischen Denkens in Deutschland, aber auch insgesamt in Mittel- und Westeuropa verweist. In den westeuropäischen Gesellschaften mit Einwanderern aus dem Maghreb, aus arabischen Ländern und der Türkei ist bei starken Minderheiten und bisweilen sogar bei der Mehrheit der Bevölkerungen ein ökonomisch begründeter Nationalismus zu erkennen, der sich gegen den Islam wendet und ein Interesse an einem Austausch mit Migranten geradezu ausschließt. Aufklärung und Christentum werden dabei einseitig mit Humanismus und Fortschritt identifiziert; vom Islam werden nur negative Momente angesprochen.

Dieser „Kulturkampf" ist als Ausdruck einer Krise der Mitte zu interpretieren, die Abstiegsängste rationalisiert. Zugespitzt und polemisch lässt sich formulieren: Potentiell deklassierte Angehörige der deutschen Mittelschicht wenden sich gegen den ‚muslimischen Anderen', der als rückständig kritisiert wird. Vermeintliche Leistungsträger wenden sich gegen denselben Anderen wegen dessen vermeintlicher ökonomischer Impotenz.

III

Eine kulturwissenschaftliche Kritik an Thilo Sarrazins Konzeption kann sich auf die bereits erwähnten Ausführungen Amartya Sen stützen, der in seinem Buch *Die Identitätsfalle* (Sen 2010) eine dezidierte Kritik des Kulturalismus und fundierte Reflexionen über die Perspektiven von Individuen und Kollektiven in der globalisierten Welt bietet. Das erste wesentliche Argument Sens besteht darin, dass er es ablehnt, die ‚Identität' eines Individuums aus dessen Zugehörigkeit zu einer kulturellen Gemeinschaft abzuleiten. Die Kultur, in der ein Mensch aufwächst, determiniert seine Entwicklung nicht vollständig, und zwar deshalb nicht, weil jede Kultur in sich heterogen und plural ist und weil der Einzelne sich in einer relativen Autonomie gegenüber den Prägungen durch ‚seine' Kultur befindet:

> Erstens mögen grundlegende kulturelle Einstellungen und Anschauungen zwar die Art unseres Denkens *beeinflussen*, aber das heißt nicht, daß sie diese vollständig *determinieren*. Es gibt mancherlei Einflüsse auf unser Denken, aber nur weil wir uns mit einer bestimmten Gruppe identifizieren und durch die Zugehörigkeit zu ihr beeinflußt werden, müssen wir noch nicht unsere Fähigkeit einbüßen, andere Denkweisen in Betracht zu ziehen. […] Zweitens müssen die sogenannten Kulturen nicht einen *einzigen* Komplex von Vorstellungen und Anschauungen besitzen, die unser Denken zu beeinflussen vermögen. Viele dieser ‚Kulturen' weisen beträchtliche innere Variationen auf, und innerhalb einer bestimmten Kultur können verschiedene Einstellungen und Anschauungen gehegt werden. (Sen 2010: 48 f.; Hervorhebungen im Text)

Wenn man diese Überlegungen auf Sarrazins Äußerungen zur ‚muslimischen Identität' anwendet, so ergeben sich zwei Konsequenzen: Erstens kann das Selbstverständnis eines Menschen nicht auf seine Religionszugehörigkeit und können somit das Verhalten und die Einstellungen eines Muslims nicht auf dessen ‚Muslim-Sein' reduziert werden; und zweitens ist ein Zerrbild des Islam zurückzuweisen, das in dieser Religion nur Rückständigkeit, Intoleranz und Bildungsferne zu erkennen vermag. Zu Recht erklärt Sen:

> Es ist heute von größter Bedeutung, auf den Unterschied zu achten zwischen (1) der Betrachtung der Muslime ausschließlich oder vorwiegend unter dem Aspekt ihrer islamischen Religion und (2) ihrem umfassenden Verständnis unter dem Aspekt ihrer vielfältigen Zugehörigkeiten, zu denen sicherlich auch ihre islamische Identität gehört, die aber ihrerseits nicht die Engagements verdrängen muß, welche sich aus ihren wissenschaftlichen Interessen, beruflichen Verpflichtungen, literarischen Neigungen oder politischen Zugehörigkeiten ergeben. (Sen 2010: 82)

Um es kurz zu sagen: Die Identität eines Menschen, der sich zur muslimischen Religion bekennt, geht nicht in seinem ‚Muslim-Sein' auf:

> Bestünde die einzige Identität eines muslimischen Menschen darin, islamisch zu sein, müßten natürlich all seine moralischen und politischen Urteile auf religiöse Bewertungen bezogen werden. Es ist diese solitarische Illusion, die dem westlichen, insbesondere anglo-amerikanischen Bemühen zugrunde liegt, den Islam im sogenannten Krieg gegen den Terror für sich zu gewinnen. (Sen 2010: 93)

Die Privilegierung der Kategorie der Religion stellt insofern eine Missachtung der Angehörigen der islamischen Minderheit in Deutschland dar, weil ihnen die Freiheit eines souveränen Umgangs mit ihrer Herkunft und ihrer kulturellen Tradition abgesprochen wird:

> Die grundsätzliche Anerkennung der Vielfalt von Identitäten würde gegen den Versuch sprechen, Menschen unter ausschließlich religiösem Aspekt zu sehen, unabhängig davon, wie religiös sie innerhalb des eigentlichen Bereichs der Religion sind. (Sen 2010: 94)

IV

Abschließend seien die Konsequenzen erörtert, die sich aus diesen Überlegungen und aus der Kritik an Thilo Sarrazins Darlegungen ergeben. Es geht darum, die Menschen nicht auf ihre Religion zu reduzieren und Andersheit nicht als Bedrohung zu verstehen. Das bedeutet im Blick auf den Islam, dass es darum geht, wie im Blick auf das Christentum die Vielfalt dieser Religion anzuerkennen. Im Gegenzug zu der Demagogie Sarrazins ist auch eine strategische Aufwertung des Islams eine sinnvolle Option, die sich auf eine große deutsche Tradition unter anderem bei Lessing, Goethe und Rückert stützen kann. Die Muslime in Deutschland sollten nicht in die „Identitätsfalle" eines konservativen Islam gedrängt, sondern ermutigt werden, eine europäische Form des Islam auszubilden, die sich an die menschenfreundlichen und toleranten Überlieferungsstränge des Islam anschließt.

Aber auch für das Selbstverständnis der deutschen Mehrheitsgesellschaft ergeben sich gravierende Konsequenzen. Sie sollte aufhören, die deutsche Bevölkerung in durch Kulturkreise definierte ethnische Gruppen aufzuteilen. Und vor allem sollte sie soziale Probleme nicht durch ethnische oder religiöse Identitätskonzepte vernebeln, sondern mit sozialpolitischen Maßnahmen angehen und so zur Überwindung von Problemen der Unterschicht beitragen. Die Menschen mit Migrationsgeschichte sollten nicht als Risikofaktoren diskreditiert, sondern als Mitbürger verstanden werden, die an der Lösung demographischer und arbeitsmarktpolitischer Probleme mitwirken können. Wenn es um die Frage des sich in Deutschland andeutenden Facharbeitermangels geht, sind Ausbildung und Qualifizierung das Gebot der Stunde. Die Deutschen mit Migrationshintergrund sollten in diesem Zusammenhang nicht als Störenfriede, sondern als potentielle Aufsteiger begriffen werden (vgl. Laschet 2009).

Die Kulturwissenschaft und die interkulturelle Literaturwissenschaft sollten den Identitätsbegriff nicht in dem restringierten Sinne verwenden, den Amartya Sen zu Recht kritisiert; sie sollten von Identitätskonstruktionen ausgehen, die individuell, originell und selbstbestimmt und nicht durch den Einschluss in ein rigides Konzept von Kultur geprägt sind. Die Mehrheitsgesellschaft sollte insgesamt tendenziell weniger über Identitäten philosophieren, sondern die ‚Integrität‘ aller Bürger, auch die ihrer Minderheiten, respektieren. Insofern bleibt der folgende Hinweis von Yasemin Dayıoğlu-Yücel auch in der Sarrazin-Debatte unverändert aktuell:

> Der Begriff Integrität kann positiv über Merkmale wie Einheitlichkeit, Kohärenz, Autonomie und Souveränität oder ex negativo durch die Verletzung der Integrität, sei es durch die Oktroyierung von Identitäten oder die Diskriminierung aufgrund bestimmter Identitätsmerkmale, bestimmt werden. Deswegen erscheint es mir sinnvoll, mit einem begrifflichen Instrumentarium zu operieren, das sowohl den Begriff der Identität beibehält als auch den der Integrität verwendet. Identität ist immer auch eine (Selbst- und Fremd-) Bestimmungs- und Abgrenzungsinstanz. Integrität ist stärker auf die Anerkennung bzw. Missachtung der gewählten Selbstzuschreibung im gesellschaftlichen Prozess bezogen. (Dayıoğlu-Yücel 2005: 3)

Die Integrität eines Menschen zu respektieren, bedeutet aber eben auch, ihn nicht in eine vermeintliche Gruppenidentität einzumauern, sondern plurale Identitätskonstruktionen zur Kenntnis zu nehmen und sich ausbilden zu lassen. Man sollte also nicht über „Identität" Gruppen definieren, sondern die Integrität von Menschen durch Anerkennung stärken; man sollte jedem Menschen Chancengleichheit ermöglichen und Aufstiegschancen gewähren und allgemein Probleme nicht durch Ausgrenzung, sondern durch Dialog angehen. Die Reflexion über die negativen Konsequenzen der Sarrazin-Debatte für viele Deutsche mit Migrationshintergrund kann so vielleicht und hoffentlich zu einer Chance werden, einen echten Dialog und eine echte Kooperation zu erreichen im Sinne einer Integration, die Integrität ermöglicht und die Chancen für differenzierte und komplexe Identitätskonstruktionen offen hält. Wenn dies gelingt, kann endlich auch die deutsche Gesellschaft den Reichtum begreifen, der sich in der Geschichte und der Gegenwart türkisch-deutschen Kulturtransfers zeigt.

Literatur

Dayıoğlu-Yücel, Yasemin (2005): *Von der Gastarbeit zur Identitätsarbeit. Integritätsverhandlungen in türkisch-deutschen Texten von Şenocak, Özdamar, Ağaoğlu und der Online-Community ‚vaybee'!* Göttingen.

Foroutan, Naika (Hg.): *Sarrazins Thesen auf dem Prüfstand. Ein empirischer Gegenentwurf zu Thilo Sarrazins Thesen zu Muslimen in Deutschland,* verfügbar unter: http://www.heymat.hu-berlin.de/ [Letztes Zugriffsdatum: 28.1.2011].

Huntington, Samuel P. (1996): *Kampf der Kulturen. Die Neugestaltung der Weltpolitik im 21. Jahrhundert,* München, Wien.

Laschet, Armin (2009): *Die Aufsteiger-Republik. Zuwanderung als Chance,* Köln.

Sarrazin, Thilo (2010): *Deutschland schafft sich ab. Wie wir unser Land aufs Spiel setzen,* München.

Schirrmacher, Frank (2010a): „Ein fataler Irrweg", in: *Frankfurter Allgemeine Sonntagszeitung,* 29.08.2010, auch in: *Sarrazin – Eine deutsche Debatte,* hrsg. von der Deutschlandstiftung Integration, München, Zürich, S. 22–28.

Schirrmacher, Frank (2010b): „Sarrazins drittes Buch", in: *Frankfurter Allgemeine Zeitung,* 01.09.2010, auch in *Sarrazin – Eine deutsche Debatte,* hrsg. von der Deutschlandstiftung Integration, München, Zürich, S. 50–52.

Sen, Amartya (2010): *Die Identitätsfalle. Warum es keinen Krieg der Kulturen gibt,* München.

Canan Şenöz-Ayata

Türkische Schulen in Deutschland im Mediendiskurs[1]

Einleitung

Die Diskussion über türkische Schulen in Deutschland ist nicht neu. Der türkische Ministerpräsident Recep Tayyip Erdoğan hatte sich zuerst bei seiner Deutschlandreise 2008 zu diesem Thema geäußert und war auf eine große negative Resonanz in Deutschland gestoßen. Zwei Jahre später besuchte die Bundeskanzlerin Merkel am 29. und 30. März die Türkei. Vor ihrer Türkeireise hatte sie erklärt, dass sie in Ankara nochmals ihren Vorschlag über die privilegierte Partnerschaft der Türkei zum Ausdruck bringen werde. In einer Reaktion darauf wiederholte der türkische Ministerpräsident vier Tage vor ihrem Besuch in einem Interview mit der Wochenzeitung *Die Zeit* seine Forderung nach der Gründung türkischer Schulen in Deutschland. Merkel lehnte bereits vor ihrer Türkeireise Erdoğans Vorschlag ab. Dies führte in deutschen Medien wiederum zu heftigen Debatten. Den Artikeln aus der türkischen und deutschen Presse zufolge bemerkte der türkische Ministerpräsident, dass er eine solche Reaktion nicht erwartet habe.

Ziel dieses Beitrags ist es, Zeitungsartikel über türkische Schulen in Deutschland in deutschen und türkischen Medien mit textlinguistischen Kriterien zu analysieren und miteinander zu vergleichen. In Anlehnung an die Ergebnisse der textlinguistischen Analyse wird dargestellt, wie Zeitungstexte Diskurse bilden und wie Diskurse die Gestaltung von Nachrichten lenken. Die

---

1 Dieser Beitrag ist im Rahmen des an der Istanbul Universität unter der Nummer 108K375 laufenden internationalen TÜBITAK-Projektes *Türkisch-deutscher Kulturkontakt und Kulturtransfer* entstanden. Im linguistischen Teil des Projektes werden mit textlinguistischen Kriterien interkulturelle Vergleiche verschiedener Textsorten wie Zeitungsartikel, Wissenschaftstexte, Todesanzeigen, Kochrezepte, Hochzeitseinladungen, Wohnungsinserate u. ä. verwirklicht. Parallel dazu habe ich im Sommersemester 2009/2010 mit unseren Studenten sowohl im Bachelor als auch im Master- und Doktorandenprogramm textlinguistische und kontrastive Analysen deutscher und türkischer Zeitungsartikel durchgeführt. Das Zeitungsarchiv des Projektes hat für die Zusammenstellung des Analysekorpus eine große Hilfe geleistet: http://www.istanbul.edu.tr/edebiyat/alman_dili_edebiyati/proje/basin_taramasi.htm.

analysierten Zeitungsnachrichten sind vor und während der Türkeireise der Bundeskanzlerin Angela Merkel im März 2010 erschienen.

Textlinguistische Analyse und interkultureller Vergleich der Ergebnisse

Das Analysekorpus besteht aus 30 deutschen und 30 türkischen Nachrichten in verschiedenen Zeitungen[2], die im März 2010 erschienen sind. Die Textanalyse beruht auf dem Modell von Brinker (1997) und Hackl-Rössler (2006) (siehe Anhang, Tabelle 1).

Um die textsortenspezifischen Merkmale der Nachrichtentexte in beiden Kulturen darstellen zu können, habe ich aus dem Textkorpus zwei Texte aus Boulevardzeitungen ausgewählt. Der erste Text („Merkel'i köşeye sıkıştıran hamle") ist aus der *Hürriyet* vom 25.03.2010. Der zweite Text („So zähmt Kanzlerin Merkel den wilden Mann vom Bosporus") ist aus der *Bild* vom 29.03. 2010. Um die Unterschiede im Mediendiskurs der beiden Länder besser erklären zu können, werden an manchen Stellen auch andere Beispiele aus dem Analysekorpus vorgeführt. Aus meiner textlinguistischen Analyse gehen folgende Ergebnisse hervor:

Hinsichtlich der Textfunktion und der formalen Textstruktur weisen die untersuchten Zeitungsnachrichten in beiden Sprachen keine gravierenden Unterschiede auf. Aus diesem Grund werden hier nicht die Analyseergebnisse dieser beiden Kriterien, sondern die der weiteren zwei Kriterien (thematische Struktur und Textstil) behandelt. Anhand von thematischer Textstruktur und Textstil können die Unterschiede zwischen türkischen und deutschen Medien veranschaulicht werden (siehe Analysekriterien in Tabelle 1).

Thematische Struktur

Nicht nur über türkische Schulen in Deutschland, sondern auch über andere Themen wie die EU-Mitgliedschaft der Türkei, privilegierte Partnerschaft, die Deutsch-Türkische Universität, Integration, die Iran-Nuklearkrise und die wirtschaftlichen Beziehungen wird in den Nachrichten beider Länder berichtet.

---

2 Die deutschen Nachrichten im Analysekorpus sind den folgenden Zeitungen entnommen: *Bild, Financial Times Deutschland, Frankfurter Allgemeine Zeitung, Frankfurter Rundschau, Handelsblatt, Süddeutsche Zeitung, Der Tagesspiegel, Die Tageszeitung, Die Welt, Die Zeit*. Die analysierten türkischen Nachrichten sind aus den folgenden Zeitungen ausgewählt worden: *Akşam, Cumhuriyet, Habertürk, Hürriyet, Radikal, Sabah, Yeni Şafak, Zaman*.

Meine Untersuchung richtet sich auf das Konfliktfeld türkische Schulen in Deutschland. Die analysierten Zeitungsartikel sind auf türkische Schulen in Deutschland fokussiert. Das gleiche Thema wird in der deutschen und türkischen Presse anders dargestellt, weil die Journalisten sich bei der Gestaltung der Nachrichten auf kulturelle und politische Diskurse ihrer eigenen Länder sowie auf Diskurse ihrer Publikationsorgane stützen.

Ich werde das mit verschiedenen Beispielen verdeutlichen. Vor Merkels Türkeibesuch wurde Erdoğans Forderung nach der Einrichtung türkischer Gymnasien von deutschen Politikern zurückgewiesen. Diese meinten, dass türkische Schulen die Integration behindern könnten. Folgende Beispiele sind aus der deutschen Presse entnommen:

(1)
Bosbach betonte, so etwas fördere nicht die *Integration*, sondern die Bildung von Parallelgesellschaften. Der Vorsitzende des Bundestags-Innenausschusses betonte: ‚Wer hier auf Dauer leben will, der muss die deutsche Sprache in Wort und Schrift erlernen und zu *Integration*szwecken gemeinsam mit den deutschen Nachbarkindern in die Schule gehen.‘[3] (*Die Welt*, 25.03.2010)

(2)
Eigene Schulen für Migranten würden die *Integration* eher behindern, sagte der CDU-Innenpolitiker Wolfgang Bosbach. Die *Integration*sbeauftragte der Bundesregierung, Maria Böhmer (CDU) sagte, sie sehe keine Notwendigkeit für weitere türkische Gymnasien in Deutschland, denn es gebe bereits einige. Die ehemalige SPD-Bundestagsabgeordnete Lale Akgün aus Köln sagte: ‚Türkische Gymnasien sind eine Sackgasse‘. Der deutsche Philologenverband sprach von einem völlig falschen und *integrationsfeindlichen* Ansatz. (*FAZ*, 26.03.2010)

(3)
Von einem falschen Signal sprach der hessische *Integration*sminister Jörg-Uwe Hahn (FDP). Ziel müsse es sein, türkischstämmige Migranten rasch in die deutsche Gesellschaft einzugliedern. Durch Schulunterricht in Türkisch würden sie hingegen weiterhin abgesondert. Der bayerische Innenminister Joachim Herrmann (CSU) sagte der Münchner Zeitung *tz*, mit seinem Vorschlag habe Erdoğan der *Integration* türkischer Bürgerinnen und Bürger in Deutschland einen ‚Bärendienst‘ erwiesen. ‚Er demonstriert immer mehr einen neuen türkischen Imperialismus und Nationalismus, der für uns Deutsche unerträglich ist.‘ (*Die Zeit*, 26.03.2010)

Diese ausgewählten Textstellen sind als „indirekte Textakte zu betrachten, mit denen anders oder mehr vermittelt wird, als wörtlich zu lesen ist" (Schmitz 2007: 179). Durch die häufige Verwendung des Begriffs „Integration" in den obigen Beispielen und durch die negativen Äußerungen, die mit „Integration" ver-

---

3 Wenn nicht anders gekennzeichnet, handelt es sich hier und in den folgenden Zitaten um meine Hervorhebungen.

bunden sind, werden nur Widerstände gegen türkische Schulen zum Ausdruck gebracht. Im ersten Beispiel sind Äußerungen wie „so etwas fördere nicht die Integration, sondern die Bildung von Parallelgesellschaften", im zweiten Beispiel Erklärungen wie „eigene Schulen für Migranten würden die Integration eher behindern"; „der deutsche Philologenverband sprach von einem völlig falschen und integrationsfeindlichen Ansatz", im dritten Bespiel die Aussage „durch Schulunterricht in Türkisch würden sie (türkischstämmige Migranten) hingegen weiterhin abgesondert" als solche Textstellen hervorzuheben. Hinter diesen Äußerungen bzw. Zitaten befindet sich ein Gefahren-Topos[4]. Da türkische Gymnasien in Deutschland als „integrationsfeindlich" bzw. als Gefahr für die Integration wahrgenommen werden, hat man selbstverständlich Angst vor der Gründung dieser Schulen.

Während Merkels Türkeibesuch ändert sich dieser völlig ablehnende Diskurs bis zu einem gewissen Grad. Merkel spricht eine bedingte Zulassung für türkische Gymnasien aus. Sie setzt aber voraus, dass Migrantenkinder die deutsche Sprache gut beherrschen, um sich in die deutsche Gesellschaft erfolgreich integrieren zu können. Das folgende Bespiel aus der *Bild* veranschaulicht diesen veränderten Diskurs:

(4)
Doch auf der heutigen Pressekonferenz gab es versöhnliche Worte von beiden Seiten – gerade auch bei der Streitfrage der Schule.
‚Unsere Beziehungen sind etwas ganz Besonderes', sagte auch Kanzlerin Merkel und bekräftigte, dass es in Deutschland selbstverständlich auch türkische Schulen nach dem Vorbild deutscher Schulen im Ausland geben könne.
‚Wenn Deutschland Auslandsschulen in anderen Ländern hat, zum Beispiel in der Türkei, […], dann kann es natürlich auch die Türkei sein, die Schulen in Deutschland hat', sagte Merkel. Aber: ‚Türkische Schulen in Deutschland dürfen keine Ausrede dafür sein, nicht Deutsch zu sprechen', sagte die Kanzlerin. Denn: Dies sei eine Voraussetzung für eine erfolgreiche Integration. (*Bild*, 29.03.2010)

Der ehemalige Bundeskanzler Gerhard Schröder unterstützt Erdoğans Vorschlag:

(5)
Der türkische Ministerpräsident Erdogan hat einen guten Vorschlag gemacht […]. Wir brauchen keine Ängste zu haben oder gar Ängste zu schüren. Es ist eine Selbstverständlichkeit, dass unsere Kinder – und zwar alle, auch die mit Migrationshintergrund – die deutsche Sprache beherrschen sollen.
Zweisprachige Schulen und Hochschulen sowohl in der Türkei als auch bei uns können

---

4 Ich verwende den Begriff ‚Topos' in Anlehnung an Wengeler (2008: 219) als Argumentationsmuster, welche den Äußerungen zugrunde liegen und in expliziter oder nur in angedeuteter Form wiedergegeben werden. Topos-Analyse ist gleichzeitig als „tiefsemantische Analyse zu verstehen, die etwas aufzeigt, was auf der Textoberfläche so nicht vorkommt, was aber ein Teil des verstehensrelevanten Hintergrundes der textuellen Oberfläche ist" (Wengeler 2008: 231).

helfen, die Europaorientierung der Türkei zu stärken, Brücken zwischen unseren Ländern zu bauen und die Integration zu fördern. Und sie sind ein Beitrag zur Internationalisierung Deutschlands. (*Bild*, 30.03.2010)

Schröder vertritt die These, dass zweisprachige Schulen sowohl zum Eintritt der Türkei in die EU als auch zur Integration einen wichtigen Beitrag leisten können. In deutschen Medien wird die Einrichtung türkischer Schulen meist in Zusammenhang mit dem Thema Integration behandelt.

Wie aber wird dasselbe Thema in türkischen Medien dargestellt? Vor Merkels Türkeireise war Erdoğan von der ablehnenden Haltung der Bundeskanzlerin und deutscher Politiker enttäuscht und hat sich wie folgt geäußert:

(6)
Erdoğan, ‚Türkiye'de Alman kolejleri var – Niçin Almanya'da Türk kolejleri olmasın?' dedi.

Erdoğan sagte: „In der Türkei haben wir deutsche Gymnasien. Warum sollte es keine türkischen Gymnasien in Deutschland geben?' (*Hürriyet*, 25.03.2010)[5]

Wie wir an diesem Beispiel erkennen, hat Erdoğan seinen Vorschlag zu türkischen Gymnasien auf die Gleichberechtigung der beiden Länder gestützt. Er bringt zum Ausdruck, dass es in Deutschland türkische Schulen geben solle, weil es in der Türkei gleichermaßen deutsche Schulen gibt. Diese Aussage impliziert das Argument, dass die Türkei und Deutschland in Bezug auf Auslandsschulen gleichberechtigt sein sollten. In einer anderen Erklärung erhebt er gegen die Bundeskanzlerin folgende Vorwürfe:

(7)
Erdoğan: ‚Merkel, Almanya'da Türk lisesi açılmasını kabul etmiyor. Türkiye şamar oğlanı mı? Türkiye'de Alman Lisesi, İstanbul Erkek Lisesi olmak üzere Almanca eğitim yapan okullar var. Biz rahatız. Üniversite talebinde bulundular. Beykoz'da 120 dönüm güzel fidanlık veriyoruz. Onların Türkiye'ye karşı bu nefret ve kinini anlamıyorum. Bayan Şansölye olarak, Merkel'den bu yaklaşımı hiç beklemezdim.'

Erdoğan: ‚Merkel lehnt die Einrichtung türkischer Gymnasien in Deutschland ab. Ist die Türkei ein Prügelknabe? In der Türkei gibt es deutsche Schulen wie das Alman Lisesi und Istanbul Erkek Lisesi. Wir fühlen uns wohl. Sie forderten eine Universität. Wir bieten 120 Hektar Grünfläche in Beykoz. Ich verstehe nicht, warum sie diesen Hass gegen die Türkei haben. Ich hätte ein solches Verhalten von der Bundeskanzlerin Merkel nicht erwartet.' (*Hürriyet*, 28.03.2010)

Diese Äußerungen des türkischen Ministerpräsidenten beruhen explizit auf dem Hass-Topos. Da der türkische Ministerpräsident Erdoğan im Hinblick auf die Gründung der türkischen Schulen in Deutschland von der Bundeskanzlerin

---

5 Die türkischen Beispieltexte wurden von mir ins Deutsche übertragen.

keine Ablehnung erwartete, hat er ihre Reaktion als Hass gegen die Türkei wahrgenommen. Seine Äußerung, „ich verstehe nicht, warum sie [die Deutschen; C. Ş.-A.] diesen Hass gegen die Türkei haben" wurde in vielen deutschen Zeitungen zitiert. Wie unten dargestellt wird, ist im Beispieltext aus der *Bild* ein solcher Verweis auf diesen Hass-Topos vorzufinden:

(8)

Nach dem Vier-Augen-Gespräch mit Angela Merkel beklagte der türkische Ministerpräsident Recep Tayyip Erdogan nicht mehr den angeblichen *„Hass auf die Türken"* und forderte auch nicht mehr türkische Gymnasien in Deutschland. (*Bild*, 29. 03. 2010)

Dieser negative Diskurs hat sich mit dem Türkeibesuch von Merkel und durch ihre Erklärung über die Zulassung türkischer Gymnasien ins Positive gewandt. Die hervorgehobene Textstelle in der türkischen Nachricht aus der Zeitung *Hürriyet* zeigt diesen Wandel:

(9)

Başbakan Erdoğan, Almanya Başbakanı Angela Merkel'le görüşmesi sonrası ‚Almanya'da Türk lisesi açılmasında anlaştıklarını söyledi [...]. ‚Görüşmeler iyi geçti mi?' sorusuna, ‚inanılmaz başarılı geçti. Çok memnun kaldım' yanıtını verdi. Merkel ile bir süredir yaşanan ‚Almanya'da Türk lisesi açılması' polemiğinin hatırlatılması üzerine Erdoğan, konunun görüşmede kapsamlı şekilde ele alındığını belirterek, ‚Okul işi tamam, bir sorun yok' yanıtını verdi.

Nach seinem Gespräch mit der Bundeskanzlerin Angela Merkel sagte der Ministerpräsident Tayyip Erdoğan, dass sie sich auf die Gründung türkischer Gymnasien in Deutschland geeinigt haben. Auf die Frage, „wie sind die Gespräche verlaufen?" hat er geantwortet: „Sie waren sehr erfolgreich. Ich bin sehr zufrieden [...].Es gibt kein Problem in Bezug auf die Gründung türkischer Schulen in Deutschland". (*Hürriyet*, , 30. 03. 2010)

Der Streit, der vor Merkels Besuch begonnen hatte, wurde mit dem Gespräch der beiden Staatsrepräsentanten friedlich beendet. Am Ende kam eine Versöhnung zustande. Die Friedenstaube, die Merkel dem türkischen Ministerpräsidenten geschenkt hat, kann in diesem Zusammenhang als ein Symbol für die Versöhnung betrachtet werden.

Stilistische Merkmale

Ein wesentliches stilistisches Merkmal der analysierten Nachrichten ist die häufige Verwendung von Zitaten und indirekter Rede. Diese stilistischen Mittel werden oft gebraucht, um objektiv und sachlich zu sein; um eine Distanz zwischen sich und dem Gesagten zu erhalten. Aber wie wir bereits bei der thematischen Analyse gesehen haben, steht hinter der Wahl dieser Zitate eine bestimmte Ideologie. In Zeitungstexten werden nicht nur sprachliche Mittel, die zur sachlichen Textgestaltung dienen, gebraucht, sondern auch rhetorische Figuren wie Metapher und Ironie. „Metaphorik, Ironie, illokutionäre Mehrdeutigkeit oder diskursive Doppelbödigkeit finden wir sehr wohl in massenmedialen Texten." (Schmitz 2007: 179) Auf solche stilistische Elemente trifft man eher in Boulevard-Zeitungen wie *Bild* und *Hürriyet*.

In diesem Zusammenhang möchte ich auf die Überschriften von zwei Beispieltexten hinweisen. Obwohl die Mehrheit der untersuchten türkischen und deutschen Nachrichtenüberschriften als Zusammenfassungen der Hauptinformationen des Grundtextes betrachtet werden können, besitzen die beiden Beispieltexte andere Eigenschaften. Die deutsche Überschrift („So zähmt Kanzlerin Merkel den wilden Mann vom Bosporus") enthält eine Metapher und die türkische („Merkel'i köşeye sıkıştıran hamle" / „Der Zug, der Merkel in die Ecke treibt") eine Redewendung. Diese Überschriften sind appellativ, weil sie durch die verwendeten stilistischen Mittel die Aufmerksamkeit der Rezipienten erregen und sie emotional ansprechen. Hingegen informieren sie sehr wenig über den Inhalt des Grundtextes. In dieser Hinsicht zeigen sie eine Gemeinsamkeit auf. Sie unterscheiden sich aber voneinander dadurch, dass sie jeweils ihre eigenen Staatsrepräsentanten in überlegener Position darstellen.

Die Überschrift der *Bild* „So zähmt Kanzlerin Merkel den wilden Mann vom Bosporus" ist in manchen türkischen Zeitungen zitiert worden. Sie wurde in der Zeitung *Sabah* als „Hiddetli adamı yumuşattı" („[Merkel] erweicht den verärgerten Mann vom Bosporus") und in der Zeitung *Habertürk* als „Boğazın sert adamını yumuşattı" („[Merkel] erweicht den harten Mann vom Bosporus") ins Türkische übersetzt (siehe *Sabah*, 30. 03. 2010, *Habertürk*, 31. 03. 2010)[6]. Wie die Rückübersetzungen verdeutlichen, wurde die deutsche Überschrift ins Türkische nicht im wörtlichen Sinne, sondern mit einer pragmatischen Perspektive zielkulturorientiert übertragen. Das in der originellen deutschen Überschrift vorkommende Wort „wild" ruft bei den Lesern negative Assoziationen wie ‚unzivilisiert', ‚auf niedriger Kulturstufe stehend' hervor. Bei der türkischen Übersetzung wurde das Wort „wild" mit einer Bedeutungsverschiebung durch andere Wörter wie „verärgert" und „hart" ersetzt. Das in der deutschen Originalüberschrift existierende Verb „zähmen" wurde in der türkischen Übersetzung vermildert. Anstelle dieses Verbs wurde in der türkischen Übersetzung ein anderes Verb, „yumuşatmak" („erweichen"), verwendet. Wenn bei den türkischen Übersetzungen keine Bedeutungsverschiebungen unternommen worden wären, hätte die deutsche Überschrift bei türkischen Lesern Unmut erregt.

Nicht nur in der Überschrift, sondern auch in dem Nachrichtentext werden

---

6 Den türkischen Übersetzungen folgen in den Klammern die Rückübersetzungen ins Deutsche.

Merkel und Erdoğan in den Medien ihrer eigenen Länder in überlegener Position dargestellt. Die folgenden Beispiele können diesen Zustand sehr gut veranschaulichen:

(10)

Nach dem Vier-Augen-Gespräch mit Angela Merkel (55, CDU) beklagte der türkische Ministerpräsident Recep Tayyip Erdogan (56) nicht mehr den angeblichen ‚Hass auf die Türken' und forderte auch nicht mehr türkische Gymnasien in Deutschland.

[...] Erdogans Äußerungen im Vorfeld des Besuchs hatten die deutsch-türkische Freundschaft nicht gerade gefördert.

[...] Aber noch wichtiger war der Satz, den sie (Merkel) nachschob: ‚Das darf aber keine Ausrede für Türken sein, etwa nicht Deutsch zu lernen'. Erdogan hörte sich das an – und schwieg.

Ankara will möglichst schnell in die EU. Die Kanzlerin konterte kühl, die Türkei müsse zunächst einmal das Zypern-Problem lösen. Auch das schluckte Erdogan ohne Gegenrede. Ja, er bedankte sich bei Merkel vor der Presse sogar auf Deutsch: ‚Danke schön' [...]. (*Bild*, 29.03.2010)

Es wird in diesen ausgewählten Textstellen so dargestellt, dass sich Erdoğan gegenüber Merkel in unterlegener Position befindet. Er schwieg und akzeptierte die Äußerungen von Merkel ohne Gegenrede. Am Ende bedankte er sich bei ihr auf Deutsch. Diese Danksagung wird auch ironisch dargestellt, weil er auf seine Forderung nach türkischen Schulen verzichtet und sogar am Ende selber Deutsch gesprochen hat.

In den Nachrichten von *Hürriyet* sehen wir aber eine völlig andere Darstellungsweise, die den türkischen Premier als wortführend und mächtig präsentiert:

(11)

Almanya Başbakanı Angela Merkel'in önümüzdeki hafta yapacağı Türkiye ziyareti öncesinde Berlin ile Ankara arasında adeta bir taktik savaşı yaşanıyor. Merkel'in çantasında ‚imtiyazlı ortaklık' önerisini getirdiğini açıklamasının ardından Başbakan Recep Tayyip Erdoğan'ın Almanları köşeye sıkıştıracak son hamlesi kelimenin tam anlamıyla ortalığı karıştırdı [...].

Berlin ile Ankara arasındaki karşılıklı hamleler geçtiğimiz hafta başlamıştı. Almanya Başbakanı Angela Merkel bir grup Türk gazeteciye verdiği demeçte, Türkiye'ye önerdiği ‚imtiyazlı ortaklık' görüşünde herhangi bir değişiklik olmadığını, Ankara 'ya yapacağı ziyarette bunu yeniden tekrarlayacağını söyledi.

MERKEL'İN KUCAĞINA BOMBA BIRAKTI

Merkel bu açıklamaları kısa bir süre önce yaptı. Erdoğan ise bir süre sessiz kalmayı tercih etti. Ancak dün Alman Die Zeit gazetesine verdiği demeçte, adeta Merkel'in kucağına zaman ayarlı bir bomba bıraktı [...] (*Hürriyet*, 25.03.2010).

In dieser türkischen Nachricht wird mitgeteilt, dass ein Taktik-Krieg zwischen Erdoğan und Merkel durchgeführt wird. Angela Merkel hat in der türkischen Presse geäußert, dass sie ihre Meinung über die privilegierte Partnerschaft der

Türkei nicht geändert habe. Als eine Gegenbewegung hat Erdoğan die Gründung türkischer Schulen in Deutschland vorgeschlagen und damit eine Zeitbombe gezündet und dadurch Merkel in die Ecke getrieben.

Die verwendeten sprachlichen Mittel und Ausdrucksweisen stellen hier den türkischen Ministerpräsidenten in überlegener Position dar. Durch die Analyse dieser Nachrichten sehen wir, dass sie nicht nur Informationen über das Thema „türkische Schulen in Deutschland" vermitteln, sondern einen Diskurs bilden, in dem das eigene Staatsoberhaupt jeweils eine überlegene Stellung hat.

Schluss

Aus meiner Analyse geht hervor, dass die Nachrichten der beiden Kulturen trotz der gemeinsamen Textsortenmerkmale dieselben Ereignisse im Diskurs anders einordnen: Die Journalisten berücksichtigen bei der Textproduktion den Diskurs und den Leserkreis ihrer Publikationsorgane. Die Journalisten beider Sprachen stellen in den Nachrichten ihre eigenen Ministerpräsidenten in einer überlegenen Position dar. Das spiegelt sich meistens in der Wortwahl, in den verwendeten Ausdrucksweisen und rhetorischen Figuren wider. Selbstverständlich schließen sich türkische und deutsche Medien bei der Berichterstattung an kulturelle und politische Diskurse in ihren eigenen Ländern an. Deshalb wird dasselbe Thema aus ihren Perspektiven anders dargestellt.

Die hier untersuchten Nachrichten dienen zur Bildung und Änderung bestimmter Diskurse in verschiedenen Zeitungen. Beim Türkeibesuch der Bundeskanzlerin Angela Merkel werden durch deutsche und türkische Medien Streit- und Versöhnungsdiskurse ausgeführt. Bemerkenswert ist dabei, dass die in der Türkei als konservativ und rechts eingestufte Regierungspartei AKP in Deutschland eher Zustimmung seitens der traditionell links orientierten Parteien wie der SPD und der Grünen findet, weil die beiden Themen (die Gründung türkischer Schulen in Deutschland und der EU-Beitritt der Türkei) der allgemeinen Partei-Politik dieser deutschen Parteien entsprechen.

Anhang

Tabelle 1: Textanalysekriterien

textexterne Kriterien	
AUTOR **PUBLIKATIONSORGAN** **REZIPIENTENKREIS** **I. TEXTFUNKTION**	**kommunikative Absicht des Autors:** Informationsfunktion, Appellfunktion, Kontaktfunktion, Unterhaltungsfunktion
textinterne Kriterien	
II. MAKROSTRUKTUR	**a. formale Textstruktur:** Textaufbau – Überschrift (Hauptzeile, Oberzeile, Unterzeile) – Vorspann, Leadsatz oder ein anderer Einstieg – Absätze – Zwischentitel – Bildunterschrift (Beziehung zwischen Bildunterschrift und Bild; Bild und Text) – Wiederaufnahmestruktur des Textes **b. semantische Textstruktur:** Textsemantik, Themenanalyse
III. STIL	**a. Schreibhaltung** – **Schreiberpräsenz:** 1. Pers. Sg./Pl. oder Passivformen **b. Leserbezug** – **Personalpronomen** (Sie oder 1. Person Plural), die Verwendung von Imperativformen **c. Sprachliche Mittel** – **Lexik/Syntax** (Wortarten und ihre Häufigkeit, Satzbau) – **rhetorische Figuren** (Metapher, Vergleiche, Euphemismen...) – **Tempusgebrauch** (die häufige Verwendung bestimmter Tempusformen) **d. Aktiv-Passivform** **e. Indirekte Rede**

Literatur

Bild; Müller-Vogg, Hugo (2010): „So zähmt Kanzlerin Merkel den wilden Mann vom Bosporus", 29. 03. 2010, verfügbar unter: http://www.bild.de/BILD/politik/2010/03/29/so-zaehmt-kanzlerin-angela-merkel-den/den-wilden-mann-vom-bosporus-ankaratuerkei-besuch.html [letztes Zugriffsdatum: 01. 04. 2010].

Brinker, Klaus (1997): *Linguistische Textanalyse*, 4. Aufl., Berlin.

Frankfurter Allgemeine Zeitung: „Bosbach: ‚Türkische Schulen behindern Integration'", 26. 03. 2010.

Hackl-Rößler, Sabine (2006): *Textstruktur und Textdesign-TextlinguistischeUntersuchungen zur sprachlichen und optischen Gestaltung weicher Zeitungsnachrichten*, Tübingen.

Habertürk: „Boğazın sert adamını yumuşattı", 31.03.2010, verfügbar unter: http://www.haberturk.com/dunya/haber/504522-bogazin-sert-adamini-yumusatti [letztes Zugriffsdatum: 01.04.2010].

Hürriyet; Berberoğlu, Enis (2010): „Bayan Şansölyeden beklemezdim", 28.03.2010, verfügbar unter: http://arama.hurriyet.com.tr/arsivnews.aspx?id=14241528 [letztes Zugriffsdatum: 31.03.2010].

Hürriyet: „Türk liseleri için anlaştılar", 30.03.2010, verfügbar unter: http://arama.hurriyet.com.tr/arsivnews.aspx?id=14261350 [letztes Zugriffsdatum: 31.03.2010].

Hürriyet; Karakuş, Mustafa (2010): „Merkel'i köşeye sıkıştıran hamle", 25.03.2010, verfügbar unter: http://arama.hurriyet.com.tr/arsivnews.aspx?id=14214258 [letztes Zugriffsdatum: 31.03.2010].

Sabah: „Hiddetli adamı yumuşattı", 30.03.2010, verfügbar unter: http://www.sabah.com.tr/Dunya/2010/03/30/hiddetli_adami_yumusatti [letztes Zugriffsdatum: 31.03.2010].

Welt Online: „Front gegen türkische Gymnasien in Deutschland", 25.03.2010, verfügbar unter: http://www.welt.de/politik/deutschland/article6920554/Front-gegen-tuerkische-Gymnasien-in-Deutschland.html#vote_6908427 [letztes Zugriffsdatum: 26.03.2010].

Zeit Online: „Erdoğan handelt sich Absage ein", 26.03.2010, verfügbar unter: http://www.zeit.de/politik/deutschland/2010-03/merkel-erdogan-gymnasien [letztes Zugriffsdatum: 29.03.2010].

Schmitz, Ulrich (2007): „Nachrichten als Diskurspflege. Der 11. September hört nicht auf", in: Habscheid, Stephan / Klemm, Michael (Hg.): *Sprachhandeln und Medienstrukturen in der politischen Kommunikation*, Tübingen, S. 179–194.

Wengeler, Martin (2008): „,Ausländer dürfen nicht Sündenböcke sein' – Diskurslinguistische Methodik, präsentiert am Beispiel zweier Zeitungstexte", in: Warnke, Ingo H. / Spitzmüller, Jürgen (Hg.): *Methoden der Diskurslinguistik. Sprachwissenschaftliche Zugänge zur transtextuellen Ebene*, Berlin, S. 207–236.

Volker Hinnenkamp

Kompetenz oder Notlösung? Gemischtsprachige (deutsch-türkische) konversationelle Erzählungen. Soziolinguistische Perspektiven

Mystische Transporte

Es gibt eine bewegliche Installation der Künstlerin Gülsün Karamustafa mit dem Titel *Mystic Transport* (1992): Was da in großen runden Gitterkörben auf Rädern hin- und her arrangiert werden kann, sind riesige Steppdecken auf deren Zudeckseiten die Bettlaken angenäht sind, wie in türkischen Dörfern oft üblich. Jeder dieser Körbe beinhaltet eine lose hineingeworfene andersfarbige Steppdecke. Je nach räumlichem Arrangement entstehen so bunte Muster von hinter Gittern gefangenen, eingepferchten Decken. Wärme und Schutz, umhüllende Heimatlichkeit und bunte Vertrautheit werden zu gefangenen Nomaden in unterschiedlich kompositionellen Arrangements, mal vereinsamt, mal in dichter Herdenhaftigkeit. Aber immer in Mobilitätsbereitschaft, immer gefangen; und immer auch gleichzeitig vertraut und für Außenstehende exotisch bunt. ‚Transport' spricht zudem die Entsubjektivierung an: Erzwungene Mobilität. Buntheit, Eingezwängtsein und Bewegung bilden kompositionell eine schöne Allegorie auf die komplexe Widersprüchlichkeit von Kulturkontakt und Kulturtransfer unter Bedingungen von Globalisierung. In den Auswirkungen auf die Prozesse der Sprachigkeit, die die Migration begleiten, wird dies besonders deutlich. Sprachigkeit unter Transportbedingungen des Kontakts und Transfers wird mystifiziert, und bleibt doch gleichzeitig Geisel von Inklusionsoptionen und Herkunftsorientierungen; und die Buntheit, das Mit- und Ineinander, wird exotisiert, ohne seine schillernde Farbigkeit, seine kompositionelle Originalität wirklich anzuerkennen.

(Mehr-)Sprachigkeitsverhältnisse

Glücklicherweise wurde das Thema ‚Mehrsprachigkeit' auf die Agenda der Konferenz *Türkisch-deutscher Kulturkontakt und Kulturtransfer* gesetzt. Der übergreifende Titel zu diesem Themenblock *Mehrsprachigkeit und seine Kon-*

notationen kann dabei durchaus mehrdeutig gelesen werden. Wenn ‚Konnotation' – ganz grob – die Bedeutung eines Wortes begleitet, also das ist, was bei der Verwendung eines Begriffs mitschwingt, dann sind wir sogleich bei der Problematik, mit der wir uns im Bezug auf den Kontakt der deutschen und der türkischen Sprache kritisch auseinandersetzen.[1] Denn hier geht vieles durcheinander: Mythen und Halbwissen bestimmen die öffentliche Debatte des Mit- und Nebeneinanders dieser Sprachen in Deutschland. Zunächst einmal ist zu sagen, dass insgesamt ein sehr rudimentäres und oftmals falsches Bild über die Zwei- bzw. Mehrsprachigkeit vorherrscht – gleichwohl etwa Zweidrittel der Menschheit als mehrsprachig gilt. Schief ist das Bild aufgrund der Tradition der herderianischen Vorstellungen des Zusammenhangs von Nation und nationaler Sprache oder aufgrund der Geschichte vom babylonischen Fluch der Mehrsprachigkeit. Die Pädagogin Ingrid Gogolin meint, dass die Ablehnung von Mehrsprachigkeit sich im „monolingualen Habitus" der deutschen Schule niedergeschlagen habe (Gogolin 1994), dass sozusagen eine latente Angst vor der – nicht-kontrollierbaren – Anderssprachigkeit im Rahmen der eigenen Einsprachigkeit vorherrsche.

Man muss sich vor Augen halten, dass es bei der rapiden Entwicklung der Gesellschaften und Kulturen gerade hinsichtlich der Prozesse von weltweiter Mobilität und des stetig zunehmenden Kontaktes zwischen den verschiedenen Kulturen und Sprachen der Welt zu massiven Ungleichzeitigkeiten und Vermischungen, aber eben auch zu ganz unterschiedlichen Konzeptionalisierungen des Phänomens Mehrsprachigkeit kommt. Die Konnotationen zu Mehrsprachigkeit werden je nach Auffassung, Erfahrung und Wissensstand unterschiedlich sein. Eine Auffassung, mit der ich z. B. noch groß geworden bin, geht zurück auf Leonard Bloomfield, der – wie wir wissen – Bilingualität erst bei einer „native-like control of two languages" (Bloomfield 1933: 55 f.) gelten lässt. Wer kann das schon? Das genannte Zweidrittel der Welt, das viele als mehrsprachig bezeichnen, fiele nicht darunter. Der vielleicht berühmteste Sprachkontaktforscher des letzten Jahrhunderts, Uriel Weinreich, sah das schon weniger streng, als er definierte: „Die Praxis, abwechselnd zwei Sprachen zu gebrauchen, soll Zweisprachigkeit heißen, die an solcher Praxis beteiligten Personen werden zweisprachig genannt." (Weinreich 1977: 15). Wie gut man eine Sprache dabei beherrschen sollte, ist nicht Teil dieser Definition. Auch ob Zwei- und Mehrsprachigkeit überhaupt gut ist, ob sie erwünscht ist, ist immer wieder diskutiert worden. Ich will in diesem Zusammenhang eher zwei extreme Positionen der deutschen Debatte zitieren. In den 1960er Jahren war eine Auffassung über Mehrsprachigkeit wie die folgende von Leo Weisgerber, der ja viel über Identität und Muttersprache geschrieben hat, offensichtlich noch salonfähig:

---

1 Vgl. dazu auch den Beitrag von Heike Wiese in diesem Band.

Für die große Menge behält es Geltung, daß der Mensch im Grunde einsprachig ist. [...] Vor allem aber gehen *corruption du langage* und *corruption des mœurs* Hand in Hand [...] Das geht von einer Störung der geistigen Entfaltung zu einer Einbuße der Geistesschärfe selbst; geistige Mittelmäßigkeit ist die Folge, erschwert dadurch, daß zugleich die Kräfte des Charakters leiden: man läßt sich gehen, unscharfer, grober, fahrlässiger Sprachgebrauch, das ist gleichbedeutend mit wachsender Trägheit des Geistes und sich lockernder Selbstzucht, einem Abgewöhnen des Drängens nach sprachlicher Vervollkommnung. Die Trübung des sprachlichen Gewissens führt nur zu leicht zum Erschlaffen des Gewissens insgesamt. (Weisgerber 1966: 73; Hervorhebungen im Text)

Einmal abgesehen davon, dass Weisgerber hier selbst ins Französische wechselt, nach Weinreich also bereits Zweisprachigkeit praktiziert, wissen wir heute, dass Mehrsprachigkeit sicherlich nicht mit einem Verlust der guten Sitten oder einem „Erschlaffen des Gewissens" einhergeht, aber Begriffe wie „Störung" und „unscharfer, grober, fahrlässiger Sprachgebrauch" finden in neuem Gewand durchaus noch Gehör.

Ganz anders liegen die Mehrsprachigkeitsverhältnisse für den berühmten österreichischen Romanisten Mario Wandruszka. Für ihn ist die Mehrsprachigkeit allgegenwärtig, selbst noch im Nebeneinander von Dialekt und Hochsprache. Nur 13 Jahre nach Weisgerber vertritt Wandruszka eine moderne, in der aktuellen Debatte rezipierte polylinguale Position als er schrieb:

Für den Menschen gibt es weder eine vollkommene Beherrschung seiner Sprache noch eine völlig homogene Sprachgemeinschaft. Es gibt nie und nirgends ein perfektes, homogenes Monosystem, immer und überall nur unvollkommene heterogene Polysysteme. Das Verhältnis des Menschen zu seiner Sprache ist nicht das der vollkommenen Einsprachigkeit, sondern im Gegenteil das der unvollkommenen Mehrsprachigkeit und der mehrsprachigen Unvollkommenheit. (Wandruszka 1979: 313).

Dieses Bild entspricht allen Erkenntnissen einer modernen Soziolinguistik der Globalisierung, die Sprache an Stelle von essentialistischen Festschreibungen als ein im Fließen, als ein ständig vertikalen wie horizontalen Bedingungen unterworfenen Prozess betrachten, als ein je nach Ort und erwarteter Funktion polyzentrisches und vielschichtiges Phänomen, das Sprachigkeit in all seinen Facetten entgegen einer Hegemonie des Homogenen unter Begrifflichkeiten wie Heteroglossie, Hybridität und Polylingualität fasst.[2] Es scheint mir, dass es vor allem letzterer Begriff ist, der vielleicht das alte, von Homogenitätsannahme und ‚doppelseitiger Einsprachigkeit' geprägte Bild der ‚alten' Mehrsprachigkeitskonzepte ersetzen kann. Der dänische Soziolinguist Normann Jørgensen spricht von daher auch von „polylingual norm" (Jørgensen 2008: 163) von Sprachigkeit:

---

2 Vgl. dazu z. B. die Diskussionen in Heller (2007) oder in Blommaert (2010).

Language users employ whatever linguistic features are at their disposal to achieve their communicative aims as best they can, regardless of how well they know the involved languages; this entails that the language users may know – and use – the fact that some of the features are perceived by some speakers as not belonging together. (Jørgensen 2008: 163)

Die Kenntnis dieser neueren Debatte zur Vielsprachigkeit ist wesentlich, um unter den heutigen Bedingungen weltweiter Migration und Diaspora, unter den Bedingungen von Globalität, Urbanität, Inter- und Transkulturalität, sowie gleichzeitig unter den Bedingungen weltweiter Vernetzbarkeit die Verwendung, das Nebeneinander, Miteinander und Ineinander von Sprachen und Sprachvarietäten zu erkennen und anzuerkennen. Es gibt eine Vielzahl von Untersuchungen zu diesen unterschiedlichen Prozessen; neue Begrifflichkeiten wie ‚Crossing‘, ‚Amalgamierung‘, ‚Oszillieren‘ und ‚Hybridisierung‘ versuchen ganz verschiedene Phänomene polylingualer Sprachigkeit zu erfassen und damit Erkenntnisse klassischer Theorien zu Transfer, Code-Switching und Diglossie unter den genannten neuen Bedingungen zu erweitern.[3]

Trotz all dieser neueren Erkenntnisse herrscht jedoch immer noch – und insbesondere in Bezug auf die sprachlichen Fähigkeiten von MigrantInnen, und hier besonders Migrantenjugendlichen – eine Sichtweise vor, die erstens wenig zur Kenntnis nimmt, dass diese – wie immer ausbalanciert – zwei- und oft mehrsprachig sind; zweitens, dass Zweisprachigkeit also keineswegs das gleichwertige Nebeneinander von zwei Sprachen bedeutet, mithin keine ‚doppelseitige Einsprachigkeit‘ sein kann; und drittens, dass diese Jugendlichen in und mit ihren verschiedenen Formen der Zwei- und Mehrsprachigkeit sich durch die unterschiedlichen und oftmals sehr gegensätzlichen Ansprüche der Gesellschaft, wie Schule, Elternhaus, Peergroup etc. hindurch manövrieren müssen.

Insofern habe ich in meiner Forschung zur Vielsprachigkeit von Jugendlichen mit Migrationshintergrund versucht einen ganz anderen Blickwinkel einzunehmen, nämlich der Frage nachzugehen, wie der vielsprachige Alltag mit all den unterschiedlichen linguistischen Ansprüchen von den Jugendlichen bewältigt wird; des Weiteren aufzuzeigen, welche spezifischen Formen der Vielsprachigkeit sich dabei herausbilden; außerdem zu zeigen, inwieweit die spezifische Sprache der Jugendlichen mit ihrem Migrationshintergrund verknüpft ist; und schließlich zu eruieren, was diese Sprache den Jugendlichen hinsichtlich der Frage der Anerkennung durch die Gesellschaft bzw. ihrer repräsentativen Institutionen bedeutet.

---

3 Siehe hier die schon in Fußnote 2 erwähnten Hinweise; zu ‚Crossing‘ vgl. Rampton (1995); allg. zur Diskussion über neuere soziolinguistische Konzepte zu(r) Mehrsprachigkeit(en) vgl. auch die beiden Anthologien von Auer (1998 und 2007).

Alltagsnarrationen

Im Rahmen dieses Beitrages will ich nur einen einzelnen Aspekt herausgreifen, nämlich den des Geschichtenerzählens: Kleine Alltagsnarrationen, die im Laufe der natürlichen Interaktion zwischen den Jugendlichen entstehen. Diese können kurz oder lang, *en passant* oder angekündigt und eingeleitet, sowie mehr oder weniger kunstvoll ausgeschmückt sein.

Wenn man eine bestimmte Anzahl vom Gesprächen aus natürlichen lebensweltlichen Interaktionssituationen der Jugendlichen gesammelt hat, zum Beispiel Peergroup-Interaktionen, dann fallen beim Transkribieren und Analysieren der Konversationen unterschiedliche Dinge auf, wie die unterschiedlichen Weisen des Sprachwechsels und Sprachmischens (Code-Switching und Code-Mixing), der zwischensprachlichen Kreationen, der kleinen ‚Performances‘, wie spontane Stegreifdichtungen und Inszenierungen, bestimmte Formen des Humors, und eben auch das konversationelle Erzählen, von dem ich hier einige kleine Beispiele geben möchte.

Die Erzählforschung ist ein ganz eigenständiges vieldisziplinäres Gebiet und ich möchte nur ein paar wenige Kriterien nennen, die eine Erzählung als Genre von anderen Formen der Kommunikation abhebt. Das Erzählen und Erkennen von Geschichten setzt ein bestimmtes linguistisches und kulturelles Wissen voraus, z. B. was sie von einem Witz oder Tratsch unterscheidet; wann eine Geschichte angesagt ist; was sie als Rechte und Pflichten für Erzähler und Zuhörer impliziert; was erzählenswert ist; wie man eine gute Geschichte erzählt und auch wie man sie abschließt. Zur Struktur dessen, was eine Erzählung zu einer solchen macht, sagt Anna De Fina, sei vor allem die temporale Dimension und Ereignisabfolge entscheidend: die Schilderung von wenigstens zwei realen oder fiktiven voneinander unabhängigen temporal kontingenten Ereignissen (De Fina 2003: 11; vgl. auch Prince 1982: 4).

Berühmt geworden ist die textlinguistische Aufschlüsselung von konversationellen Stegreiferzählungen in ihrer Gestalthaftigkeit auf der Grundlage der Forschungen der US-amerikanischen Stadtsprachenforscher William Labov und Joshua Waletzky (vgl. Labov / Waletzki 1967 und Labov 1972). Die ideale Geschichte beginnt mit einer Einladung und/oder einem ‚abstract‘: Ich will erzählen. Was will ich erzählen? Dem folgt die Orientierungsphase, führt Personen, Zeitpunkte, Orte und die Handlungen zusammen; als Nächstes ist die Handlungskomplikation und -verdichtung zu nennen; die Bewertung des Erzählten; das Ergebnis; abschließend möglicherweise die Koda, eine Art Moral der Geschichte oder bewertende Zusammenfassung.

Aber warum werden Geschichten erzählt? Die Frage nach ihrer Funktion ist schon komplexer. Ein wichtiger Aspekt ist sicherlich die Darstellung von „dramatic events, out of the ordinary occurrences, unexpected developments or resolutions" (De Fina 2003: 13). Eine Geschichte muss also für Andere, für das Publikum erzählenswert sein. Das Publikum kann sogar mit einbezogen sein, als bewertende oder unterstützende Instanz.

Gemischtsprachige Erzählungen

Schauen wir uns eine erste kleine Stegreiferzählung an. Im ersten Transkriptausschnitt warten die beiden 15-jährigen Jugendlichen Aziz (A) und Ferhat (F) auf den Bus und machen kritische Bemerkungen über den Bus-Service und Fahrer.

(1) Bushaltestelle-Erzählung

01 F: *Otobüse binecek miyiz?*
           Sollen wir in den Bus einsteigen?
02 A: #((laughing)) Ich weiß nicht#
03 F: °*{Lan}*° + *bugün zaten öğretmen kızmıştı bize*
    ·   Mann +   heute war der Lehrer sauer auf uns gewesen
04 A: #((lacht, saugt die Luft ein)) Echt oder?#
05 F: *Bugün geç kalmıştım, otobüsü kaçırmıştık*[4]
           Heute hatte ich mich verspätet, hatten den Bus verpasst
06 A: *Ben de saat acht'ta geldim camiye, lan* hehehehehehehe
           Und ich bin um acht Uhr zur Moschee gekommen, Mann
07 F: He:: der **Bus**fahrer ist (h)ein **Sack** hey
08 A: *Hehehe valla:::h* hehe
           genau
09 F: der kommt (h)der kommt immer zu spät he
10 A: *Otobüsün dolu olmasına çok gıcık olyom* hey Mann ge + voll
           Dass der Bus so voll ist, geht mir total auf die Nerven,
11 F: Ja weisch (+) *girdik* (h) *{giriş/giriyoz=şimdi}* içeriye
               Wir sind reingegangen { ...}
12 A: [((lacht))
13 F: [*bi- bize* (.....) (+) seid mal leise *diyor* ehh das regt mich auf hey
           Zu uns (.....)   sagt er
14 A: ((lacht ca. 3 Sek., verschluckt Worte)) (....) hohohohohehehe

---

4 Die vorliegende Tempusform ist in diesem Zusammenhang ungewöhnlich. Sie erweckt den Eindruck, als ob jemand anderes seine eigene Geschichte erzähle.

F.s erste kleine Erzählung beginnt in Zeile 03 – in Türkisch – und er wird durch A.s Rückfrage in Deutsch „Echt oder?" (Zeile 04) ermutigt weiter zu machen (Zeile 05). A. steuert nun seinerseits bei, dass er auch zu spät in die Moschee gekommen ist (Zeile 06). Allerdings schließt er sich mit der Sprachwahl Türkisch seinem Vorredner an. In den Zeilen 07 und 09 wechselt F. hingegen ins Deutsche; Unterstützung findet sein Beitrag allerdings in Türkisch („*valla:::h*") (Zeile 08). Aber F.s Aussage in Zeile 07 könnte auch als Vorbereitung einer zweiten kleinen Geschichte über den Busfahrer aufgefasst werden, zunächst in Deutsch erzählt, von A. im ersten Teil von Zeile 10 evaluierend bestätigt – in Türkisch, und einer ritualisierten Anhängselanrede („hey Mann ge") plus der Verstärkungspartikel („voll"). F. schließt den einleitenden Teil in Deutsch an („Ja weisch"; Zeile 11) und setzt dann seine Erzählung in Türkisch fort (Zeile 11 und 13), wobei zwei Teile wiederum auf Deutsch eingefügt sind: Zum Einen das Zitat des Busfahrers, zum Anderen die angefügte Bewertung „das regt mich auf hey" (Zeile 13).

Wenn wir die besprochene Sequenz nochmal formal unter dem Gesichtspunkt des Sprachalternierens darstellen, erhalten wir folgendes Schema.

(1a)

01 F: TÜRKISCH

02 A: DEUTSCH

03 F: TÜRKISCH + TÜRKISCH

04 A: DEUTSCH

05 F: TÜRKISCH

06 A: TÜRKISCH

07 F: DEUTSCH

08 A: TÜRKISCH

09 F: DEUTSCH

10 A: TÜRKISCH DEUTSCH + DEUTSCH

11 F: DEUTSCH (+) TÜRKISCH

12 A: [((lacht))

13 F: [TÜRKISCH (.....) (+) DEUTSCH TÜRKISCH DEUTSCH

Zunächst einmal ist anzumerken, dass deutsche und türkische Redeteile somit deutlich zu unterscheiden sind; weniger natürlich Gelächter und Interjektionspartikeln wie „hey" (Zeile 07, 13). Zumeist entsteht auch eine kleine Pause zwischen dem Wechsel der Sprachen. Was nicht abgebildet ist in diesem Nebeneinander der Sprachen, ist der Gebrauch von Varietäten, wie F.s starkes Schwäbeln in Zeile 11 „Ja weisch". Was am Anfang verwirrend erscheint ist, dass A. und F. scheinbar willkürlich die Sprache alternieren, teilweise sogar nach dem

Prinzip, *nicht* in der Sprache fortzusetzen, die der andere im Vorläuferrede-beitrag begonnen hat, so wie das in den ersten vier Sprecherwechseln der Fall ist. Allerdings wird unter dem Gesichtspunkt des Geschichtenerzählens schnell eine systematische Ordnung sichtbar:

(1b)

03 F: °*{Lan}*° + *bugün zaten öğretmen kızmıştı bize*
05 F: *Bugün geç kalmıştım, otobüsü kaçırmıştık*
07 F: He:: der **Bus**fahrer ist (h)ein **Sack** hey
09 F: der kommt (h)der kommt immer zu spät he

Die kleine Hauptgeschichte in Zeile 03 und 05 wird in Türkisch erzählt, zudem in der perfektiven (hier sogar der vorperfektiven) Zeitperspektive. Zeile 07 und 09 stellt keine weitere Geschichte dar, sondern kommentiert und bewertet das so-eben Gesagte, indem ein allgemeines Urteil über den Busfahrer gefällt wird: Abgesetzt in Deutsch und im Präsens. Hier wird sozusagen durch Code-Swit-ching und textgrammatisch eine sogenannte Topic-Comment-Struktur bzw. Teile des Labovschen Idealschemas einer Narration unterschieden: nämlich die Handlungskomplikation gegenüber der Bewertung, dem Ergebnis und der Koda des Erzählten. A. gibt in Zeile 10 ein allgemeines Urteil ab, allerdings in Türkisch, aber ebenfalls im Präsens und nicht als Teil der Hauptstoryline.

(1c)

11 F: Ja weisch (+) *girdik* (h) *{giriş/giriyoz=şimdi} içeriye*
13 F: [*bi- bize* (.....) (+) seid mal leise *diyor* ehh das regt mich auf hey

Im nun folgenden Beitrag (Zeile 11) nimmt F. den Erzählstrang wieder auf, zunächst die schwäbische Anredeform verwendend, um dann die Geschichte mit einem nachgeschobenen Detail fortzusetzen, sowohl in Türkisch als auch in der narrativen Vergangenheit. Beim folgenden Zitat des Busfahrers – F. leiht ihm die Originalstimme in Deutsch – wechselt er wieder die Sprache (Zeile 13). Auffällig ist beim *verbum dicendi* („*diyor*" – er sagt) die Verwendung des Präsens. Aber für den Wechsel in die narrative Gegenwart gibt es aus Gründen der authenti-schen Plastizität gute Argumente. Das „diyor" gehört allerdings eindeutig zum Haupterzählstrang, während der in Deutsch angefügte Teil „das regt mich auf hey" wiederum eine Kommentierung darstellt.

Das zweite Beispiel stellt einen Ausschnitt aus einer längeren Erzählung dar. Beteiligt sind drei Freunde, Osman (O.), Kadir (K.) und Ayhan (A.); die drei sind Studenten und somit bald jenseits des Jugendalters. Am Flughafen hat O. einen alten Schulfreund, Matthias, getroffen. Wie sich herausstellt, ist Matthias bei der Polizei kein unbeschriebenes Blatt und dies hat zur Folge, dass sie von der Polizei am Flughafen untersucht werden.

(2) Teilerzählung „Des is kein Wunder, dass die Polizei uns aufhält"

59   O: *Çocuğun her tarafını soydu, çocuğun tipi* offside

         Der hat den Jungen von allen Seiten durchsucht, wo er auch so ein offside Typ ist.

60   [Des is kein Wunder

61 K & A [((lachen))

62   O: #((lachend)), dass die Polizei uns aufhält hehehe,

63   *Hacı,* hehe *diyom#*

         Hadschi, hehe, ich sage

64   #((mit der Hand vorm Mund, nasal)) *Allah belanı versin*

              Gott soll dich verfluchen

65   *yaktın bizi ulan iyi ki, seni aldım#*

         Du hast uns verbrannt, Sohn, nur gut, dass ich dich mitgenommen hab

66 K & A ((lachen))

67   K: Ja, was soll ich sagen

68   O: *Hacı:=**her tarafını** aradı=*alles **durch-sucht**

         Hadschi, der hat alles durchsucht

69   *Ondan sonra* (+) hat er gesagt, °ja ihr dürfts weiterfahren° +

         Und dann

70   *Atladık arabaya* (+) *dedim* (+) °Matthias (+)

         Wir sind zurück zum Wagen, hab ich gesagt,

71   wenn du **echt** irgend was dabei gehabt hättscht,

72   °i: hätt di: umgebracht°

In diesem Erzählausschnitt findet ebenfalls ein schneller Wechsel zwischen Sprachen, Sprachvarietäten und Stilen statt. An diesem Erzählausschnitt ist aber auch erkennbar, dass der Haupterzählstrang zwischen Deutsch und Türkisch oszilliert (Zeile 59 und 68 ff.). Aber er ist in beiden Sprachen konsequent in der Erzählvergangenheit gehalten. Die Tempusstrukturen wechseln sich ab zwischen der sequentiellen Storyline und der Evaluierung bzw. der Koda. Diese Erzählung wird unterbrochen bzw. plastisch vergegenwärtigt durch eine kleine Inszenierung; indem der Erzähler den nasalen Ton des Rufs des Muezzin nachmacht und quasi damit aus dem Off ein ‚göttliches' Urteil einspielt (Zeile 64 f.) – natürlich im Präsens. Es ist dies eine Veranschaulichung in der Gegenwart.

Die linguistische Erzählforscherin Michèle Koven hat in ihren Analysen persönlich erzählter Geschichten drei unterschiedliche primäre Sprecherrollen identifiziert (Koven 2004: 480 ff.). Sie unterscheidet die eigentliche „Erzählrolle" von der „interlokutorischen Rolle" und der „Charakterrolle". Sie finden zumeist getrennt statt, können sich aber teilweise überlagern. In der Rolle als Erzähler geht es um Ereignisse in der Vergangenheit. Diese werden in der Regel auch in der Vergangenheit erzählt. Der Erzähler trägt hier die alleinige Verantwortung einer Sachverhaltsdarstellung aus der Vergangenheit. Aber sobald sich der Erzähler primär auf die Zuhörerperspektive, die „Hier-und-Jetzt-Perspektive", wie sie Bauman nennt (Baumann 1986: 100), einlässt, kommt es zu einer identifikatorischen und partizipatorischen Unmittelbarkeit der Erzählung: Es ist dies die „interlokutorische Rolle", eine vermittelnde Rolle zwischen Erzähler und Zuhörer. „It is in this role that speakers display interpersonal rapport and affect, conveying their attitude toward the narrated events and the ongoing interaction." (Koven 2004: 482) Kommentare, Bewertungen, Einbeziehung der Zuhörerschaft, Reaktionen einfordern gehören zum Inventar dieser Rolle. Natürlich wird auch das non- und paraverbale Verhalten in dieser Rolle ausgeprägter. Hinsichtlich des Tempusgebrauchs sind präsentische und zeitelliptische Verwendungen typisch.

In der „Charakterrolle" präsentiert, porträtiert, ja spielt und inszeniert der Erzähler schließlich die Gedanken, die Gefühle, die unterschiedlichen Rollen und Zustände der in der Erzählung vorkommenden Charaktere. In der erzählerischen Darstellung werden die Figuren zumeist stark ikonisiert, übertrieben und stereotyp dargestellt. Sie müssen in ihrer Typifizierung wiedererkennbar sein. Wiederum ist das Tempus hier die Gegenwart; präsentische Redewiedergabe verstärkt dabei die Authentizität.

Zu allen drei charakterisierten Rollen findet sich reichlich Evidenz in den von mir analysierten Erzählungen. Ich will das wiederum beispielhaft am Beispiel der Teilerzählung „Des is kein Wunder, dass die Polizei uns aufhält" illustrieren, in der sie je einzeln aber auch in Kombination auftreten.

59   O: Erzählrolle – *Türkisch* – Vergangenheit // Interlokutorische Rolle – *Türkisch*

[unspezifisches Tempus][5]

60/62   Interlokutorische Rolle – *Deutsch* – Präsens

63   Interlokutorische / Charakterrolle – *Türkisch* – Präsens

64/65   Charakterrolle – *Türkisch* – Präsens/ [Vergangenheit in Redewiedergabe]

68   Erzählrolle / Interlokutorische Rolle – *Türkisch* / *Deutsch* – Elliptische

Vergangenheit

69   Erzählrolle – *Türkisch* / *Deutsch* – Vergangenheit // Charakterrolle – *Deutsch*

[Präsens in Redewiedergabe]

70   Erzählrolle – *Türkisch* – Vergangenheit

71/72   Charakterrolle – *Deutsch* [unterschiedliche Tempora in Redewiedergabe]

Die folgenden beiden Abbildungen sollen die komplexen Verhältnisse einerseits der drei Rollenperspektiven darstellen und andererseits die Komplexität des Verhältnisses von lokalen Funktionen des Code-Switchings bzw. des Sprachalternierens mit dem Tempusgebrauch und der Rollenperspektive. Denn sie alle stehen in einer Beziehung zueinander.

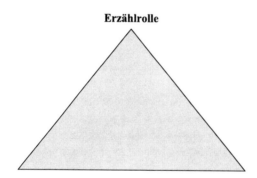

Erzählrolle

Interlokutorische Rolle   **Charakterrolle**
Abb. 1

---

5 Der einfache Schrägstrich bei den Rollen bedeutet Doppelrolle, bei den Sprachen: Verwendung alternierend. Der doppelte Schrägstrich zeigt sequentielle Ordnung an, das heißt ein Rollenwechsel innerhalb des Redebeitrags bzw. hier der Zeile.

Lokale Funktionen des Sprachalternierens

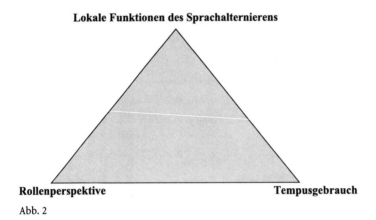

Rollenperspektive   **Tempusgebrauch**

Abb. 2

Kompetenz oder Notlösung?

Die Kernfrage meines Beitrages lautete in Bezug auf die Gemischsprachigkeit: Kompetenz oder Notlösung? Ich glaube aufgezeigt zu haben, dass weder die 15-jährigen Jugendlichen noch die drei Studenten in ihren Erzählungen von Notlösungen Gebrauch gemacht haben, sondern in kreativer Weise mit den ihnen zur Verfügung stehenden Ressourcen der Vielsprachigkeit (und dazu gehören Dialekte, Stile, Register und andere Varietäten der beteiligten Sprachen) umzugehen verstehen. Sie müssen dabei auf ein soziokulturelles und linguistisches Wissen zurückgreifen, um aus den vorhandenen sprachlichen Materialien solche bunten Erzählungen zu erzeugen.

Zwar sind solche Einzelfallanalysen keinesfalls repräsentativ, aber sie können dennoch stellvertretend für ein Verfahren betrachtet werden, von dem polylinguale Sprecher Gebrauch machen. Dieses Verfahren ist eine Bricolage, ein kreatives ‚Erbasteln' innerhalb dessen, was Jørgensen als „polylinguale Norm" bezeichnet.

Ich habe anhand von vielen anderen kommunikativen Facetten dieser von vielen als ‚halbsprachig' bezeichneten Jugendlichen aufzuzeigen versucht, wie sich Polylingualität beispielsweise auch bei konversationellen Stegreifdichtungen oder Performances in kreativer und auch kunstvoller und kompetenter Weise manifestiert (vgl. Hinnenkamp 2005; 2008; 2010a, 2010b). Es sind diese ethnografischen Daten aus Sphären einer dem schulischen Alltag und dem schulischen Ansprüchen fremden Lebenswelt, die es verstärkt zu erforschen gilt. Sie zu ignorieren heißt immer auch Ansprüche der Anerkennung zu negieren. Integrationsforderungen ohne ein genaues Bild der Fähigkeiten derjenigen, an die immer wieder diese Ansprüche gestellt werden, sind einseitig und gefährlich, weil sie Potenziale ignorieren und schlimmstenfalls negieren. Wenn wir von

Kontroversen und Lernprozessen im türkisch-deutschen Kulturkontakt und Kulturtransfer sprechen, dann sind wir es, die verantwortlichen Wissenschaftler, vor allem aber die Bildungspoliker und lauten Integrationsforderer, die hier lernen müssen, dass sich eine polylinguale, lebensweltliche Vielsprachigkeit in Deutschland entwickelt hat, die Potenziale in sich birgt, die vor lauter einseitigen, unidirektionalen Forderungen brach liegen.

Legende zu den im Text verwendeten Transkripten

{?kommt}	unklar
{fährt /Pferd}	mögliche Hör- oder Interpretationsalternativen
(xxxxxxxx)	unverständlich (je nach Länge)
(( ))	Kommentar, Außersprachliches, z.B. ((1,5 Sek.)), ((lachen))
#((Komm.)) dadada#	Reichweite des Kommentars
wort-	Äußerungsabbruch
sa:gt, sa:::gt	Vokallängung, Grad der Längung
lanngsam, dasssss	Halten des Konsonanten, je nach Intensität
ei<u>n</u>	Assimilation von „einen" zu „ei<u>n</u>"
da**mit**	hervorgehoben, betont
DAS	laut
°da°	leise
°°da°°	sehr leise
ach was	langsam
ach was	sehr langsam
>darüber<	schnell
>>darunter<<	sehr schnell
+	Pause, unter 1 Sekunde
(+)	Mikropause, deutliches Absetzen
(h)	Zögern, (z.B. er (h)kommt)
=	schneller Anschluss
kom[men	
[da	Überlappung und Beginn der Überlappung
oğlum	fremdsprachiger Text in Kursiva
mein Sohn	Übersetzungszeile

Literatur

Auer, Peter (Hg.) (1998): *Code-Switching in Conversation. Language, Interaction and Identity*, London.

Auer, Peter (Hg.) (2007): *Style and Social Identities. Alternative Approaches to Linguistic Heterogeneity*, Berlin / New York.

Bauman, Richard (1986): *Story, Performance, and Event: Contextual Studies of Oral Narrative*, Cambridge.

Blommaert, Jan (2010): *The Sociolinguistics of Globalization*, Cambridge.

Bloomfield, Leonard (1933): *Language*, New York.

De Fina, Anna (2003): *Identity in Narrative. A Study of Immigrant Discourse*, Amsterdam / Philadelphia.

Gogolin, Ingrid (1994): *Der monolinguale Habitus der multilingualen Schule*, Münster / New York.

Heller, Monica (Hg.) (2007): *Bilingualism: A Social Approach*, Basingstoke / New York.

Hinnenkamp, Volker (2005): „„Zwei zu *bir miydi?*" – Mischsprachliche Varietäten von Migrantenjugendlichen im Hybriditätsdiskurs", in: Hinnenkamp, Volker / Meng, Katharina (Hg.): *Sprachgrenzen überspringen. Sprachliche Hybridität und polykulturelles Selbstverständnis*, Tübingen, S. 51 – 103.

Hinnenkamp, Volker (2008): „Sprache, polykulturelle Selbstverständnisse und ‚Parallelgesellschaft'", in: Hentges, Gudrun / Hinnenkamp, Volker / Zwengel, Almut (Hg.): *Migrations- und Integrationsforschung in der Diskussion. Biografie, Sprache und Bildung als zentrale Bezugspunkte*, Wiesbaden, S. 229 – 252

Hinnenkamp, Volker (2010a): „Irritationen schulischer Routine: Praxen der Vielsprachigkeit. Ein exemplarischer Blick in polylinguale Chat-Kommunikation", in: Amos, Karin / Meseth, Wolfgang / Proske, Matthias (Hg.): *Öffentliche Erziehung revisited. Erziehung, Politik und Gesellschaft im Diskurs*, Wiesbaden, S. 301 – 322.

Hinnenkamp, Volker (2010b): „Code-mixing narratives: Storytelling of adolescents with migrant background", in: Lewandowska-Tomaszczyk / Pulaszewska, Hanna (Hg.): *Intercultural Europe: Arenas of Difference, Communication and Mediation*, Stuttgart, S. 105 – 143.

Jørgensen, Jens Normann (2008): „Introduction: Polylingual Languaging Around and Among Children and Adolescents", in: Jørgensen, J. Normann (Hg.): *Polylingual Languaging Around and Among Children and Adolescents* (= *International Journal of Multilingualism* (5/3), S. 161 – 176.

Koven, Michèle (2004): „Getting ‚Emotional' in Two Languages: Bilinguals' Verbal Performance of Affect in Narratives of Personal Experience", in: *Text*, (24/4), S. 471 – 515.

Labov, William (1972): *Language in the Inner City. Studies in the Black English Vernacular*, Philadelphia.

Labov, William / Waletzki, Joshua (1967): „Narrative Analysis: Oral Versions of Personal Experience", in: Helm, June (Hg.): *Essays of the Verbal and Visual Arts* (American Ethnological Society, Proceedings of Spring Meeting 1967), Seattle, WA, S. 12 – 44.

Prince, Gerald (1982): *Narratology: The form and functioning of narrative*, New York.

Rampton, Ben (1995): *Crossing. Language and Ethnicity Among Adolescents*, London.

Wandruszka, Mario (1979): *Die Mehrsprachigkeit des Menschen*, München.

Weinreich, Uriel (1977): *Sprachen in Kontakt*, München [or. (1963): *Languages in* Contact, The Hague].

Weisgerber, Leo (1966): „Vorteile und Gefahren der Zweisprachigkeit", in: *Wirkendes Wort* (16/2), S. 273–289.

Heike Wiese

Führt Mehrsprachigkeit zum Sprachverfall? Populäre Mythen vom ‚gebrochenen Deutsch' bis zur ‚doppelten Halbsprachigkeit' türkischstämmiger Jugendlicher in Deutschland

Populäre Mythen zum ‚Sprachverfall' in multiethnischen Wohngebieten

Der Sprachgebrauch Jugendlicher in multiethnischen urbanen Wohngebieten Deutschlands ist seit längerer Zeit Gegenstand öffentlicher Diskussion. Die Wahrnehmung sprachlicher Praktiken und sprachlicher Kompetenzen ist hierbei überwiegend negativ geprägt und stützt ein Bedrohungsszenario des ‚Sprachverfalls'. Zentrale Aspekte sind zum einen eine Defizit-Sicht in Abgrenzung (a) zum Standarddeutschen und (b) zu muttersprachlichen Deutschkompetenzen, die sich in Topoi des ‚gebrochenen Deutsch' und der ‚mangelnden Sprachbeherrschung' widerspiegeln, und zum anderen eine Exotisierung dieses Sprachgebrauchs, die ihn aus dem Bereich des Deutschen ausgrenzt.

Vor diesem Hintergrund kam es Mitte der 1990er in der öffentlichen Debatte zu einer sehr raschen terminologischen Aneignung und breiten Verwendung des Begriffs ‚Kanak Sprak' für diesen Sprachgebrauch. Der Ausdruck, ursprünglich von Zaimoğlu (1995) im Sinne eines ‚reclaims', einer Rückeroberung eines negativ besetzten Begriffs, aufgebracht, behielt in der öffentlichen Debatte seine pejorativen Assoziationen jedoch bei[1] und bediente hier die beschriebene negative Perzeption in zweifacher Weise: Erstens wird der Sprachgebrauch Jugendlicher als eigene Sprache, ‚Sprak', vom Deutschen abgegrenzt; zweitens wird er als Sprache Fremder exotisiert und mit ‚Kanak' stark abgewertet.

Mittlerweile haben auch andere, neutralere Begriffe Eingang in die Debatte gefunden, unter anderem die Bezeichnung Kiezdeutsch, die ich hier für Jugendsprache in multiethnischen urbanen Wohngebieten verwenden werde. Diese Bezeichnung entstand auf der Basis von Interviews, in denen Jugendliche in Berlin-Kreuzberg auf die Frage, wie sie ihren Sprachgebrauch bezeichnen würden, antworteten, dies sei einfach die Sprache, die sie im Kiez sprächen

---

1 Vgl. Androutsopoulos 2007 für eine sprachideologische Analyse hierzu.

(Wiese 2006: 246).[2] Der Terminus hebt hervor, dass diese Jugendsprache im ‚Kiez' beheimatet ist, der im Berlinischen ein alltägliches Wohnumfeld identifiziert, dass es sich also um eine informelle, alltagssprachliche Form des Deutschen handelt, und dass wir es mit einer Varietät des Deutschen zu tun haben. Schließlich beinhaltet die Bezeichnung ‚Kiezdeutsch' keine ethnische Eingrenzung und kann so erfassen, dass diese Jugendsprache nicht nur von Sprechern einer bestimmten Herkunft gesprochen wird.

Der Mythos von Kiezdeutsch als ‚gebrochenem Deutsch' fand sich insbesondere zu Beginn einer breiteren Debatte Ende der 1990er / Anfang der 2000er in Deutschland häufig in den Medien. Typisch sind Beispiele wie die folgenden:

(1a)   ‚Kanak Sprak' ignoriert den Duden, und auf eine Notzucht mehr oder weniger an der Grammatik kommt es ihr ebenfalls nicht an. (*Berliner Zeitung*, 28.05. 1999, „Brauchst du hart? Geb ich dir korrekt")

(1b)   ein eigenartiges nicht Duden-kompatibles Gossen-Stakkato (*Berliner Morgenpost*, 02.09.2001, „Voll fett krass")

Die sprachlichen Beispiele für Kiezdeutsch, die in solchen Berichten genannt werden, sind meist vom Typ „Brauchst du hart?" wie in der Überschrift des ersten Artikels: verkürzte Sprachbrocken, in denen es inhaltlich um Drohungen und Gewalt geht. Kiezdeutsch wird hier als stark reduzierte Sprachform ohne Regeln und Grammatik dargestellt, in der in erster Linie aggressive Inhalte transportiert werden. Während solche Darstellungen zu Beginn dominant waren, findet sich in den Medien mittlerweile zwar ein differenzierteres Bild, das die sprachlichen Möglichkeiten von Kiezdeutsch stärker berücksichtigt. Der Mythos ist damit aber nicht ausgestorben. Er taucht in der öffentlichen Diskussion auf, in Talkshows und Internet-Foren und ist weiterhin auch in Zeitungen zu finden. Hier ein Ausschnitt aus einem Zeitungsartikel von 2006, in dem dies sehr deutlich wird:

(1c)   Der Wortschatz dieser Straßensprache gleicht einer Notration [...], und auch ihre Schrumpfgrammatik versprüht den herben Charme des Minimalismus. [...] Kompliziertere Gedankengänge, abstraktere Sachverhalte für ein Publikum jenseits des eigenen Kreises lassen sich hiermit kaum vermitteln. (*FAZ*, 22. 11.2006, „Kiez- und Umgangssprache – Messer machen")

Der Gebrauch von Kiezdeutsch durch Jugendliche deutscher Herkunft wird vor diesem Hintergrund dann als Übernahme einer sprachlichen Reduktion interpretiert, die stark negativ bewertet und mit dem Bedrohungsszenario des ‚Sprachverfalls' assoziiert wird (vgl. Wiese 2009):

---

2 Vgl. auch den Ausdruck „Stadtteilsprache", den laut Kallmeyer / Keim Jugendliche in Mannheim verwenden (Kallmeyer / Keim 2003: 31).

(2a)   Immer mehr deutsche Jugendliche neigen dazu, die deutsche Sprache zu ver-
       einfachen. (*Fokus Schule* 5/2007)
       (Soziolinguist zu Auswirkungen von Kiezdeutsch auf Jugendliche deutscher
       Herkunft)

(2b)   Es wird in Fetzen gesprochen, die Syntax ist vereinfacht. Das trägt zum Verfall
       der deutschen Sprache bei.
       (Grundschullehrerin, Berlin-Wedding, 54 J.; im Interview)

(2c)   Ich frage mich, woher die das haben. Anstoßend finde ich es, wenn auch
       Deutsche so reden; Türken können das vielleicht nicht besser, obwohl sie sich
       auch mehr anstrengen können.
       (Archivarin, 29 J.; im Interview; Wiese 2009: 789)

Wie die folgenden beiden Zitate illustrieren, wird die negative Bewertung von
Kiezdeutsch auch von Sprechern türkischer Herkunft geteilt. (3) ist ein Auszug
aus einem Interview mit Serkan Çetinkaya, der die Verwendung von Kiezdeutsch
durch Sprecher deutscher Herkunft diskutiert (Çetinkaya ist Regisseur der erfolgreichen Videoserie „Tiger Kreuzberg", die mit Stereotypen über türkischstämmige Jugendliche in Berlin-Kreuzberg spielt; er ist, ebenso wie der
Schauspieler für „Tiger", Murat Ünal, selbst Berliner türkischer Herkunft). (4)
ist ein Kommentar einer Kreuzberger Jugendlichen aus einer Akzeptanzstudie
zu Kiezdeutsch (Wiese et al. 2009), in dem deutlich wird, dass die abwertende
Außensicht auf Kiezdeutsch als ‚falsches Deutsch' z. T. auch von den jugendlichen Sprechern selbst übernommen wird.

(3)   Wenn du dann aber schaust, wie viele Deutsche in Kreuzberg schon mittlerweile
       kein Deutsch mehr können, also auch dieses Kiezdeutsch sprechen, […] dann
       merkst du einfach: Krass, wie sich das entwickelt hat, weil kaum einer spricht
       dort noch perfekt Deutsch. (Wiese 2009: 784)

(4)   Ja, das sagen wir [lacht]. Obwohl das nicht richtig formuliert ist; wir sagen's
       trotzdem. (Wiese et al. 2009: 46)

In der öffentlichen Bewertung sprachlicher Kompetenzen in multiethnischen
Wohngebieten kommt, insbesondere im Fall von Jugendlichen türkischer Herkunft, noch eine zweite Komponente der Abwertung hinzu: Die Wahrnehmung
ihres Sprachgebrauchs im Deutschen als ‚gebrochenes Deutsch' wird verknüpft
mit einer ebenso negativen Wahrnehmung ihrer sprachlichen Kompetenzen im
Türkischen. Dies stützt einen Mythos der deutsch-türkischen ‚doppelten
Halbsprachigkeit', nach dem diese Jugendlichen vermeintlich weder Deutsch
noch Türkisch ‚richtig' sprechen können. Diese Ansicht kommt nicht nur in
Diskussionsbeiträgen in öffentlichen Medien zur Sprache (5a, 5b), sondern ist
verbreitet gerade auch in bildungspolitischen Kontexten, in denen die sprach-

liche Förderung von Kindern und Jugendlichen ein Anliegen ist, etwa in Stel-
lungnahmen der Grünen (5c) und in Publikationen der Gewerkschaft Erziehung
und Wissenschaft (5d):

(5a)   Was läuft falsch in einem Viertel, auf dessen Straßen pubertierende Einwan-
       dererknaben mit Machogesten den Ton angeben, Jungs, denen ein besorgter
       türkischer Anwohner ‚doppelte Halbsprachigkeit' attestiert, was heißt, daß sie
       sich in keiner von zwei Sprachen richtig ausdrücken können? (*FAZ*, 22. 11. 2006,
       „Der Wrangelkiez – die Banlieue von Berlin?")

(5b)   „„Und dann regiert die Faust': Doppelte Halbsprachigkeit stört das Sozialver-
       halten von Kindern. Wenn Migrantenkinder sowohl die deutsche als auch ihre
       Heimatsprache unzureichend beherrschen, nennen Wissenschaftler das ‚dop-
       pelte Halbsprachigkeit".
       (Interview mit Psychoanalytikerin; *Süddeutsche Zeitung*, 03. 10. 2010)

(5c)   Bilkay Öney, migrationspolitische Sprecherin und Özcan Mutlu, bildungspo-
       litischer Sprecher erklären zum Internationalen Tag der Muttersprache am
       21. Februar: [...] „Immer mehr MigrantInnenkinder haben das Problem der
       ‚doppelten Halbsprachigkeit'. Diese Entwicklung ist dramatisch. Die Kinder
       können sich weder in der Muttersprache, noch in der hiesigen Landessprache
       artikulieren." (Pressemitteilung auf der Website von Özcan Mutlu, http://
       www.mutlu.de/presse/2391009.html, letzter Zugriff 16. 7. 2010; unter der
       Überschrift „Doppelte Halbsprachigkeit bei MigrantInnenkindern aufhalten")

(5d)   „Zweisprachigkeit als Ergebnis eines Doppelspracherwerbs heißt, dass das Kind
       von Geburt an zwei Sprachen gelernt hat, weil z.B. die Mutter Französin, der
       Vater Deutscher ist. [...] Bei Eltern aus einem Sprachbereich (Mutter und Vater
       sprechen z.B. Türkisch) funktioniert das natürliche Erlernen der Zweispra-
       chigkeit nicht. [...] Viele Kinder in Kindertageseinrichtungen sind von der
       doppelten Halbsprachigkeit betroffen. Doppelte Halbsprachigkeit [...] bedeutet,
       dass weder Muttersprache noch die Zweitsprache richtig gesprochen werden."
       (Anke Neumann, Leiterin einer Kindertagesstätte und Mitglied der Landes-
       fachgruppe Sozialpädagogik, GEW LV Schleswig-Holstein, Vertrauensleute-
       brief Nr. 2 – 2002)

Auffällig ist in diesen Kontexten der Verzicht auf sprachwissenschaftliche
Sachargumente. Aussagen wie „Bei Eltern aus einem Sprachbereich funktioniert
das natürliche Erlernen der Zweisprachigkeit nicht" oder die Charakterisierung
von Kiezdeutsch durch „Schrumpfgrammatik" enthalten populäre Pauschali-
sierungen, die weniger der sprachlichen Realität entsprechen, als vielmehr
sprachliche Mythen im Sinne Bauer / Trudgills (1998) konstituieren, d. h. weit
verbreitete, gesellschaftlich etablierte, aber sachlich nicht begründete Ansichten
über sprachliche Phänomene.

Die sprachliche Realität: Standard und Varietät

Ein sprachwissenschaftlicher Blick auf den Phänomenbereich legt nahe, dass diese Mythen auf einer Fehleinschätzung sprachlicher Variation basieren. In multiethnischen Wohngebieten finden wir systematische neue sprachliche Entwicklungen, die das Spektrum deutscher und türkischer Varietäten erweitern. Im Bereich des Deutschen kann Kiezdeutsch als neuer Dialekt[3] charakterisiert werden, d.h. als eine Varietät, die sich vom Standarddeutschen unterscheidet, damit aber nicht zu einer ‚gebrochenen‘ Sprachform wird, sondern ein produktives eigenes Sprachsystem etabliert, das das sprachliche Innovationspotential und die besondere Dynamik eines mehrsprachigen Kontexts reflektiert. Für den Sprachgebrauch Jugendlicher in multiethnischen Wohngebieten sind typische grammatische und lexikalische Charakteristika beschrieben worden,[4] die auf eine solche neue Varietät hinweisen. Wie ich an anderer Stelle gezeigt habe, ist Kiezdeutsch zudem durch Innovationen charakterisiert, die auf systematische Interaktionen verschiedener sprachlicher Teilsysteme unter einander und in ihren Schnittstellen mit außergrammatischen Domänen hinweisen (vgl. Wiese 2006, 2009, 2010). Zum anderen konnten wir zeigen, dass Kiezdeutsch von seinen Sprechern systematisch von willkürlichen sprachlichen Fehlern ebenso wie vom Standarddeutschen differenziert wird und damit auch auf der Ebene der Sprachnutzer den Status einer eigenständigen Varietät hat (Wiese et al. 2009).

Im Bereich des Türkischen ist für die gesprochene Sprache, die sich in türkischstämmigen Gemeinschaften in Europa entwickelt hat, das sogenannte ‚Nordwesteuropäische Türkisch‘ als neue Varietät beschrieben worden, die sich von der Standardsprache, die in der Türkei gesprochen wird, durch eigene grammatische und lexikalische Charakteristika unterscheidet (vgl. etwa Boeschoten 1990, 2000; Rehbein 2001; Schroeder 2007). Das in Deutschland gesprochene ‚Deutschlandtürkisch‘ besitzt zwar relativ wenige Unterschiede zum Türkeitürkischen, aber diese Abweichungen sind dennoch salient genug, um als solche wahrgenommen zu werden und dann zu Fehleinschätzungen der Varietät als ‚schlechtes Türkisch‘ zu führen (Cindark / Aslan 2004; vgl. auch Pfaff 1991; 1994).

---

3 Ich beziehe mich hierbei auf einen weiten Dialektbegriff, der nicht nur Regiolekte, sondern auch Soziolekte umfasst (vgl. etwa Trudgill 1992: 23).
4 Vgl. etwa Füglein 2000; Keim / Androutsopoulos 2000; Auer 2003; Kallmeyer / Keim 2003; Dirim / Auer 2004: Kap. 4; Kern / Selting 2006; Wiese 2006, 2009.

Die Quellen sprachlicher Mythen

Vor diesem Hintergrund kann die Entwicklung populärer Mythen wie der vom ‚gebrochenen Deutsch' und der ‚doppelten Halbsprachigkeit' in generelle Befunde zur Dialektwahrnehmung und zu Einstellungen gegenüber sprachlicher Variation eingeordnet werden. Für das Verständnis dieser Mythen sind insbesondere zwei Phänomene relevant, die aus perzeptueller Dialektologie (vgl. Preston 1999; Long / Preston 2002), Sprachideologieforschung (vgl. Schieffelin et al. 1998; Blommaert 1999; Kroskrity 2004) und soziolinguistischen Attitude Studies (vgl. Ryan / Giles 1982; Bradac et al. 2001; Garrett et al. 2003) bekannt sind: (1) die ideologische Verbundenheit mit dem Standard und (2) die negative Einstufung des Sprachgebrauchs sozial Schwächerer.

Der erste Punkt, die ideologische Verbundenheit (*ideological alliance*) mit dem Standard, führt dazu, dass Standardsprache nicht als das angesehen wird, was sie ist, nämlich als eine von vielen sprachlichen Varietäten (wenn auch mit einem besonderen überregionalen und schriftsprachlichen Status), sondern als eine grammatisch ‚bessere' Sprachform (vgl. etwa Silverstein 1998). Hieraus ergibt sich dann oft eine Bewertung sprachlicher Varianten, die vom Standard abweichen, als ‚falsch'. Die Allianz mit dem Standard führt dazu, dass sprachliche Neuerungen in Nicht-Standardvarietäten als Fehler verkannt werden, und verhindert, dass die sprachliche Systematik erkannt wird, auf der sie beruhen. Hiermit einher geht dann eine Abwertung von Nicht-Standardsprechern. Im Fall von Kiezdeutsch oder auch von neuen türkischen Varietäten in Deutschland kann dies dann zu einer Fehleinschätzung des Sprachgebrauchs als ‚gebrochenes Deutsch' bzw. ‚falsches Türkisch' und seiner Sprecher als sprachlich weniger kompetent führen.

Wie soziolinguistische Studien gezeigt haben, weisen Sprecher von Nicht-Standardvarietäten hiermit zusammenhängend oft eine höhere „linguistic insecurity" auf[5], eine verringerte Selbstsicherheit zum eigenen Sprachgebrauch, bei der die Außensicht der sprachlichen Charakteristika als ‚Fehler' übernommen wird. Für Kiezdeutsch wurde dies beispielsweise oben in (4) deutlich. Kiezdeutsch-Sprecher verhalten sich hier also so, wie man es aus der Dialektwahrnehmung schon länger kennt: Sie übernehmen ein negatives Außenbild ihres Sprachgebrauchs, das ihn sozial abwertet, ohne dabei den grammatischen Tatsachen zu entsprechen. Eine solche Übernahme lässt sich insbesondere bei Sprechern von Varietäten mit einem niedrigen Sozialprestige beobachten – was

---

5 Vgl. hierzu bereits Labov (1966) sowie Übersichten in Preston (1989); Clopper / Pisone (2004). Niedzielski / Preston (2003) zeigen dieses Phänomen beispielsweise für Sprecher von Afroamerikanischem Englisch in den USA; Hudson (1996: Kap. 6.2.3) diskutiert entsprechende Phänomene bei Cockney-Sprechern in London.

uns zum zweiten Punkt führt, der negativen Einstufung des Sprachgebrauchs sozial Schwächerer.

Wenn Mitglieder niedrigerer sozialer Schichten eine besondere sprachliche Variante sprechen, z. B. einen Arbeiterklassedialekt (etwa das Londoner *Cockney*), dann wird diese Variante eher negativ, als ,falsch' oder als Hinweis auf mangelnde Sprachkompetenz u. ä. bewertet als ein Dialekt, der sich in bestimmten höheren sozialen Schichten ausgebildet hat (etwa im englischen Königshaus).[6] Wenn man sich die sozioökonomische Verteilung in Deutschland ansieht, sieht man, dass die negative Bewertung von Kiezdeutsch in dieses Bild passt. Multiethnische Wohngebiete, wie sie für Kiezdeutsch charakteristisch sind, sind in Deutschland heute typischerweise auch sozial benachteiligte Wohngebiete mit niedrigem Einkommen, hoher Arbeitslosenquote, hoher Abhängigkeit von staatlichen Transferleistungen und entsprechend niedrigem Sozialprestige.[7] Kiezdeutsch wird als Sprechweise sozial Schwächerer wahrgenommen, und eine solche soziale Wahrnehmung führt typischerweise zu einer Abwertung des Sprachgebrauchs als ,schlechtes Deutsch'.

Das Sozialprestige von Sprechern und der soziale Marktwert von Sprachen ist auch ein relevanter Faktor in der Entstehung des Mythos von der ,doppelten Halbsprachigkeit'. Zur Illustration eine kurze Episode. Meine Nachbarin meinte kürzlich im Gespräch zu mir: „Ich finde es toll, dass ihr in eurer Familie zwei Sprachen sprecht und eure Kinder zweisprachig aufwachsen. Das ist eine tolle Chance für die; ich beneide euch richtig!" Ich fühlte mich zwar sehr geschmeichelt, war aber auch etwas verblüfft – angesichts der Tatsache, dass die Familie meiner Nachbarin auch zweisprachig ist. Die Erklärung liegt, denke ich, in den Zweitsprachen, um die es hier geht: Mein Mann ist Brite und spricht englisch mit unseren Töchtern, die Familie meiner Nachbarin hat dagegen türkische Wurzeln, und die Kinder wachsen mit dem Deutschen und dem Türkischen auf.

Vom Sprachlichen her haben ihre Kinder daher eigentlich größere Vorteile: Sie lernen schon früh eine nicht-indogermanische Sprache neben dem Deutschen und erwerben damit eine viel größere grammatische Weitläufigkeit als meine Kinder, die mit Englisch und Deutsch zwei sehr eng verwandte germa-

---

6 Vgl. etwa Hudson für eine Übersicht (Hudson 1996: Kap. 6).

7 Vgl. hierzu etwa die Kinderstudie 2010 des World Vision Institute, die gezeigt hat, dass fast die Hälfte der Kinder, deren Familien der Unterschicht angehören, einen Migrationshintergrund hat, fast doppelt so viele, wie nach ihrem Anteil an der Gesamtbevölkerung zu erwarten wäre. Der „Armuts- und Reichtumsbericht der Bundesregierung" stellt fest, dass die Armutsrisikoquote bei Kindern und Jugendlichen unter 15 Jahren mit Migrationshintergrund 32,6 % beträgt, bei solchen ohne Migrationshintergrund dagegen nur 13,7 % („Lebenslagen in Deutschland. Der Dritte Armuts- und Reichtumsbericht der Bundesregierung" 2009). Zur sozialen Lage von Migranten in Berlin vgl. exemplarisch Brenke (2008).

nische Sprachen sprechen. Es geht hier jedoch nicht um sprachliche Fakten, sondern um unterschiedliche soziale Bewertungen von Sprache. Englisch ist Teil des schulischen Curriculums und hat entsprechend ein hohes gesellschaftliches Ansehen, Englischkenntnisse werden als Bildungsvorteil wahrgenommen. Wer in Deutschland Türkisch als Familiensprache hat, kommt dagegen überwiegend aus einem Nicht-Akademikerhaushalt mit geringem Sozialprestige. Dieses geringere Prestige wird auch auf die Sprache übertragen, mit dem Effekt, dass der Erwerb des Türkischen nicht als zusätzliche sprachliche Kompetenz wahrgenommen wird, sondern als regelrechtes Handicap – und hier taucht dann der Mythos der ‚doppelten Halbsprachigkeit‘ regelmäßig auf: Mehrsprachige Kinder sprechen nach dieser Auffassung dann keine Sprache mehr ‚richtig‘, sondern beide nur noch halb. Typische Charakteristika mehrsprachigen Spracherwerbs (etwa Transfers, Code Switching, sprachliche Innovationen etc.) werden nicht mehr als solche erkannt, sondern als Hinweis auf mangelnde Sprachkompetenzen angesehen. Es ist daher vermutlich auch kein Zufall, dass in (5d) oben im Zusammenhang mit positiver Mehrsprachigkeit neben dem Deutschen das Französische genannt wird, das ein ähnliches Prestige wie das Englische genießt, bei ‚doppelter Halbsprachigkeit‘ dagegen das Türkische.

Der Begriff ‚Halbsprachigkeit‘ kam zuerst in den 1960ern in Schweden auf (Hansegård 1968)[8]und wurde später insbesondere von Jim Cummins in Nordamerika aufgegriffen und verbreitet. Das Konzept bezog sich hier jedoch von Anfang an nur auf schriftsprachliche Kompetenzen und den formellen Sprachgebrauch in der Schule; Cummins spricht hier von der „cognitive-academic language proficiency" (Cummins 1979).[9] Dies ist jedoch eine wesentliche Einschränkung, die ein Konzept ‚Halbsprachigkeit‘ nicht rechtfertigt. Eine tatsächliche ‚Halbsprachigkeit‘, ein sprachliches Defizit mehrsprachig aufwachsender Kinder, wurde entsprechend auch in zahlreichen Studien widerlegt,[10] und auch Cummins verwendet den Begriff ‚Halbsprachigkeit‘ mittlerweile nicht mehr.[11]

Der Sprachgebrauch, dem Kinder in der Schule begegnen, unterscheidet sich ganz wesentlich von der Alltagssprache, er bildet eine eigene Sprachform[12], auf

---

8 Zum Begriff der ‚Halbsprachigkeit‘ in der öffentlichen Diskussion in Schweden vgl. Kotsinas 1998: 134.

9 Vgl. auch das Konzept der ‚Bildungssprache‘ bei Gogolin (2006).

10 Vgl. exemplarisch Edelsky et al. (1983), Oksaar (1984), Martin-Jones / Romaine (1986), MacSwann (2000), MacSwann et al. (2002); vgl. Paulston (1983) zur Kritik am Konzept der ‚Halbsprachigkeit‘ in Skandinavien.

11 Vgl. Cummins (1994: 3814): „There appears to be little justification for continued use of the term ‚semilingualism‘ in that it has no theoretical value and confuses rather than clarifies the issues."

12 Cathomas nennt dies die „Schulsprache" (Cathomas 2005: 36). Vgl. auch Schroeder zur konzeptionellen Schriftlichkeit der Schulsprache (Schroeder 2007).

die Kinder aus Ober- und Mittelschichtfamilien besser vorbereitet sind als andere. Eckhardt (2008) konnte entsprechend in einer Untersuchung der sprachlichen Leistungen von Kindern an Berliner Grundschulen keine Unterschiede zwischen Kindern deutscher und nicht-deutscher Herkunftssprache feststellen, wenn der sozioökonomische Status der Familie berücksichtigt wurde. Und auch bei gängigen Sprachtests, die sich an Schulsprache orientieren, schneiden einsprachige Kinder schlecht ab, wenn sie nicht aus der Mittelschicht kommen. So berichten Schroeder / Stölting (2005), dass 2001 in Berlin 13 % der einsprachig deutschen Schulanfänger/innen nach solchen Tests als „sprachlich retardiert" eingestuft wurden.

Zusammengefasst geht es hier also nicht um mangelnde sprachliche Kompetenzen durch Mehrsprachigkeit, sondern um eine Schulsprache, die besonders Mittelschichtskinder begünstigt und Kinder aus niedrigeren sozialen Schichten benachteiligt, ganz unabhängig davon, ob sie ein- oder mehrsprachig sind. Dennoch hält sich der Mythos von der ‚doppelten Halbsprachigkeit' hartnäckig in der Öffentlichkeit und taucht, wie oben illustriert, auch in pädagogischen und bildungspolitischen Diskussionen auf.

Fazit

Wie aus unserer Diskussion deutlich wurde, liegt eine wichtige Quelle für populäre Mythen wie denen vom ‚gebrochenen Deutsch' und der ‚doppelten Halbsprachigkeit' im sozialen Charakter sprachlicher Wahrnehmung. Unabhängig von der sprachlichen Realität, vom Status grammatischer Strukturen, der Verteilung sprachlicher Kompetenzen und Spezialisierungen u. a., unterliegen sprachliche Stile und Dialekte immer auch sozialen Bewertungen, sie erhalten daher in der sozialen Interaktion immer auch einen bestimmten – hohen oder niedrigen – Marktwert, sie stellen ein symbolisches und kulturelles „Kapital" dar,[13] das ihren Sprechern Prestige verleihen kann oder aber Herabsetzung mit sich bringt, und Letzteres trifft insbesondere auf Nicht-Standardvarietäten zu, die von sozial benachteiligten Gruppen gesprochen werden, wie im Fall der von uns betrachteten Varietäten aus multiethnischen Wohngebieten. Die hier diskutierten Wahrnehmungen ordnen sich damit in ein generelles Bild der sozialen Bewertung von Sprache und sprachlicher Variation ein.

---

13 Vgl. hierzu grundlegend Bourdieu (1974; 1991).

Literatur

Androutsopoulos, Jannis (2007): „Ethnolekte in der Mediengesellschaft. Stilisierung und Sprachideologie in Performance, Fiktion und Metasprachdiskurs", in: Fandrych, Christian / Salverda, Reinier (Hg.): *Standard, Variation und Sprachwandel in germanischen Sprache*, Tübingen, S. 113–155.

Auer, Peter (2003): „„Türkenslang': Ein jugendsprachlicher Ethnolekt des Deutschen und seine Transformationen", in: Häcki Buhofer, Annelies (Hg.), *Spracherwerb und Lebensalter*, Tübingen, S. 255–264.

Bauer, Laurie, / Trudgill, Peter (1998): „Introduction", in: Bauer, Laurie, / Trudgill, Peter (Hg.), *Language Myths*, S. xv-xviii, London.

Blommaert, Jan (Hg.) (1999): *Language Ideological Debates*, Berlin /New York.

Boeschoten, Hendrik (1990): „Turkish in the Netherlands: patterns of change over generation", in: Brendemoen, Bernt (Hg.): *Altaica Osloensia. Proceedings from the 32nd Meeting of the Permanent International Altaistic Conference, Oslo 1989*, Oslo, S. 39–48.

Boeschoten, Hendrik (2000): „Convergence and divergence in migrant Turkish", in: Mattheier, Klaus (Hg.), *Dialect and Migration in a Changing Europe*, Frankfurt am Main, S. 145–154.

Bourdieu, Pierre (1974): *Zur Soziologie der symbolischen Formen*, Frankfurt am Main.

Bourdieu, Pierre (1991): *Language and Symbolic Power*, Harvard.

Bradac, James J. / Cargile, Aaron Castelan, / Hallet, Jennifer S. (2001): „Language attitudes: retrospect, conspect, and prospect", in: Robinson, W. Peter / Giles, Howard (Hg.): *The New Handbook of Language and Social Psychology*, Chichester, S. 137–155.

Brenke, Karl (2008): „Migranten in Berlin: schlechte Jobchancen, geringe Einkommen, hohe Transferabhängigkeit", in: *Wochenbericht des DIW Berlin* (35), S. 496–507.

Cathomas, Rico (2005): *Schule und Zweisprachigkeit*, Münster.

Cindark, Ibrahim, / Aslan, Sema (2004): *Deutschlandtürkisch?* Mannheim.

Clopper, Cynthia G., / Pisoni, David B. (2004): „Perception of dialect variation", in: Pisoni, David B. / Remez, Robert E. (Hg.): *The Handbook of Speech Perception*, Oxford, S. 313–337.

Cummins, Jim (1979): „Cognitive-academic language proficiency. Linguistic interdependence, the optimum age question and some other matters", in: *Working Papers on Bilingualism*, S. 197–205.

Cummins, Jim (1994): „Semilingualism", in: *Encyclopedia of Language and Linguistics*, Oxford, S. 3812–3814.

Dirim, İnci / Auer, Peter (2004): *Türkisch sprechen nicht nur die Türken. Über die Unschärfebeziehungen zwischen Sprache und Ethnie in Deutschland*, Berlin.

Eckhardt, Andrea G. (2008): *Sprache als Barriere für den schulischen Erfolg. Potentielle Schwierigkeiten beim Erwerb schulbezogener Sprache für Kinder mit Migrationshintergrund*, Münster.

Edelsky, Carole / Hudelson, Sarah / Flores, Barbara / Barkin, Florence / Altwerger, Bess / Jilbert, Kristina (1983): „Semilingualism and language deficit", in: *Applied Linguistics* (4/1), S. 1–22.

Füglein, Rosemarie (2000): *Kanak Sprak. Eine ethnolinguistische Untersuchung eines*

Sprachphänomens im Deutschen. Diplomarbeit, Fakultät für Sprach- und Literaturwissenschaften der Otto-Friedrich-Universität Bamberg, unveröffentlicht.

Garrett, Peter / Coupland, Nikolas / Williams, Angie (2003): *Investigating Language Attitudes. Social Meanings Of Dialect, Ethnicity And Performance,* Cardiff.

Gogolin, Ingrid (2006): „Bilingualität und die Bildungssprache der Schule" in: Paul Mecheril / Thomas Quehl (Hg.): *Die Macht der Sprachen,* Münster. S. 63–85.

Hansegård, Nils Erik (1968): *Tvåspråkighet eller halfspråkighet?* Stockholm.

Hudson, Richard A. (1996): *Sociolinguistics,* 2nd Edition, Cambridge.

Kallmeyer, Werner / Keim, Inken (2003): „Linguistic variation and the construction of social identity in a German-Turkish setting. A case study of an immigrant youth-group in Mannheim, Germany", in: Androutsopoulos, Jannis / Georgakopoulou, Alexandra (Hg.): *Discourse constructions of youth identities,* Amsterdam, S. 29–46.

Keim, Inken / Androutsopoulos, Jannis (2000): „hey lan, isch geb dir konkret handy". Deutsch-türkische Mischsprache und Deutsch mit ausländischem Akzent: Wie Sprechweisen der Straße durch mediale Verbreitung populär werden, Mannheim.

Kern, Friederike / Selting, Margret (2006): „Einheitenkonstruktion im Türkendeutschen: Grammatische und prosodische Aspekte", in: *Zeitschrift für Sprachwissenschaft* (25/2), S. 239–272.

Kotsinas, Ulla-Britt (1998): „Language contact in Rinkeby, an immigrant suburb", in: Androutsopoulos, Jannis K. / Scholz, Arno (Hg.): *Jugendsprache - langue des jeunes - youth language. Linguistische und soziolinguistische Perspektiven,* Frankfurt am Main, S. 125–148.

Kroskrity, Paul V. (2004): „Language ideologies", in: Duranti, Alessandro (Hg.): *A Companion to Linguistic Anthropology,* Malden, S. 496–517.

Labov, William (1966): *The Social Stratification of English in New York City,* Arlington.

Long, Daniel / Preston, Dennis R. (Hg.) (2002): *Handbook of Perceptual Dialectology,* Volume 2, Philadelphia.

MacSwann, Jeff (2000): „The threshold hypothesis, semilingualism, and other contributions to a deficit view of linguistic minorities", in: *Hispanic Journal of Behavioral Sciences* (22/1), S. 3–45.

MacSwann, Jeff / Rolstad, Kellie / Glass, Gene V. (2002): „Do some school-age children have no language? Some problems of construct validity in the Pre-LAS Español", in: *Bilingual Research Journal* (26/2), S. 395–419.

Martin-Jones, Marily / Romaine, Suzanne (1986): „Semilingualism. A half-baked theory of communicative competence", in: *Applied Linguistics* (7/1), S. 26–38.

Niedzielski, Nancy A. / Preston, Dennis R. (2003): *Folk Linguistics.* Berlin / New York.

Oksaar, Els (1984): „Spracherwerb, Sprachkontakt, Sprachkonflikt, im Lichte individuumzentrierter Forschung" in: Oksaar, Els (Hg.): *Spracherwerb - Sprachkontakt - Sprachkonflikt,* Berlin / New York, S. 243–266.

Paulston, Christina Bratt (1983): *Swedish Research and Debate about Bilingualism,* Stockholm.

Pfaff, Carol W. (1991): „Turkish in contact with German: language maintenance and loss among immigrant children in Berlin (West)", in: *International Journal of the Sociology of Language* (90), S. 97–129.

Pfaff, Carol W. (1994): „Early bilingual development of Turkish children in Berlin", in:

Extra, Guus / Verhoeven, Lodu T. (Hg.): *The Cross-linguistic Study of Bilingual Development*, Amsterdam, S. 75 – 97.

Preston, Dennis R. (1989): *Perceptual Dialectology: Nonlinguists' Views of Areal Linguistic*, Dordrecht.

Preston, Dennis R. (Hg.) (1999): *Handbook of Perceptual Dialectology*, Volume 1, Philadelphia.

Rehbein, Jochen (2001): „Turkish in European societies", in: *Lingua e Stile* (36), S. 317 – 334.

Ryan, Ellen Bouchard / Giles, Howard (Hg.) (1982): *Attitudes Towards Language Variation*, London.

Schieffelin, Bambi B. / Woolard, Kathryn A. / Kroskrity, Paul V. (Hg.) (1998): *Language Ideologies: Practice and Theory*, Oxford.

Schroeder, Christoph (2007): „Integration und Sprache", in: *APuZ* (22/23), S. 6 – 12.

Schroeder, Christoph / Stölting, Wilfried (2005): „Mehrsprachig orientierte Sprachstandsfeststellungen für Kinder mit Migrationshintergrund", in: Gogolin, Ingrid / Neumann, Ursula / Roth, Hans-Joachim (Hg.) *Sprachstandsdiagnostik bei Kindern und Jugendlichen mit Migrationshintergrund*, Münster, S. 59 – 74.

Silverstein, Michael (1998): „The uses and utility of ideology. A commentary", in: Schieffelin et al. (Hg.) (1998): *Language Ideologies: Practice and Theory*, Oxford, S. 123 – 145.

Trudgill, Peter (1992): *Introducing Language and Society*, London.

Wiese, Heike (2006): „„Ich mach dich Messer': Grammatische Produktivität in Kiez-Sprache", in: *Linguistische Berichte* (207), S. 245 – 273.

Wiese, Heike (2009): „Grammatical innovation in multiethnic urban Europe: new linguistic practices among adolescents", in: *Lingua* (119), S. 782 – 806.

Wiese, Heike (2010): „The role of information structure in linguistic variation: Evidence from a German multiethnolect", in: Gregersen, Frans / Parrott, Jeffrey / Quist, Pia (Hg.): *Proceedings of ICLaVE 5*, Amsterdam.

Wiese, Heike / Freywald, Ulrike / Mayr, Katharina (2009): *Kiezdeutsch as a Test Case for the Interaction Between Grammar and Information Structure* [Interdisziplinäre Studien zur Informationsstruktur: Arbeitspapier 12 des SFB 632], Potsdam.

Zaimoğlu, Feridun (1995): *Kanak Sprak. 24 Mißtöne vom Rande der Gesellschaft*, Berlin.

Ortrud Gutjahr

Unter Selbstbehauptungsdruck. Asylsuche und Neuorientierung in Ayşe Polats Adoleszensfilm *En Garde*

Mit ihrem ersten Kinofilm gewann die Regisseurin Ayşe Polat beim Internationalen Filmfestival von Locarno 2004 auf Anhieb den *Silbernen Leoparden*.[1] Dieser Film, der mit seinem Titel *En Garde* das Kommando zitiert, das die Kämpfenden im Fecht-Sport auffordert, gegeneinander Position zu beziehen, erzählt über die problematische wie produktive Freundschaft einer deutschen Sozialwaise mit einer kurdischen Asylbewerberin. Hinsichtlich der Entwicklung der deutschen Protagonistin von einem vernachlässigten Mädchen zu einer Verantwortung übernehmenden jungen Frau lässt sich hier unschwer das Genre des Adoleszenzfilms[2] ausmachen, dem innerhalb der deutsch-türkischen Kinoproduktionen bezüglich der Migrationsthematik bereits seit den 1980er Jahren besondere Bedeutung zukommt. Die Filme dieses Genre handeln nämlich zumeist von Jugendlichen der zweiten Migrantengeneration, die sich vor die Aufgabe gestellt sehen, ihre Ablösung von der Herkunftsfamilie und die Selbstbehauptung in der Gruppe Gleichaltriger nicht nur gegenüber generationsspezifisch unterschiedlichen Ansprüchen, sondern auch im Hinblick auf kulturell widersprüchliche Wertvorstellungen durchkämpfen zu müssen. Dabei ist auffällig, dass die adoleszenztypische Infragestellung bisheriger Bezugs- und Autoritätspersonen wie auch die Suche nach neuer Selbstbestimmung zumeist durch Akte der Gewalt in Szene gesetzt und damit dramatisch zugespitzt wird.

Filme, in denen diese Selbstsuche junger Migranten mit Exzessen der Gewalt einhergeht, sind beispielsweise Rüdiger Nüchterns *Nacht der Wölfe* (1981/82), in dem nach dem Plotmuster der *West Side Story* eine deutsche Rockergang mit einer Gruppe junger Türken in einen tödlich endenden Streit gerät; Thomas Arslans *Geschwister – Kardeşler* (1997), in dem sich der Sohn eines türkischen

---

1 Die beiden Hauptdarstellerinnen Maria Kwiatkowsky und Pınar Erincin teilten sich den Leoparden für die beste darstellerische Leistung.
2 Im Gegensatz zum Jugendfilm (*Coming-of-Age*-Film), bei dem in der Regel jugendliche Protagonisten mit ihren altersspezifischen Erfahrungen im Zentrum stehen, geht es im Adoleszenzfilm vornehmlich um die Problematisierung des krisenhaften Übergangs, der mit dem Prozess des Erwachsenwerdens verbunden ist.

Vaters und einer deutschen Mutter als Schulverweigerer mit kleineren kriminellen Delikten über Wasser hält, bis er in einen Strudel der Gewalt hinein
gezogen wird;[3] Fatih Akıns *Kurz und Schmerzlos* (1998), in dem sich ein aus der
Haft entlassener junger Türke durch den tödlichen Angriff auf seinen serbischen
Freund zu rächender Vergeltung herausgefordert sieht; Lars Beckers *Kanak
Attack* (2000), in dem ein junger Drogendealer nach Bandenkämpfen in einen
tödlichen Showdown mit einem Zuhälter gerät; Yüksel Yavuz' *Kleine Freiheit*
(2004), in dem ein nach Ablehnung seines Asylantrags in die Illegalität abge-
tauchter Kurde den Mann, den er für den Mörder seiner Eltern hält, zum Kampf
fordert; Yılmaz Arslans *Brudermord* (2005), in dem ein junger Kurde mit seinem
Freund in einen brutalen Bandenkrieg hinein gezogen wird; Züli Aladağs *Wut*
(2006), in dem ein türkischstämmiger Bandenführer einen gleichaltrigen Jungen
aus einer deutschen bildungsbürgerlichen Familie drangsaliert bis der Streit
tödlich eskaliert, sowie Özgür Yıldırıms *Chiko* (2008), in dem der in den
Drogenhandel eingestiegene Sohn einer türkischen Einwandererfamilie ausgerechnet von dem Freund getötet wird, für den er Rache geübt hat. Diese wenigen
Beispiele verdeutlichen bereits, dass sich im türkisch-deutschen Adoleszenzfilm
ein Genremuster herausgebildet hat: Die adoleszenztypische Austestung von
Möglichkeiten und Grenzen spielt sich zumeist in sozial prekären Revieren
deutscher Großstädte am Rande der Legalität oder in kriminellen Milieus ab,
wobei Gewalt häufig zwischen jungen Männern unterschiedlicher Gangs aus-
agiert wird (vgl. Ritzenhoff 2010; Schnell 1987 und Weninger 2005).

Gegenüber diesen zwischen Sozial- und Gangsterdrama changierenden Filmen, in denen ein männlicher Protagonist im Zentrum steht, wird in den sehr
viel selteneren Kinoproduktionen mit weiblicher Protagonistin verstärkt das
Muster des Melodrams aufgerufen. Beispielhaft hierfür ist Hark Bohms Adoleszenzfilm *Yasemin* (1988), in dem die Befreiung einer 17-jährigen türkischen
Schülerin, die sich der elterlichen Verfügungsgewalt entzieht und mit ihrem
deutschen Freund flieht, zum Thema gemacht wird. Der Film gilt nicht zuletzt
wegen seines pädagogisierenden Impetus als herausragender Beitrag zur Mi-
grationsproblematik und wurde mit zahlreichen Preisen bedacht.[4] Im Gegensatz
zu den meisten Produktionen, die dem Genre deutsch-türkischer Migrations-
film zuzurechnen sind, fungiert nun aber in Ayşe Polats Film *En Garde* (2004)
gerade keine Migrantin aus der Türkei als Protagonistin, sondern eine junge
Deutsche, die unter prekären Verhältnissen heranwächst.

---

3 Erster Teil der „Berlin-Trilogie"; Teil 2: *Dealer* (1999); Teil 3: *Der schöne Tag* (2001).
4 Der Film erhielt 1989 sowohl den Deutschen Filmpreis als auch den Bayerischen Filmpreis.

Eine prekäre Adoleszenz

Ayşe Polat setzt in ihrem Film die problematische Freundschaft zwischen der 16-jährigen Alice und der kurdischen Asylanwärterin Berivan in einem katholischen Mädchenheim im Hinblick auf wechselseitige Lernprozesse, die durch Formen der Gewalt hervorgerufen wie auch vorangetrieben werden, ins Zentrum der Handlung. Erzählstrukturell ist die Handlung in der Manier eines analytischen Dramas mit langen Rückblenden organisiert. Er beginnt mit einem Verhör der Protagonistin bei einer Anwältin, in dem sie als erstes zu Protokoll gibt: „Es, es war ein Unfall. Ich wollte es nicht. Es fing alles mit meinen Ohren an." (01)[5] Alice stammelt in immer neuen Variationen von einem Vergehen, das sie mit ihrem Gehör in Zusammenhang bringt, ohne dass offenbart wird, um was für einen „Unfall" es sich handelt. Diese Exposition leitet in eine Filmhandlung ein, die sich wesentlich der Rekonstruktion der Vorgeschichte dieses Geschehens widmet, um der Frage nachzugehen, inwiefern sich die Protagonistin schuldig gemacht hat. Nach dieser Grundstruktur der psychologischen Kriminalgeschichte wird in langen Rückblenden, welche durch die Verhörsituation nur sporadisch unterbrochen sind, die Entwicklung von Alice in der Situation des Heimes rekapituliert. Diese dem Verhör unmittelbar vorgelagerten Ereignisse basieren wiederum auf einem mit nur wenigen Worten angerissenen Sozialdrama, denn Alice wurde nicht nur in ein Heim verbracht, sondern davor bis zu ihrem 16. Lebensjahr von ihrer Großmutter aufgezogen, da ihre halbwüchsige Mutter unfähig war, sich selbst um ihr ungewolltes Kind zu kümmern.

Die Rückblende auf Alices Heimaufenthalt wird vermittels einer langen Autofahrt eingeleitet und verbildlicht mit einer weiten Kameraeinstellung von oben (long shot) auf die flache Landschaft Norddeutschlands das Schweigen zwischen Mutter und Tochter im Inneren des Wagens. Alice findet bei ihrer Ankunft durch die leitende Ordensschwester Clara zwar freundliche Aufnahme, doch ihre gleichaltrigen Zimmermitbewohnerinnen beginnen sie umgehend zu drangsalieren. Sie wird von ihnen gezwungen, ihr Taschengeld abzuliefern und ausgerechnet dem kurdischen Mädchen Berivan, das als einzige sofort ihre schmerzhafte Hörempfindlichkeit bemerkt, den Walkman zu stehlen. Von der Situation überfordert, ritzt sich Alice die Handfläche und setzt mit einer brennenden Zigarette, welche die verwaiste Asylanwärterin unerlaubt geraucht hatte, den Gemeinschaftsraum in Brand. Als Schwester Clara die Brandstifterin ausfindig zu machen sucht, wähnt sich Berivan als Schuldige und ist überzeugt, dass Alice ihr Vergehen deckt. Aus Dankbarkeit für deren vermeintliche Loyalität

---

5 Die Zahlen in Klammern geben die Filmminuten zu Beginn der Sequenz an, in denen der zitierte Text gesprochen wird.

wendet sie sich in freundschaftlich-empathischer Weise der Neuangekommenen zu, die daraufhin beginnt, einen Wandlungsprozess zu durchlaufen.

Das verschlossene Mädchen, dessen Erzählstimme anfangs fast nur aus dem Off zu vernehmen ist, wird dank der Offenheit und Empathie Berivans selbst immer gesprächiger und zugänglicher. Doch als sie bemerkt, dass sich die junge Kurdin zusehends für den in einem Coffeeshop arbeitenden Deutsch-Albaner namens Ilir interessiert, fürchtet sie, ihre einzige Freundin zu verlieren. Alice droht Berivan, ihr Asylverfahren zum Scheitern zu bringen, denn sie weiß, dass diese auf ihrer Flucht nach Deutschland in Rumänien kurz aus dem Zug ausgestiegen war und nach gängiger Rechtsprechung nach dorthin abgeschoben werden kann. Als Schwester Clara von den Zwistigkeiten zwischen den Freundinnen erfährt und die beiden zu einer Unterredung lädt, kommt es zu Handgreiflichkeiten. Da Berivan nach dem Gerangel wütend aus dem Zimmer stürmt, bemerkt sie nicht, dass sie durch einen ungelenken Stoß Schwester Clara ins Straucheln brachte und diese mit dem Kopf tödlich aufschlägt. Gegenüber der Anwältin übernimmt Alice die Verantwortung für den „Unfall" und wird in ein neues Heim verlegt, während Berivan nach erfolgreichem Asylantrag in ein offenes Jugendheim übersiedeln darf.

Als Sozialdrama folgt der Film einer Schuld- und Sühne-Dramaturgie, denn nachdem Alice zu Beginn ihres Heimaufenthaltes keine Verantwortung für ihre mutwillige Brandstiftung übernimmt, sondern im Gegenteil durch Berivans Dankbarkeit noch Vorteil aus ihr zieht, übernimmt sie am Ende stellvertretend Schuld für den tödlichen Unfall, um der Freundin die erfolgreiche Durchführung ihres Asylverfahrens zu ermöglichen. Trotz seiner sozialen Thematik hat Polat, die selbst Kurdin ist und zeitweise in einem Mädchenheim gearbeitet hat,[6] mit ihrem Film aber weder ein kritisches Plädoyer gegen Heimerziehung noch gegen gängige Praxis bei Asylverfahren vorgelegt. Vielmehr nutzt die Regisseurin Topoi des Internatsfilms, wie sie spätestens seit Geza von Radvansyis *Mädchen in Uniformen* (1958) gängig sind, um in der Inszenierung einer geschlossenen Welt von Gleichaltrigen in besonderer Weise adoleszente Konfliktstrukturen im Hinblick auf milieu- und kulturspezifische Defizite verdeutlichen zu können. So werden bei ihr die genretypischen Machtkämpfe und Schikanen unter den Schülerinnen als Ventil erlittener Gewalt in der Kindheit, die erotische Besetzung der Heimleiterin als Ausdruck früheren Missbrauchs und die fremdenfeindlichen Äußerungen und Verhaltensweisen als Weitergabe eigener Zurücksetzung evident. Vor dem Hintergrund dieser durch wechselseitige Verlet-

---

6 Ayşe Polat erlebte im Heim, wie dort Beziehungen geschlossen werden: „Einige waren Flüchtlingskinder, andere sogenannte ‚Sozialwaisen'. Von außen stellt man sich unter ‚Heimkindern' immer etwas Tragisches vor. Aber sie haben auch eine große Stärke, sind für ihr Alter oft reif und erwachsen." (vgl. Recht 2010)

zung und Missachtung geprägten Situation der Heimbewohnerinnen untereinander setzt Polat die Erfahrung und Erlebensweise Alices in Szene. Die Regisseurin bedient sich der subjektiven Kamera, überlässt ihrer Protagonistin die Erzählstimme aus dem Off, gibt durch Bildperspektiven wie auch die Regelung der Ton- und Geräuschebene ihrem inneren Erleben Raum und verdeutlicht damit das Psychogramm einer Heranwachsenden, die sich nur mühsam aus ihren tiefgreifenden Traumatisierungen befreien kann. Mithin werden in Polats Film *En Garde*, so meine These, auf subtile Weise filmische Narrative entwickelt, in denen diese Adoleszenzproblematik mit der Migrationsthematik im Sinne interkultureller Lernprozesse verknüpft sind.

Die ablehnende Mutter und das fremde Mädchen

Der Film entwickelt gemäß der Adoleszenzproblematik innerhalb der spezifischen Familienkonstellation einen durchgängigen Erzählstrang über die Lösung von der Mutter. Zunächst kommentieren die Heimmädchen den Auftritt von Alices Mutter vor dem Hintergrund ihrer eigenen Erfahrungen mit den Eltern: „Wer war denn die aufgetakelte Schlampe vorhin? Deine Mama? Säuft sie? Schlägt sie dich? Fickt sie dich? Oder lässt sie dich – [...]." (7.23) Aber Alices Mutter zeichnet sich gerade nicht durch willentlichen Missbrauch ihrer Tochter aus, sondern durch eine strikte Ablehnung ihrer Mutterrolle und der damit verbundenen Verantwortung und Fürsorgepflicht. Bei aller Lakonie in den Dialogen hat Polat eine metaphorische, teilweise auch expressive Bildsprache eingesetzt, um die ungelebte Beziehung zwischen Mutter und Tochter zu verdeutlichen.

Die 16-jährige Alice grenzt sich schon allein durch ihr ungeschminktes Gesicht, strähnige Haare und einfacher Kleidung ohne geschlechtsspezifische Signalwirkungen deutlich von der modisch-weiblichen Aufmachung ihrer jungen Mutter ab. Dass eine Berührung mit der nur 16 Jahre älteren Mutter nur indirekt möglich ist, wird durch zahlreiche Detail-Kameraeinstellungen (close up) der Hände eindrücklich ins Bild gerückt. Durch blutig abgekaute Nägel wird eine autoaggressive Disposition Alices verdeutlicht, während die in einem Nagelstudio beschäftigte Mutter ihre eigenen Nägel durch eine aufwändig gestylte Nagelage verdeckt wie betont. Wie sehr sich Alice wünscht, mit der Mutter in Kontakt zu treten, wird durch das Kreisen ihres Zeigefingers in einer verschütteten Teelache verdeutlicht, in der zuvor schon die Mutter einen langen lackierten Nagel kreisen ließ. Als Alice ihre mit schroffer Ablehnung reagierende Mutter später an deren Arbeitsplatz aufsucht, klebt diese ihr lange rote Fingernägel an. Doch Alice wehrt sich gegen diese ‚Weiblichkeitsmaskerade' (vgl. Rivière 1929) und reißt sich die Nägel umgehend mit lautem Knacken wieder einzeln ab. Später wiederholt sich dieses selbstverletzende Abreißen der Fingernägel in einer Traumsequenz und wird so zur Urszene einer so notwendigen wie schmerzlichen Ablösung von der Mutter verdichtet.

Bereits zu Beginn des Films führt sich Alice selbst als abgelehnte Tochter ein, indem sie der Anwältin zu Protokoll gibt: „Ich bin sechzehn Jahre alt. So alt war meine Mutter, als sie mich bekam. Sie… sie wusste nicht, was sie mit mir anfangen soll, und gab mich zu Oma." (2.53) Als adoleszentes Mädchen erfährt sie die Ablehnung der Mutter durch die lakonische Mitteilung über die Alternativlosigkeit der Abschiebung ins Heim: „Du wirst es hier mögen. Du musst es mögen." (4.10) Später offenbart ihr die Mutter wider Willen, dass auch sie sich schon von ihrer Mutter vernachlässigt gefühlt habe und wahllos sexuelle Kontakte einging, um einen zu finden, der ihr helfen sollte „wegzugkommen" (72.34). Darüber hinaus gesteht sie, gewusst zu haben, wie sehr Alice um ihre Zuneigung gekämpft hat: „Du hast mich immer mit großen Augen angeschaut. Ich weiß, du wolltest ein nettes Wort hören oder ein Lächeln sehen, du hast mich an mich erinnert. Ich weiß, dass Du mich immer hassen wirst, ich nehm's Dir nicht übel. Ich versteh's ja. Das ist vielleicht unsere einzige… Familientradition." (72.34) Aber Alice gelingt es, trotz ihrer traumatischen Kindheitserfahrungen aus dieser Familientradition von Vernachlässigung und Beziehungsunfähigkeit auszubrechen, denn als sie am Ende in der Untersuchungshaft von der sprachohnmächtigen Mutter in der Zelle besucht wird, gibt sie der starr Verharrenden einen Kuss auf die Stirn und verlässt wie gelöst die Zelle. Wie es Alice gelingt, sich über die Identifizierung mit einer Gleichaltrigen von bisherigen Verhaltensweisen zu lösen verdeutlicht Polat in jenem Erzählstrang über die Mädchenfreundschaft, welche die Beziehung zur Mutter konterkariert.

Während die zunächst scheu ausweichende Alice seitens der Mädchen auf ihrem Zimmer aggressiv attackiert wird und den Kontakt mit ihnen zu meiden sucht, wird sie durch die Begegnung mit der zugewandten Berivan mit einer Gleichaltrigen konfrontiert, die sich in ihrer Angewiesenheit auf die Hilfe anderer in einer vergleichbaren Situation befindet. Denn Alice, die von ihrer Mutter abgeschoben und sozial verwaist ist und vor die Aufgabe gestellt wird, sich selbstständig zu orientieren, trifft in Berivan auf eine aus politischen Gründen geflüchtete Waise, die ein Asylverfahren durchlaufen muss, um sich ihre eigene Existenz aufbauen zu können. Das kurdische Mädchen, das im Heim „Asylantin", „Assigassi" oder auch „Tüte" genannt wird, da sie all ihre geretteten Habseligkeiten in einer Plastiktüte mit sich trägt, wird für die Protagonistin zur Figur der Fremden (vgl. Karpf et al. 1995; Bulut 2000 und Gutjahr 2002), über die sie sich ihren Wünschen nach Anerkennung annähern kann. Denn Berivan hütet eine Postkarte von einem Baum wie einen Schatz, da er für sie mit der Vorstellung von einem „Wunschbaum" verbunden ist. Einen solchen Wunschbaum, in den nach alter Tradition kleine mit Wünschen versehene Stoffteile gehängt werden, die dann durch den Wind dem Himmel zugeflüstert werden, hatte es in ihrem Heimatdorf gegeben. Die junge Kurdin hat den festen Glauben, dass auch Alice geheilt werden könne, wenn sie einen solchen Wunschbaum für sich findet.

Berivan vermittelt Alice aber nicht nur Hoffnung, sondern nimmt ihr gegenüber auch eine mütterlich-sorgende Funktion ein. Sie schützt die Freundin vor schmerzhaften Geräuschen und empfindet Mitleid, ja wird sogar ohnmächtig, als diese sich Selbstverletzungen zufügt. Überdies spielt sie mit ihr Kindheitsspiele, in denen sie das scheue Mädchen zu Nähe und Zärtlichkeit ermutigt. Durch ihre Beziehung zu Ilir macht sie Alice aber auch deutlich, dass sie diese mütterliche Rolle nur passager einnehmen kann und die zusehends Anhängliche ihren eigenen Weg zu neuen Bindungen finden muss. Das simple Plotmuster vom vernachlässigten Mädchen namens Alice, das von der Gruppe Gleichaltriger ausgeschlossen wird und in einer anderen Außenseiterin eine Schutz und Geborgenheit vermittelnde Freundin findet, dient somit deutlich der wiedergutmachenden Inszenierung früherer Kränkungserfahrungen und der szenischen Gestaltung eines adoleszenten Aufbruchs.

Die zweite Chance

Unter dem Aspekt produktiver Gestaltungsmöglichkeit kann Adoleszenz im Gegensatz zur Pubertät als körperlichem Reifungsprozess als eine Loslösungs- und Umgestaltungsphase verstanden werden, in der sich Heranwachsende mit Werten und Normen ihrer bisherigen Sozialisation auseinandersetzen. Dabei geht es immer auch um die Hinterfragung von tradierten Verhaltenserwartungen und Geschlechterrollen. Unbewältigte Konflikte aus der Kindheitsphase werden über Stellvertreterfiguren für die elterliche Position reinszeniert, um bisherige Bindungen zu revidieren und neue eingehen zu können. Somit kann die Adoleszenz unter psychodynamischer Perspektive als zweite Chance (vgl. Blos 1973) gesehen werden, insofern bisherige Muster revidiert werden und eine Suche nach neuen Bewältigungsstrategien und Wertorientierungen beginnt. Diese Ausbildung psychosozialer Kompetenz (vgl. King 2002 und 2006) steht dabei im Dienste eines neuen, geschlechtsspezifisch modellierten Selbstkonzeptes (vgl. Flaake / King 1998) wie innovativer Schübe innerhalb der Kulturentwicklung (vgl. Erdheim 1983, 1993 und 1997).

Diese Form der adoleszenten Entwicklung als zweite Chance wird in Polats Film in Hinblick auf die Produktivität neuer Identitätsfindung entfaltet. Denn gemäß dem Sozialdrama, das zur Klärung der Schuld für den tödlichen Unfall entfaltet wird, geht es in der Filmhandlung nicht allein um die Exkulpation der Protagonistin, sondern auch um den Prozess einer zweiten Sozialisierung, in dem bestehende Konfliktpotentiale aufgerufen und einer neuen Lösung zugeführt werden. Dass diese Chance zur Neuorientierung mit schmerzlichen

Lernprozessen einher geht, wird durch gewaltsame Akte verdeutlicht, die sich sowohl gegen andere wie auch das eigene Selbst richten. Vor allem aber setzt der Film deutlich in Szene, dass Alice in einem nach Regeln geführten Kampf mit Berivan ihre Chance zur Verwandlung nutzen kann. Denn als die Mädchen des Heimes aufgefordert werden, sich in Listen für Freizeitaktivitäten einzutragen, verwechselt Berivan aufgrund ihrer mangelnden Deutschkenntnisse Fechten mit Flechten und meldet sich so unwissentlich für einen Kampfsport an. Alice verhält sich hingegen nach dem Muster der Vermeidung und wählt das Fechten, um ihren Zimmermitbewohnerinnen nicht begegnen zu müssen.

Polat verdeutlicht in ihrem Film über den Einsatz dieser Sportart, bei der im Schutzanzug an der Alarmleine miteinander gekämpft werden muss, die zu schützende Verletzlichkeit der heranwachsenden Mädchen wie auch ihren Wunsch, kämpferisch ihre Grenzen zu erproben und neu zu bestimmen. Fechten wird so zu einem Leitmotiv des Films, der um die Frage kreist, wie adoleszente Selbstbehauptung unter den Bedingungen der politischen wie auch psychosozialen Asylsuche gelingen kann. Ist nämlich mit Selbstbehauptung die Fähigkeit zum Widerstand angesichts drohender Selbstbeschränkung oder gar Vernichtung gemeint, so geht es um eine psychosoziale Kernkompetenz. Denn die Fähigkeit zur Selbstbehauptung basiert auf der Bestätigung des Selbst durch Andere, die sich zugleich als widerständig erweisen. Das Ich muss sich identifikatorisch und differenzierend aneignen, was es selbst nicht ist, aber zur Selbstentfaltung benötigt. Zwischen der Identifizierung und der Selbstbehauptung besteht also im Idealfall eine produktive Spannung. Mit anderen Worten stellt sich das Subjekt einem Gegenüber, mit dem es sich im gleichen Vorgang identifiziert. So geht es in *En Garde* weder in Figurenkonzeption noch Handlungsmuster um eine direkte Thematisierung von Migration und deren psychosozialen Folgen, sondern vielmehr um ein filmisches Erzählen mit dem die Fähigkeit zum interkulturellen Lernen in Szene gesetzt wird.

Ayşe Polats *En Garde* wurde als einer der besten Filme des Jahres 2004 bezeichnet, doch steht er im Schatten der allgemeinen Aufmerksamkeit. Im gleichen Jahr hatte Fatih Akın mit seinem Film *Gegen die Wand* auf den Filmfestspielen in Berlin den *Goldenen Bären* gewonnen. Dieser Preis wurde von der Kritik auch als Anerkennung für den deutsch-türkischen Film verstanden, der sich seit seinen Anfängen in den 1970er Jahren stetig weiterentwickelt und ausdifferenziert hat (vgl. Blumentrath et al. 2007 sowie Schäffler 2007). Als deutsch-türkische Filme können allerdings nicht allein in Deutschland produzierte und von Regisseuren mit sogenanntem Migrationshintergrund gedrehte Filme verstanden werden, sondern auch Filme, die sich mit der Migration aus der Türkei und deren psychosozialen Folgen für Deutschland und die Türkei beschäftigen wie auch die wechselweisen Lern- und Austauschprozesse thematisieren. Zu diesen Filmen, die ohne das Bewusstsein für den tiefgreifenden gesellschaftlichen Wandel durch Asylsuche und Migration nicht möglich wären, gehört auch Ayşe Polats Film *En Garde*, der auf subtile Weise über einen interkulturellen Lernprozess und die Chance zur Veränderung erzählt.

Literatur

Blos, Peter (1973): *Adoleszenz. Eine psychoanalytische Interpretation*, Stuttgart.

Blumentrath, Hendrik / Bodenburg, Julia / Hillman, Roger / Wagner-Egelhaaf, Martina (Hg.) (2007): *Transkulturalität. Türkisch-deutsche Konstellationen in Literatur und Film*, Münster.

Bulut, Claudia (2000): „Von der Gastarbeiterin zur Schutzpolizistin. Das konstruierte Bild der fremden Frau im deutschen Film und Fernsehen", in: Holtz-Bacha, Christina / Nieland, Jörg-Uwe / Schatz, Heribert (Hg.): *Migranten und Medien. Neue Herausforderungen an die Integrationsfunktion von Presse und Rundfunk*, Wiesbaden, S. 253–264.

Erdheim, Mario (1983): „Adoleszenz zwischen Familie und Kultur. Ethno-psychoanalytische Überlegungen zur Funktion der Jugend in der Kultur", in: *psychosozial* (83/17), S. 104–116.

Erdheim, Mario (1993): „Psychoanalyse, Adoleszenz und Nachträglichkeit", in: *Psyche* (93/47), S. 934–950.

Erdheim, Mario (1997): „Weibliche Größenphantasien in Adoleszenz und gesellschaftlichen Umbrüchen", in: Gutjahr, Ortrud (Hg.): *Adoleszenz*, Freiburg i. Br., S. 27–43.

Flaake, Karin / King, Vera (1998) (Hg.): *Weibliche Adoleszenz. Zur Sozialisation junger Frauen*, Weinheim / Basel / Berlin.

Gutjahr, Ortrud (2002): „Fremde als literarische Inszenierung", in: Gutjahr, Ortrud (Hg.): *Fremde*, Würzburg, S. 47–67.

Karpf, Ernst / Kiesel, Doron / Visarius, Karsten (Hg.) (1995): *„Getürkte Bilder". Zur Inszenierung von Fremden im Film*, Marburg.

King, Vera (2002): *Die Entstehung des Neuen in der Adoleszenz. Individuation, Generativität und Geschlecht in modernisierten Gesellschaften*, Opladen 2002.

King, Vera (2006): *Adoleszenz – Migration – Bildung. Bildungsprozesse Jugendlicher und junger Erwachsener mit Migrationshintergrund*, Wiesbaden.

Recht, Daniela: „En Garde", verfügbar unter: *http://www.e-politik.de/lesen/artikel/2004/en-garde/* [letztes Zugriffsdatum: 10.08.2010].

Ritzenhoff, Karen A. (2010): *Screen Nightmares : Video, Fernsehen und Gewalt im Film*, Marburg.

Rivière, Joan (1929): „Womanliness as a Masquerade", in: *The International Journal of Psychoanalysis* 10, S. 36–44.

Schäffler, Diana (2007): *„Deutscher Film mit türkischer Seele": Entwicklungen und Tendenzen der deutsch-türkischen Filme von den 70er Jahren bis zur Gegenwart*, Saarbrücken.

Schnell, Ralf (1987): *Gewalt im Film*, Bielefeld.

Weninger, Robert (Hg.) (2005): *Gewalt und kulturelles Gedächtnis. Repräsentationsformen von Gewalt in Literatur und Film seit 1945*, Tübingen.

Ersel Kayaoğlu

Das Deutschlandbild im türkischen Film[1]

Die türkisch-deutschen Beziehungen blicken bekanntlich auf eine lange Vergangenheit zurück. Die in der zweiten Hälfte des 19. Jahrhunderts insbesondere
auf militärischer und politischer Ebene geknüpften Beziehungen wurden ab
Anfang des 20. Jahrhunderts auch auf die Bereiche der Bildung, Wissenschaft
und Kunst ausgeweitet. Zu den ersten künstlerischen Niederschlägen dieser
Begegnungen zählen z. B. Sabahattin Alis Roman *Die Madonna im Pelzmantel*
(1943) oder der *Frankfurter Reisebericht* von Ahmet Haşim (1932), die ausgehend von authentischen Wahrnehmungen ein Bild von Deutschland und den
Deutschen zu entwerfen versuchen. Gemeinsam ist beiden Autoren der Blick auf
Deutschland, der bestimmt ist von Fremdheit, aber zugleich auch von Vertrautheit. Sabahattin Ali erinnern z. B. die Berliner Straßen der zwanziger Jahre
des 20. Jahrhunderts immer auch an Istanbul und gewinnen dadurch eine gewisse Vertrautheit (Ali 2000). Ahmet Haşim beschreibt das ‚fremdvertraute‘
Frankfurt mit folgenden Worten:

> Ich blicke auf das vor mir liegende Frankfurt, als ob ich es schon seit hundert Jahren
> kennen würde, obwohl ich erst seit acht Stunden sein Gast bin, und denke an die alten
> goldenen Städte, an Karthago, an Sidon, an Babel und an Ninova, die im Nebel der
> Phantasie schemenhaft vor mir erscheinen. (Haşim 2008)

Unter Intellektuellen kann schon damals von einer relativ reflektierten Vorstellung von Deutschland ausgegangen werden, doch in der breiten türkischen
Öffentlichkeit wurde Deutschland erst Anfang der 1960er Jahre durch die sogenannten Gastarbeiter türkischer Herkunft näher bekannt. Obwohl Deutschland seitdem für viele Türken ein Land ist, in dem Verwandte, Bekannte und
ehemalige Nachbarn leben, war der Blick dorthin lange Zeit durch Klischees
stark eingeengt. Erst in den letzten zehn bis fünfzehn Jahren scheint sich ein

---

1 Dieser Beitrag ist im Rahmen des Projekts *Türkisch-deutscher Kulturkontakt und Kulturtransfer* entstanden, im Rahmen dessen auch diese Konferenz veranstaltet wurde. Er bezieht
sich auf das Teilgebiet Medien und ist den Untersuchungen der Erscheinungsformen und
Auswirkungen von deutsch-türkischen Beziehungen im Bereich des Films zuzuordnen.

relativ klareres Bild von Deutschland und den Deutschen abzuzeichnen, was nur begrenzt auf den Tourismus und auf starke wirtschaftliche Beziehungen zurückgeführt werden kann, sondern vielmehr durch die Öffnung der türkischen Gesellschaft nach außen bestimmt ist.

Die bis in die 1990er Jahre anhaltenden, teilweise aber heute noch anzutreffenden klischeehaften Vorstellungen von Deutschland und den Deutschen wurden in den 1960er und 1970er Jahren vor allem durch den türkischen Film entworfen und aufrechterhalten. Bevor hier nun anhand von einigen beispielhaften Filmen auf die Konstituierung dieses Deutschlandbildes in der sogenannten großen Zeit des türkischen Films eingegangen wird, soll die Geschichte, die gesellschaftliche Stellung und die Wirkungsweise dieses Mediums in der Türkei kurz umrissen werden. Bei der Auswahl der Filme, die in chronologischer Folge angesprochen werden sollen, war der explizite Bezug zu Deutschland ausschlaggebend, wobei ausschließlich türkische Produktionen berücksichtigt wurden, da kein innerdeutscher Blick erfasst werden sollte. Auch kann angesichts der großen Anzahl der Filme kein Anspruch auf Vollständigkeit erhoben werden.

Der türkische Film, der am 14. November 1914 seine Laufbahn mit einer 150 Meter langen Dokumentaraufnahme begann,[2] war bis in die 1940er Jahre stark geprägt vom Theater (Evren 2006: 50). Der eigentliche Aufschwung fand erst in den 1950er Jahren statt. Besonders ab Mitte der 1960er Jahre entfaltete sich der türkische Film, dann auch als Yeşilçam[3] bezeichnet, zu einem national geprägten Film, der sich verschiedenster Genres bediente. Die Vielfältigkeit reicht von einheimischen Western-, Supermann- und Star-Trek-Filmen über Salonkomödien, Filmen mit Kinderstars, Dorffilmen, Detektivfilmen, Gangsterfilmen, historischen Filmen und erotischen Filmen. Die 1970er Jahre wurden für den türkischen Film mit durchschnittlich 200 Filmen im Jahr zahlenmäßig zu einer Blütezeit – 1972 beläuft sich diese Zahl sogar auf 298 (Scognamillo 2003: 160) –, so dass der türkische Film in der Weltproduktion etliche Jahre lang hinter Indien, den USA und Japan den vierten Rang einnahm. Die Zahl der von 1914 bis 2007 gedrehten türkischen Filme beläuft sich auf 6763, für Ende 2009 wird diese Zahl auf über 6900 Filme geschätzt. Diese Produktivität der Filmindustrie lässt natürlich auch Folgerungen bezüglich der gesellschaftlichen Wirksamkeit dieses Mediums in diesen Jahren zu (vgl. Kaplan 2003: 170). Anfang der 1980er Jahre beginnt jedoch eine Flaute, die zwar später teilweise wieder rückläufig wird, aber

---

2 Fuat Uzkınay filmte am 14. November 1914 den Abriss des Russischen Denkmals in Yeşilköy (Istanbul). Von diesem verschollenen Film existieren nur einige Fotoaufnahmen, wobei ein Teil der Filmhistoriker bezweifelt, dass Uzkınay solch einen Film überhaupt gedreht hat (Evren 2006: 37).

3 Yeşilçam ist der Name einer Straße im Istanbuler Stadtteil Beyoğlu, in der insbesondere in den 1970er Jahren zahlreiche Filmproduktionsfirmen und Statistenagenturen ansässig waren.

Ende der 1980er Jahre münden die liberalpolitischen Umwälzungen in der türkischen Gesellschaft auch in eine Amerikanisierung der Kinosäle und setzen der großen Zeit des türkischen Films ein endgültiges Ende. Wie folgenschwer der Einzug von Hollywoodproduktionen in türkische Kinosäle war, lässt sich u. a. daran erkennen, dass z. B. 1991 nur 31 türkische Filme gedreht wurden. Obwohl in den letzten Jahren wieder vermehrt türkische Produktionen Eingang in die Kinosäle finden und auch viel mehr Kinobesucher anziehen als Hollywoodfilme, scheinen die Film- und Zuschauerzahlen und die gesellschaftliche Bedeutung, die der Film von den 1960er bis 1980er Jahren hatte, heute unerreichbar zu sein. Dass das Kino in der Türkei lange Zeit, viel länger als z. B. in Deutschland, als ‚das Unterhaltungsmedium‘ diente, war auch durch die relative Unverbreitetheit des Fernsehens bedingt. Das erst 1969 gegründete staatliche Fernsehen sendete bis 1983 nur halbtags und noch dazu ausschließlich in schwarzweiß, und aufgrund der starken Zensur konnten zudem viele türkische Filme keinen Zugang auf den Bildschirm finden und mussten den gesellschaftlich und politisch unkritischen Hollywoodproduktionen den Platz überlassen.

Einerseits können Yeşilçam-Filme als eine Art Spiegelung gesellschaftlicher Phänomene und Entwicklungen betrachtet werden (Kaplan 2003: 169). Andererseits ging der türkische Film weit darüber hinaus, nur widerzuspiegeln, und erfüllte im Verwestlichungsprozess der Türkei auch eine identitäts- und meinungsbildende Funktion. Das Bestreben nach Konstruierung und Festigung einer nationalen Identität ist daher in vielen Filmen dieser Epoche unverkennbar. Eine weitere gesellschaftlich relevante Funktion erfüllte der Film darin, dass er dem Zuschauer auch ein kleines Fenster zur jenseits der vertrauten Heimatgrenzen liegenden Welt öffnete, und dem Kinobesucher insbesondere einen – wenn auch nur flüchtigen und klischeebelasteten – Blick in das entfernte Europa gewährte. In den Filmen der 1960er und frühen 1970er Jahre ist das europäische Ausland derart an Muster gebunden, dass z. B. Geschäftsmänner oder Wohlhabende nach ‚Europa‘ reisen, aber nicht in ein bestimmtes europäisches Land. Wohl hat man die Vorstellungskraft des Filmzuschauers durch die Nennung von bestimmten Ländern oder Städten nicht überstrapazieren wollen, aber Europa als Metapher für das Ausland bringt auch die Eingeschlossenheit in der eigenen Geographie und Kultur zum Vorschein. Stereotype Darstellungen gesellschaftlicher Realität, worin Hartmut Winkler im Allgemeinen einen „systematische[n] Defekt der Massenmedien" (Winkler, 1993: 13) sieht, sind im Yeşilçam-Film derart ausgeprägt, dass die starke Entstellungshaltung geradezu permanent durchscheint. In diesem Zusammenhang verwundert es nicht, dass auch die ausländischen Figuren in Filmen unreflektiert und stark stereotypisiert sind.

So gehören zu den allerersten deutschen Nebenfiguren in Yeşilçam-Filmen

die in kleinen Rollen auftretenden deutschen Gouvernanten,[4] die besonders in
den 1960er Jahren als blonde, äußerst strenge, für türkische Verhältnisse nahezu
grausam strenge und dadurch stark überzeichnete Figuren konzipiert waren und
auf simple Weise das deutsche Ordnungs- und Pflichtbewusstsein verkörpern
sollten. Gegen Ende 1960er Jahre sind es dann die Hippie-Touristen, die in
zahlreichen Filmen für das klischeebeladene Bild der westlichen bzw. deutschen
Jugend herhalten mussten und durch ihre ‚Ausgefallenheit' und ‚Abartigkeit',
neben einer gewissen Komik, auch eine Abneigung gegen das Fremdländische
hervorriefen. Zwar wurde in Filmen keine Verallgemeinerung vorgenommen
und diese Hippiefiguren wurden nicht als Sinnbild der europäischen bzw.
deutschen Gesellschaft dargestellt, aber dennoch wurde betont, dass sie aus
diesen Gesellschaften hervorkommen konnten.[5]

Der oben genannte Versuch des Konstruierens einer nationalen Identität
durch den Film mündete immer wieder auch in der kontrastiven Darstellung des
Eigenen und des sogenannten Westlichen. Diese immer wieder aufgestellten,
zum Teil krassen Kontraste zum Westen lassen sich besonders gut an den
Frauenfiguren ablesen. Das Bild der blonden, attraktiven, freizügigen Helga z. B.
wurde insbesondere ab Mitte der 1960er Jahre so oft repetiert, dass dieses stereotype Bild von der deutschen Frau zu einem nachhaltig prägenden Phänomen,
ja fast sogar zu einem Wunschtraum unter männlichen Zuschauern wurde. So
wurde ich als Kind in den 1970er Jahren in einem Kino persönlich mit der naiven
und wohl von Filmfiguren geprägten Frage konfrontiert, ob ich denn nicht eine
solche Helga überreden und aus Deutschland mitbringen könne.[6] Dieses Muster
ist auf Filme wie *Ömer der Tourist in Deutschland* (1966)[7] von Hulki Saner
zurückzuführen, der zugleich einer der ersten teilweise in Deutschland gedrehten türkischen Filme war. (Özgüç 2008: 471) Durch die Figur der deutschen
Helga, die im Film begeistert ist vom witzigen und lässigen Gastarbeiter Ömer,
gespielt von Sadri Alışık, entstand ein Prototyp von später immer wieder ein-

---

4 Der Prototyp der ausländischen Gouvernanten-Figuren ist Angel, gespielt von Madam Kali-
tea, in dem 1923 gedrehten und inzwischen verschollenen Film *Mürebbiye* (Die Gouvernante).
Die französische Angel, die sich in Istanbul aufhält, betrügt ihren Mann in ihrem Hotel-
zimmer, wird danach von diesem verstoßen und arbeitet dann als Gouvernante bei einer
türkischen Familie, wo sie der Reihe nach alle Männer verführt. (Özgüç 1994: 16)

5 So begann z. B. der zu einer Kult-Figur gewordene Vergewaltiger-Darsteller des türkischen
Films Coşkun Göğen, genannt „Tecavüzcü Coşkun", seine Filmkarriere 1972 nicht zufällig mit
Hippierollen.

6 In drittklassigen Kinosälen – besonders in der Provinz – wurden in den Spätfilmvorfüh-
rungen, z. B. in die Mitte eines Westerns längere Ausschnitte aus Pornofilmen einmontiert. Da
es sich dabei oft um deutsche Filme handelte, führte dies dazu, dass besonders unter
männlichen Zuschauern einige deutsche Wörter allzu bekannt wurden. Auch der spätere
Import von Porno-Videofilmen in den 1980er Jahren aus Deutschland hat diesen Effekt
verstärkt und Namen Helga als typischer Name für Darstellerinnen solcher Filme geprägt.

7 Die Filmplakate für die genannten Filme befinden sich im Anhang.

gesetzten Frauenfiguren, die oft Helga hießen. In der Folge sind dann eine ganze Reihe von Filmen auszumachen, in denen deutsche Blondinen ‚scharf' auf türkische Männer sind, was bei einem nennenswerten Teil der männlichen Kinobesucher zu einer Steigerung des Selbstwertgefühls geführt haben mag, was wiederum Drehbuchautoren dazu veranlasste, diese beliebten Schablonen immer wieder einzusetzen und den Erwartungshaltungen der Zuschauer entgegenzukommen.

Zusammen mit dem Muster der deutschen Blondine wurde bis in die Mitte der 1970er Jahre auch das Nazi-Muster für das Deutschlandbild im türkischen Film immer wieder herangezogen. Als ein Beispiel kann die Komödie *Cilalı İbo Avrupa'da* (Cilalı İbo in Europa, 1970) mit Feridun Karakaya in der Hauptrolle genannt werden – wobei der Film eigentlich als ‚Cilalı İbo in Deutschland' bekannt und besprochen wurde, da Deutschland Schauplatz des Hauptgeschehens ist. Die Handlung ist, wie in vielen Filmen der Cilalı İbo-Serie, schnell zusammenzufassen: Im Untergrund operierende Nazis planen eine Weltrevolution; die Pläne für den Angriff sind den Ehefrauen eines arabischen Scheichs eintätowiert, der sich als Nazi entpuppt. Der Hauptdarsteller Cilalı İbo verkleidet sich als eine Frau des Scheichs und gelangt so nach Deutschland, wo er dem Führer der Naziorganisation begegnet, der ihm zufällig sehr ähnlich sieht. In der Doppelgängerrolle landet Cilalı İbo auch im Bett der blonden Eva, der geliebten des Nazi-Anführers. Die im Film durchscheinende Hitler-Parodie ist hier eigentlich auch eine Parodie der Parodie, da zahlreiche Anlehnungen an Charlie Chaplins Film *Der große Diktator* ersichtlich sind. So lässt sich u. a. erkennen, dass der Film, wie viele andere derartige Filme auch, nicht darauf aus ist, alle Deutschen einfach als Nazis abzustempeln, sondern mit dieser Thematik spielt.

Das Nazimuster wird in der Romanverfilmung *Ankara Ekspresi* (Der Ankara-Express, 1971) von Muzaffer Aslan ebenfalls aufgenommen. Die Okkupationspläne der Nazis im Zweiten Weltkrieg scheitern im Film durch die sich zwischen dem türkischen Hauptmann Seyfi und der blonden deutschen Agentin Fräulein Hilda anbahnende Liebesgeschichte. Die als Ärztin im Deutschen Krankenhaus in Istanbul getarnte Hilda wird entlarvt, aber es kommt dennoch zu einem Happyend, da für sie die Liebe schwerer wiegt, als der Einmarsch deutscher Truppen in die Türkei. In der Folge wird das Nazi-Muster bis in die Mitte der 1980er Jahre, wenn auch mit immer abnehmender Gewichtung, wiederholt – auch im Film *Düşman* (Der Feind, 1973) wird eine deutsche Spionin, getarnt als Ärztin im Deutschen Krankenhaus Istanbul, in eine ähnliche Liebesgeschichte verwickelt.

Die kontrastive Gegenüberstellung der Vorstellungen vom ‚Türkischen' und vom ‚Deutschen' erfolgt im Film *Almanya'da Bir Türk Kızı* (Ein türkisches Mädchen in Deutschland, 1974) über die Frauenfiguren, was schon durch die Anordnung des Plakates augenscheinlich wird. Als Gegenpart zur schick gekleideten Zeynep, dem türkischen Mädchen, ist hier die blonde Gerda im Bikini abgebildet und entspricht ganz der Erwartungshaltung der Zuschauer. Wobei auch die Bezeichnung der verheirateten und schwangeren Zeynep (gespielt von der damals ca. 30-jährigen bekannten Sängerin Neşe Karaböcek) als „Mädchen" wohl als eine Andeutung auf die Tugendhaftigkeit der türkischen Frau verstanden werden soll. Zeyneps Mann Murat, der Gastarbeiter in Deutschland ist, kommt im Urlaub mit einer deutschen Touristengruppe in seine Heimatstadt und gibt zum Entsetzen seiner Verwandten durch sein Aussehen – Gitarre auf dem Rücken, tragbarer Kassettenspieler mit Riemen, ein Fotoapparat hängen an der Schulter, kurze Hosen – und durch seinen Auftritt einen ‚verdeutschten' Türken ab.[8] Die deutsche Blondine Gerda (gespielt von der türkischen Schauspielerin Ceyda Karahan), die er auch mitgebracht hat, und die wie erwartet ein gebrochenes Touristentürkisch spricht, erscheint typischerweise spät und im Bikini zum Frühstück und erfüllt bzw. festigt das Bild der deutschen Blondine, die nichts außer ihrer Schönheit zu bieten hat. Die dagegen als sittsame, fleißige und treue Frau gestaltete Zeynep fährt später auch nach Deutschland, um ihren Mann aufzufinden, der, verführt von Gerda, inzwischen die Scheidung eingereicht hat. Bei Zeyneps Ankunft in München werden, wie in vielen türkischen Filmen, Panoramen der Stadt eingeblendet, so soll z. B. die Aufnahme des BMW-Verwaltungsgebäudes und das dazu als Hintergrundmusik gespielte Lied „Wer hat an der Uhr gedreht" aus der Zeichentrickfilmserie Pink Panther beim Zuschauer die Vorstellung von Deutschland evozieren. Zeynep macht in Deutschland als Sängerin Karriere und gewinnt am Ende ihren Mann zurück. Dass eine türkische Sängerin mit türkischer Musik und mit in Yeşilçam-Filmen sehr beliebten stereotypen Mustern in Deutschland sehr populär wird, wurde wohl weder seitens der Filmemacher noch seitens der Zuschauer als ungewöhnlich empfunden, worin sich wieder der unreflektierte Blick auf Deutschland zeigt.

Ein Film, der auf umgekehrte Weise auf dem Bild der deutschen Frau aufbaut, ist *Almanyalı Yarim* (Meine Geliebte aus Deutschland, 1974) von Orhan Aksoy. Der Film, eine Liebesgeschichte zwischen dem Gastarbeiter Murat und Maria, der Tochter eines deutschen Fabrikbesitzers, beginnt mit Einblendungen der Aufnahmen vom Münchener Olympiastadion und der Innenstadt Münchens und vermittelt das Bild einer belebten, geordneten und wohlhabenden Stadt. Um den Eindruck des Deutschen zu unterstreichen lautet der erste und auf Deutsch gesprochene Satz des Filmes nachdem der Protagonist einem Verkehrsunfall gerade noch entgeht, „Passen Sie doch auf!", womit die Liebesgeschichte ihren Lauf nimmt – im Verlauf des Filmes kommt es dann zu keinen deutschen Aus-

---

8 Diese Vorstellung wurde später in Filmen wie *Gurbetçi Şaban* (Şaban der Gastarbeiter, 1985) mit Kemal Sunal in der Hauptrolle wiederholt aufgegriffen.

sagen mehr. Der Besuch Murats im Bierkeller, übermäßiger Biergenuss, im Hintergrund das Orchester in bayrischer Tracht, dienen ausschließlich dazu, das ‚typisch Deutsche' für den Zuschauer zusätzlich zu markieren. Der Vater Marias, in dessen Villa an der Wand das Bild eines hochrangigen Nazioffiziers hängt, tut alles Mögliche, um die Heirat seiner Tochter mit einem seiner Fabrikarbeiter, und noch dazu einem Ausländer, zu verhindern. Das in der Szene mit dem Naziportrait als Hintergrundmusik gewählte und auch in der Türkei bekannte Lied *Lilli Marleen* leistet zusätzlich einen Beitrag dazu, das Bild des alten Nazis und des Zweiten Weltkrieges zu evozieren. Murat und Maria heiraten aber doch und fahren in die Türkei. Sie bekennt sich zum Islam, nimmt den Namen Meral an und passt in die propagierte Vorstellung von der türkischen Frau nun auch durch ihren Namen und ihren Glauben. In den folgenden Szenen wird Meral, die auf ihr luxuriöses Leben in Deutschland verzichtet hat, bei der Arbeit auf dem Feld und im Haus immer an der Seite ihres Mannes dargestellt, wobei durch die heitere Hintergrundmusik die Überbewertung der zwar zurückgebliebenen, aber ‚noch heilen' dörflichen türkischen Welt aufdringlich unterstrichen wird. Der Nazi-Vater lockt das glückliche Paar jedoch durch Tücken wieder nach Deutschland und lässt seinem Schwiegersohn zwei Säckchen Haschisch in die Tasche legen (ein in türkischen Filmen sehr häufig wiederholtes Handlungs-muster), um seine Verhaftung und Abschiebung aus Deutschland zu bewirken, und somit dieser ‚Mesalliance' ein Ende zu setzen. Der Kommissar auf der Po-lizeiwache ist durch einen stark an Naziuniformen erinnernden Anzug und einen ausländerfeindlichen und insbesondere türkenfeindlichen Diskurs ge-zeichnet, wie deutsche Polizistenfiguren in zahlreichen anderen türkischen Filmen auch. Murat entkommt bei der Abschiebung, wird aber am Ende der Verfolgung erschossen. Die sehr positiv gezeichnete, dem Bild der tugendhaften türkischen Frau entsprechende Maria bzw. Meral folgt ihrem Mann treu auch in den Tod.

Der Film *Almanya Acı Vatan* (Deutschland, die bittere Heimat, 1979) von Şerif Gören ist dagegen ein Film, der ausgehend von der Darstellung der tür-kischen Gastarbeiter ein von Stereotypen weniger geprägtes Deutschlandbild zu vermitteln versucht, wenn auch nicht mit großem Erfolg, da das Deutsche eher auf Schaufenster mit reichhaltigem Konsumgüterangebot und auf den harten Arbeitsalltag in hochmodernen Fabriken reduziert wird. In diesem Zusam-menhang ist auch zu erwähnen, dass in vielen Filmen türkische Gastarbeiter in den Urlaub in ihrer Heimat typischerweise mit einem funkelnagelneuen Mer-cedes kommen. Auch die begehrten Konsumwaren, die sie in Filmen als Ge-schenke für Freunde und Verwandte aus Deutschland mitbringen, wurden dazu eingesetzt, ein Bild von der deutschen Wohlstandsgesellschaft zu vermitteln.[9]

---

9 So z. B. im *Postacı* (Der Postbote, 1984) von Memduh Ün, wo ein türkischer Gastarbeiter mit

Bezüglich des Gastarbeitermusters ist der Film *Gurbetçi Şaban* (Şaban der Gastarbeiter, 1985) von Kartal Tibet erwähnenswert. Şaban beginnt seine Gastarbeiterkarriere in Deutschland als Fabrikarbeiter und bringt es bis zum Fabrikbesitzer, indem er die rechtlichen und gewerblichen Regeln der deutschen Gesellschaft unterläuft und so der Bezeichnung ‚getürkt' alle Ehre macht. Am Ende des Films rächt er sich am türkenfeindlichen Fabrikbesitzer, dessen Fabrik er aufkauft. Der Film wirft somit ein ambivalentes Deutschlandbild auf, in welchem die deutsche Wohlstandsgesellschaft und die deutsche Ordnung zwar als etwas Positives gewertet werden, jedoch durch die List Şabans und die Umgehung der deutschen Vorschriften, die Vergeltung der Erniedrigung der türkischen Gastarbeiter möglich wird. Als eine für sich selbst sprechende Szene hängt dann am Ende nicht mehr das Hitlerbild an der Wand im Fabrikbüro, sondern ein Atatürk-Porträt und bildet einen die eigene Nationalität bestätigenden Schlussakt.

Die 1988 von Şerif Gören gedrehte Komödie *Polizei* ist im türkischen Kino der erste Film mit deutschem Titel, wobei der Film auch dadurch interessant ist, dass er die Lebensumstände der Türken in Deutschland kurz anzureißen versucht. Der Berliner Straßenkehrer Ali Ekber, gespielt von Kemal Sunal, verrichtet nebenbei bei einer Amateurschauspielgruppe Putzarbeiten und bekommt auch kleine Rollen. Als er eines Tages einen Polizisten spielt und auf dem Nachhauseweg den Anzug anbehält, erkennt er die davon ausgehende Macht und findet großes Gefallen daran, sich mit der Kleidung des deutschen Ordnungshüters besonders an den eigenen Landsleuten zu rächen, die ihn bis dahin immer wieder schikaniert hatten. Einen Blick in die deutsche Gesellschaft ermöglicht der Film eigentlich nur durch die Polizei, die als Sinnbild der deutschen Genauigkeit und Ordnung und des deutschen Pflichtbewusstseins herangezogen wird. Aber auch dieser Blick ist ambivalent, da er einerseits die Solidität der deutschen Ordnung hervorhebt, aber andererseits Hintergehungsmöglichkeiten dieser Ordnung mit ebenfalls klischeehaft türkischen Mitteln wie Bestechung nahezu bejahend darstellt. So scheut sich Ali Ekber, verkleidet als deutscher Polizist, nicht davor, sich von seinen Landsleuten bestechen zu lassen und aus Läden einfach Waren mitzunehmen, ohne dafür zu zahlen.

Ein Film, der schon jenseits der großen Zeit des türkischen Kinos liegt, aber als ein in Deutschland gedrehter Film dennoch erwähnt werden muss, ist Sinan Çetins *Berlin in Berlin* (1993), der zudem der zweite türkische Film mit deut-

---

typischem Gamsbart am Hut im mit Geschenken vollgepackten Mercedes in den Heimaturlaub fährt. Zu nennen wäre in diesem Sinne auch der Film *Sarı Mercedes* (Der gelbe Mercedes, 1992) von Tunç Okan. Wie stark sich dieses Gamsbart-Muster verfestigt hat und auch wirtschaftlich erfolgversprechend ist, wurde auch in der türkischen Mediamarkt-Reklame 2010 ersichtlich, wo bei der fingierten Live-Schaltung nach Berlin „Hans" in bayrischer Tracht tanzt und „nicht blöd ist".

schem Titel ist. Obwohl die früheren Muster des ‚typischen Deutschen' nicht mehr aufgenommen werden, verstärkt der Film die Vorstellung der Fremde in Deutschland durch die Darstellung der Abschottung von türkischen Migranten. Somit zählt *Berlin in Berlin* ebenfalls zu den Filmen, die weit davon entfernt sind, einen differenzierten Einblick in die deutsche Gesellschaft zu vermitteln.

Der türkische Film in seiner großen Zeit von Anfang der 1960er bis in die Mitte der 1980er Jahre hatte fast für jeden Bereich Handlungs- und Figurenmuster aufgestellt und diese so oft eingesetzt, dass sogar von einer filmischen Sozialisation der Zuschauer durch diese Muster gesprochen werden kann. Bezüglich des Deutschlandbildes lässt sich zusammenfassend sagen, dass vor allem bei dem bis in die Mitte der 1970er Jahre fortgesetzten Versuch, eine nationale Identität zu stiften und die eigene Rückständigkeit durch Aufwertung von eigenen kulturellen und gesellschaftlichen Werten zu kompensieren, auch das Bild der Deutschen und Deutschlands zur kontrastiven Darstellung eines oftmals überbewerteten Selbstbildes herangezogen wurde, was vor allem durch stereotypisierte und sehr oberflächliche Hippie- und Nazifiguren, oder die berühmten Helgas deutlich wird. Aber auch nach dieser Zeit kann von einem etwas differenzierteren Deutschlandbild nicht die Rede sein, eher zeichnet sich ein oberflächliches und ambivalentes Bild ab. Einerseits wird die deutsche Disziplin und Fortschrittlichkeit immer wieder hochschätzend in den Vordergrund gestellt, andererseits die Unvereinbarkeit mit angeblichen ‚türkischen Werten' betont. Und in den nahezu 20 türkischen Filmen, die teilweise bzw. ganz in Deutschland gedreht wurden, bildet Deutschland oft nicht viel mehr als eine Kulisse. Obwohl sich einerseits, wie eingangs erwähnt, heute ein reflektierterer Blick auf Deutschland entwickelt, und andererseits der türkische Film seine meinungsbildende Funktion schon lange nicht mehr erfüllt und sich von klischeehaften Darstellungen mittlerweile befreit hat, hallen die über Jahrzehnte repetierten Muster teilweise noch nach, denn Stereotypen halten bekanntlich lange an und sind nicht so leicht auszumerzen.

Filmplakat: *Ömer der Tourist in Deutschland*, 1966 (links)
Filmplakat: *Cilalı İbo in Europa*, 1970 (rechts)

Filmplakat: *Der Ankara Express*, 1971 (links)
Filmplakat: *Ein türkisches Mädchen in Deutschland*, 1974 (rechts)

Filmplakat: *Meine Geliebte aus Deutschland*, 1974 (links)
Filmplakat: *Deutschland, die bittere Heimat*, 1979 (rechts)

Filmplakat: *Şaban, der Gastarbeiter*, 1985 (links)
Filmplakat: *Polizei*, 1988 (rechts)

Filmplakat: *Berlin in Berlin*, 1993

Literatur

Aksoy, Orhan (1974): *Almanyalı Yarim*, DVIX, 82 min., Istanbul: Erler Film.
Ali, Sabahattin (2000): *Kürk Mantolu Madonna*, Istanbul.
Aslan, Muzaffer / Oran, Bülent (1971): *Ankara Ekspresi*, DVIX, 79 min., Istanbul: Sine Film.
Çetin, Sinan (1993): *Berlin in Berlin*, DVIX, 99 min., Istanbul: Plato Film Production.
Evren, Burçak (2006): *Türk Sineması – Turkish Cinema*, Istanbul.
Fehim, Ahmet (1923): *Mürebbiye*, verschollen, Istanbul.
Gören, Şerif (1988): *Polizei*, DVIX, 78 min., Istanbul: Penta Film Produksiyon.
Haşim, Ahmet (2008): *Frankfurter Reisebericht*, übersetzt von Ersel Kayaoğlu für die Plakat-Ausstellung auf der Frankfurter Buchmesse 2008.
Kaplan, F. Neşe (2003): „Toplumsal Konumu ve Bu Konumun Değişimiyle Türk Sinemasında Kadın“, in: *İstanbul Ticaret Üniversitesi Dergisi* (4), S. 149–173.
Özgüç, Agâh (1994): *Türk Sinemasında Cinselliğin Tarihi*, Istanbul.
Özgüç, Agâh (2008): *Turkish Film Guide. 1917–2008*, Ankara.

Pekmezoğlu, Oksal (1974): *Almanya'da Bir Türk Kızı*, DVIX, 91 min., Istanbul.
Saner, Hulki (1966): *Turist Ömer Almanya'da*, DVIX, 84 min., Istanbul: Saner Film.
Scognamillo, Giovanni (2003): *Türk Sinema Tarihi*, Istanbul.
Seden, Osman F. (1970): *Cilalı İbo Avrupa'da*, DVIX, 76 min., Istanbul: Kemal Film.
Tibet, Kartal (1973): *Düşman*, DVIX, 92 min., Istanbul: Sine Film.
Tibet, Kartal (1985): *Gurbetçi Şaban*, DVIX, 87 min., Istanbul: Uğur Film.
Tibet, Kartal (1985): *Katma Değer Şaban*, DVIX, 99 min., Istanbul: Uğur Film.
Ün, Memduh (1984): *Postacı*, DVIX, 83 min., Istanbul: Uğur Film.
Uzkınay, Fuat (1914): *Ayastefanos'taki Rus Abidesinin Yıkılışı*, verschollen, Istanbul.
Winkler, Hartmut (1993): „Stereotypen – ein neues Raster intertextueller Relationen?", in:
    Heß, Klaus-Peter / Wulff, Hans J. (Hg.): *Film- und Fernsehwissenschaftliche Arbeiten*,
    Münster, S. 13 – 17.

Deniz Göktürk

Mobilisierte Zuschauer: Topographische Überlagerungen in der transnationalen Zirkulation

Ursprungsmythen

Die Konferenz *Türkisch-deutscher Kulturkontakt und -transfer: Kontroversen und Lernprozesse* tagte vom 13. bis 15. Oktober 2010 im Rektoratsgebäude der Istanbul Universität, einst Sitz des osmanischen Kriegsminsteriums. Der Architekt des Gebäudes Sarkis Balyan wurde im Rahmen des Programms zur europäischen Kulturhauptstadt Istanbul 2010 gewürdigt im Rahmen einer Ausstellung, die den Werken armenischer Architekten des 19. Jahrhunderts und ihrer Rolle in der Verwestlichung des Stadtbildes von Istanbul gewidmet war. Dem Baustil entsprechend sind die Vignetten an der Decke des prunkvollen Sitzungssaals unverkennbar Konventionen der französischen Landschaftsmalerei nachempfunden. Unterdessen impliziert die Jahreszahl 1453 im neuen Logo der Universität am Rednerpult eine Orientierung jügeren Datums mit neoosmanischer Tendenz: in Rückbesinnung auf eigenen Glanz wird hier die Gründung der Universität auf die Eroberung Istanbuls durch Fatih Sultan Mehmet und seine Einrichtung einer Mederese zurückdatiert. Bislang pflegte die Gründungsgeschichte der modernen Universität eher mit der Gründung der Darülfünûn 1900 unter Sultan Abdülhamit II. oder der Eröffnung der ‚ersten und einzigen‘ Universität der Türkei am 1. August 1933 unter Mustafa Kemal Atatürk einzusetzen. Dies war die Universität, die als Gründungsrige aus Deutschland vertriebene Emigrantenprofessoren einstellte, darunter Fritz Arndt, Erich Auerbach, Curt Kosswig, Alexander Rüstow und Leo Spitzer, die später meist in die USA oder zurück nach Deutschland zogen. So sehen wir bereits am Tagungsort, dass Geschichte im Sinne der Gegenwart immer wieder neu geschrieben, in Emblemen gefasst und räumlich angeordnet wird. Jede Zeit findet ihre eigenen Ursprünge, Institutionen inszenieren ihre Gründungsmythen in Bildern, die es für uns als Zuschauer zu entschlüsseln und zu kommentieren gilt.

Während der Konferenz wurde in der Universitätsbibliothek die Ausstellung *Seltene Werke als Archive des türkisch-deutschen Kulturkontakts* gezeigt, wo handschriftliche Übersetzungen europäischer Kriminalromane ins Auge stachen, die für den Privatgebrauch des letzten Sultans, Abdülhamit II., angefertigt wurden – er ließ sich die Romane vorlesen, gab sie aber nicht zur Veröffentlichung frei. Die Originale sind verschollen und nicht ohne Weiteres zu ermitteln, in manchen Fällen mag es sich gar um einen Palimpsest aus mehreren Romanen handeln – eine genaue Analyse der Schauplätze und Anverwandlungsstrategien dieser Rara steht noch aus. Diese Übersetzungen unbekannten Ursprungs mögen als Sinnbild dienen für Prozesse ungleichzeitigen Transfers, die nicht selten von Chimären animiert sind. Eine türkisch-deutsche Geschichte intertextueller Vernetzung und Übertragung ist bislang nur sehr begrenzt erschlossen. Diese Geschichte lässt sich nur als Rezeptionsgeschichte erzählen, in der Leser und Betrachter durch Kombinieren von fragmentarischem Wissen Bedeutung hervorbringen. Das soll im Folgenden anhand von Beispielen aus Literatur, Film und digitalen Medien verdeutlicht werden.

Polyzentrische Orientierung

Gerade in der Geschichte der Übersetzung und des Textverkehrs zeigen sich deutlich Asymmetrien und Einbahnstraßen im Kulturtransfer. Während lange Zeit das Interesse deutscher Verlage an türkischer Literatur sehr zurückhaltend war, hat sich im Vorfeld der Buchmesse 2008, bei der die Türkei als Ehrengast präsentiert wurde, die Nachfrage sichtlich belebt. So wurde beispielsweise Sabahattin Alis Roman *Kürk Mantolu Madonna* (1943) als *Die Madonna im Pelzmantel* (2008, übersetzt von Ute Birgi-Knellessen) erstmals in deutscher Sprache veröffentlicht. Eingebettet in eine Rahmenerzählung im Ankara der 1940er Jahre, lässt dieser Text im nachgelassenen Tagebuch eines vereinsamten Übersetzers aus dem Deutschen eine Liebesgeschichte im Berlin der Weimarer Republik Jahre mit Anspielungen auf die Malerei und Anklängen an Leopold von Sacher-Masochs *Venus im Pelz* (1870) Revue passieren. In diese Tradition des Text-, Bild- und Sprachverkehrs schreibt sich auch Zafer Şenocak ein, der nach einer zwanzigjährigen Karriere als deutschsprachiger Lyriker, Essayist und Romanautor mit Werken wie *Gefährliche Verwandtschaft* (1998) drei in Türkisch geschriebene Romane vorgelegt hat: *Alman Terbiyesi* (Deutsche Erziehung, 2007), *Yolculuk Nereye* (Wohin geht die Reise, 2007) und *Köşk* (2008, *Der Pavillion*, 2009, übersetzt von Helga Dağyeli-Bohne), die ebenfalls dazu einladen, türkisch-deutsche Überlagerungen von Erinnerungsräumen zu imaginieren, in der Debatte um die deutsche Gedächtniskultur jedoch bisher kaum wahrgenommen werden.

Ebenso wie die Debatten um Migration und Integration in Deutschland (Göktürk et al. 2011), pflegt auch die Rede vom Kulturkontakt von eindeutig verorteten und eingrenzbaren Kulturen auszugehen. Auch Bindestrichformationen wie ‚türkisch-deutsch' basieren auf dieser national-territorialen Verankerung von Identitäten (Çağlar 1997). Die mediale Konstruktion dieser scheinbar selbstverständlichen Verortungen soll im Folgenden genauer unter die Lupe genommen werden. Der Nabelschau deutscher und türkischer Provenienz und der dichotomischen Fixierung auf das Eigene und das Fremde, die sowohl der Rede von kulturellen Identitäten, als auch Modellen von Hybridität und interkulturellem Dialog zugrunde liegen, wäre damit eine mediengeschichtliche Perspektive auf Zirkulation sowie Barrieren der Zirkulation im globalen Horizont entgegenzusetzen. Das entspricht der Konzeption der Konferenz und des Jahrbuchs, den Horizont zu öffnen, als Referenzrahmen und Bezugspunkte nicht nur ‚deutsch' oder ‚türkisch' gelten zu lassen, sondern Architekturgeschichte, Exilforschung, Europastudien, Übersetzung, Literatur- und Medienwissenschaft in ein dreisprachiges interdisziplinäres Gespräch zu bringen. Deutsch-türkische Studien sind demnach nicht auf Deutschland als Zentrum zu beschränken, sondern müssten neben türkischsprachigen Geschichten und Topographien auch Perspektiven aus anderen Ländern und Zusammenhängen in polyzentrische Diskussionen mit einbeziehen. Nehmen wir diese heterogene Komplexität ernst, so müssen wir uns alle immer wieder neu orientieren: Wo sind wir eigentlich und welche Konstellationen berücksichtigen wir, wenn wir mit einer Karte durch die Stadt gehen, an einer Konferenz teilnehmen, ein Buch oder eine Internetseite lesen, Bilder auf einem Bildschirm betrachten oder an sozialen Netzwerken partizipieren?

Räume entstehen durch kulturelle Praktiken und mediale Orientierungstechniken. In seinem 1913 veröffentlichten Essay „Philosophie der Landschaft" betonte der Soziologe Georg Simmel, dass Landschaft niemals naturgegeben ist, sondern erst in der Anschauung konstituiert wird: „Die Natur, die in ihrem tiefen Sein und Sinn nichts von Individualität weiß, wird durch den Teilenden und das Geteilte zu Sondereinheiten bildenden Blick des Menschen zu der jeweiligen Individualität ‚Landschaft' umgebaut." (Simmel 1913) Landschaft wird nach Simmel geformt durch den Künstler und im ästhetischen Erleben des Betrachters. Der Bilderrahmen umgrenzt einen „Ausschnitt aus der Natur", der zugleich mit den ikonographischen Konventionen bereits existierender bildlicher Darstellungen korrespondiert. Aus den einzelnen Elementen setzt sich die „Stimmung" (Simmel 1913) der Landschaft zusammen, die sich in der Anschauung des Betrachters vollzieht. Für einen topographisch-kulturwissenschaftlichen Ansatz ist Raum kein leerer Container, sondern gewinnt erst in der Praxis durch Bewegung und Handeln Bedeutung (vgl. de Certeau 1988). Karte, Bild und Text sind Formen der räumlichen Orientierung, die es im Hinblick auf Zeichensysteme, Grenzziehungen und Machtverhältnisse zu analysieren gilt. Diese piktorialen oder narrativen Orientierungen sind nicht als Repräsentation einer vorgegebenen Wirklichkeit zu lesen, sondern als symbolische Formen, die maßgeblich an der Erschaffung und Wahrnehmung von Lebensräumen beteiligt sind.

Während die deutschsprachige Forschung zur Poetik des Raumes sich erstrangig auf Literatur beschränkte (vgl. Böhme 2005: IX-XXIII), richtete die amerikanische Forschung schon sehr viel früher den Blick auf das Kino und stellte die Frage nach geopolitischen Implikationen von visuellen Topographien im Zeichen der Globalisierung (Jameson 1992; zu Unterschieden zwischen deutsch- und englischsprachiger Forschung im Zeichen des *spatial turn* vgl. Weigel 2002). Film und Video sind Medien der Bewegung durch den Raum: durch Bühnenbild, Inszenierung von Akteuren an Schauplätzen, Bewegung der Kamera, Montage und Überblendung von photographischen Bildern schafft Kinematographie Räume.

Häufig sehen wir Filme heute allerdings nicht im Kino, sondern als DVD auf einem Bildschirm. Digitale Präsentationsformen ermöglichen dem Zuschauer neue Arten des Sehens und des Zugriffs auf Filme mit der Option das Bild anzuhalten oder zu vergrößern, Sequenzen zu wiederholen, zu überspringen oder zu schneiden und Extramaterialien wie Audiokommentare, Dokumentationen der Dreharbeiten oder aus dem Hauptfilm herausgeschnittene Fragmente miteinzubeziehen. Auf Plattformen für Online-Streaming kann der User zudem selbst zum Autor und Kurator von Inhalt werden, Clips oder Kommentare ins Netz stellen; das Motto von YouTube lautet daher passend: „Broadcast yourself." Die Fragen nach Interaktivität und Partizipation stehen im Zentrum der Debatten um digitale Medien (vgl. Snickars / Vonderau 2009). Im Folgenden geht es um die Rolle der Zirkulationsformen bewegter Bilder für die topographische Orientierung von Zuschauern.

Orte in Bewegung

Jede Imagination einer Stadt – egal ob von ‚innen' oder von ‚außen' – speist sich aus medialen Bildern und Sehnsüchten der Betrachter. Wer orientiert wen? Wer inszeniert und projeziert eine Stadt für wen, wann, wie und warum? Istanbuls Präsentation als Kulturhauptstadt Europas 2010 mit ihren zahlreichen Schaustellungen bot einen guten Anlass, ortsgebundene Spezifik nicht als gegeben vorauszusetzen, sondern die ‚Orientierungen' der Stadt in ihrer Überblendung mit Weltstadtambitionen und Standortvermarktung zu reflektieren. Dabei ergeben sich deutliche Korrespondenzen mit Praxis und Rhetorik in anderen Städten hinsichtlich Regieren, Mitreden und Geschäftemachen. Stadtimaginationen im Kino und anderen visuellen Medien entstehen in Reibung mit öffentlichen Debatten um Denkmalpflege, Stadterneuerung und Immobilienmarkt, um Migration und Tourismus, um Kunst und Kuratoren, um Kino und

Publikum, um Kultur und Demokratie. Unser Band *Orienting Istanbul: Cultural Capital of Europe?* demonstriert derart vernetzende Lektüren beispielsweise anhand von Fallstudien zum Publikum der ersten Filmvorstellungen in Istanbul, zu Klassikern des innertürkischen Migrationsfilms wie *Gurbet Kuşları / Birds of Exile* (1964) und *Uzak / Weit* (2002), zu der Mafia- und Autoklau-Komödie *Organize İşler / Krumme Dinger am Bosporus* (2005), zu dem dokumentarischen Musikporträt Istanbuls *Crossing the Bridge: The Sound of Istanbul* (2005) und zur Istanbuler Bienale, seit die seit 1987 stattfindet und seit Mitte der 1990er Jahre zu einer wichtigen Plattform für Video- und Installationskunst geworden ist (Göktürk et al., 2010).

Digitale Speichermedien bringen zudem alte Filme aus den Archiven wieder in Umlauf, sodass interessierte Zuschauer die Medialisierung des Raumes und die Mobilisierung des Blicks durch die bewegten Bilder nachvollziehen können. Das vielleicht früheste kinematographische Dokument Istanbuls zeigt, vom Goldenen Horn aus gefilmt, eine Kamerafahrt entlang der Galata Brücke. (Göktürk et al. 2010: 178 f.) *Constantinople – Panorama de la Corne d'Or* wurde 1897 von Alexander Promio aufgenommen, dem weitgereisten Kameramann der Gebrüder Lumière, der ein Jahr zuvor eine Kamera auf einer Gondel in Venedig plaziert hatte. Der Blick auf die historische Silhouette vom Wasser war eine beliebte Perspektive für europäische Reisende des 19. Jahrhunderts, die oft ihr Schiff nicht verließen, um sich den märchenhaften Blick nicht durch den Schmutz der Straßen zu verderben. Neu in Promios kinematographischem Panorama ist der Fokus auf moderne Transporttechnologie. Die historischen Monumente auf der Halbinsel werden ignoriert – Topkapı Serail, Hagia Sophia und Blaue Moschee bleiben außerhalb des Bildrahmens, stattdessen verweilt die Kamera auf dem großen Rad eines Dampfschiffs und fährt dann über die Brücke, während die Süleymaniye Moschee nur chimärenhaft im Hintergrund zu erkennen ist. Die Hautattraktion mag die bewegte Brücke selbst gewesen sein, die 1875 auf vierundzwanzig Pontons wiedererbaut worden war, um Schiffen Einlass zu den Werften im Goldenen Horn zu gewährleisten.

Der Nexus zwischen Kinematographie und Transporttechnologie, der in diesem kurzen filmischen Dokument sichtbar wird, ist charakteristisch für das frühe Kino, wo Reisefilme oder sogenannte Aktualitäten ein populäres Genre waren. Die bewegten Bilder setzten Schauplätze in Bewegung und brachten die Welt in Reichweite. Sie boten nicht nur Ersatzreisen für den Zuschauer im Sessel, sondern dienten auch der Tourismuswerbung. Wir können uns ein elegantes Publikum bergauf nördlich vom Goldenen Horn denken in einem Kino auf der Grande Rue de Pera, das diese bewegte Perspektive auf seine eigene Stadt nebst Aufnahmen aus anderen europäischen Städten genoss. Unterdessen sahen auch Zuschauer in Paris, London oder Berlin dieses kurze filmische Dokument von Brückenverkehr in Istanbul im Rahmen von kinematographischen Programmen, die sich neben gefilmten Bühnenvorstellungen aus vielfältigen virtuellen Reisen zusammensetzten. Das Publikum des Kintop wusste schon damals, dass Schauplätze inszeniert und transponierbar waren. Western kamen nicht unbedingt aus Amerika, sondern wurden mit einschlägiger Ausstattung auch vor Berlin oder Paris gedreht (vgl. Göktürk 1998). Selbst Aktualitäten mit dokumentarischem Anspruch wurden für den Kinematographen nachgestellt und vorgespielt. Genrespezifische Ikonographien waren nicht an geographische Orte gebunden, sondern durch bewegte Bilder transportabel geworden.

Das Publikum des frühen Kinos, besonders vor dem Ersten Weltkrieg, konstituierte keine national geschlossene imaginäre Gemeinschaft, sondern eher eine Gemeinschaft von Zuschauern, die durch Schaulust und Faszination mit moderner Technologie und Geschwindigkeit vernetzt waren. Filme zirkulierten international, das Kino „brachte der Welt die Welt", wie es der Regisseur und Leiter des Institut Lumière in Lyon, Betrand Tavernier, auf seinem Kommentar zur DVD-Ausgabe der Lumière-Filme treffend formuliert (*The Lumière Brothers' First Films*). Die Kinobesucher als Weltbetrachter genossen den Blick auf Ereignisse und Orte in Bewegung und fühlten sich potenziell verbunden mit Zuschauern anderswo, die zur gleichen Zeit ähnliche Bilder sahen. Einer dieser begeisterten Filmzuschauer mag der junge Siegfried Kracauer gewesen sein, der einige Jahre später über das „Schrumpfen der Welt" und die „Relativierung des Exotischen" schrieb mit einem Verweis auf die Pyramiden und das Goldene Horn (Kracauer 1990 [1925]: 298). Das Verlangen nach authentisch-exotischer Erfahrung ist in der modernen Medienwelt zunehmend durchsetzt mit dem Bewusstsein, dass die Vermarktung von Orten, die sich auf erkennbare Einzigartigkeit beruft, paradoxerweise zugleich Spezifik nivelliert und Ähnlichkeit herstellt.

Im Lauf der Filmgeschichte hat sich – zunächst im Bereich der militärischen Geländeerkundung – dem mobilen Blick vom Wasser der Blick aus der Luft zugesellt. Der Kameramann der Gebrüder Lumière würde heute wahrscheinlich in einem Helikopter sitzen und über die Brücken der Stadt fliegen. So bietet das türkische Ministerium für Kultur und Tourismus in einer gemeinsam mit der Stiftung für Kino und audiovisuelle Kultur herausgegebenen Hochglanzpublikation historische Stätten in der Türkei ausländischen Filmproduzenten als Drehorte an – auf der zweiten Seite ein Foto von einem Helikopter in der Luft vor dem Topkapı Serail (vgl. TÜRSAK). Auch dieses Foto demonstriert den zentralen Stellenwert von Technologie, Bewegung und Perspektive in der Herstellung von bewegten Bildern als Markenzeichen von Orten. Tatsächlich gehören im Zeitalter von Google Earth Helicam-Aufnahmen, die einen Eindruck von Dimensionen und Ausbreitung der Stadt aus der Luft vermitteln, zum visuellen Standard neuer Großstadtfilme, wie etwa an den Istanbul-Aufnahmen in *Crossing the Bridge* (2005), *Organize İşler* (2005), dem indischen Terrorismus-

Thriller *Mission Istaanbul* (2008) und Tom Tykwers amerikanisch-britisch-deutscher Koproduktion *The International* (2009) zu sehen ist. Über nationale Vereinnahmungen hinaus dient das Kino als wichtiges Medium für die Imagination von Europa als transnationalem Raum. Die filmische Montage vermag gleitende Übergänge zwischen weit entfernten Orten herzustellen, Fernes nahezurücken und Orte an der Peripherie Europas auf der Weltkarte und im Bewusstsein des Publikums zu etablieren. Fatih Akın gehört zu jenen Regisseuren, deren Filme sinnbildlich geworden sind für ein transnational mobiles europäisches Kino auf Achse, das auf internationalen Festivals zirkuliert und zunehmend auch im angloamerikanischen Kontext wahrgenommen wird (Elsaesser 2005: 108–130). Die Rezeption dieses „polyglotten Kinos" (Wahl 2005) vollzieht sich ebenfalls in mehrsprachigen Zusammenhängen.

Wohldosierte Spezifik, kombinatorische Vernetzung

In Fatih Akıns *Auf der anderen Seite* (2007) erschließt sich die Reise ans Schwarze Meer, gewissermaßen an den Rand Europas, dem sprach- und ortskundigen Zuschauer als Engagement für die Küstenregion und ihre Menschen, vermittelt durch sparsame Verweise in Musik, Dialekt und Landschaft und nicht zuletzt durch Bonus-Materialien auf der Special Edition der DVD für den deutschen Markt wie den Audiokommentar des Regisseurs, die Dokumentation der Dreharbeiten und ein aus dem Hauptfilm ausgekoppeltes Fragment (Akın 2008; vgl. dazu ausführlicher Göktürk 2010b). Allerdings wird auch der Anspruch geltend gemacht, eine universell verständliche Geschichte zu erzählen, nachvollziehbar auch für das cinephile Publikum auf dem Festival in Cannes und anderen Umschlagplätzen globaler Filmkultur, wo Ortskenntnis nicht vorausgesetzt werden kann. Um international erfolgreich zu sein und Publika an verschiedenen Orten anzusprechen, kann lokale Spezifik nur wohldosiert ins Spiel gebracht werden.

Akıns Audiokommentar zur Anfangsszene an der Tankstelle kulminiert in seiner Versicherung, dass, trotz veränderter Sehgewohnheiten durch DVD und Computer, *Auf der anderen Seite* ein Kinofilm sei, „für die Leinwand gedacht" und „großzügig" im Umgang mit Räumen. Allerdings hören wir diesen Kommentar eben nicht im dunklen Kinosaal mit großer Leinwand, sondern, die Fernbedienung in der Hand, vor dem Bildschirm des Fernsehers im Wohnzimmer. Das emphatische Plädoyer für das große Kino im alten Stil wird erst möglich durch das neue digitale Format der Filmpräsentation, das dem Zuschauer die Wahl erlaubt, den Film im Originalton oder mit Audiokommentar mehrfach und in Segmenten zu sehen. Wie so oft in der Mediengeschichte ersetzt das neue Medium nicht einfach das alte, sondern beide treten in ein komplementäres Verhältnis zueinander. So betont Laura Mulvey in ihrem Buch *Death 24x a Second*, dass durch die Möglichkeit des nicht-linearen Zugangs zur Geschichte über die Kapitelstruktur von DVDs sowie „extra-diegetische Elemente", die in sich geschlossene diegetische Welt des Films und die lineare Kausalität der Erzählung unter Druck gerät (Mulvey 2006: 27 f.). Die veränderten Sehgewohnheiten haben Auswirkungen sowohl auf die Struktur des visuellen Erzählens als auch die Rezeption.

Ikonographische Konventionen wie Ausschnitt, Bildaufbau und Perspektive bestimmen unsere Wahrnehmung von Orten. Dabei überlagern und schichten sich – mehr oder minder bewusst – Bilder im visuellen Gedächtnis sowohl des Regisseurs oder Kameramanns als auch des Zuschauers; Orte werden erkennbar durch Vertrautheit mit Bildern von anderen Orten. So weist Akın im Audiokommentar zu seinem Film *Auf der anderen Seite* darauf hin, dass die Einstellung mit der Schauspielerin Nurgül Yeşilçay als Ayten auf dem Bahnhofsplatz in Bremen angelehnt ist an das langsame elektronische Zoom von oben herab auf den Union Square in San Francisco in der Anfangssequenz von Francis Coppolas *The Conversation / Der Dialog* (1974) (Akın 2008). Das langsame Zoom, das sich von oben einer Schauspielerin nähert und sie aus der Menge heraushebt, wird später im Film wiederholt, wenn Patrycia Ziolkowska als Lotte über den Taksim Platz in Istanbul geht. Dadurch entsteht eine visuelle Parallele zwischen den Figuren, die sich beide in einer fremden Stadt orientieren. Die Anverwandlung von Einstellungen beim Etablieren von Orten von San Francisco über Bremen nach Istanbul macht deutlich, dass Geographie durch Kinematographie, aufzeichnende Bewegung durch den Raum, entsteht. Erst durch die Bewegung der Kamera, die den Blick lenkt, gewinnt der Zuschauer Zugang zu diesen Orten und sieht sie in Korrespondenz mit anderen Orten. Die Wiederholung von Einstellungen stellt Parallelen her zwischen voneinander weit entfernten Städten und verweist auf die intertextuelle und mediale Konstruktion von Ortsbewusstsein. Coppola selbst benennt im Rückblick in seinem DVD Audiokommentar zu *The Conversation* die Wiederholung als Strukturprinzip seines Films (Coppola 2000). So wird die Tonaufnahme des Dialogs immer wieder abgespielt als Reflexion auf Technologien der Aufzeichnung und ihre Verwendung in einem allumfassenden Beschattungsapparat, wo der Beschatter schließlich selbst zum Opfer der Überwachungstechnologie wird. Der Cutter Walter Murch erläutert in seinem Audiokommentar das Verfahren des langsamen elektronischen Zooms. *The Conversation* wurde 1974 mit der *Goldenen Palme* in Cannes ausgezeichnet, im selben Jahr, als auch Fassbinders *Angst Essen Seele auf* nominiert war. Coppola dient als Referenz, mit der sich Akın in die Tradition des Autorenkinos einschreibt. Dennoch liegt es wieder am Zuschauer, solchen Verweisen nachzugehen, weitere Intertexte dieser Art aufzuspüren und in neue Konstellationen zu stellen.

Bei der Präsentation von Filmen auf DVD spielt der Kommentar des Regisseurs, gewissermaßen als Originalitätssiegel, einen Gestus der Kontrolle und Autorität vor, ja, Jonathan Gray argumentiert sogar, dass das Extramaterial zur Vermarktung gezielt eingesetzt wird, um den Mythos von künstlerischer Kreativität des Autors und Aura des Werks im digitalen Zeitalter zu reanimieren (Gray 2010: 81 – 115). Andere „Paratexte" oder vielmehr „Peritexte" auf der DVD, wie beispielsweise Dokumentaraufnahmen von den Dreharbeiten, laden jedoch die Zuschauer zu kombinatorischen Leistungen ein. Die Kombinatorik lässt sich über die DVD hinaus ausweiten auf „Epitexte" wie Interviews, Debatten, Fernsehsendungen, Musikaufnahmen und weitere Filme (zur Begrifflichkeit von Para-, Peri- und Epitexten vgl. Kreimeier / Stanitzek 2004: 3 – 19). Zuschauer folgen Verweisen und finden weiteres ergänzendes Material auf Google und YouTube. Der Film wird in diesen Rezeptionsformen zum offenen Text, der zu vielschichtigen, vernetzten Lektüren herausfordert. Blicke hinter die Kulissen im Extramaterial ermöglichen Zuschauern den Prozess der Ortswahl, Ausstattung, Inszenierung, Einstellung und Bewegung durch den Raum mitzuvollziehen, Szenen nicht als mimetisches Abbild zu lesen, sondern an der Imagination von Topographien teilzuhaben.

Forum Europa online

Ein Intertext auf YouTube übertrifft, was mobile Stadtimagination, Mehrsprachigkeit und transnationale Rezeption angeht, vielleicht alles, was im Kino geboten ist. Es handelt sich um *Disko Partizani*, ein Musikvideo des Komponisten der Filmmusik von *Auf der anderen Seite*. DJ Shantel (Stefan Hantel) aus Frankfurt am Main hatte für den Film Musik aus der Schwarzmeerregion elektronisch bearbeitet. Er ist in erster Linie bekannt für seinen Bukowina Dub-Stil, einen Remix von Balkanklängen, der lokale Spezifik für ein Weltmusik-Publikum übersetzt. Gesungen in Englisch und Rumänisch, entfaltet das 4 Minuten 19 Sekunden lange Video eine wilde Vision von Migration, Mobilität und osteuropäischer Provinz in Istanbul: „My baby came down from Romania / She was the queen of Transylvania / But now we live in suburbia / without any friends buzzing you / Tsiganizatsia tsiganizatsia". Das Video wurde am 22. August 2007 (noch vor dem offiziellen Release am 24. August) auf YouTube geladen und dort bislang 6 542 984 mal gesehen (von einigen Zuschauern sicher mehrmals). 9 668 Zuschauer zollten dem Clip Zuspruch mit erhobenem Daumen, 6 447 schrieben Kommentare, die neuesten am 15. Februar 2011 (vgl. Shantel 2007). Damit übertrifft das Video auf YouTube Trailer und Filmausschnitte aus *Auf der anderen Seite* bei weitem an Popularität. Entgegen dem „transnationalen Lokalpatriotismus" der diasporischen türkisch-deutschen Online-Community *vay-*

bee! (Dayıoğlu-Yücel 2005: 181–207), liest sich dieses Forum in Russisch, Deutsch, Englisch, Italienisch, Rumänisch und anderen Sprachen als europäischer Raum, wo Identitäten transnational und mehrsprachig verhandelt werden. Der Balkan-Sound findet allgemein Anklang: „balkan beats / ah really? / sounds like borat music [...] endlich riskiert mal einer was ohne mit den klassischen Balkan-klischees zu nerven [...] this dude is German? His Romanian is really good!" Neben dem Zuspruch „United Balkans!" und „Balkans forever!" finden sich allerdings auch Diskussionen, welche Länder überhaupt zum Balkan gehören (Griechenland? Rumänien? Türkei?).[1] Der Vergleich mit dem Film *Borat* (2006) wird insgesamt 27 mal angeführt, während nur zwei User auf Türkisch anmerken, dass Shantel auch die Musik für Fatih Akıns *Yaşamın Kıyısında* (*Auf der anderen Seite*) gemacht hat. Interessant ist die rege Diskussionsbeteiligung in Türkisch, zumal YouTube in der Türkei vom 7. März 2007 bis zum 30. Oktober 2010 per Gerichtsbeschluss gesperrt war; das Publikum wusste sich mit Proxy-Servern Zugang zu verschaffen.

Ohne eine systematische Analyse der Kommentare vorzunehmen, stechen bereits bei einer kursorischen Lektüre interessante Debatten ins Auge, beispielsweise zu Fragen der lokalen Spezifik und Authentizität. Es geht darum, ob das Video das wahre Istanbul zeige und ob die orientalisierende Exotik der Bauchtänzerinnen oder der fliegende Teppich, auf dem Shantel an einem Luxuskreuzfahrtsdampfer vorbei segelt, akzeptabel seien. Einige sind der Meinung, dass man sehenswertere Teile der Stadt hätte wählen können statt der heruntergekommenen Gassen. Andere kontern: „türkiye için bundan daha iyi reklam olamaz"[2] oder „ya nedir bu istanbulu iyi tanıttı yanlış tanıttı kaygısı adamlar kötü mahalleleriyle gösteriyorsa onları bilgisayarda tasarlamıyolar hepsi olan şeyler madem rahatsızsınız düzeltmek için çaba gösterin pislikleri halının altına itmek kolay sonra da halıyı kaldırana kızıyorsunuz."[3] Auch die Frage nach der Bedeutung des Drehorts wird verhandelt und aus verschiedenen Perspektiven mit unterschiedlichen Identifikationen beantwortet:

> Shantal explained this in his interview.. Why Turkey? Because Turkey's the meeting place of cultures, because Istanbul's the meeting place of continents. / because; there are 300,000 to 5 million romalen living in turkey, including me. opre roma! (kurt-

---

1 Zur Popularität der „Balkanisierung" in Musik und Kino vgl. Göktürk 2010a.
2 „eine bessere reklame für die türkei gibt es nicht." (Diese und die folgenden Übersetzungen stammen von mir.)
3 „was soll diese sorge um die richtige oder falsche darstellung istanbuls wenn die leute verlotterte viertel zeigen dann entwerfen sie die ja nicht am computer die gibt es wirklich wenn's euch stört dann tut was um die verhältnisse zu ändern es ist leicht den dreck unter den teppich zu kehren aber ihr regt euch über den auf der den teppich anhebt."

köy'den avcılar'a gidip gelin her gün bakalım o zaman da best mest der misiniz.. stupid gadjo's)[4]

Derselbe User an anderer Stelle:

> turks are not romani (gypsy is a politically incorrect form of addressing us) yes but turkey has the biggest romani population probably, and all you guys out there listen to their music while drinking raki, right? turkish culture today owns a lot to the people of the roma. and what exactly istanbul is but not a big, frigging, giant suburb? modern my ass, this IS istanbul, ugly, chaotic, old, wise and colorful, get over with it!

An anderer Stelle bahnt sich ein heftiger türkisch-griechischer Zwist darüber an, wem die Stadt gehört und wer ihr den Namen gegeben hat. Die Eroberung von 1453 wird ins Feld geführt. Andere wiederum bringen einen kosmopolitischen Gestus ins Spiel: „this is world wide culture. / Dafür gibts eben auch den World Music Award" (tatsächlich war DJ Shantel Gewinner des BBC World Music Awards 2006). Die von diesem Video auf YouTube entfachte Diskussion kann man als ein Forum Europa per se betrachten – ein heterogenes, mehrsprachiges Publikum streitet sich über Standortvorteil und kulturelles Eigentum, mehrsträngig, vielfach nur partiell verständlich, mitunter vermittelt durch Übersetzungen und Erklärungen, und vereint sich im Genuss der schnellen Musik und bewegten Bilder. In dieser Hinsicht ist die Rezeption von Musikvideos auf YouTube vielleicht vergleichbar dem internationalen Publikum der Kurzfilmprogramme im frühen Kino.

Dem Zusammenwirken der Medien in der Rezeption entspricht ein kulturwissenschaftlicher Ansatz, der den Leser, Betrachter oder Zuschauer (nicht nur den Autor oder den Text) als Instanz der Bedeutungskonstitution ins Zentrum rückt. Wichtig ist dabei vor allem die globale Pluralität der Zuschauerpositionen und die unvorhersehbare Diversifizierung der Lektüren, die die Möglichkeit einer allgemeingültigen, erschöpfenden Interpretation in Frage stellen. Vernetzendkombinatorische Arbeit an den fließenden Grenzen zwischen Text und Paratext, Fiktion und Dokumentation wird dieser Komplexität am ehesten gerecht. In solchen Lektüren erschließen sich nicht zuletzt fragmentarische Reflexionen auf den Status von nationalem Kino oder Literatur im digitalen Zeitalter, wo Ort und Welt sich überlagern. Entgegen dem Selbstbewusstsein der Autoren, entsteht Bedeutung erst, wenn Zuschauer diese Fragmente und Referenzrahmen in immer neuen Konstellationen konfigurieren. Die kulturelle Produktion spielt sich in europäischen und globalen Rahmen ab, die Rezeption muss ihrerseits kombinatorische Recherche- und Vernetzungsarbeit in einem expandierenden interaktiven Archiv leisten. Leser / Betrachter / Zuschauer sind gefordert, eigene

---

4 „Fahrt mal jeden tag vom stadtteil kurtköy zum stadtteil avcılar und wieder zurück, mal sehen, ob ihr dann immer noch von best sprecht."

Phantasie walten zu lassen, über nationale Verankerungen hinauszudenken und den vermeintlich festen Boden interkultureller Hermeneutik mit einer gelassenen Skepsis zu betreten. Die Referenzrahmen sind nicht nur deutsch und türkisch; es gilt die Gewissheiten der Verortung und die Grenzen zwischen Innen und Außen immer wieder zu überdenken und uns immer wieder von neuem zu fragen, woher wir eigentlich wissen, wo wir sind – wie der aus dem Fenster blickende venezianische Osmane – oder osmanische Veneziane – und damit auch der Leser bei der Reprise der metatextuellen topographischen Lesereflexion am Ende von Orhan Pamuks Roman *Die weiße Festung:*

> Begierig begann er, die Seiten des Buches umzuschlagen, er suchte, wie ich's vorausgesehen, und wartete wohlgelaunt, bis er's fand und las, was auch letztlich geschah. Noch einmal schaute er dann aus dem Fenster über dem Garten auf das, was der Blick ihm bot. Und ich wußte natürlich sehr wohl, was er zu sehen bekam: Aus einem Tisch ein perlmuttverziertes Tablett mit Kirschen und Pfirsichen, hinter dem Tisch eine Ruhebank aus Rohrgeflecht, auf der Federkissen im gleichen grünen Farbton des Fensterrahmens ausgelegt waren; dort saß ich, nunmehr fast siebzig Jahre alt; und weiter hinten ein Brunnen, auf dessen Rand ein Sperling saß, unter Oliven- und Kirschenbäumen. Dazwischen bewegte sich ganz leise in einem fast unmerklichen Lüftchen eine Schaukel, die mit langem Strick an einem hohen Ast des Walnußbaumes festgebunden war. (Pamuk 1990: 209 f.)

Literatur

Akın, Fatih (2008[2007]): *Auf der anderen Seite*, limitierte Special Edition 2 DVDs, Aschaffenburg: Pandora Film.

Böhme, Hartmut (Hg.) (2005): *Topographien der Literatur. Deutsche Literatur im transnationalen Kontext*, Stuttgart / Weimar.

Çağlar, Ayşe (1997): „Hyphenated Identites and the Limits of ‚Culture‘", in: *The Politics of Multiculturalism in the New Europe: Racism, Identity and Community*, London, S. 169–185.

Coppola, Francis Ford (2000 [1974]): *The Conversation*, DVD, Hollywood: Paramount.

Dayıoğlu-Yücel, Yasemin (2005): *Von der Gastarbeit zur Identitätsarbeit. Integritätsverhandlungen in türkisch-deutschen Texten von Şenocak, Özdamar, Ağaoğlu und der Online-Community vaybee!*, Göttingen.

de Certeau, Michel (1988): *Kunst des Handelns* [Arts de faire], übersetzt von Ronald Voullié, Berlin.

Elsaesser, Thomas (2005): *European Cinema: Face to Face with Hollywood*, Amsterdam.

Göktürk, Deniz (1998): *Künstler, Cowboys, Ingenieure: Kultur- und mediengeschichtliche Studien zu deutschen Amerika-Texten 1912–1920*, München.

Göktürk, Deniz / Soysal, Levent / Türeli, İpek (Hg.) (2010): *Orienting Istanbul: Cultural Capital of Europe?*, London.

Göktürk, Deniz (2010a): „Sound Bridges: Transnational Mobility as Ironic Melodrama", in: Berghahn, Daniela / Sternberg, Claudia (Hg.): *European Cinema in Motion. Migrant and Diasporic Film in Contemporary Europe*, Basingstoke, S. 215 – 234.

Göktürk, Deniz (2010b): „Mobilität und Stillstand im Weltkino digital", in: Ezli, Özkan (Hg.): *Kultur als Ereignis. Fatih Akıns Film „Auf der anderen Seite" als transkulturelle Narration*, Bielefeld, S. 15 – 45.

Göktürk, Deniz / Gramling, David / Kaes, Anton / Langenohl, Andreas (Hg.) (2011): *Transit Deutschland: Debatten zu Nation und Migration*, Konstanz.

Gray, Jonathan (2010): *Show Sold Seperately. Promos, Spoilers, and Other Media Paratexts*, New York.

Jameson, Frederic (1992): *The Geopolitical Aesthetic. Cinema and Space in the World System*, Indiana.

Kracauer, Siegfried (1990 [1925]): „Die Reise und der Tanz", in: Kracauer, Siegfried, *Schriften 5.1*, Frankfurt am Main, S. 288 – 296.

Kreimeier, Klaus / Stanitzek, Georg (Hg.) (2004): *Paratexte in Literatur, Film, Fernsehen*, Berlin.

The Lumiere Brothers' First Films (1998), DVD, New York: Kino on Video.

Mulvey, Laura (2006): *Death 24x a Second: Stillness and the Moving Image*, London.

Pamuk, Orhan (1990): *Die weiße Festung* [Beyaz Kale], übersetzt von Ingrid Iren, Frankfurt am Main.

Shantel (2007): *Disco Partizani*, Musikvideo, verfügbar unter: http://www.youtube.com/watch?v=gViaOYgV8yI [Letztes Zugriffsdatum 15. 02. 2011].

Simmel, Georg (1913): „Philosophie der Landschaft", in: *Die Güldenkammer* (2/3), S. 635 – 644, verfügbar unter: http://socio.ch/sim/lan13.htm [Letztes Zugriffsdatum 15. 02. 2011].

Snickars, Pelle / Vonderau, Patrick (Hg.) (2009): *The YouTube Reader*, Stockholm.

TÜRSAK (Turkish Foundation for Cinema and Audiovisual Culture) (2008): *Filming Guide Turkey*, Istanbul.

Wahl, Chris (2005): *Das Sprechen des Spielfilms*, Trier.

Weigel, Sigrid (2002): „Zum ‚topographical turn'. Kartographie, Topographie und Raumkonzepte in den Kulturwissenschaften", in *KulturPoetik* (2/2), S. 151 – 165.

Esra Akcan

Translating Architectural Knowledge: Bruno Taut's Siedlung Seminar in Istanbul[1]

This map (Figure 1) traces the influential Turkish and German-speaking architects who migrated or travelled back and forth during the early twentieth century between mostly Germany and Turkey, at times via further east and west of these locations. What moved from one place to the other during this process were not only people (immigrating or traveling architects, international students), but also ideas (architectural movements and theories), technologies (kitchens, baths, reinforced concrete), information (graphic standards) and images (drawings and photographs in publications and exhibitions). These cross-cultural exchanges significantly transformed the land settlement policies and residential culture in Turkey, and reciprocally influenced the subsequent professional practice of the German-speaking experts after they left Turkey.[2]

In a globalizing world where due acknowledgment of former cross-cultural relations encourages us to rethink the received definitions of modernism, it seems reasonable to seek out theories that can effectively analyze both the tensions and potentials of these intertwined histories. I have suggested a theory of translation beyond language to carry out such an aspiration, rather than the indistinct concepts of the hybrid and transculturation, or the passive metaphors of cultural influence, transfer, import or export (Akcan 2009, 2011[3]). Transportation from one or more countries to another of not only capital, but also people, ideas, technology, information, and images generates processes of change that I am defining as 'translation' – a term I particularly find accessible since it is a common experience.[4] In this case, translation is the process of

---

1 All translations from German and Turkish into English belong to Esra Akcan, unless indicated otherwise.
2 These circulations have been so ubiquitous during modern times that one can hardly think of any pure 'local' architecture that is produced at a place completely closed to other locations, or pure 'global' building produced at some abstract space outside the forces of any local condition. These definitions of the local and the foreign are in constant mutation.
3 Parts of this text have been taken from this book.
4 One might ask here: why translation, rather than other terms? While words such as trans-

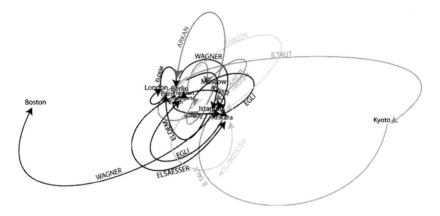

Figure 1

transformation during the act of transportation. It is through translation that a country opens itself to what was hitherto foreign, modifies and enriches its political institutions and cultural forms, while simultaneously negotiating its local norms with those of the other. Translation studies, consequently, identify the qualifying terms that help us understand and evaluate such interactions. In other words, I treat translation as a 'field of study' that explores different experiences of the 'other', of the foreign, of the outside, in a given place, at a given moment. However, no translation has historically been devoid of the geographical distribution of power and hence I treat architectural translation as a contested contact zone where geopolitical tensions are exposed, reconciled or opposed.

Looking at the examples built during the 1930s, I argue in my broader work that the early Republican modernization process in Turkey can well be defined as a confidence about the smooth translatability of Europeanness into this country, but one that the political elite hardly hesitated to insert from above. Modernism itself was perhaps a certain conviction about its own translatability to the world, so that its technological, social and cultural merits could be shared globally – a

portation, transfer, import/export or flow connote the act of carrying from one place to the other, they do not necessarily involve the act of changing during this process. While the word transformation embodies the idea of change, this change does not necessarily involve transportation, but can take place in time without changing the place of the transforming object. The word translation is used here to explore the transformation during the act of transportation. Other terms such as assimilation, adaptation, integration or appropriation refer only to one type of translation where a foreign object is re-formed according to the determining rules of local conditions. Although such practices are certainly part of the historical process explored in my work, they leave out other types of translation where some foreignness of the object is deliberately or accidentally maintained, and where challenging the conditions in either locations is preferred over assimilation.

beautiful idea which however caused violent outcomes when it was pursued through paternalistic procedures. I am not questioning the premise of translatability, and definitely not the very act of translation, quite the contrary, but rather I am questioning the top-down process with which it was executed. The official program relied on a conviction about translatability, but building a nation-state simultaneously necessitated the production of nationalist myths. In such a context, some claims to untranslatability emerged which were as radical as chauvinistic nationalism, and which opposed any foreign infiltration. A more common reaction was to distinguish the translatable from the untranslatable, as did the influential Ziya Gökalp who differentiated civilization [*medeniyet*] and culture [*hars*], defining the first as the scientific and technological progress that could be borrowed from the West, and the second as a nation's authentic values. So, by distinguishing the untranslatable culture of a nation from the translatable civilization, by distilling out those attributes that would not fit well in any other context, one thought one could specify the allegedly essential values that should always be preserved by the nation. This type of essentialism also became very common in Turkey. Moreover, translation practices unlocked Turkey's borders with some countries, but they blocked the same borders to others. The official program translated extensively from countries only as long as they were European. The same program gave equal emphasis to erasing the influence of the Armenians, Kurds, Arabs and Persians who had together shaped the Ottoman Empire.

Specifically, while convictions about translatability in a paternalistic fashion and convictions about untranslatability in a chauvinistic fashion saturated most of the cultural practice, I would now like to turn my attention to the German architect Bruno Taut, whose ideas suggest an exception despite the prevailing attitudes. Taut was an extremely influential architect of German expressionism during the 1910s, and was the chief architect of the Berlin *Siedlung* and social housing program between 1924 and 1933. Exiled from Germany already in 1933 for being accused of Bolshevism, he spent a brief period in Russia and three years in Japan, before arriving in Turkey in 1936. As soon as he arrived, Taut was given serious responsibilities. He became the head of the Department of Architecture at the Academy of Fine Arts where he prepared a reformed pedagogical program,[5] and the head of the Department of Construction at the Ministry of Education, for which he designed several schools all over Turkey.[6]

---

5 Taut changed Egli's program at the Academy, and concentrated on social issues such as social housing projects (Bozdoğan 1997; Nicolai 1997, 1998; Ömer 1984; Speidel 1994).

6 Taut designed numerous schools in Ankara, Istanbul, Izmir and Trabzon. These built projects are usually known as his only designs in Turkey, yet his diary and a report to the Ministry of Education indicate that he worked on over twenty buildings, most of which remained pending upon his death. Taut collaborated with several assistants and colleagues from Germany such as

Taut gave a studio on *Siedlung* at the Istanbul Academy and shared his knowledge on the modern invention of social housing of which he had helped construct one of the most engaging examples in world history. (Taut 1937; Ömer 1984) In his studio, the students designed four hundred units for a governmental housing project in Ankara, following familiar norms of *Siedlung* in Germany at the time including large public green spaces and private balconies, a mixture of row houses and multi-family blocks with different circulation patterns, southern exposure for living rooms, multiple dwelling types with ample variations, standardization of building materials, and modern kitchens, bathrooms and heating systems. They were also expected to calculate the cost of their projects and determine the monthly rents in order to make a case for affordability.

However, it would be a mistake to interpret Taut's position as that of a heroic Westerner, a missionary who sought to 'civilize' the 'non-Western' inhabitants on the premise of smooth translatability. Quite the contrary, it is Taut's position on translation that deserves a closer look.

During his opening talk at his retrospective exhibition at the Istanbul Academy, Taut linked his own intellectual growth to the humanism of Immanuel Kant, with whom he shared his hometown. (Taut 1980 [1938]: 260)[7] In his essay *Perpetual Peace* (1795), Kant had defined cosmopolitan law as the legal order that would establish what he called "perpetual peace", a peace that is attained not because enemies have temporarily consumed their available resources or because they have decided to provisionally suspend hostility, but a peace that annihilates the possibility of any future war. (Kant 1991 [1795]) This was a cosmopolitanism predicated on the confidence that Enlightened reason would accomplish the task of peace, because, it followed, human rationality was universally shared, and because every human being was capable of acting in relation to universal maxims.[8] I will suggest that Taut's position once he left Germany is better understood in this framework of Kantian cosmopolitanism that he specified as his own intellectual source.

Taut had taken an interest in 'non-Western' architecture long before he moved

---

Grimm (who had worked in Taut & Hoffmann's office), Mundt, Franz Hillinger (who had worked with Taut for GEHAG), Margarete Schütte-Lihotzky and Wilhelm Schütte (whom Taut himself invited to Turkey; they collaborated in a couple of projects at the Turkish Ministry of Education). He organized a large and well-received exhibition of his lifetime work at the Academy in 1938.

7 Rosemarie Bletter also suggests that the humanism of Kant, developed particularly in *Perpetual Peace* made a strong influence on the young Taut (Bletter 1973).

8 The two other formulas were: "So act that you treat humanity, whether in your own person or in the person of any other, always at the same time as an end, never as a means. [...] Act in such a way that you treat every human being as a member in the kingdom of ends." (Kant 1991 [1795]: 429) "Act under the idea of the will of every rational being as a will giving universal law." (Kant 1991 [1795]: 431)

to Japan and Turkey. (Junghanns 1978; Nerdinger et al. 2001) Curiosity about the East is obviously not a value in itself, since this hardly qualifies anything unless its distinction from the Orientalist interest (in Edward W. Said's sense) of many painters, poets or writers can be specified. While Taut's earlier works were not devoid of similar Orientalisms, his transformation after moving to Japan and Turkey is noteworthy. Conceiving of his time in these two countries as continuous experiences, Taut wrote numerous books in both countries that had two main intentions: to criticize the Western Orientalist perceptions of these regions, and to criticize the current modernization in Japan and Turkey.

> The West only saw what it understood, and relished [the East] the more as it appeared to be an exotic, piquant curiosity. (Taut 1958: 175) The intention [of my book] has been to show that strange and unaccustomed ways have very natural and simple reasons. Whosoever looks at these ways as something exotic, behaves like a child in the zoo gaping in front of the glass cage. But such a sentimental and romantic approach to the unfamiliar is as unjust as it is unreasonable, since human beings all over the world are endowed with an equal amount of reason. (Taut 1958: 75)[9]

The West "only saw what it understood", and deemed the East as nothing more than an "exotic" fairyland, distant and strange, abnormal and odd. During his life in the Orient, Taut became conscious of the risks of Orientalism. It is significant that he also affirmed the Kantian principle on the universality of human reason as a remedy for Orientalism, as well as a guarantee of justice.

Furthermore, Taut commented on basic problems that he saw in non-European countries under westernization. He asserted in his text "Melancholie" (Taut 1936) that a depressive mood governed the non-Western artistic scene (Taut 1936). Taut mainly talked about a fundamental dichotomy [*Zwiespalt*] that caused some sort of "depression" and "resignation". The recent indications of this melancholy, he argued, were largely due to the perceived gap between the East and Europe, the declining state of Eastern traditions as mere "exotic museum pieces", and the perceived opposition between the traditional ways of living and European modernism (Taut 1936: 12 f.). A feeling of insecurity, Taut observed, unsettled his non-European colleagues, which in turn threw them into a fundamental dilemma between what he called "slavish imitation of foreign styles" and "uninspired nativism" (Taut 1958: 265).

I suggest not dismissing Taut's observations of modernism's dilemmas outside Europe as swift generalizations. The "slavish imitation of foreign styles" and "uninspired" nativism Taut observed as two dead-end paradigms of modern architecture in Japan and Turkey can be interpreted as the two faces of a reaction, where an architect oscillates between fascination with and resistance towards the

---

9 German version Taut 1997 [1937]: 175.

"West". Three decades earlier, Taut had observed a similar dilemma that Frantz Fanon outlined as the two basic but unproductive responses by the colonized individual to the perceived "inferiority of his culture". Fanon said that the individual either "unfavorably criticizes his own national culture" or "takes refuge" in passionately defending it (Fanon 1963: 237). In the case of Turkey, both are responses that arise during the moment of translation. Taut's last book, I would like to argue, was nothing but an attempt to suggest the cosmopolitan ideal as an alternative to these two.

This book was a collection of Taut's lectures at the Istanbul Academy, and it first appeared in Turkish as *Mimari Bilgisi* with Adnan Kolatan's translation shortly before Taut's death (Figure 2).[10] The early German version, *Architekturlehre*, did not appear until 1977 and it was published without figures (Taut 1977); the full German version with illustrations was republished only at the end of 2009 (Taut 2009). Kolatan's translation of Taut's manuscript was careful and creative, often using appropriating methods rather than foreignizing ones. No expressions were omitted or terminology confused, yet Kolatan at times dramatized the content, frequently split the sentences into two or three for easier reading, added relevant idioms, and in a few instances quite intentionally picked words that suggested slightly different meanings. Considering that the book's life in Turkey was significantly longer than in Germany, and that Taut oversaw only the publication of the Turkish version, I suggest treating both the German and the Turkish texts as originals, rather than prioritizing one over the other or putting the translation to a test of fidelity.

While putting Taut's words into Turkish, Kolatan simultaneously developed an architectural terminology, especially for the new terms of social housing: *Siedlung* was translated as *ikametgah*, *Type* as *tip*, *Sauberkeit* as *temizlik* (cleanliness), *bessere Hygiene* as *iyi bir hıfzıssıhha* (better hygiene), *Zweckmäßigkeit* as *maksada elverişli* (appropriate for its use), *Nützlichkeit* as *faidelik* (usefulness), *Städtebau* as *şehircilik* (city planning), *Hochhaus* as *yüksek evler* (tall houses), *Zeilenbau* as *sıra evler* (usually used for *Reihenhaus*, row houses), *Bandstadt* as *şerid halinde binalar* (buildings on a band), *Radiale Anlage* as *radyal tarzda tesis edilmiş binalar* (radial placement), *Trabantenstadt* as *trabant şehirler* (city of satellites), *Laubenganghaus* as *müşterek geçitli evler* (houses/apartments on a common circulation axis).[11] For Taut's four principles [*Grundlage, esas*] that structured the argument, Kolatan chose to use the Western terms in French phonetics as it was usually practiced during the late

---

10 Various parts of *Mimari Bilgisi* appeared in *Arkitekt* during the course of 1938.
11 Quotes from Taut 1938: 25, 27, 124, 202, 202, 204, 236, 241, 241, 241, 241, 241, 247; quotes from Taut 2009: 46, 36, 77, 110, 110, 110, 119, 120, 120, 120, 120, 120, 122. (page numbers are in order that they appear in the text)

BRUNO TAUT

MİMARÎ
BİLGİSİ

GÜZEL SAN'ATLAR AKADEMİSİ NEŞRİYATINDAN
İSTANBUL   1938

Figure 2

Ottoman Empire. Accordingly, *Technik* became *teknik*, *Konstruktion* became *konstrüksiyon* (not the now common word *inşaat*), *Funktion* was used as *fonksiyon* (not *işlev*). For Taut's highest principle *Die Proportion*, Kolatan used both the Western and Ottoman terms divided with the conjunction 'or': *proporsiyon yani tenasüb* (the more common Turkish word today is *orantı*). (Taut 1938: 8, 12) He similarly multiplied synonyms on a number of occasions: For *Raum* (space) he used as many as three words, "*raum yani mahal yahut hacim*"; for translating *Kontinuität*, he combined the French and Turkish words with the algorithmic sign of equivalence, *Continuité=süreklilik*; for *Spielraum* he used the Ottoman term but put the French one in parenthesis, *inhiraf payı (marge)*; he translated *gut funktioniert* with two words as *iyi işleyen yani iyi fonksiyonlu* (well-functioning); for *Wolkenkratzer* he used only the French term *gratte-ciel* (skyscraper); he left some of the architectural terminology of historical buildings untranslated, such as *Cella, Peristyl, Filigran*.[12] During the writing of the two originals, the terminology was not only translated from German to Turkish, but also in the opposite direction: When discussing the tiles in the Ottoman mosques, Taut translated the word *çini* as *Fayence* (Taut 1938: 152; Taut 2009: 91).

---

12 Quotes from Taut 1938: 22, 69, 32, 204, 55, 228, 142; quotes from Taut 2009: 42, 57, 47, 110, 53, 117, 86.

Kolatan's choices may at first appear to be lingual indecisiveness, but in fact they seem to have been guided by a decisive appropriation tendency in an attempt to make the text available and comprehensible to Turkish readers at the time. The eclecticism of his terminology testifies to the creolization of language with multiple sources.

Mimari Bilgisi was an attempt to define the four universal principles of architecture in a way that would integrate geographical and cultural differences. Taut's first step toward his argument was linguistic, which made the translation even more challenging. In explaining that which gave a building its character as architecture, as opposed to technical equipment, pure construction or merely useful space, Taut relied on a few German idioms, many of which could be replaced by appropriate substitutes in Turkish. In a few difficult cases however, such as the translation of the common term *Weltgebäude* (world-building), Kolatan's literal translation *dünya denilen bu bina* had a foreignizing effect and brought his readers face to face with the fact that they were reading a translation. By showing several idiomatic uses in the German language, Taut concluded that it was a sense of proportion that gave architecture its distinctive character and that produced the architectural metaphors in language. "Accordingly, there is no doubt [*Zweifel, şüphe*] that humans have a distinct sense of proportion. This is what generates [*erzeugt, yaratan*] architecture." (Taut 1938: 24; Taut 2009: 42) Even though the sense of proportion was indefinable in concrete terms, Taut referred to evenness [*Ebenmaß, ölçülülük*] and ratio [*Verhältnis, nisbet*] as its indicators (Taut 1938: 25; Taut 2009: 46).

The three "supplementary" principles of architecture, technique, construction and function, on the other hand, would turn a building into something less than architecture unless they served the sense of proportion. Unambiguously maintaining the common distinction between the engineer and the architect, and attacking those who blurred it, Taut differentiated technique as architecture's "ruler" [*Herrscherin, mimariye hakim*] and as its "servant" [*Dienerin, hizmetkar*] (Taut 1938: 85; Taut 2009: 66). Only when the most advanced technique served proportion could an architect reach the heights of the "Greek Temple" and the "Japanese House," the two examples he discussed in detail. In the case of construction, he illustrated the "Gothic Cathedral" and the "Turkish Mosque" as examples of advanced construction that emerges as architecture itself due to the commitment to proportion. Function was not the essential aspect of architecture either, since time could render a building's use anachronistic but the building itself a landmark – an argument that would be rephrased by Aldo Rossi three decades later. (Taut 1938: 211) The sense of proportion had admittedly guided Taut's *Siedlung* designs, despite the emphasis on function and technique: While searching for the most efficient space, Taut claimed to have discovered the "relativity of function" [*Relativität der Funktion, fonksiyonun izafiliği*] (Taut 1938: 247; Taut 2009: 122). Truly economic and affordable houses were proportionate, since they neither encouraged useless luxury nor over-minimized the ground plans. Having a proportionate sense of technique in the house meant avoiding enslavement to technical amenities.

Throughout the book, Taut undoubtedly criticized contemporary architectural values. (Taut 1938: 205; Taut 2009: 111) Old houses were irresponsibly perceived as inferior to the new hygienic, functional and technical houses. (Taut 1938: 255; Taut 2009: 117) The modern world was "the age of technique and distastefulness" [*Zeitalter der Technik und der Geschmacklosigkeit, teknik ve zevksizlik devresi*] (Taut 1938: 131; Taut 2009: 78); "the age of limitless opportunities" in construction [*Zeitalter der unbegrenzten Möglichkeiten, hudutsuz imkanlar devri*] which were pointless due to the loss of the sense of proportion (Taut 1938: 199; Taut 2009: 106). In modern times, "construction was named as the dictator" [*Die Konstruktion wurde zum Diktator ernannt*], much more dramatized in the Turkish version as "the sole sovereign, the dictator" of architecture [*Konstrüksiyon mutlak bir hakim, bir diktatör ilan edilmişti*] (Taut 1938: 164; Taut 2009: 95). Accordingly, one of Taut's main concerns was the generalization of Modern Architecture as a style across the globe:

> The world is increasingly getting uniform [added to Turkish] and homogenous [*uniformiert sich; üniformalaşıyor, birörnekleşiyor*]. [...] Soldiers' uniforms show the cultural weakness of the modern world. The same goes for architecture. (Taut 1938: 45 f.; Taut 2009: 51)
> When technique is the *ruler* of architecture, the house is conquered by/occupied with [*versehen, techiz edilmek*] machines, equipments, mechanical utilities, and the like that can be used anywhere in the world. [...] This brings a situation where buildings all around the world look like machines that can be utilized without changing their form. This outcome is commonplace architecture [*Allerweltsarchitektur, cihan mimarisi*], that is, the many modern buildings whose pictures we see in all magazines. [...] Architecture is thus confronted with such devastation that it will take it too long to recover. If this was just an aesthetical error, it would not be too wrong. However, nature, in our case climate, will soon take its revenge on this criminal negligence [*sträflich vernachlässigt, cezaya layık bir ihmal*]: it will soon be understood that a building which is correct in one country is unusable [*unbrauchbar, işe yaramayan*] in another [...]. (Taut 1938: 85–86; Taut 2009: 66)

In *Mimari Bilgisi*, Taut gave particular attention to the risk of uniformalization of the world. For instance, the ideology of ergonomics influenced world architecture more than it might be imagined. From graphic standard books such as *Neufert*[13], generations of architects worldwide learned and applied physical standards to their modern furniture, kitchens, bathrooms and stairs. Paul Bo-

---

13 *Bauentwurfslehre* (1936) by Neufert was brought to Turkey by Paul Bonatz. I would like to thank Can Bilsel for this information.

natz brought Neufert's book to Turkey. These modern norms were based on the
dimensions and proportions of the idealized white masculine body *à la* Vi-
truvius, and ignored gender and other differences. In this sense, Taut's diagram
comparing the idealized European and Japanese bodies was a pioneering
comment on the politics of ergonomics (Figure 3). This diagram that Taut
showed both in Japan and Turkey was a warning against the ideology of
standardization based on European norms. Not all bodies fit into a square when
their arms are wide open. Even though this diagram ignores gender or other
bodily differences, even if its "scientific" value is suspect, and even if it may
blamed for maintaining stereotypes if read out of context, it can nevertheless be
considered a step towards de-universalizing the Western masculine body as the
standard of ergonomic design.

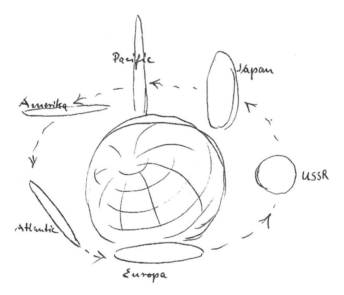

Figure 3

Taut was concerned that European modernism was spreading to the whole
world, by claiming a smoothly translatable character for a form of expression
that originated from a limited region. Yet Taut was also cautious of the reac-
tionary nationalist threats taking command in countries such as his native one.
Mimari Bilgisi was full of passages that severely criticized advocates of nationalism, whether they expressed themselves in modern or historical forms:
"Whether the architects are forced to create national architecture through
modern expressions" as in "Fascist Italy" or "they are forced to use historical
styles. [...] Both of the results are a disaster [*Fiasko, hüsran*]." (Taut 1938: 334;
Taut 2009: 150)

How did Taut think, then, he could reconcile the two forces at the very heart of the dilemma he had unveiled with his works in Japan and Turkey? "If the artist is tormented [*quälen, üzüyorsa*] by his doubt, he too can find his universal basis [*universale Basis, üniversal esas*] like the artists of the past." (Taut 1938: 322; Taut 2009: 145) The doubt of modern architecture could be lifted by searching for universality. Revising his theory on type, Taut differentiated between machine and architecture types, and asserted that all temples of the world shared the same architecture type [*gleichartigen Typ, aynı tarzda bir tip*]; they were the "variations of the identical archetype" [*Grundtyps, esas tip*], "the classical highpoints of different and totally original cultures". (Taut 1938: 55–56; Taut 2009: 53) Yet even the most successful building would melt or freeze in a different climate. The deadly mistake of modernism was indeed the ignorance of this fact, an argument Taut illustrated with the drawing of a Zeppelin touring around the world. (Taut 1938: 56; Taut 2009: 53) The sketch was slightly transformed due to the erasure of a couple of lines when Taut's handwriting in German was replaced with Turkish terms (Figure 4). Taut seems to have suggested the category of climate as a safeguard for geographical differences. "The types of architecture regenerate [*erhalten dadurch Leben, canlanmak*] when each building receives another form in relation to the country in which it is situated." (Taut 1938: 59–60; Taut 2009: 54) While Taut had been interested in the relation between architecture and nature since the early years of his career, he now opened up climate as a category that embodied both the universal idea of nature and geographic difference. Almost all external conditions of architecture were a function of climate, the only basis for all the other real factors. (Taut 1938: 62; Taut 2009: 55) Climate not only gave "a specificity, a tonality, a musical color to the building", but also, Taut asserted, mirrored the ethnic differences in body proportions and human expressions [*Temperamente, mizac*] (Taut 1938: 65; Taut 2009: 56).

Here, Taut came dangerously close to the racial theory where climatic differences in the world were used to claim an argument about racial difference, and subsequently, the superiority of one race over another. This was after all one of the charges against Kant's theory of cosmopolitanism. In his books *Geography* and *Observations on the Feeling of the Beautiful and the Sublime,* Kant seems to have felt no duty to rethink his race theory, whose perils were exposed as he commented on the populations of distant lands, including Native Americans, Africans and East Asians. David Harvey, for one, has written on the paradoxes of Kant's cosmopolitan ideal when it is juxtaposed with his geographical prejudices. In Kant's formula, the "smelly and ugly" peoples of the distant lands either need to shape themselves up to be "qualified for consideration under universal ethical code," or "the universal laws will have to operate as a discriminatory code" (Harvey 2000: Quotation 535).

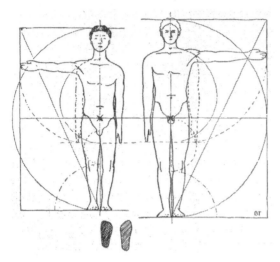

Figure 4

While Kant had not freed himself from the racial conceptions of his time, at least not in some of his writings, one might nevertheless work towards a more affirmative interpretation of Taut's theory on climate, given his own critical remarks on Orientalism and the unjust European perceptions of its "other". What distinguishes Taut's notion of climate is that he conceived it as a category to help attain universality, rather than geographical difference.

> The more architectural forms correspond [*entsprechen, uygun olmak*] to the nature where the building is located, to the light and air [*Licht und Luft, ışığına ve havasına*], the more they are universal. (Taut 1938: 92; Taut 2009: 67)

In making this statement, Taut must have been suggesting that climate-specificity forged a 'universal' architecture that was 'non-European', an architecture that captured what might be called, perhaps, a non-Eurocentric universality. Taut's stays in Japan and Turkey led him to test the geographical limits of Western European modernism, and to advocate a theory of modern architecture that would challenge the universalizing claims of modernization, but nevertheless safeguard a notion of universality.

Clearly, Taut had the Turkish audience in mind while writing several parts of *Mimari Bilgisi.* He used the term "cubic" to criticize contemporary architecture, a term quite uncommon in Germany in architectural discourse, but used as a synonym of modernism in Turkey. (Taut 1938: 185; Taut 2009: 101) Many of Taut's ideas must have sounded pleasant to Turkish nationalist ears. His sharp distinction between architecture and engineering had its resonances in the culture-civilization debate, and his ideas about the inadequacy of technical know-how for achieving proportionate architecture might have sounded similar to the consensus on the translatability of civilization and untranslatability of culture's essence. Taut's lengthy chapter on the Ottoman Mosque and his appreciative comments that the Architect Sinan eliminated the "rigidity [*Starrheit, donukluk*] of pure rational construction" in the Pantheon and Hagia Sophia, and thereby redeemed their "imperialist intentions" [*imperialistische Absicht, emperyalist gaye*] and "pedantic expressions" [*Pedanterie, bilgiçlik*], must have pleased the nationalist historians in Turkey (Taut 1938: 147; Taut 2009: 91). Most significantly, Taut's words "all good architecture will be a national architecture" [*Her iyi mimari, milli bir mimari olacaktır*] became one of the most cited mottos of the book (Taut 1938: 336). However, Taut was ultimately giving an anti-nationalist message in his manuscript and in his oeuvre as a whole. For instance, the German manuscript of this sentence read differently: "All good architecture will be national" [*Jede gute Architektur wird national sein*]. (Taut 2009: 152) In the context that the sentence appeared in the book, Taut was warning against subjugating architecture under political agendas and architects under state control; he had already cited Hansen's words: "all good architecture is national, all national architecture is bad". (Taut 1938: 333; Taut 2009: 150) A few other translation gestures nationalized the Turkish original more than Taut might have intended. For instance, in a sentence where the German means 'one *does not* build for a Berliner in Istanbul' [*man baut weder*], the Turkish version means 'one *cannot* do so' [*ne...yapılabilir*] (Taut 1938: 74; Taut 2009: 58). Taut criticized the homogenization of architecture in Turkey, Germany, France and other countries, but Turkey was conveniently omitted from the Turkish publication. It is hard to interpret these as unintentional mistakes given the otherwise careful nature of Kolatan's translation. (Taut 1938: 86; Taut 2009: 66) This may be why the original Turkish version of the book had a slightly more nationalist effect on its readers who were more inclined to reading it that way.

But it is Taut's cosmopolitan message that I would like to bring out in this book, especially within the context of his work in general. This cosmopolitan stance is confirmed in Taut's design for his own house in Istanbul, for which I argued elsewhere. Taut criticized those who rejected foreign influences in rejuvenating domestic norms.[14] Artists had to lead a nomadic life, he said, since all nations were nurtured by foreign influences. (Taut 1938: 64; Taut 2009: 55) Yet Taut advocated a foreign influence that would be "no false Internationalism, no uniformalization of the world [*Weltuniformierung*], no dullification [*Langweiligmachen*] of the whole earth; but a hybridization that would "make both sides richer" (Taut 1936: 206).

---

14 In *Japans Kunst* Taut had argued that a fruitful modern architecture in Japan would be the result of a synthesis with European influences. (Taut 1936: 206)

If Taut was against both the importation of European modernism to the rest of the world and nationalism, which word did actually capture his intentions? What would be a construct that could open a country to foreign influences without totally assimilating its local norms within the norms of the foreign? The word 'cosmopolitan', which Taut used and conceptualized quite a few times as I have shown elsewhere, not only assures openness to the foreign, but it also defies the Orientalist segregations between 'East' and 'West'. Taut himself defended the argument that "East and West belong together", and that each culture needed to "get to know the foreignness in one's own nature" for healthier growth (Taut 1936).

It is not possible to settle on the conclusion that this cosmopolitan ethics was accomplished in Kant's theory that inspired Taut. The Eurocentric problems in Kantian cosmopolitanism have already been exposed, and I have handled its comparison to Taut elsewhere (Akcan 2011). That said, Taut's frank confrontation with and eventual denunciation of Orientalist perceptions about non-Western countries, as well as of the consequences of the spread of Western modernism, led him to his search for a cosmopolitan ethics. While the architect genuinely criticized the dissemination of modernism to countries such as Japan and Turkey, he was equally critical of the rising nationalist discourses. In an attempt to reconcile his aspiration to a universally valid set of architectural principles with his aspiration to the vitality of differences, Taut emphasized the cosmopolitan value of a climate-based architecture. In this, his theory in-progress sought ways to differentiate *Allerweltsarchitektur* – defined as the export of modern European architecture to rest of the world – from his aspiration to what might be called a cosmopolitan *Weltarchitektur*.

List of Illustrations

1. Esra Akcan, Map of traveling and immigrating architects from Architecture in *Translation. Germany, Turkey and the Modern House*
2. Bruno Taut, *Mimari Bilgisi* cover
3. Bruno Taut. Comparative body diagram as it appeared in *Houses and People of Japan*, 1936: 41 and *Mimari Bilgisi*, 1938: 65
4. Bruno Taut. Zeppelin touring around the world as it appeared in *Mimari Bilgisi*, 1938: 59

Bibliography

Akcan, Esra (2009): *Çeviride Modern Olan. Şehir ve Konutta Türk-Alman İlişkileri*, İstanbul.
Akcan, Esra (2011): *Architecture in Translation. Germany, Turkey and the Modern House*, Durham (forthcoming in 2011).

Bletter, Rosemarie (1973): *Bruno Taut and Paul Scheerbart's Vision. Utopian Aspects of German Expressionist Architecture* (Ph.D. Dissertation, Columbia University).

Bohman, James / Lutz-Bachmann, Matthias (eds.) (1997): *Perpetual Peace. Essays on Kant's Cosmopolitan Ideal,* Cambridge.

Bozdoğan, Sibel (1997): "Against Style: Bruno Taut's Pedagogical Program in Turkey, 1936 – 1938", in: Pollak, Martha (ed.): *The Education of the Architect. Historiography, Urbanism and the Growth of Architectural Knowledge,* Cambridge, 63 – 192.

Fanon, Frantz (1963): *The Wretched of the Earth,* New York.

Harvey, David (2000): "Cosmopolitanism and the Banality of Geographical Evils", in: *Public Culture* (1/2), 529 – 564.

Junghanns, Kurt (1978): *Bruno Taut, 1880 – 1938,* Leipzig.

Kant, Immanuel (1991 [1795]): "Perpetual Peace. A Philosophical Sketch", in: *Political Writings,* ed. Hans S. Reiss, Cambridge.

Nerdinger, Winfried / Kristina Hartmann / Matthias Schirren / Manfred Speidel (eds.) (2001): *Bruno Taut. Architekt zwischen Tradition und Avantgarde,* Stuttgart.

Nicolai, Bernd (1997): "Bruno Taut's Akademiereform und sein Weg zu einer neuen Architektur für die Türkei", in *Atatürk için Düşünmek. Iki Eser: Katafalk ve Anıtkabir. Iki Mimar: Bruno Taut and Emin Onat,* Istanbul, 37 – 43.

Nicolai, Bernd (1998): *Moderne und Exil. Deutschsprachige Architekten in der Türkei 1925 – 1955,* Berlin.

Ömer, Gülsen (1984): "Erinnerungen an Bruno Taut", *Bauwelt* 75 (39), 1676.

Speidel, Manfred (1994): "Natürlichkeit und Freiheit. Bruno Tauts Bauten in der Turkei", in *Ankara 1923 – 50. Bir Baskentin Olusumu,* Ankara, 54 – 67.

Taut, Bruno (1936): "Japans Kunst. Mit europäischen Augen gesehen", Nachlass Taut, Baukunst Sammlung, Mappe 1. Nr. 14. BTS 323, AdK, Berlin.

Taut, Bruno (1937): "Tip ve Sıra Evler", in: *Arkitekt* (7).

Taut, Bruno (1938): *Mimari Bilgisi,* Istanbul.

Taut, Bruno (1958): *Houses and People of Japan,* 2nd ed., Tokyo.

Taut, Bruno (1997 [1937]): *Das japanische Haus und sein Leben,* ed. Manfred Speidel, Berlin.

Taut, Bruno (1977): *Architekturlehre,* ed. Tilmann Heinisch / Goerd Peschken (1977), Hamburg.

Taut, Bruno (1980 [1938]): "Ansprache zur Eröffnung der Taut – Ausstellung in Istanbul am 4. 6. 1938", in *Bruno Taut 1880 – 1938,* Exhibition Catalogue 29 June-3 August 1980, Berlin.

Taut, Bruno (2009): "Architekturlehre", in: *Arch +* (194), 36 – 157.

Kader Konuk

Recreating Humanism in Turkey: Auerbach's Exile

Leaving behind the life he cared about, Erich Auerbach arrived in Istanbul late in the summer of 1936.[1] No one remembers whether he came by ship or by train, but had he taken the northerly route, he would have come on the Orient Express, passing through Austria, Hungary, Romania, and Bulgaria. Already, there were Nazi uniforms on station platforms in Munich, as well as other, more heartening sights from the train window – peasants beginning their harvest, the lively Jewish quarter in Budapest, and the medieval architecture of Bucharest. During the three-day journey eastward, the Prussian scholar might have wondered at what point Europe ceased to be Europe and the familiar no longer spelled home. Yet, even at the end of the line, where minarets punctured the sky, it would have been difficult to locate Europe's boundary. In Istanbul, the Orient Express ran parallel to the old walls of Constantinople and came to a stop in the Sirkeci terminal – a rather modern building designed by one of his own countrymen. For passengers arriving from the West, the station represented the city at its best: it was located on the shores of Byzantine Constantinople, where many of the guides and station's clerks spoke French or German.

But perhaps Auerbach sailed via Italy and Greece, the cradle of classical Europe. With his monograph on Dante, the precursor of Renaissance humanism, in his baggage, he would have likely embarked in Genoa, crossed the Mediterranean, and put in at Piraeus, near Athens. This was the route connecting Goethe's land of lemon blossoms to the country that had long been referred to as "the sick man of Europe". While these were the dominant Western tropes characterizing classical Europe and the Orient, republican Turks saw the connection between the West and the East in different terms. After all, this was the sea route that in Byzantine times had linked Rome to Constantinople. Referring to intellectual émigrés from fascist Europe, the Turkish minister of education liked to invoke the Byzantine scholars who had taken this route to escape the Ottomans after their conquest of Constantinople in 1453. With them went the

---

1 This article is based on excerpts from Konuk 2010.

Greek, Roman, and Byzantine manuscripts that, it is still often said, contributed to the spread of classical education in Western Europe.[2] Metaphorically speaking, this learning was now coming back with the arrival of scholars like Auerbach. The Turkish minister would say that their escape from Europe catalyzed the Turkish Renaissance in the twentieth century: European scholars would revive classical education in the city once hailed as the greatest center of learning in the world.

There was a splendid view for sea passengers anchoring in the mouth of the Golden Horn. In Galata, between old Constantinople and the city's Genoese quarter, one could take in the culturally and religiously diverse topography of the city. Looking north were the old Christian and Jewish quarters of Pera, with the Galata tower crowning the city's seven hundred-year-old Genoese district, home to numerous churches and synagogues. Close by was also a thirteenth-century Dominican church, where Angelo Giuseppe Roncalli (later Pope John XXIII) would provide Auerbach with access to a rich library.[3] On arrival, Auerbach was probably welcomed by a Turkish university administrator or a German scholar who accompanied him to one of the Pera hotels overlooking the Bosporus and the many Ottoman palaces and mosques near the Golden Horn. Were he lucky, his hotel room would have had a view of the Hagia Sophia, the fifteen-hundred-year-old domed Byzantine cathedral, which had been converted into a mosque after the Ottoman conquest. Just a year before Auerbach's arrival, the Hagia Sophia had been transformed again, this time into a museum that opened its doors to everyone, irrespective of faith. This transformation was indicative of Turkey's latest move toward secularization, but it also signified Turkey's desire to claim the region's classical history as its own.

Of course, Auerbach was no accidental tourist, no ordinary traveler here to enjoy Istanbul's sights and to reflect upon its recent metamorphosis from the Ottoman Empire to the Turkish Republic. Like many other German émigrés, he had been hired to facilitate Turkey's transformation. As such, he represented a much larger set of historical forces, forces that had, on the one hand, expelled him from fascist Germany, and, on the other, functionalized him for a program of Turkish political and cultural renewal. Soon after settling in Istanbul, Auerbach wrote to Walter Benjamin with his first impressions of the city: Istanbul, he wrote in January 1937, is

---

2 The route continued to be significant insofar as it was vital to Ottoman-European trade until the Ottoman surrender to European powers in 1918. For a study dealing with the history of Genoese in Constantinople see Fleet 1999 and Mitler 1979: 71–91.

3 Louis Mitler gives a brief overview over the history of the church San Pietro e Paolo in Mitler 1979: 88–89.

a wonderfully situated, but rough city consisting of two different parts: the old Stambool, of Greek and Turkish origin, which still preserves much of the patina of its historic landscape, and the 'new' Pera, a caricature [...] of the nineteenth-century European colony, now in complete collapse. There are the remains of dreadful luxury shops; Jews, Greeks, Armenians, all languages, a grotesque social life, and the palaces of the former European embassies that are now consulates. All along the Bosporus one also sees the decayed, or decaying, museum-quality nineteenth-century palaces of sultans and pashas in a half-oriental, half-rococo style. (Elsky et al. 2007: 750 f.)

Auerbach's letter to Benjamin touches on many of the questions that interest me in my study of Auerbach's eleven-year exile. We find here questions about origins, imitation, assimilation, and mimicry; the fault lines between Western Europe and Turkey; insecurities about the status of non-Muslims in modern Turkey, questions about the correlation between historical legacy and national renewal and the exile's role as a critic. At the very moment when Europe was being systematically destroyed, Auerbach, while in Istanbul exile, tried to pinpoint the nature and origins of Western European culture. Confronted by wholesale destruction, the writer and scholar has perhaps two open avenues – to attempt to explain the annihilation or try to salvage what is being lost. Auerbach chose the latter. Which texts, he asked himself, made up the core of Europe's literary traditions, and how did their narrative styles evolve? What was the relationship between representing reality and the way in which we think about the past? Between 1942 and April 1945, Auerbach answered these questions with his magnum opus, *Mimesis: Dargestellte Wirklichkeit in der abendländischen Literatur (Mimesis: The Representation of Reality in Western Literature)*, a work that would later be foundational for the discipline of comparative literature, particularly in the United States.

Auerbach's book spans the history of Western European literature from Homer and the Hebrew Bible via Dante to Proust and Woolf. Perhaps most importantly, Auerbach argued that "the way in which we view human life and society is the same whether we are concerned with things of the past or things of the present. A change in our manner of viewing history will of necessity soon be transferred to our manner of viewing current conditions." (Auerbach 2003: 443) It was an idea of elegant simplicity: history is the product of narration. More than this, our understanding of the present derives from the way we think about what came before. This insight influenced, and continues to influence, a range of fields, including literary theory, history, comparative literature, and cultural history. The groundbreaking book made its author one of the most significant critics of his time. He came to be known for his "characteristic wide horizon, encyclopedic knowledge and artistic sensibility", as his fellow émigré Leo Spitzer would put it (Spitzer 1955: 144).

For many contemporary critics, exile represents a state of critical detachment and superior insight that arises when intellectuals such as Auerbach are expelled from their homes and forced to take up residence elsewhere. It concerns me, however, that this line of thought too readily reduces exile to a mere metaphor for uprootedness: disconnected from his or her social and political context, the exile is coupled with possibilities for cultural transfer and transnational exchange. Too easily does the exilic condition acquire almost utopian possibilities: the exile is suddenly unencumbered by indigenous tradition, emerging instead as the new mediator between systems, a perspicuous commentator on both the endogenous and exogenous. This view of exile distorts the historical record and diminishes the existential plight of those who were expelled during the war, even as it elevates the individual case to a general paradigm. Against this view of exile qua detachment, I propose a condition of multiple attachments. The task is, then, to investigate these new attachments and tease out their implications both for the individual and for the respective societies at large. Rather than salvaging the positive in the exilic condition, I ask what it meant to go into exile and what arose therefrom.

Over the last decade, Emily Apter, Jane Newman, Selim Deringil, and Seth Lerer began to question Auerbach's isolation in exile. Apter, for instance, notes that Auerbach's "jaundiced depiction of his loneliness in the wilderness" probably presented a "distorted picture" of exilic life in Istanbul (Apter 2003: 261).[4] I think she is right. We ought to revise this perception of Auerbach – the legendary figure who was supposed to have written his greatest work cut off from the very sources and cultural context that lay at its heart. More than this, together with Angelika Bammer (1994), Sophia McClennen (2004), Anton Kaes (2003), Caren Kaplan (1996), and Alexander Stephan (2005), I call for a new approach to the study of exile, one that recognizes both the historicity of exile and the exile's material existence.[5] The payoff in adopting this approach is a more differentiated portrait of the individual as well as of the status of exile within large-scale historical processes.

In making my case for a contextualized understanding of *Mimesis*, I take on a number of critics. Abdul JanMohamed, for one, insists that Auerbach's place of exile was irrelevant to *Mimesis*. The book, he says, "could have been written in any other part of the non-Occidental world without significant difference"

---

4 See also: Newman 2007: 341–356; Lerer 2002: 241 and Deringil 2003: 314.
5 See Gemünden / Kaes 2003: 3–8; Kaplan discusses Auerbach and Said in her section on "Traveling Theorists" (Kaplan 1996). Bammer edited a collection of articles on the relationship between displacement and cultural identity (Bammer 1994). See also Stephan 2005. With regard to *diaspora*, Braziel and Mannur also argue that the term must be historically grounded (Braziel / Mannur 2003). I agree with Sophia A. McClennen, who criticizes the fact that in many scholarly works, the term 'exile' is "empty of history and an association with materiality" (McClennen 2004: 1).

(JanMohamed 1992: 98–99). Azade Seyhan similarly argues that Auerbach's work exhibits not "even the faintest trace of the exilic experience" (Seyhan 2005: 285). Yet the evidence for such claims is rather thin. Indeed, they boil down to a remark made by Auerbach himself about the inadequacy of Istanbul's libraries. This oft-cited remark has been promoted to a generalized condition of insufficiency: at the periphery of the Western world we find not plenitude but lack, not familiarity or even difference but absence.

In its five hundred pages, *Mimesis* makes virtually no mention of Turkey: only the epilogue refers explicitly to 1940s Istanbul, and the references to other places in Turkey are merely incidental. But rather than insisting on Turkey as a missing subject within *Mimesis*, as other critics have been inclined to do, we can think about what this omission meant. I would argue that Turkey was neither a blind spot nor an oversight on Auerbach's part. I suggest that Turkey works *ex negativo* in the author's circumscription of the Judeo-Christian world: it is via this lacuna that the Judeo-Christian world first emerges as a bounded one. In other words, through its exclusions, *Mimesis* exemplifies how the West came to think of itself as different and separate from the Middle East.

It is, of course, difficult to quantify the relationship between location and creativity and to prove the influence of Istanbul on Auerbach's thought. Yet simply disavowing such a connection on evidentiary grounds implies that we subscribe to the notion of the romantic genius, whose creativity either is divinely inspired or springs from barren ground. Personally, I have no truck with such a view, but nor would Auerbach have seen himself in such terms. He may have been something of an elitist, but with his interest in historiography, the representation of reality, the role of the vernacular, and humanism as the basis for European culture, Auerbach was not alone while in Istanbul. To the contrary, we will find that these were the very questions preoccupying the Turkish reformers, intellectuals, and students who were in contact with Auerbach at the time. Thus, rather than emphasizing dislocation and difference as catalytic for exilic scholarship, it is the exilic place that concerns us here. This differentiated picture makes it clear that Auerbach did not stumble into an intellectual and political void when he migrated to Turkey: in some sense, he found himself at home in exile. For a certain class of educated Turks in the 1930s and 1940s, Turkey not only 'was' Europe, it housed the origins of Europe. This provoked émigrés in Istanbul and Ankara to reflect on the idea of Europe and the difficulties posed by Turkey's Westernization project.

In establishing this relationship between the author's work and its context, I draw on Auerbach's own approach. While in Istanbul, Auerbach worked on the concept of the *figura* – a rhetorical device that establishes links between two otherwise unconnected events or persons. The sacrifice of Isaac discussed in the opening chapter of *Mimesis*, for instance, becomes meaningful because it prefigures another event – the sacrifice of Christ. According to Auerbach's reading, the first event is both preserved and fully realized in the latter, and the two historically unrelated events now come to signify each other (see Auerbach 1944: 47).[6] Using the concept of the figura, I make a connection between Auerbach's *Mimesis* and the history of Istanbul. The two poles of my figura are, first, the series of Westernization reforms and, second, Auerbach's magnum opus. By reading Auerbach's work against the Turkish Westernization reforms, we gain insights into the conditions governing education, scholarship, translations, and literary production at the time. We also come to see mimesis not merely as a literary technique but also as a broad cultural strategy informing many aspects of Turkish life.

By invoking the figura as a form of historical parenthesis, I also highlight the differences between the two mimetic projects – first, mimesis as a cultural mode at work in the Westernization reforms; second, Auerbach's mimesis as a literary mode for representing reality. Both forms of mimesis work to establish the relationship between the present and the past. The cultural mode – imitating European humanism – introduces a new historical legacy to Turkey, namely, the legacy of the ancient Greek and Roman worlds. The literary mode in turn shapes – as Auerbach argues – our concept of history itself. Investigating Auerbach in Turkey thus allows me to show that the national and the humanist movements were intertwined at this crucial point in Turkey's long identification with the West. I argue that the humanist reforms, in fact, prefigure the essentially Eurocentric scope of *Mimesis*.

The Turkish humanist movement of the 1930s and 40s introduced classical Western education in order to create a common frame of reference for Turkey and the West. Its proponents believed that Western classical literature was capable of effecting a 'Turkish renaissance'. The ensuing *hümanist kültür reformları* (the humanist culture reforms) officially announced by the minister of education in 1939, culminated in the translation of hundreds of Western classics; the staging of Western plays, concerts, and operas; the compiling of dictionaries; a new journal on translation; and the training of teachers in classical and modern Western languages and literatures. Although Turkish humanism – primarily a pedagogical and cultural movement – developed an effective cultural grammar for translating the Western habitus, it ended in the postwar period (Gürçağlar 2008: 311–312).[7] Anti-Greek sentiments and anticommunist allegations against the main architect of the reform, Hasan Ali Yücel, brought the

---

6 Hayden White illuminates Auerbach's notion of figural causation and modernist historicism in White 1999: 87–100.

7 For Şehnaz Tahir Gürçağlar (2008), who offers the most comprehensive study of the translation movement to date, the translations indicate a way to establish a new literary habitus.

reforms to an abrupt halt. Nonetheless, the achievements of the humanist reforms are still of vital importance today: among them are the national library,
the standardization of the vernacular language, the translation project, and the
country's ongoing – if contested – commitment to secular culture and education.

However, the humanist movement has left Turkey with the bitter taste of
nostalgia, first fully elaborated in Ahmet Hamdi Tanpınar's 1946 essay on Istanbul. Tanpınar was an important spokesman for the humanist reform but not
without a grain of skepticism. His essay on Istanbul shows the ambiguity of
Turkey's stance vis-à-vis its Ottoman past, an ambiguity that the humanist
movement could never resolve: In this portrait of the city, Tanpınar is not
interested in the ruins of Byzantine Constantinople but in a gesture of nostalgia
for the Ottoman Empire. Here we have a text that recollects Ottoman Istanbul
before its rapid decline in the late nineteenth century. The text's inertia stems
from Tanpınar's relentless references to what is no longer there. Pera, the traditionally European and non-Muslim part of Istanbul, becomes emblematic of
the failures of Westernization. Using words that echo Auerbach's letter to Benjamin, Tanpınar characterized Pera as craving authenticity, a tacky copy of
nineteenth-century Europe. This sense of estrangement is a result of the Westernization reforms. Although the humanist movement developed an effective
cultural grammar for translating the Western habitus, republican Turkey would
be continually plagued by the problem of cultural appropriation. Like any other
reform movement, it was suspected of having thrown the baby out with the
bathwater.

Humanist worldviews, however problematic, were preserved as the core of
European culture in Turkey while they were simultaneously under siege by
fascism in Europe. The humanist reforms enacted a form of cultural mimesis
through which Turkey tried to become the flagship of Western European civilization.[8] The aim of the reforms was not merely to copy essential ingredients of
European culture but to generate a Turkish renaissance in the European model –
a crucial distinction intellectuals and reformers made at the time. According to
the Kemalist view, Ottoman reformers of the nineteenth century had chosen an
eclectic approach to Westernization, failing to realize that the transformation of
society had to be all-encompassing if it were to succeed. Twentieth-century
republican reformers, in contrast, not only introduced secularism and revised
the education system; they also altered the cultural practices of everyday life.
Tanpınar once put his finger on the crux of Turkey's difficulties in this transi-

---

8 I am indebted to Djelal Kadir, who inspired me to see mimesis not only as representation of
   reality but also as "mimetic enactment". I also thank him for allowing me to read his chapter
   on Auerbach in manuscript form (Kadir 2010).

tional phase. Quoting Dante, Tanpınar reminded his readers: "In order to represent an object, you first have to be that object."[9]

From a Western European point of view however, the Turkish Westernization process represented, at best, a Platonic copy, not the result of a mimetic process in the Aristotelian sense. In retrospect, we can say that there were problems with the humanist reform, problems that stemmed from its predominantly nationalist rhetoric and Eurocentric framework. We can also say that the Turkish humanists did not bring the contentious debate about mimesis to a satisfactory conclusion. They trod a fine line between imitation, i.e., representation, and copying. This ambiguity gave rhetorical power to tropes like the *dönme* and the "mock European". *Taklitçilik* (mimicry) once a word that took on the meaning 'to imitate', as well as 'to ridicule', lost its subversive connotation in the course of the Europeanization reforms (Ataç 1954: 98–99). Not only was imitation disassociated from subversive mockery, but a distinction was introduced between the genuinely European Turk and the Turkish mimic. Today, the struggle over what it means to be European and what it means to be Turkish has become more intense than ever. In a 2005 interview, Orhan Pamuk said that "conservatives, Islamists or anti-Westerners" who resent Turkey's Westernization "call us liberal secularists 'mock Europeans' and imitators. I don't buy this. Turkey has Westernized and modernized in its own way – outside of Europe. We are already way beyond being 'mock Europeans.'"(Pamuk 2007) Whether one agrees with Pamuk's point about a successful, Turkish form of Western identity or not, the interview shows that the figure of the mock European remains a powerful anti-Turkish trope that can be mobilized for various political ends.

Bibliography

Apter, Emily (2003): "Global *Translatio:* The 'Invention' of Comparative Literature, Istanbul, 1933", in: *Critical Inquiry* (29/2), 253–281.

Ataç, Nurullah (1954): *Diyelim*, Istanbul.

Auerbach, Erich (1944): *Neue Dantestudien: Sacrae scripturae sermo humilis; Figura; Franz von Assisi in der Komödie. Dante Hakkında Yeni Araştırmalar*, Istanbul.

Auerbach, Erich (2003): *Mimesis: The Representation of Reality in Western Literature*, trans. Willard R. Trask, Princeton.

---

9 The difference between the Orient and Occident, according to Tanpınar, was in positioning oneself within a particular reality. In his view, it was the consistency of history that made Western civilization possible. Tanpınar, *Yaşadığım Gibi*. The newspaper column was published in *Cumhuriyet* on September 6, 1960. I was not able to confirm the origin of this quote in Dante's oeuvre.

Bammer, Angelika (1994) (ed.): *Displacements: Cultural Identities in Question*, Bloomington.

Braziel, Jana Evans / Mannur, Anita (2003) (eds.): *Theorizing Diaspora: A Reader*, Cornwall.

Deringil, Selim (2003): "'They Live in a State of Nomadism and Savagery' The Late Ottoman Empire and the Post-Colonial Debate", in: *Comparative Studies in Society and History* (45/2), 311–342.

Elsky, Martin / Vialon, Martin / Stein, Robert (2007): "Scholarship in Times of Extremes: Letters of Erich Auerbach (1933–46), on the Fiftieth Anniversary of His Death", in: *Publications of the Modern Language Association of America* (122/3), 750–751.

Fleet, Kate (1999): *European and Islamic Trade in the Early Ottoman State: The Merchants of Genoa and Turkey*, Cambridge.

Gemünden, Gerd / Kaes, Anton (2003): "Introduction to Special Issue on Film and Exile", in: *New German Critique* 89, 3–8.

Gürçağlar, Şehnaz Tahir (2008): *The Politics and Poetics of Translation in Turkey, 1923–1960*, Amsterdam.

JanMohamed, Abdul R. (1992): "Worldliness-without-World, Homelessness-as-Home: Toward a Definition of the Specular Border Intellectual", in: Sprinker, Michael (ed.): *Edward Said: A Critical Reader*, Oxford, 96–120.

Kadir, Djelal (2010): *Memos from the Besieged City: Lifelines for Cultural Sustainability*, Stanford.

Kaplan, Caren (1996): *Questions of Travel: Postmodern Discourses of Displacement*, Durham.

Konuk, Kader (2010): *East West Mimesis: Auerbach in Turkey*, Stanford.

Lerer, Seth (2002): *Error and the Academic Self: The Scholarly Imagination, Medieval to Modern*, New York.

McClennen, Sophia A. (2004): *The Dialectics of Exile: Nation, Time, Language, and Space in Hispanic Literatures*, West Lafayette.

Mitler, Louis (1979): "Genoese in Galata, 1453–1682", in: *International Journal of Middle East Studies* (10/1), 71–91.

Newman, Jane (2007): "Nicht am 'falschen Ort': Saids Auerbach und die 'neue' Komparatistik" in: Barck, Karlheinz / Treml, Martin (eds.): *Erich Auerbach: Geschichte und Aktualität eines europäischen Philologen*, Berlin, 341–356.

Pamuk, Orhan (2007): "The Two Souls of Turkey", in: *New Perspectives Quaterly* (24/3), 10–11.

Seyhan, Azade (2005): "German Academic Exiles in Istanbul: Translation as the Bildung of the Other", in: Bermann, Sandra L. / Wood, Michael (eds.): *Nation, Language and the Ethics of Translation*, Princeton, 274–288.

Spitzer, Leo (1955): "The Addresses to the Reader in the *Commedia*", in: *Italica* (32/3).

Stephan, Alexander (2005) (ed.): *Exile and Otherness: New Approaches to the Experience of Nazi Refugees*, Oxford.

White, Hayden (1999): *Figural Realism: Studies in Mimesis Effect*, Baltimore, 87–100.

Ulaş Sunata

Background of Highly Skilled Labor Migration from Turkey to Germany

Introduction

Highly skilled labor migration (HSLM) from Turkey cannot be easily isolated from its historical background and the shifting patterns of interdependence in the world system. As in any other sending country study, there are a number of specific topics, stemming from certain particular historical and social factors, that need further interpretation. For this article, I suggest that the historical background of HSLM from Turkey can be divided into three phases: (i) experimental phase (1830s–1950s), (ii) initial phase (1950s–1980s), and (iii) developmental phase (1990s–2000s). In light of this background, I will concentrate on the qualitative and quantitative significance of the HSLM relationship between Turkey and Germany.

Experimental Phase (1830s–1950s)

Brain migration from Turkey dates back to the decline of the Ottoman Empire, "the Sick Man of Europe", under the influences of the central powers of Europe. This history draws an analogy of modernization, also referred to as westernization. Since the early 19th century, the Empire attached importance to raising a Westernist Ottoman intelligentsia and ruling class to eliminate its backwardness. The French Empire was seen as their guide, since the French impact on the Ottoman domestic policy and French language dominance in the renewed education system was intense. In fact, the school system was designed according to the French counterpart. At the beginning of his reign, Abdülmecit (1839–1861) announced a new public education system as a necessity in order to destroy ignorance (Kodaman 1991: 10). For the first time, the Royalty took responsibility for education outside of the Palace. Public education was reorganized and centralized with the establishment of the Chamber of Public Education (*Meclis-i Maarif-i Umumiye*) in 1845 and the Ministry of Public Instruction (*Maarif-i*

Umûmiye Nezareti) in 1846. By means of the 1856 Reforms, new schools multiplied and became available to everyone, regardless of gender, ethnicity, and
politics. Moreover, non-Muslim minority schools and private foreign-funded
schools also began to operate due to the Capitulations. Due to the Capitulations,
some European empires, but most notably the French Empire, provided various
extraterritorial rights in exchange for trade opportunities. During the 19th
century, for instance, French post offices were opened in various cities of the
Ottoman Empire to facilitate communication for business interests.

During the reign of Abdülaziz (1861 – 1876), the Public Education Regulations
(*Maarif-i Umûmiye Nizamnâmesi*) were prepared in order to organize public
education by imitating the French education system; the regulations were
published in 1869. In fact, some old royal schools were modernized and the new
western-style schools were established under the influence of the French *Lycée*
(*Lise*) model, mostly in Istanbul during the Tanzimat period. They remain
among the best high schools in Turkey. Not only for schools but also for
homeschooling by the wealthy, also known as *konak eğitimi* (the education
system in the mansion), a significant number of French teachers and academics
immigrated to the Ottoman Empire to teach students from upper-middle class
families in Istanbul. In 1830, 150 students from the Royal Schools of Administration, Medicine, Military, and Engineering were first sent to Europe, specifically to France, by Sultan Mahmut II (1808 – 1839). Then a large number of
students were sent to Europe, mostly to France, to receive tertiary education
during the Tanzimat period. As the number of government-sponsored students
in the French Empire increased, an Ottoman School (*Mekteb-i Osmani*) was even
opened in Paris in 1857 to provide preparatory classes for them. In summary, the
last three quarters of 19th century can be read as the inception of brain migration
as a form of brain circulation with student-teacher exchanges, and can be seen as
the French-dominated experimental phase of the HSLM system. This influence
can still be seen not only in the education system but also in the continuing
elitism of modern-day Turkey, living on as an extension of the Young Turks and
inherited from previous generations.

Apart from the French impact on the Ottoman Empire in the 19th century, the
two decades around the turn of the century were marked by a growing German
influence. Although the relations between Istanbul and Berlin grew closer in the
Bismarck Era, this close partnership began at the time of the Prussian Empire
(1871 – 1918), particularly in the context of military. The German mission was to
modernize the Ottoman Army, requiring a defense policy to handle the so-called
Orientalische Frage. In this context, the German contribution targeted military
and engineering schools. Along with this partnership, the Prussian Empire
administered the construction of the Ottoman railway system with financial
backing from Deutsche Bank. This intensified political and economic inter-

actions. Therefore, the French-dominated high school system in the Ottoman Empire began to witness the start of a German influence. The German High School (*Alman Lisesi – Deutsche Schule*), which was established in 1868 for the children of German traders, artists, engineers, and diplomats living in Istanbul, developed during this period, and the number of students grew to 600 in 1893. The other German-speaking school in Istanbul was the Austrian High School (*Avusturya Lisesi – Sankt Georgs Kolleg*), founded in 1882. But more importantly, Istanbul High School (*Istanbul Lisesi – Deutsche Auslandsschule*) was established in 1884 for Ottoman children. Its teaching language was German. Its student populace exceeded 600 in 1891, and grew to 1,600 in 1913 with the addition of 22 teachers sent by the German Ministry.

Historians speculate that the influence of both the French and Prussian Empires were related by their colonial efforts in the Ottoman Empire before World War I. It can be claimed that the railway, as a symbol of Germany's intention to gain a foothold in Istanbul and Anatolia, prevailed over the post offices, which were a symbol of French power in the Ottoman Empire. In fact, the Young Turks, who held significant power during the last period of the Ottoman Empire, had close relations with the Prussian Empire, and this became a direct alliance at the start of World War I. Many alumni of Istanbul High School became key figures during the war years and in establishing the Republic of Turkey. Following Atatürk's instructions, the school moved to the building of the former Council of Ottoman Revenues and Debts Administration (*Düyun-u Umumiye*) in 1933. This movement, like the school itself, carries crucial symbolic meaning, marking the intimacy with the Weimar Republic (1919 – 1933). French architects designed the building in 1882. It was eventually used to take over the surveillance and control of public finances by the British-French consortium in order to regulate the Capitulations, which destroyed the political stability and economic unity of the Ottoman Empire. However, Turkish-German relations were ruptured during the era of Nazi Germany (*Drittes Reich*, 1933 – 1945), and during World War II. German education at Istanbul High School was accordingly suspended in 1942.

The breakdown of Turkish-German relations did not lead to a migration gap; on the contrary, it brought about the acceptance of Jewish refugees. Atatürk and his Minister of Education, Hasan Ali Yücel, a former prominent teacher of Istanbul High School, initiated a new era of brain immigration to Turkey in the 1930s. They actually took advantage of Hitler's dismissal of Jewish educators and scientists and admitted hundreds of exiles from Nazi Germany to Turkey.[1] The contribution that these refugees made to the development of tertiary education

---

1 The Ottoman Empire also experienced two great waves of Jewish immigration in the 16th and the 19th centuries.

life, particularly at Ankara University and Istanbul University, was remarkable (Shaw 1991; Shaw 1992). The most successful faculties at these universities (the medical faculty and the faculty of administrative sciences) can trace their success back to these scholars. In the first half of the 20th century, Turkey insisted on remaining outside World War II to cover the remaining costs from World War I, and it tried to increase the number of educated people in spite of its financial bottleneck. The weak German-Turkish political relations became stronger after the founding of the Federal Republic of Germany (1949 – 1990).

Like French high schools' dominance in Istanbul at the end of the 19th century, a similar number of American high schools were spread throughout the other major cities in Anatolia, as well as Istanbul. In the second half of the 20th century, the American influence on Turkey began to increase, although German and French influence remained. After World War II, the USA provided economic aid, machines, and goods to the sixteen countries in Europe, including Turkey, under the Marshall Plan.[2] Based on the recommendations of the Plan, Turkey began agricultural mechanization and the development of highways in the 1950s. Simultaneously, Turkey's political and economic loyalty to the USA and their American-led military relations dramatically increased.[3] From 1956 to 1963, the Middle East Technical University in Ankara was opened with American initiative and financial support to train people in English. The goal was to create a HSL force in the fields of basic sciences and engineering, as at the two best universities: Bosporus University (formerly Robert College) and Istanbul Technical University. HSLM from Turkey to the USA has been composed mostly of students and graduates from these three universities.

While analyzing the experimental stage, I saw three main receiving countries – France, Germany, and the USA, chronologically. Their influential role in HSLM is partly constructed by their impact on the Turkish education system. These impacts shape key patterns of HSLM and its potentiality. I would like to use the post office, the railway, and the highway to symbolize them, each of which is respectively connected to its historical meaning in Turkey. The first HSLM pattern is brain circulation. These migrants are like return-receipt-requested mail. The second HSLM pattern is brain export, which is deliberate and grows gradually. The last HSLM pattern is brain drain, which quickly sweeps the migrants away.

---

2 The Marshall Aid Plan consists of the UK, France, Belgium, Portugal, Ireland, Greece, Turkey, Holland, Luxembourg, Switzerland, Iceland, Austria, Norway, Denmark, and Sweden.

3 Turkey was seen as a politically important periphery country in the time of the Cold War by NATO countries, notably the USA, since its geographical proximity to the USSR and Middle East. The cost of Turkey's membership to NATO in 1952 was not allowing the establishment of American military bases in Turkey, but also sending a Turkish brigade to the Korean War.

Initial Phase (1950s–1980s): A Focus on HSLM to Germany

According to a 1968 UN Report (1968: 60–65), the number of HSLM engineers, medical doctors, natural and social scientists from Turkey between 1962 and 1966 is 535 to the USA, 161 to Canada, and 134 to France. However, this report does not give information about HSLM to the other countries. Using the UN data and the admission figures to the USA in 1967, Franck (1970: 301) estimated the global annual outflow rate of HSLM from Turkey in the early 1960s as 375 in his study. This is somewhat conservative since it underestimates the number of HSLM to Germany. It is generally known that the USA attracted the highest numbers of engineers and scientists from Turkey in the 1960s, but at the same time the majority of migrants with occupational backgrounds in medicine and education moved to Germany. For instance, the number of medical doctors and practitioners from Turkey in West Germany in the year of 1964 was 832, followed by the USA with 607.

Unlike other Mediterranean countries, Turkey exported about a quarter of its highly educated labor in the late 1960s and about half in the early 1970s (Abadan-Unat 1976: 11). Clearly, the liberal emigration policies that Turkey introduced (Oğuzkan 1976: 103) in order to decrease the imbalanced distribution of labor power backfired, since they had the exact opposite influence on the imbalance (Aydınoğlu 1976: 110). HSLM during this period increased this gap considerably. Considering influential works by Oğuzkan (1976), Abadan-Unat (1976), and Aydınoğlu (1976), I roughly estimate the number of HSLM (excluding skilled workers from Turkey between 1956 and 1972) as around 10,000. Of these, 3,200 were in Germany, 2,000 in the USA, 800 in the UK, 600 in Canada, 600 in France, and the rest were scattered around the world.

HSLM from Turkey began to be institutionalized around 1960, whereas it can be said that the institutionalization of this kind of migration to Germany dates back to the 1950s. The Institute of World Economy in the University of Kiel informed the Turkish Ministry of Foreign Affairs of their intention to accept interns from Turkey. As a response to this demand, in 1956, 25 highly skilled people from Turkey departed for Germany. Furthermore, another agreement was signed in 1957. A program sponsored by the Chamber of Artisans of Hamburg was announced with the motto: "Citizens helping citizens" (*Bürger hilft Bürger*) (Abadan-Unat 1976: 13). In 1957, when German President Theodor Heuss visited Turkey, the Bilateral Collaboration Agreement on Culture and Education between the Federal Republic of Germany and the Republic of Turkey was signed. As a result, the language of instruction at Istanbul High School was changed back to German in 1958. In the same year, about 150 skilled Turkish workers with high school degrees came to Cologne to work at the Ford factory.

They were warmly received and have since been referred to as "Heuss-Turks" (*Heuss-Türken*).

All of these factors gradually led to the recruitment of HSL from Turkey in West Germany. Nevertheless, the phenomenon of crowding made it difficult to recognize this phenomenon because a very large number of unskilled and semi-skilled workers from Turkey came to Germany after the recruitment agreement in 1961 (*Anwerbeabkommen*). In fact, the number of workers abroad from Turkey in 1973 is estimated to have been approximately 800,000, of whom 100,000 were skilled workers. 80 percent of these workers abroad were in West Germany and the rest worked in other European counties. Statistics also reveal the presence of about 3,000 highly skilled workers from Turkey in West Germany. Crowding occurs when the proportion of highly skilled migrants to the net number of migrants is difficult to express as a percentage. However, the significance of this movement becomes visible if it is expressed as a proportion of the whole HSL potential of Turkey at that time. More than 3.3 percent of Turkey's 90,000 highly educated laborers were employed in West Germany. The year 1973, when the energy crisis boomed due to the rise of oil prices, can be marked in the context of labor migration as the *Anwerbestopp* (ban on recruitment). This shows that labor migration not only depends on national policies, but also to a high degree on economic interdependence between national economies (Abadan-Unat 1976: 4–5).

Because of the potential of student population for growth and the insufficient capacity in universities, Turkey did not recover from the student overflow in the 1970s. As a matter of fact, the difference for the period of 1972–1981 is not only the increase in government-sponsored students abroad but also the rise in the number of students abroad outside this program (Oğuzkan 1976: 92). The number of Turkish students abroad was 8,336 in 1971 (1,424 of them were government-sponsored) and grew to 13,668 in 1972.[4] In addition to this 'student overflow', the political instability during the period from 1972 to 1981 was a significant 'push' factor. Around the time of the awful military coup in 1980, a large number of university students, graduates, teachers and academics went abroad, especially to Europe, seeking asylum or as exiles. The estimated number of highly educated exiles during that period is 30,000.[5] These exiles constituted a large percentage of undocumented HSLM. This kind of HSLM can be called 'brain exodus' or 'brain hemorrhage'.

---

4 Approximately 45 percent of them were in Germany, 19 percent in the USA, 11 percent in the UK, and 8 percent in France (Milli Eğitim Bakanlığı 1971: 69).

5 Some other realistic estimates of Güven (2007): about 30,000 (9,400 public servants, 3,854 teachers, 120 academicians) were fired, 388,000 could not get passports, and 14,000 were denaturalized.

Developmental Phase (1990s–2000s): A Focus on the German 'Green Card'

Despite the conditions formed by the increasingly strict immigration policies at the national and supranational levels in the last two decades, the demand for HSLM has escalated in the advanced economies. Besides the traditionally known HSL-receiving countries such as the USA, Canada, and Australia, European countries began to compete openly for foreign skills, with varying degrees of success. As a matter of fact, most established new immigration systems in order to invite expert labor power from outside the European Union.[6]

Even though the early 1990s in German migration policy already showed signs of the demand for HSLM in the *Anwerbestoppausnahmeverordnung* (ASAV), the introduction of the Green Card program for foreign Information and Communication Technology (ICT) specialists, announced by German Chancellor Gerhard Schröder in February 2000, can be seen the defining moment.[7] With this program, Germany explicitly joined the race to attract HSLM, a competition in which Anglo-American countries have been and still are the central receivers of HSL, including from Turkey. For instance, the proportion of university degree holders among Turkish migrants in the USA was circa 40 percent in the 1990s.

In fact, even before the inception of the program, Turkey – a non-EU member – provided the highest number of foreign ICT specialists to Germany (Dobson / Salt 2004: 132).[8] The eighth largest group (3.6 percent) of Green Card holders in Germany is also from Turkey.[9] What is more, in the winter semester of 2003/04, 24,448 Turkish persons (including 6,474 *Bildungsausländer*) formed the second largest foreign student population in Germany, as well as a large number of Turkish ICT graduates from German universities who had already found a workplace in the country. Other factors underline this remarkable and widely

---

6 However, at the beginning of 2009, the EU attempted to eliminate the competition with a new program, "Blue Card", designed to attract foreign highly valued skills into the European labor market.

7 The name was borrowed from the US Green Card. Nevertheless, the US Green Card means that an immigrant has the right to live and work in the USA *permanently*. After five years the immigrant can apply for American citizenship. This regulation therefore differs clearly from the German Green Card, which is in the form of a *temporary* work permit. The German Green Card is to the H1-B visa in the USA, which is a temporary visa for highly skilled workers. The original name of the Green Card program in Germany is *"Verordnung über Aufenthalts-erlaubnisse für hoch qualifizierte ausländische Fachkräfte der Informations- und Kommunikationstechnologie"* (IT-ArGV). Officially, it is also called the Emergency Program to Cover Need for Skilled IT Labor (*"Sofortprogramm zur Deckung des IT-Fachkräftebedarfs"*).

8 According to year 2000 statistics, this is also the second highest number (1,438) in the German ICT sector, behind Austria (1,467).

9 The total number of 'Green Card' holders from Turkey is 405 in the period between 1.8.2000 and 31.12.2003.

ignored part of the relationship between Germany and Turkey: Turkish ICT specialists come to Germany by means of intra-organizational labor movements (Kolb et al. 2004: 156) and ICT entrepreneurs from Turkey settle in Germany, encouraged and subsidized by some German federal states that prioritize the ICT sector.

The relevant point here is that the Green Card program first underlined the demand for temporary HSLM. However, it was then itself made temporary with the new German immigration law in 2005, after which the Blue Card program was extended by the EU. Still, most argued that the program was not successful, focusing on its failure to fulfill the target numbers. My study explicitly demonstrates that the program created an *activation of HSLM disposition* in Turkey towards Germany in the context of the engineering profession, a demographic which usually migrates to the USA and other English-speaking countries. The fieldwork of my study shows that almost all ICT specialists from Turkey in the early 2000s selected Germany as the country of destination because of the emergence of the Green Card Program and proximity to Turkey in terms of geography and migration history (Sunata 2010). The program was effective particularly with the ICT specialists who had not previously considered this country. Therefore, the relative attractiveness of Germany as a destination country was boosted for well-educated people in Turkey.

According to data from the *Bundesamt für Migration und Flüchtlinge*, Turkey has remained the largest origin among the third countries, in every category of the stock statistics of HSLM for Germany, with more than 20 percent (about 25,000 persons). That is, at least one of every five educated labor migrants in Germany, including skilled workers (technicians), comes from Turkey. The number of legislators, senior officials, and managers was approximately 2,300 in 2005. The number of professionals, such as engineers, medical doctors, scientists, pharmacists, lawyers, and teachers, from Turkey in Germany in the first half of the 2000s is about 5,000, which is the highest number of all sending countries. Taking the engineering experts into consideration, Turkey still provides the largest number of labor migrants for Germany, with more than 1,700 in 2005. Another indicator of HSLM in Germany is the number of permanent residency permits based on HSL (*Niederlassungserlaubnisse nach § 19*). At the end of July 2006, Turkey was in third place with nine percent in this term, behind the USA and Russian Federation (Hess / Sauer 2007). Both the quantitative importance and the qualitative change of the migratory relations make it worthwhile to investigate HSLM from Turkey to Germany more thoroughly.

Conclusion

The Federal Republic of Germany, which rejects dual citizenship, still partly takes a conservative stance towards migration while gradually giving preference to the permanent HSLM. It seems that programs such as the Green Card function, for the receiving country, as a call for their reserve labor, which consists of people who have study or work-related experience in Germany. This HSLM demand together with Turkish liberal emigration policy contributes to Turkey's becoming the reserve labor backyard of Germany. In accordance with this purpose, the Turkish and German governments are moving ahead with plans to realize a long-awaited joint university project in Istanbul in 2010.[10]

The Republic of Turkey began to draw more attention to people of Turkish origin in Germany, after circa half a century, with the AKP government. For the last few years the prime ministers of the origin and destination countries (Erdoğan and Merkel) have more frequently come together and appear in public before groups of 'people with Turkish migration background in Germany'. More importantly, Erdoğan also paid a visit to the town of Ludwigshafen in August 2008, the scene of a recent tragic fire that killed five children and four adults, all of whom were of Turkish descent, and to the city of Hanover in April 2009 to attend the 65th birthday party of former German Chancellor Gerhard Schröder. During both of his visits, he gave a speech to the Turkish-origin community in Germany. Especially during the second visit, he met with representatives of Turkish non-governmental organizations and shared three main messages, while highlighting that Turkey is ready to build a strong bridge with people of Turkish descent in Germany: (i) that people of Turkish descent in Germany should learn German; (ii) that they should not hesitate to be naturalized and to become German citizens; and (iii) that all German citizens of Turkish descent should cast their votes in the German elections. I claim that these messages are traces of the emerging 'graduated sovereignty' of the Republic of Turkey as the sending country.

Bibliography

Abadan-Unat, Nermin (1976): "Turkish Migration to Europe (1960–1975): A Balance Sheet of Achievements and Failures", in: Nermin Abadan-Unat (ed.): *Turkish Workers in Europe 1960–1975: A Socio-economic reappraisal*, Leiden, 1–44.

Aydınoğlu, İsmail Hakkı (1976): "Manpower and Employment Policies under the Five

---

10 The university project dates back to the 1990s but plans were first made public in 2006 and Turkish Parliament approved formation of the Turkish-German University in 2009.

Years Plans and Emigration", in: Nermin Abadan-Unat (ed.), *Turkish Workers in Europe 1960 – 1975: A Socio-economic reappraisal*, Leiden, 104 – 133.

Dobson, Janet / Salt, John (2004): "Review of Migration Statistics" *IMIS-Beiträge* (25), Special Issue: Organisational Recruitment and Patterns of Migration-Interdependencies in an Integrating Europe, 99 – 143.

Franck, Peter Goswyn (1970): "Brain Drain from Turkey", in: Committee on the International Migration of Talent: *The International Migration of High-Level Manpower: Its Impact on the Development Process*, New York, 299 – 373.

Güven, Oğuz (2007): *Zordur Zorda Gülmek*, Istanbul.

Hess, Barbara / Sauer, Lenore (2007): *Migration von hoch Qualifizerten und hochrangig Beschäftigten aus Drittstaaten nach Deutschland*. Bundesamt für Migration und Flüchtlinge, Working Paper 9 der Forschungsgruppe des Bundesamtes.

Kodaman, Bayram (1991): *Abdülhamid Devri Eğitim Sistemi*, Ankara.

Kolb, Holger, / Murteria, Susana / Peixoto, Joao / Sabino, Catarina (2004): "Recruitment and Migration in the ICT Sector", in: *IMIS-Beiträge* 25, Special Issue: Organisational Recruitment and Patterns of Migration-Interdependencies in an Integrating Europe, 147 – 177.

Milli Eğitim Bakanlığı (1971): *Yurt Dışı Devlet Öğrencileri Bilgi ve İstatistiği, 1971*, Ankara.

Oğuzkan, Turhan (1976): "The Scope and Nature of Brain Drain from Turkey", in: Nermin Abadan-Unat (ed.): *Turkish Workers in Europe 1960 – 1975: A Socio-economic reappraisal*, Leiden, 74 – 103.

Shaw, Stanford J. (1991): *The Jews of the Ottoman Empire and the Turkish Republic*, London.

Shaw, Stanford J. (1992): *Turkey and the Holocaust: Turkey's Role in Rescuing Turkish and European Jewry from Nazi Persecution, 1933 – 1945*, London.

Sunata, Ulaş (2010): *Highly Skilled Labor Migration: The Case of ICT Specialists from Turkey in Germany*, Münster.

UN Report, Report of the Secretary General of the United Nations (1968): *Outflows of Trained Personnel from Developing Countries*, General Assembly Document No. A/7294, November 1968.

Nina Berman

Was dokumentiert die Literatur? Praxistheoretische Überlegungen zum deutsch-türkischen Kulturkontakt im 18. und 20. Jahrhundert

Praxistheorie und vergleichende Literaturwissenschaft

Das Unbehagen an den Prämissen und Konsequenzen des ‚linguistic turn' hat sich schon seit Jahrzehnten dadurch Ausdruck verschafft, dass Kulturwissenschaftler verschiedener Disziplinen die Bedeutung von Körper, Handeln, Gefühl, Subjektivität, Erfahrung, historischem Wandel und materieller Welt für das Erfahren und Verstehen des Menschen untersuchen. Andreas Reckwitz hat in dieser Hinsicht durch sein Konzept der ‚Praxistheorie' einen hilfreichen theoretischen Rahmen geschaffen, der es möglich macht, diese verschiedenen Ansätze zu verbinden. Der praxistheoretische Ansatz ist gerade für die Interpretation von textuellen Diskursen produktiv. Reckwitz versteht Diskurse, wobei er sich hier sowohl auf gesprochene und als auch medial vermittelte Diskurse bezieht, als eine Form von Praxis:

> Discursive practices are one type of practices among others [...]. A discursive practice also contains bodily patterns, routinized mental activities – forms of understanding, know-how (here including grammar and pragmatic rules of use), and motivation – and above all, objects (from sounds to computers) that are linked to each other. (Reckwitz 2002: 254 f.)

Die verschiedenen Praktiken, textuell oder nicht-textuell, müssen interpretiert werden, das heißt, das semiotische Prinzip greift weiterhin, doch wird es im erweiterten Sinn auf jede Form von Praxis angewandt.

Der praxistheoretische Ansatz scheint meiner Ansicht nach besonders relevant zu sein im Bereich des Kulturkontaktes, dessen Bedeutung für die interkulturelle Germanistik wiederholt hervorgehoben wurde. Dabei wird das Verstehen des Signifikationsgehaltes von, beispielsweise, Texten dadurch ermöglicht, dass verschiedene Praktiken verglichen und in Beziehung zueinander gestellt werden. Dieser Ansatz scheint auf den ersten Blick nicht unbedingt neu zu sein, doch der praxistheoretische Ansatz unterscheidet sich von dominanten kulturalistischen Methoden. Wenn wir uns dem theoretischen Rahmen des

Postkolonialismus zuwenden, dann haben Literatur- und Kulturwissenschaftler in den letzten Jahrzehnten oft betont, dass textuelle Praktiken direkte politische Konsequenzen hätten. Kolonialismus und Imperialismus erklärten sich so durch die Verbreitung von bestimmten Ideen und Denkmustern, die dann politisches, wirtschaftliches und militärisches Handeln zur Folge hätten. Evidenz für diesen kulturalistischen Ansatz ließ sich tatsächlich leicht finden, besonders da zunächst nach Bestätigung des Ansatzes gesucht und widersprüchliches Material nicht einbezogen wurde, und zwar sowohl in Bezug auf die Texte als auch auf die sozialen, politischen und wirtschaftlichen Praktiken, die meist als gegeben und verstanden betrachtet wurden (z. B. Kolonialismus und Imperialismus als eindeutige historische Ereignisse). In Bezug auf, beispielsweise, die Orientalismus-These von Edward Said wurde zwar im Laufe der Zeit die Heterogenität der Textwelt anerkannt (siehe exemplarisch die Untersuchungen von Lisa Lowe (1991) und Andrea Polaschegg (2005)), die Heterogenität der Handlungen und der materiellen Welt wurde allerdings nur selten betrachtet.[1] In der dominanten Forschungsdiskussion wurde etwa vernachlässigt, dass einzelne europäische Staaten jeweils sehr spezielle politische, militärische und wirtschaftliche Beziehungen zum Nahen Osten und Nordafrika entwickelten, während literarische und andere Texte überwiegend ähnliche Inhalte kommunizierten.

Dieses komplexe Verhältnis von textuellem Diskurs und verschiedenen Praktiken bzw. materiellen Gegebenheiten führt die teleologische These von der Bedeutung von Diskursen *ad absurdum*. Das verbleibende methodologische Problem – wie kann das Verhältnis von Texten zu anderen Praktiken verstanden werden? – lässt sich mit dem Ansatz der Praxistheorie angehen.[2] Literarischen Texten, die den Kulturkontakt kommentieren, können bereichernde Dimensionen abgewonnen werden, wenn sie im Zusammenhang mit verschiedenen Praktiken des Kulturkontaktes (wie beispielsweise Heirat, Krieg, Handel und religiöser Konversion) und im Hinblick auf andere Textgattungen betrachtet werden. Hierbei geht es nicht um das Erfassen eines vermeintlich eindeutigen historischen Hintergrundes. Es ist allerdings elementar, dass wir soziale, wirtschaftliche und politische Praktiken für unser Textverständnis mobilisieren und bei der Interpretation miteinbeziehen. Dabei müssen, wie schon betont, die nicht-textuellen Praktiken ebenfalls interpretiert werden. Diese Methode der Analyse wird kein einheitliches Bild vermitteln können: Einige literarische Texte mögen beispielsweise mit bestimmten Formen des Handelns korrespondieren, andere Texte dagegen stehen dazu in einem Spannungsverhältnis. Aber gerade diese Spannungen scheinen mir auf ein ergiebiges Feld für die Literaturwis-

---

1 In Bezug auf die deutsche Orientalismus-Diskussion, siehe meine Einleitung zu *German Literature on the Middle East* (Berman 2010: 9 – 12).

2 Siehe meine Ausführungen in *German Literature on the Middle East* (Berman 2010: 2 – 9).

senschaft hinzuweisen: Der praxistheoretische Ansatz fordert den Interpreten dazu auf, sich zu lösen von der Frage, ob ein Text etwas ‚reflektiert' oder ‚konstruiert'. Stattdessen wird der Interpret ermutigt, jene Dynamik und vielfältigen Verknüpfungen genauer zu beschreiben, die Texte und Formen des sozialen, politischen und ökonomischen Handelns teilen oder gemeinsam haben.

Deutsch-türkischer Kulturkontakt in der Literatur des 18. Jahrhunderts

Die Komplexität des Verhältnisses von textuellen Diskursen und sozialen, wirtschaftlichen und politischen Praktiken, beispielsweise materiellen Aspekten, wird im historischen Vergleich deutlich. Betrachten wir beispielsweise die Darstellung des deutsch-türkischen Verhältnisses in der fiktionalen Literatur des 18. und des 20. Jahrhunderts, ergeben sich unerwartete Beobachtungen.

Wie wir wissen, veränderte sich nach der zweiten Belagerung von Wien (1683) das Machtverhältnis zwischen dem Osmanischen Reich und den Habsburgern und anderen zentraleuropäischen Staaten. Es dauerte zwar noch ein Jahrhundert, bis der Macht-und Gebietsverlust des Osmanischen Reiches mit dem Friedensvertrag von Jassy 1792 zu einer Neustrukturierung der Beziehungen führte, doch entscheidende neue Entwicklungen gehen schon auf das späte 17. Jahrhundert zurück (Quataert 2000: 38–40). Der Wendepunkt kam während des Russisch-Türkischen Krieges von 1768–74, wobei dieser Krieg besonders im Hinblick auf die habsburgisch-türkischen Beziehungen interessant ist. 1771 verhandelte Österreich mit den Osmanen gegen die Russen, die drohten, in den Balkan einzudringen. Diese Kooperation markiert den Beginn deutsch-türkischer Bündnisse; die Osmanen waren nicht mehr der gefürchtete politische Gegner der vorherigen Jahrhunderte.

Preußen näherte sich den Osmanen noch früher, im Kontext innereuropäischer Machtkämpfe, wie beispielsweise dem Streit zwischen Frankreich und Großbritannien über Seewege und der Entstehung des preußisch-österreichischen Dualismus, doch zu einem Bündnisschluss kam es erst gegen Ende des Jahrhunderts. Zwar handelte Adolf von Rexin, der erste Konsul, der Preußen in Istanbul vertrat, 1761 ein „Freundschafts- und Handelsabkommen" aus (Schwarz 1989: 275–277), woraufhin Ahmed Resmi Efendi 1763 als erster türkischer Gesandter in Berlin Einzug hielt. Ein Verteidigungsbündnis zwischen dem Osmanischen Reich und Preußen, an dem 1763–64 gearbeitet wurde, kam allerdings nicht zustande, in erster Linie aufgrund von Verhandlungen zwischen Russland und Preußen. 1790 wurden diese Versuche erneuert, und es kam „zu einem für die Türkei recht vorteilhaften Offensiv- und Defensiv-Bündnis mit

Preußen" (Schwarz 1989: 278). Dieses Abkommen gab den Osmanen Verhandlungsspielraum mit Habsburgern und Russen.

Ende des 18. Jahrhunderts unterhielten somit Habsburger und Preußen kooperative Beziehungen mit dem Osmanischen Reich, das deutschsprachige Gebiete nicht mehr direkt bedrohte. Ich will hier nicht weiter auf die militärische Kooperation zwischen den Osmanen und Preußen eingehen; die Rolle preußischer Offiziere in Bezug auf die Neustrukturierungen des osmanischen Militärs geht bis auf 1718 zurück, und ist in der Fachliteratur ausgiebig besprochen (Schaedlinger 1983; Trumpener 1975; Wallach 1976). Der Handel europäischer Länder mit dem Osmanischen Reich wuchs stetig im Verlauf des 18. Jahrhunderts, unabhängig von militärischen Auseinandersetzungen. England war der wichtigste Handelspartner des Osmanischen Reiches im 17. Jahrhundert, Frankreich, seit 1535 mit den Osmanen verbündet, dominierte den Handel mit den Osmanen im 18. Jahrhundert. Insgesamt waren die wirtschaftlichen Beziehungen ausgeglichen, und die Zeit von 1720 bis zum Ende der 1760er Jahre war besonders stabil und günstig für den Handel (Eldem 1999a: 27; Eldem 1999b: Pamuk 2000: 161). Die deutschen Staaten erhöhten den Export- und Importhandel mit dem Osmanischen Reich stetig, so dass das Habsburger Reich am Ende des 18. Jahrhunderts 24 % und Frankreich 36,5 % der osmanischen Exporte erhielt (Göçek 1996: 88). Für einen kurzen Zeitraum können sowohl politische als auch wirtschaftliche Beziehungen als ausgewogen bezeichnet werden.

Zu diesen Jahrzehnten der wirtschaftlichen und politischen Balance korrespondieren in der Literatur und Kultur der Zeit neue Formen der Repräsentation der Türken und des Islam. Während die ‚Turkomanie' schon im späten 17. Jahrhundert die Faszination mit dem Osmanischen Reich offen zelebrierte, dominierte Ende des 17. Jahrhunderts und bis zur Mitte des 18. Jahrhunderts ein negatives Bild der Türken in der Literatur. Türken wurden als gewalttätig und lüstern, als irrationale Despoten dargestellt, und verkörperten – beispielsweise in den Dramen von Gryphius und Lohenstein und den Romanen von Happel – durch ihr ethisches und politisches Handeln den Gegentypus zum idealen Herrscher. Mitte des 18. Jahrhunderts änderte sich diese Darstellung der Türken, und zwar nicht nur in Deutschland, sondern in weiten Teilen Europas, wobei Frankreich in dieser Hinsicht führend war. In Opern, Schauspielen und Romanen waren die Türken und andere orientalische Figuren nicht mehr ausschließlich negativ besetzt, sondern entwickelten sich – und zwar oft im Verlauf des jeweiligen Textes – zu vorbildlichen und rational bestimmten Figuren.

Zwei Gruppen von Texten lassen sich unterscheiden. Die erste Textgruppe benutzt das Osmanische Reich, den Islam und den Nahen Osten im weiteren Sinn, um eine Reihe von Themen, die interne Relevanz hatten, zu diskutieren. Politische Ideale, ethisches Verhalten und soziale Normen stehen hier im Vordergrund. Die zweite Textgruppe beschäftigt sich mit dem Osmanischen Reich, dem Nahen Osten und dem Islam selbst. Beiden Textgruppen ist gemeinsam, dass sie sich auf völlig neue Art mit diesen Themen auseinandersetzen. Im krassen Gegensatz zu Konventionen des 17. Jahrhunderts werden nun türkische und arabische Charaktere konzipiert, die Positionen der Aufklärung propagierten. Französische und italienische Türkenopern und Romane gaben hierbei wichtige Anregungen (Wilson 1984: 11–37). Das deutsche Publikum machte in der Folge Bekanntschaft mit Variationen des nun aufgeklärten orientalischen Herrschers. Die negativen Züge, mit denen türkische Figuren im 17. Jahrhundert verbunden waren, wurden in eine Nebenfigur gebannt, die meistens Osmin genannt wurde und oftmals auch als komische Figur erscheint, wodurch die negativen Züge wieder gemildert wurden (Wilson 1984: 32).

Einer der ersten dramatischen Texte dieser Art ist *Adelheid in der Sclavery, oder, Tugend und Unschuld bietet aller Verleumdung Trotz* (1760). Sultan Meledin überwindet hier sein sexuelles Verlangen für seine Sklavin Adelheid, wobei sich die ethische Position des Sultans aus seinem Verständnis für neue soziale und politische Normen speist. Diese Werte vermitteln auch Schauspiele wie Hans Carl Heinrich von Trautzschs *Temusin* (1772), Wilhelm Johann Christian Gustav Casparsons *Osmann* (1767), Joseph Franz Ratschkys *Bekir und Gulroui* (1780), Friedrich Maximilian Klingers Komödie *Der Derwisch* (1780) und August Wilhelm Ifflands *Achmet und Zenide* (1798). Der osmanische Kontext liefert jeweils die Vorlage, um aufklärerische Anschauungen zu vermitteln (Kleinlogel 1989: 328–70).[3] Das bekannteste Schauspiel, das diesem Muster folgt, ist Goethes *Iphigenie auf Tauris* (1787), in dem der im Verlauf der Handlung über sich hinauswachsende Thoas, der Herrscher der Taurer, die Rolle des osmanischen / orientalischen Herrschers vertritt (Wilson 1984: 87–111).[4]

Einige dramatische Texte folgen noch dem alten Muster und stellen türkische Figuren als überwiegend negativ dar (Christian Felix Weisses *Mustapha und Zeangir*, 1761; *Oßmin und Fatime*, 1783 anonym erschienen; August von Kotzebues *Sultan Wampum oder: Die Wünsche*, 1794; Christoph Martin Wielands Verserzählung *Oberon*, 1780).[5] Abweichend davon, und der Tendenz zur Erneuerung des Orientbildes folgend, präsentieren erzählende Texte türkisches Material auf oft spielerische Weise. Insbesondere Robinsonaden bauen Episoden im Osmanischen Reich oder Nordafrika ein, wobei der Aspekt des Abenteuers den didaktischen Impuls, den wir bei den dramatischen Texten beobachten konnten, verdrängt. Diese Texte verarbeiten auch ein ansehnliches Maß an Realia. Wilhelm Retchir (auch Richter), beispielsweise, imaginierte mehrere türkische

---

3 Der Text von Trautzschens *Temusin* lag mir nicht vor, ich folge hier der Diskussion von Kleinlogel 1989: 339–344.
4 Siehe auch Sutter Fichtners Besprechung von österreichischen Dramen und Opern mit türkischen Themen (2008: 96–110).
5 In Bezug auf den Text von Wieland, siehe Wilson 1984: 39–57.

und nahöstliche Episoden in *Der Sächsische Robinson* (1722). Dieser Roman reflektiert mit seinen außereuropäischen Reisen nicht nur den Geist des Zeitalters der Entdeckung, sondern beinhaltet auch Geschichten von Piraten und Konversionen und spricht damit wichtige zeitgenössische Themen an. Johann Gottfried Schnabels *Die Insel Felsenburg* (1731 – 1743) enthält ebenfalls Elemente, die den Text mit zeitgenössischen Entwicklungen verbinden. So verliert der Vater des Erzählers sein Geld als sein ostindisches Schiff von Piraten geplündert wird und seine Aktien an Wert verlieren. Der Roman beinhaltet eine Entführungs- und Versklavungsepisode, die sich in Marokko abspielt. Kulturelle und religiöse Differenz wird durch einen Konflikt über sexuelle Normen verstärkt, und neue Werte in Bezug auf vorbildliches Verhalten werden dadurch verdeutlicht, dass deutsche / christliche Tugenden den orientalisch / islamischen Werten gegenübergestellt werden (Schnabel 1959: 106 – 111). Romane der 1730er bis 1790er Jahren folgten diesem Schema. Konversion von Türken zum Christentum und die Akzeptanz europäischer / deutscher Werte vermittelten ein Gefühl von Überlegenheit und verstärktem Selbstbewusstsein angesichts des geschwächten Osmanischen Reiches. Es war nun zwar denkbar, dass Türken und Muslime nach europäischen Vorstellungen lebten, doch diese Geste der Vereinnahmung bedeutete weder Toleranz noch Akzeptanz von kultureller oder religiöser Differenz.

Eine zweite Gruppe von Texten, auf die ich nur kurz eingehen will, setzt sich mit dem Islam und dem Nahen Osten insgesamt auf völlig neue Weise auseinander. Katharina Mommsen hat gezeigt, dass Goethes Verweise auf nahöstliche Literaturen und den Islam in seinen literarischen Werken überwiegend Respekt vor und Bewunderung für nahöstliche Literaturen vermitteln (wobei hervorgehoben werden muss, dass Goethe in einigen Texten, wie den *Noten und Abhandlungen* zum *West-oestlichen Divan*, eine sehr abwertende Haltung gegenüber der arabischen Literatur und dem Islam zeigt; vgl. Berman 2010: 176 f.). Im Vergleich zu Goethe ging Lessings Auseinandersetzung mit dem Islam, wie Silvia Horsch (2004) zeigt, einen wichtigen Schritt weiter. Von der *Rettung des Hier. Cardanus* (1754) bis zu *Nathan der Weise* (1779) spricht sich Lessing für die Anerkennung des Islams und die Gleichstellung der monotheistischen Religionen aus. Diese Haltung ist nicht nur auf die mit der Aufklärung verbundenen Innovationen zurückzuführen, sondern auch auf die veränderten politischen und materiellen Gegebenheiten. Abgesehen von der neuen politischen Situation, die den Beginn der Hegemonie Europas im Nahen Osten markiert, ist es gerade der Zugang zu Manuskripten und Artefakten, die eine neue Form der Auseinandersetzung mit der islamischen Welt ermöglicht.

Meine zentrale These ist hier, dass die Schwächung des Osmanischen Reiches im Zusammenhang mit der Aufklärung und anderen gesellschaftspolitischen Entwicklungen die in der Literatur neuen Haltungen ermöglichte. Diese Haltungen ergeben ein breites Spektrum, von Darstellungen der Osmanen und

Muslime als ebenbürtige Mitmenschen bis hin zu Texten, die zwar das Entwicklungspotential der Osmanen und Muslime hervorheben, aber letztlich kulturelle und religiöse Differenz nicht akzeptieren. Die von mir hier vorgetragenen Einsichten sind im Einzelnen nicht neu. Mein zentraler Punkt in Bezug auf die Rolle der Literatur wird erst im Vergleich deutlich werden, und somit wende ich mich der zweiten Hälfte des 20. Jahrhunderts zu.

Deutsch-türkischer Kulturkontakt in der mehrheitsdeutschen Literatur des 20. Jahrhunderts

In Westdeutschland, und zwar in der Zeit nach dem Zweiten Weltkrieg bis zur Wiedervereinigung, stellt sich das Verhältnis der Literatur zu zeitgenössischen Ereignissen anders dar. Insbesondere die Immigration von Arbeitern aus der Türkei, die breit in den Medien diskutiert wurde, hat in der mehrheitsdeutschen Literatur bis zur Wiedervereinigung kaum Spuren hinterlassen. Ich gehe in diesem Rahmen nicht weiter auf die wirtschaftliche und politische Seite der Immigration ein (vgl. Hunn 2005), möchte allerdings erwähnen, dass neben der Arbeitsimmigration eine beträchtliche Anzahl türkischer Immigranten als Asylsuchende und Studenten nach Westdeutschland kamen. Als Folgeerscheinung des Militärputsches von 1980, beispielsweise, bewarben sich 57.913 Türken um politisches Asyl in Westdeutschland, 53,7 % aller Asylsuchenden in jenem Jahr. Zwischen 1982 und 1991 studierten jährlich zwischen 8.254 und 12.962 Studenten aus der Türkei an westdeutschen Universitäten (74 % bis 86 % aller Studenten; vgl. Berman 2010: 199 – 201).

   Die Anzahl der türkischen Immigranten in Westdeutschland war somit beträchtlich und stieg bis zur Wiedervereinigung auf über zwei Millionen türkische Staatsbürger, naturalisierte Deutsche und Angehörige. Diese Einwanderer waren in allen Bereichen der westdeutschen Gesellschaft präsent, in der Arbeitswelt, im Erziehungsbereich und im sozialen Alltag der Gesellschaft. Im Laufe der Jahrzehnte importierte Westdeutschland das breite Spektrum der sozialen, kulturellen und politischen Konflikte, Energien und Möglichkeiten der Türkei. Orhan Pamuk hat den Import der politischen Exilanten nach Westdeutschland in seinem Roman *Schnee* (*Kar*, 2002) eindringlich charakterisiert:

> Sie erinnerten sich an Hikmet, der auf mysteriöse Weise umgekommen war, als er in Berlin als Chauffeur arbeitete, an Fadıl, der eine alte Frau, Witwe eines Nazioffiziers, geheiratet hatte und mit ihr zusammen eine Pension betrieb, und an Theorie-Tarık, der in Hamburg mit der türkischen Mafia zusammenarbeitete und reich geworden war. Sadık, der früher zusammen mit Muhtar, Ka, Taner und İpek die frisch aus der Druckerei kommenden Zeitschriften gefalzt hatte, war jetzt Führer einer Bande, die Illegale über die Alpen nach Deutschland schmuggelte. [...] Unter den politischen Asylanten,

die Ka in Deutschland kannte, war Ferhat am glücklichsten. Er hatte sich der PKK angeschlossen, überfiel mit nationalistischer Begeisterung Büros der Turkish Airlines, war auf CNN zu sehen, wie er Molotow-Cocktails auf türkische Konsulate warf, und lernte Kurdisch, wobei er von den Gedichten träumte, die er eines Tages schreiben würde. (Pamuk 2007: 73 f.)

Pamuks Blick auf die türkisch-deutsche Situation haben seine mehrheitsdeutschen Kollegen bis zum heutigen Tag nicht nachvollziehen können. Bis zur Publikation von Heinrich Bölls Roman *Gruppenbild mit Dame* (1971) kommen türkische Charaktere in der mehrheitsdeutschen Literatur nicht vor. Als Böll zehn Jahre nach dem Abschluss des Anwerbeabkommens mit der Türkei seine Aufmerksamkeit einem Türken zuwendet, führt er die Figur des stummen Türken ein. Sein türkischer Charakter Mehmet spricht nicht für sich selbst; im Gegenteil, die Urteile anderer über ihn strukturieren den Text. Diese Ansichten werden zwar durch die Textdarstellung als diskriminierend und entwürdigend entblößt. Doch in Anbetracht der Tat-und Sprachlosigkeit von Mehmet schlägt Carmine Chiellino vor, dass „der Autor an seiner xenophilen Reduktion des Gastarbeiters bis zum Schluß fest[hält], als ob er ihn vor lauernden Gefährdungen schützen möchte" (Chiellino: 1995: 262).

Die Figur des stummen Türken taucht in der Folge wiederholt in Texten renommierter Autoren auf, beispielsweise in Franz Xaver Kroetz' Schauspiel *Furcht und Hoffnung der BRD* (1984), das das Thema der Arbeitsimmigration allerdings direkt anspricht und auch eine Szene beinhaltet, die Kemal Altun gewidmet ist. Eine Variante dieses Paradigmas vom stummen Türken ist die Figur des sprachgestörten Türken, beispielsweise in *Groß und klein: Szenen*, einem Theaterstück von Botho Strauss von 1978, das 1980 von Peter Stein verfilmt wurde. In der dritten Szene, „Zehn Zimmer", sieht eine Figur, die als „Der Türke" identifiziert ist, schweigend einer Diashow zu, die von einem älteren Ehepaar gezeigt wird. Das zwanzigste Diabild zeigt ein Bild von Christus, komplett mit blutender Wunde zwischen den Schulterblättern und einer Dornenkrone. Als die „Assistentin" fragt, „Wer ist das?", schreit der Türke „Bin ich, bin ich! Habe wir Selbsauslöse gemakt" (Strauss 1978: 65). Das Unverständliche am „Türken", sowohl auf dem Christusbild als auch in der Anlage der Rolle im Schauspiel, verdeutlicht hier den Symbolcharakter der Figur, die Kommunikationsprobleme verkörpern soll. In der folgenden Szene, „Groß und klein", erscheint „Der Türke" mit seiner Frau und ist betrunken. Er schreit und stößt einsilbige unverständliche Wortbrocken und Laute aus, später spricht er dann Türkisch mit seiner Frau, die seine Worte übersetzt (Strauss 1978: 81 – 88). Zuschauende kommentieren seine Ausbrüche und Verhalten und bezeichnen ihn als „Kanaken" (Strauss 1978: 87). Während das Schauspiel im Allgemeinen den Zerfall sozialer Beziehungen thematisiert, symbolisiert der Türke insbesondere den Zusammenbruch der Kommunikation.

Diese wenigen Beispiele – der Roman von Böll, die Schauspiele von Strauss und Kroetz – sind meines Wissens die einzigen literarischen Texte von renommierten mehrheitsdeutschen Autoren der Zeit, die türkische (oder arabische, persische) Figuren zum Thema der Handlung machen. Ich gehe hier nicht auf die Romane der österreichischen Autorin Barbara Frischmuth ein, die sich seit den frühen 1970er Jahren intensiv mit der Türkei und dem Nahen Osten auseinandersetzt. Es sei allerdings erwähnt, dass ihre frühen Texte Einwanderung nicht direkt kommentieren; der Fokus der Autorin ist zunächst die türkische Gesellschaft in der Türkei, so beispielsweise in *Das Verschwinden des Schattens in der Sonne* (1973). Der verbleibende nennenswerte Roman ist Sten Nadolnys *Selim oder Die Gabe der Rede*. Er wurde 1990 publiziert, und liegt somit etwas außerhalb der hier von mir betrachteten Zeitspanne. Dieser Roman ist das erste Beispiel eines mehrheitsdeutschen Romans, dessen Handlung auf einen türkisch-deutschen Protagonisten konzentriert ist. Im Gegensatz zu den schweigenden oder sprachgestörten Figuren bei Böll, Strauss und Kroetz besitzt Selim die Gabe der Rede, während dem deutschen Protagonisten Alexander genau diese Fähigkeit des erfolgreichen Sprechens fehlt. Leslie A. Adelson bezeichnet diesen Roman als „a radical break with the trope of ‚Turkish' speechlessness" (Adelson 1994: 313). Ülker Gökberk preist den Text, da er auf gelungene Weise ein Modell des interkulturellen Verstehens anvisiere (vgl. Gökberk 1997). Andere Kritiker haben darauf hingewiesen, dass trotz des Sprechens von Selim Türken oder die Türkei in oftmals klischeehafter Weise dargestellt werden (von Dirke 1994: 64). Festzuhalten bleibt, dass mit Nadolnys Selim zum ersten Mal in der deutschsprachigen Literatur der Mehrheitsgesellschaft einer mehrdimensionalen türkischen Figur das Wort gegeben wird.

Ich habe mich hier bewusst der ‚High Brow Literatur' der Mehrheitsgesellschaft zugewendet, und damit – abgesehen von Filmen und natürlich der Minoritätenliteratur überhaupt – Texte ausgelassen, die, wie Hanne Mede-Flocks *Im Schatten der Mondsichel* (1985), entweder überwiegend in der Türkei spielen oder der Populärliteratur angehören. Hier ist es allerdings doch wichtig, Jakob Arjounis Krimis zu erwähnen, die seit Mitte der 1980er Jahre erschienen (beispielsweise *Happy Birthday, Türke*). Arlene A. Teraoka hat betont, dass der Held der Romane, Kemal Kayankaya, in einem Spannungsverhältnis zu den weit verbreiteten Klischees über Türken steht: Ein türkischer Immigrant als Hauptfigur in einem deutschsprachigen Krimi war ohne Vorbild; er ist Türke, hat aber einen deutschen Pass; er ist Orientale, aber hier als rational denkender Detektiv vorgestellt; und, obwohl Türke und somit in der allgemeinen Wahrnehmung in Deutschland mit Kriminalität assoziiert, fungiert er als Repräsentant des Gesetzes und der Gerechtigkeit (Teraoka 1999: 270).

Schlussbemerkung

Obwohl die türkische Einwanderung sicher zu einem der wichtigen Ereignisse in Westdeutschland zählt, wird das Thema in der Literatur der Mehrheitsgesellschaft kaum aufgenommen. Die türkischen Figuren der 1970er und 1980er Jahre sind stumm oder kommunikationsgestört. Neue Entwicklungen deuten sich erst gegen Ende der 1980er Jahre an. Dieser Tatbestand ist schon seit Jahren anerkannt (vgl. Adelson 1994; Gökberk 1997; Teraoka 1987, 1989). Wir können jetzt aber im Vergleich mit der Literatur der zweiten Hälfte des 18. Jahrhunderts sehen, dass das Verhältnis von Literatur zu zeitgenössischen Ereignissen keinem voraussehbaren Schema folgt. Deutsche Schriftsteller des 18. Jahrhunderts – im Zusammenhang mit der weitgehenden Neubestimmung von sozialen, politischen und ethischen Normen, die wir allgemein mit der Aufklärung, aber auch der beginnenden Industrialisierung verbinden – reagierten auf die sich verändernden Macht-und Denkstrukturen und nahmen Teil an der Neudefinition des Verhältnisses zum Osmanischen Reich und der Türkei. Mehrheitsdeutsche Schriftsteller der zweiten Hälfte des 20. Jahrhunderts haben sich mit der Immigration, trotz ihrer weitreichenden Konsequenzen, letztlich nicht auseinandergesetzt. Diese Tatsache wirft die Frage nach der Rolle der Einwanderung in der deutschen Erinnerungspolitik auf (vgl. Motte / Ohliger 2004), und die Literatur der Mehrheitsgesellschaft kann als Beispiel aktiver Verdrängung identifiziert werden. Wir können dafür Gründe finden; vornehmlich werden hier wohl Ängste vor Identitätsverlust und Umdenken eine Rolle gespielt haben, aber auch aktive Ignoranz und Verachtung. Meine Hauptthese ist hier, dass die Literatur kein zuverlässiger Informant ist. Der Vergleich von Beispielen aus dem 18. und 20. Jahrhundert ergibt ein jeweils spezielles Bild. Abgesehen von der Frage, *wie* sich die Literatur zur ‚Wirklichkeit' verhält, müssen wir konstatieren, dass sie sich der Auseinandersetzung manchmal ganz verweigert. Dieses Schweigen spricht allerdings Bände.

Literatur

Anonym (1760): *Adelheid in der Sclavery, oder, Tugend und Unschuld bietet aller Verleumdung Trotz*, Wien.

Anonym (1783): *Oßmin und Fatime oder die Ueberraschung*, Leipzig.

Adelson, Leslie A. (1994): „Opposing Oppositions: Turkish-German Questions in Contemporary German Studies", in: *German Studies Review* (17/2), S. 305 – 30.

Arjouni, Jakob (1985): *Happy Birthday, Türke!*, Hamburg.

Berman, Nina (2010): *German Literature on the Middle East: Discourses and Practices, 1000 – 1989*, Ann Arbor.

Böll, Heinrich (1971): *Gruppenbild mit Dame*, Köln.

Casparson, Wilhelm Johann Christian Gustav (1767): *Osmann: Ein Trauerspiel in fuenf Aufzuegen*, Berlin.

Chiellino, Carmine (1995): *Am Ufer der Fremde: Literatur und Arbeitsmigration 1870 – 1991*, Stuttgart.

Dirke, Sabine von (1994): „West Meets East: Narrative Construction of the Foreigner and Postmodern Orientalism in Sten Nadolny's *Selim oder Die Gabe der Rede*", in: *Germanic Review* (69/2), S. 64.

Eldem, Edhem (1999a): „French Trade and Commercial Policy in the Levant in the Eighteenth-Century", in: *Oriente Moderno* (18/1), S. 27 – 47.

Eldem, Edhem (1999b): *French Trade in Istanbul in the Eighteenth Century*, Leiden.

Frischmuth, Barbara (1973): *Das Verschwinden des Schattens in der Sonne*, Frankfurt am Main.

Göçek, Fatma Müge (1996): *Rise of the Bourgeoisie, Demise of Empire: Ottoman Westernization and Social Change*, New York.

Goethe, Johann Wolfgang von (1819): *West-oestlicher Divan*, Stuttgart.

Goethe, Johann Wolfgang von (1787): *Iphigenie auf Tauris*, Leipzig.

Gökberk, Ülker (1997): „*Culture Studies* und die Türken: Sten Nadolnys *Selim oder Die Gabe der Rede* im Lichte einer Methodendiskussion", in: *German Quarterly* (70/2), S. 97 – 122.

Gryphius, Andreas (1657): *Deutsche Gedichte. 1, Leo Armenius oder Fürsten-Mord. Catharina von Georgien oder bewehrete Beständigkeit. Carolus Stuardus, König von Gross-Britannien*, Bresslaw.

Happel, Eberhard Werner (1673): *Der Asiatische Onogambo*, Hamburg.

Happel, Eberhard Werner (1676): *Der Europäische Toroan*, Hamburg.

Happel, Eberhard Werner (1688 – 89): *Der ottomannische Bajazet*, Ulm.

Horsch, Silvia (2004): *Rationalität und Toleranz: Lessings Auseinandersetzung mit dem Islam*, Würzburg.

Hunn, Karin (2005): „*Nächstes Jahr kehren wir zurück …*": Die Geschichte der türkischen ‚Gastarbeiter' in der Bundesrepublik*, Göttingen.

Iffland, August Wilhelm (1798): *Achmet und Zenide*, Leipzig.

Kleinlogel, Cornelia (1989): *Exotik-Erotik: Zur Geschichte des Türkenbildes in der deutschen Literatur der frühen Neuzeit (1453 – 1800)*, Frankfurt am Main.

Klinger, Friedrich Maximilian (1780): *Der Derwisch*, Basel.

Kotzebue, August von (1794): *Sultan Wampum oder, Die Wünsche: Ein orientalisches Scherzspiel mit Gesang*, Leipzig.

Kroetz, Franz Xaver (1984): *Furcht und Hoffnung der BRD: Das Stück, das Material, das Tagebuch*, Frankfurt am Main.

Lessing, Gotthold Ephraim (1779): *Nathan der Weise*, Berlin.

Lessing, Gotthold Ephraim (1754): *Rettungen des Horaz. Rettung des Hier. Cardanus. Rettung des Inepti Religiosi und seines ungenannten Verfassers. Rettung des Cochläus, aber nur in einer Kleinigkeit*, Berlin.

Lohenstein, Daniel Casper von (1673): *Ibrahim Sultan*, Bresslau / Leipzig / Kanitz.

Lohenstein, Daniel Casper von (1653). *Ibrahim*, Leipzig.

Lowe, Lisa (1991): *Critical Terrains: French and British Orientalisms*, Ithaca.

Mede-Flock, Hanne (1985): *Im Schatten der Mondsichel*, Berlin.

Mommsen, Katharina (1981 [1960]): *Goethe und 1001 Nacht*, Frankfurt am Main.

Mommsen, Katharina (1988): *Goethe und die arabische Welt*, Frankfurt am Main.

Motte, Jan / Ohliger, Rainer (Hg.) (2004): *Geschichte und Gedächtnis in der Einwanderungsgesellschaft: Migration zwischen historischer Rekonstruktion und Erinnerungspolitik*, Essen.

Nadolny, Sten (1990): *Selim oder Die Gabe der Rede*, München.

Pamuk, Orhan (2007): *Schnee*, Frankfurt am Main.

Pamuk, Şevket (2000): *A Monetary History of the Ottoman Empire*, Cambridge.

Polaschegg, Andrea (2005): *Der andere Orientalismus: Regeln deutsch-morgenländischer Imagination im 19. Jahrhundert*, Berlin.

Quataert, Donald (2000): *The Ottoman Empire, 1700–1922*, Cambridge.

Ratschky, Joseph Franz (1780): *Bekir und Gulroui: Ein Schauspiel in einem Aufzuge*, Wien.

Reckwitz, Andreas (2002): „Toward a Theory of Social Practices: A Development in Culturalist Theorizing", in: *European Journal of Social Theory* (5/2), S. 243–63.

Retchir, Wilhelm (1722): *Der Sächsische Robinson*, Leipzig.

Said, Edward (1979): *Orientalism*, New York.

Schaedlinger, Anton C. (1983): „Die Entdeckung des Abendlandes als Vorbild: Ein Vorschlag zur Umgestaltung des Heerwesens und der Außenpolitik des Osmanischen Reiches zu Beginn des 18. Jahrhunderts", in: Heiss, Gernot / Klingenstein, Grete (Hg.): *Das Osmanische Reich und Europa 1683–1789: Konflikt, Entspannung und Austausch*, München, S. 89–112.

Schnabel, Johann Gottfried (1959 [1731–1743]): *Die Insel Felsenburg*, Stuttgart.

Strauss, Botho (1978): *Groß und klein. Szenen*, München.

Sutter Fichtner, Paula (2008): *Terror and Toleration: The Habsburg Empire Confronts Islam, 1526–1850*, London.

Schwarz, Klaus (1989): „Vom Krieg zum Frieden: Berlin, das Kurfürstentum Brandenburg, das Reich und die Türken", in: Sievernich, Gereon / Budde, Hendrik (Hg.): *Europa und der Orient, 800–1900*, Gütersloh, S. 245–78.

Teraoka, Arlene A. (1987): „Gastarbeiterliteratur: The Other Speaks Back.", in: *Cultural Critique* 7, special issue on *The Nature and Context of Minority Discourse II.*, S. 77–101.

Teraoka, Arlene A. (1989): „Talking ‚Turk': On Narrative Strategies and Cultural Stereotypes", in: *New German Critique* (89/46), special issue on *Minorities in German Culture*, S. 104–28.

Teraoka, Arlene A. (1999): „Detecting Ethnicity: Jakob Arjouni and the Case of the Missing German Detective Novel", in: *German Quarterly* (72/3), S. 265–89.

Trumpener, Ulrich (1975): „German Officers in the Ottoman Empire, 1880–1918", in: Wallach, Jehuda L. (Hg.): *Germany and the Middle East, 1835–1939*, Tel Aviv, S. 30–44.

Wallach, Jehuda L. (1976): *Anatomie einer Militärhilfe. Die preußisch-deutschen Militärmissionen in der Türkei 1835–1919*, Düsseldorf.

Weisse, Christian Felix (1768): *Mustapha und Zeangir: Ein Trauerspiel in fünf Aufzügen*, Leipzig.

Wieland, Christoph Martin (1780): *Oberon: Ein Gedicht in vierzehn Gesängen*, Weimar.

Wilson, W. Daniel (1984): *Humanität und Kreuzzugsideologie um 1780: Die „Türkenoper" im 18. Jahrhunderts und das Rettungsmotiv in Wielands ‚Oberon', Lessings ‚Nathan' und Goethes ‚Iphigenie'*, New York.

Leyla Coşan

Darstellungsformen der Türkenfurcht in den Wunderzeichenberichten der illustrierten Flugblätter des 16. und 17. Jahrhunderts

Seit dem antiken Zeitalter gibt es Wunderzeichenberichte. Vor allem aber in der frühen Neuzeit treten sie in großer Zahl in Flugblättern und Flugschriften auf. Kometen und andere Himmelszeichen, Naturkatastrophen und Missgeburten wurden als besondere Zeichen gesehen, durch die in der Zukunft liegende Ereignisse gedeutet werden konnten. Insbesondere mit der Eroberung Konstantinopels und der sich europaweit verbreitenden ‚Türkenfurcht', nahm auch ‚der Türke' seinen Platz in diesen Wunderzeichenberichten ein. Auf der einen Seite führte die Furcht vor dem Feind dazu, dass die Bevölkerung Trost und Hoffnung in diesen Wunderzeichenberichten zu finden glaubte, da in einigen Berichten die Wunderzeichen als Prophezeiung für eine bevorstehende Niederlage der Osmanen gedeutet wurde. Auf der anderen Seite wurden diese Berichte gezielt als Propagandamittel eingesetzt, um die Bevölkerung zur Gegenwehr zu ermutigen.

In diesem Zusammenhang sollen anhand der illustrierten Flugblätter des 16. und 17. Jahrhunderts Wunderzeichenberichte zur Analyse herangezogen werden, in denen der Türke thematisiert wurde. Anschließend soll auf die Rolle des Türken in den Wunderzeichenberichten verwiesen werden. Die Deutung einzelner Wunderzeichen, in denen der Türke vorkommt bzw. die Rede von Türkenfurcht ist, soll anhand von drei Gruppen veranschaulicht werden: zoologische Wunderzeichen, botanische Wunderzeichen und menschliche Missgeburten. Da das Türkenbild bislang in den Wunderzeichenberichten der frühen Neuzeit noch nicht separat analysiert wurde, ist das Ziel dieses Beitrags, zunächst festzustellen in welchen Zusammenhängen der Türke in den genannten Kategorien in Erscheinung tritt, um dann unter bestimmten Aspekten, wie zum Beispiel reale bzw. irreale Erscheinungsformen, diese miteinander zu vergleichen.

Eine wichtige Bezeichnung, die mit Flugblatt und Flugschrift in Verbindung gebracht wird, lautet ‚Neue Zeitung' und bedeutete zunächst nicht viel mehr als neue Nachricht bzw. aktuelle Neuigkeit. Der vermutlich zum erstenmal 1502 auftauchende Begriff wurde bereits im Jahr 1567 zur amtlichen Bezeichnung erhoben und zwar „als Bezeichnung für die reinen Nachrichtenblätter, die als die

eigentlichen Vorläufer der späteren periodischen Zeitungen anzusehen sind"
(Lindemann 1969: 65). Dadurch wird bereits Zweck und Funktion dieser
Schriften deutlich. Der Begriff ‚Neue Zeitung' wird als „Hyperonym für beide
Medien, Flugblatt und Flugschrift, gebraucht. Denn seine Übertragung ins
Neuhochdeutsche ‚aktuelle Nachricht' zeigt, dass er sich mehr auf den Inhalt als
auf die äußere Form bezieht". Da der Begriff auch in Wunderzeichenberichten
auftaucht, ist nach Schwegler weiterhin anzunehmen, „daß der Begriff *Nachricht*
dabei sehr weit gefaßt werden muss, also nicht nur objektive Information meint,
sondern auch Sensationsmeldungen miteinschließt" (Schwegler 2002: 20 f.;
Hervorhebung im Text).

Die äußere Erscheinungsform der Flugblätter ist relativ einheitlich. Eine
Dreiteilung kennzeichnet nahezu alle Flugblätter. Es befindet sich oben die
Schlagzeile, die Informationen bezüglich des Inhalts enthält. Darunter ist die
Illustration platziert, die ein Drittel bis die Hälfte des Blattes einnimmt, und
letztendlich der ein- bis fünfspaltige Text. Manchmal befindet sich am unteren
Rand ein auf Drucker, Druckort und Erscheinungsjahr verweisendes Impres-
sum. Auf die zentrale Rolle des Bildes wird bereits in der Schlagzeile aufmerksam
gemacht, wie an den verwendetenden Gattungsbegriffen ‚Gesicht', ‚Abriß' oder
‚Abbildung' zu erkennen ist. Das Bild veranschaulichte das im Text genannte
Geschehen, vereinfachte das Verstehen und brachte oft „zusätzliche Bedeu-
tungskomponenten ins Spiel" (Schenda 1970: 271). Insofern darf das Bild auf
den Flugblättern nicht nur als ‚Dokument', sondern muss auch als ‚Instrument'
angesehen werden. Es ist somit Mittel der Beeinflussung und Kommunikation
zugleich. Daher enthalten diese Bilder zum größten Teil religiöse, moralische
und andere Botschaften. Wenn man bedenkt, dass die Alphabetisierungsrate im
16. Jahrhundert bei etwa fünf Prozent lag, wird auch die zentrale Bedeutung des
Bildes für die Bevölkerung deutlich (vgl. hierzu Ecker 1981: 100). Nach Schenda
sind Bilder:

> im Prinzip ebenso Zeichen, optische Signale, wie Buchstaben. […] Wenn das Emp-
> fangen und Kombinieren von optischen Signalen als Lesen bezeichnet wird, dann ist
> auch das Betrachten von Bildern ein Lese-Akt; […]. Bilder sind seit ältester Zeit der
> Lesestoff der Analphabeten (Schenda 1970: 271–272).

Die Illustration ist eines der wichtigsten Unterscheidungskriterien zwischen den
einblättrigen Flugblättern und den mehrseitigen Flugschriften. Denn während
Flugblätter zum Teil nur wegen der Bilder, die man oft als Wand- oder
Schrankschmuck verwendete, gekauft wurden, war es bei Flugschriften nahezu
Grundvoraussetzung, lesen zu können, da Flugschriften nur selten Illustratio-
nen enthalten.

Obwohl Wunderzeichenberichte vor allem in der frühen Neuzeit in Flugblatt
und Flugschrift in großer Zahl auftreten, sind die in ihnen behandelten Themen

nicht neu. Die „aussernatürlichen Begebenheiten in der Natur" (Zedler 1749), Wunderzeichen bzw. lateinisch Prodigia[1] genannt, wurden schon in den Wunderzeichenberichten der Antike erwähnt (vgl. hierzu Rosenberger 1998: 91 f.). Auch das Kompositum ‚Wunder-Zeichen' beinhaltet diese Definitionen. Es geht zum einen um das Ereignis, welches als nicht auf natürlichem Wege erklärbar gilt. Zum anderen hat dieses Wunder einen zeichenhaften Charakter, wie Schwegler feststellt, und „geschieht also nicht um seiner selbst willen, sondern um etwas (Höheres) anzuzeigen" (Schwegler 2002: 32). Damit kann ein zukünftiges Ereignis, auch in Form des Zorns der Götter gemeint sein. „Der zeichenhafte Charakter kann somit unterschiedliche Ausprägungen erfahren und muß deshalb immer vor dem jeweiligen historischen Kontext betrachtet werden." (Schwegler 2002: 32)

Dass das Interesse für Wunderzeichen bzw. Prodigien im 16. Jahrhundert stieg, kann hauptsächlich mit folgenden Faktoren in Zusammenhang gebracht werden: „Der Sensationshunger des Menschen" und „der Gedanke, daß sowohl die religiösen und politischen Wirren als auch die sozialen Mißstände auf dem Zorn Gottes beruhen, der täglich neue Zeichen geschehen läßt, um die Menschen zur Buße zu mahnen und an das nahende Weltende zu erinnern." (Schenda 1963: Sp. 640 f.)

Zoologische Wunderzeichen

Dass Missgeburten bei Tieren häufiger vorkommen als bei Menschen „liegt, wie dies schon Aristoteles erkannt hatte, an der Häufigkeit der Geburten und an der Vielzahl derselben" (Holländer 1921: 84). Die Menschen dieser Zeit sahen in diesen Geburten keine wissenschaftlich zu analysierenden Naturphänomene, sondern „Metaphysisches und Symbolisches" (Holländer 1921: 84). Wundergeburten wurden meistens als „Ausdruck des göttlichen Zorns über die Lebensweise der Menschen gesehen" (Ewinkel 1995: 15). Tierische Missgeburten wurden aus diesem Grunde meistens als Zeichen bevorstehenden Unglücks gedeutet. Die Häufigkeit tierischer Abnormitäten nahm ihnen aber zugleich auch den schrecklichen und übernatürlichen Charakter. Nur wenn diese Missgeburten bzw. Missbildungen besonders grotesk wirkten, „wenn das Moralisierende oder ‚Wunderbarliche und Erschröckliche' betont werden konnte", konnten hohe Auflagenzahlen gesichert werden (Holländer 1921: 85). Andern-

---

1 Mit Wunderzeichen bzw. Prodigia meinte man die „Andeutungen der Zukunft, die in ihrem Erscheinen wunderbar, d. h. unerklärlich nach dem gewöhnlichen Gange der Natur sind, und deren Deutung man von gewissen Menschen erwartet." (Krünitz 1773–1858: Oeconomische Encyclopädie)

falls begnügte man sich mit einer einfachen schriftlichen Wiedergabe des Ereignisses. Die Häufigkeit tierischer Missgeburten, die als Wunderzeichen gedeutet wurden, erlaubte es auch auf verschiedene aktuelle politische Ereignisse, wie beispielsweise die Türkenfurcht, Bezug zu nehmen. Aus diesem Grunde beinhaltet die Gruppe der zoologischen Wunderzeichen die meisten Flugblätter, in denen die Türken thematisiert wurden. Sie war in dem Sinne auch am besten geeignet, um auf die Bedrohung durch die Türken einzugehen, moralisierend und erschreckend den Leser zu belehren.

Zoologische Wunderzeichen (Katzenjungen)

Das in Nürnberg gedruckte Flugblatt aus dem Jahre 1683 berichtet von der Geburt von fünf Katzenjungen, die an derselben Nabelschnur hängen (vgl. Abb. 1 im Anhang). Dieses bei Katzen selten vorkommende Phänomen wird vom anonymen Flugblattautor auf verschiedene Weise gedeutet. Er sieht darin einerseits eine Warnung Gottes vor einer sündhaften Lebensweise, andererseits bringt er dieses Geschehnis auch mit den politischen Ereignissen seiner Zeit in Verbindung. In der ersten Spalte, in der sich der Flugblattautor ausschließlich auf die Sünden der Menschen bezieht, gesteht er zugleich seinen Lesern ein, dass er nicht genau wisse, wie man dieses Ereignis deuten solle. Er hebt in diesem Zusammenhang hervor, dass „Auslegungen und Deutungen über solche seltzame Miß=Würffe zu machen weder geziemet noch möglich" seien. Die aktuellen, politischen Ereignisse mit einkalkulierend, bringt er seine Befürchtungen dennoch zu Wort, indem er betont, dass in „Betrachtung unsers Gehorsams=widrigen Lebens" Gott „uns solchen Scheusaligen Sünden=Spiegel, an den mißworffnen Ungeziefer" zu erkennen geben möchte (Faust 1999: 239). Daran lässt sich erkennen, dass die Geburt der Katzenjungen, die Menschen auf die eigenen Sünden aufmerksam machen soll. Der Flugblattautor ist m. E. der Überzeugung, dass gewisse Naturphänomene, wie Missbildungen, Mahnzeichen und damit Strafen Gottes sind, durch die Gott den normalen Ablauf des Naturgeschehens bewusst unterbricht, um somit den Menschen einen Spiegel vor Augen zu halten. Auch berichtet er in diesem Zusammenhang von einem ähnlichen Ereignis, nämlich dem „Ratten=Ungeziefer" [Rattenkönig], welcher wenige Wochen zuvor in Straßburg gesehen wurde (Faust 1999: 239). Der Flugblattautor betont, dass man die Geburt der Katzenjungen auch positiv interpretieren könnte, wenn die Christen „zusammen verbunden seyn" oder wenn man von einer „Christliebenden Einigkeit" reden könnte. Aber da es sich um ein „Katzen=Scheusal" handelt, kann dieser Wurf dem Flugblattautor zufolge nur so gedeutet werden, dass man der „Gottgeliebten Christenheit" einen „abscheulichen" Schaden zufügen wird, der allerdings selbstverschuldet, also auf die eigene Sündhaftigkeit zurückzuführen ist (Faust 1999: 239).

Dass gerade Straßburg im Mittelpunkt dieser Vorkommnisse steht, ist nicht ohne Grund. Straßburg wurde in diesen Jahren von den Franzosen bedroht. Die politischen Spannungen zwischen Deutschland und Frankreich spiegeln sich auch in diesem Flugblatt wider. Die Missgeburten werden dem Autor zufolge als Mahnzeichen an die Stadt Straßburg ausgelegt: „Straßburg sollte uns durch so seltsame Ungeziefer eine Straffe zur Erkenntniß und von solchen Sünden, barbarischer Anhänge und lüsternder Ehr= und Länder=begierden, abzumahnen, billich bahnen und an Handgeben." Erst nach all diesen Ausführungen wird der Türke genannt, der dem Autor zufolge „nicht weniger solchem verwickeltem Ungziefer gleich=artig zu seyn" scheint (Faust 1999: 239).

Die alle an einer Nabelschnur hängenden Katzen werden von ihm mit den „übel=gesinnten Verbündnissen" zwischen Christen und Türken verglichen. Zum Zeitpunkt des ungewöhnlichen Katzenwurfes wurde Wien von den Türken belagert. Die Schlacht am Kahlenberg[2], die die Zweite Wiener Türkenbelagerung beendete, fand erst zwei Monate nach der Geburt der Katzen, am 12. September 1683 statt. Die Anspielung auf die Christen, die sich mit den Türken verbündeten („blutgierigen Verbündnissen […] der leidigen Türcken=Hunde"), bezog sich zum einen auf Ungarn, das sich mehrmals gegen die Habsburger erhoben und 1678 die Türken zu Hilfe gerufen hatte. Zum anderen könnte der Autor damit auch Frankreich gemeint haben, das unter Ludwig dem XIV. mehrmals Bündnisse mit den Türken eingegangen war und Ungarn im Aufstand gegen die Habsburger unterstützt hatte (vgl. Hofmann 1999: 50)[3].

Der aus zwei Spalten bestehende Text enthält letztendlich den Wunsch, dass Gott solche „übel=gesinnten" Verbündnisse „wider sein glaubiges Christen=Häuflein" abwehren möge. Außerdem soll der Feind „gleich solchem Ungeziefer ein Ende nehmen", so dass „ihre gifftigen Anschläge wie diese Mißgeburten mißrathen und vor aller Welt an den Tag kommen" (Faust 1999: 239). Das Gleichnis veranschaulicht, dass nicht nur die Geburt der Katzen, sondern auch die Verbündnisse mit Türken als naturwidrig empfunden werden. Die misslungenen Anschläge der Türken hingegen sollen dann, so erhofft es sich der Flugblattautor, als abschreckendes Beispiel vor aller Welt entblößt werden. Somit werden die Angriffe der Türken und derer, die sich mit ihnen verbündet haben, als etwas gesehen, das den Gesetzen der Natur nicht entspricht und vom Normalen abweicht. Auch die Anwendung bestimmter negativer Begriffe be-

---

2 Die Türken wurden von einem Heer unter König Johann III. Sobieski und Herzog Karl von Lothringen am Kahlenberg besiegt.
3 Aus medizinischer Sicht wäre hervorzuheben, dass es sich um eineiige Fünflinge mit normalen Überlebenschancen handelte, wären sie nicht als böses Vorzeichen und „Scheusal" betrachtet und mit großer Wahrscheinlichkeit getötet worden (Hofmann 1999: 50).

züglich der Türken, wie beispielsweise „Türcken=Hund" oder ihr „blutgieriges"
Wesen haben einen stereotypen Charakter und sollen dazu dienen, das Feindbild
zu bestärken. Der sogenannte „blutgierige" Feind und die von ihm auch in
Zukunft zu erwartenden Taten sollen die Christen dem Feind gegenüber wi-
derstandsfähiger machen.

Zoologische Wunderzeichen (Wunderei mit Türkenkopf)

In einem Flugblatt aus dem Jahre 1569 wird von einer Magd im Dienst des
Advokaten Baucheron im burgundischen Auton berichtet (vgl. Holländer 1921:
278 ff.). Diese schlug ein vermutlich angebrütetes Ei auf und glaubte in dessen
Blutgefäßen einen Medusenkopf zu entdecken. Als sie es vor Schreck auf den
Boden fallen ließ, wurde das Ei von einer Katze gefressen, die bald darauf starb.
Von diesem vermutlich ursprünglich französischem Flugblatt ließ sich kein
Exemplar nachweisen. Das vorliegende Flugblatt stammt aus Prag und hat die
ursprüngliche Medusenkopfdarstellung in einen Türkenkopf mit zahlreichen
Schlangen auf dem Turban und auf dem Kinn umgewandelt (vgl. Abb. 2 im
Anhang). Diese Türkenkopfdarstellung könnte man als „Monstrum Fabulo-
sum", um es konkreter auszudrücken als „mythologisches Monstrum" be-
zeichnen. Denn nach Holländer bezeichnet man Wundereignisse als „Monstra[4]
Fabulosa" bzw. „Fabelmonstren", wenn die Darstellungen von realen Möglichkeiten abweichen, „wenn auch Herausgeber und Zeichner sich alle möglichen
Freiheiten" gestatten (Holländer 1921: 271). Wichtigste Voraussetzung um ein
Wesen als „Monstrum Fabulosum" bezeichnen zu können, ist demnach, dass sie
medizinisch bzw. wissenschaftlich nicht akzeptabel ist, wie etwa das Wunderei
mit Türkenkopf, das ein Beispiel für die sogenannten „Fabelmonstren" darstellt.
Aufgrund der Feststellung, dass man dem Türkenkopf Merkmale des ursprünglichen Medusenkopfes beigemessen hat, gehört diese Nachricht m. E. in

---

4 Der Begriff Monstra kommt aus dem Lateinischen (lat. Monstrum) und bedeutet „Mahnzeichen". Er bezeichnet einen von der allgemeinen Norm abweichenden, deformierten Körper
oder Gestalt. Diese Gestalten wurden im theologischen Diskurs des Mittelalters und der
frühen Neuzeit als von Gott eingesetzte Zeichen ausgelegt, da sie die Funktion hatten auf
Gefahren hinzuweisen, die den Gläubigen drohten, wenn diese sich vom rechten Glauben
entfernen sollten. Als Monstra bezeichnete man nicht nur menschliche Wesen, sondern auch
Tiere oder mythologische Wesen. Ewinkel hebt in diesem Zusammenhang hervor: „Entgegen
dem heutigen Gebrauch des Wortes Monstrum wurde der Terminus im 16. Jahrhundert nicht
nur für von der menschlichen Physiognomie entscheidend abweichende und die Betrachter
erschreckende Phantasiewesen benutzt, sondern darunter wurden ebenso die nach damaliger
Auffassung real existierenden, durch ihr außergewöhnliches Aussehen auffallenden, in ent-
legenen Gebieten der Welt angesiedelten Monstravölker wie die realen ‚Wunder-' oder auch
Mißgeburten subsummiert." (Ewinkel 1995: 1)

den Bereich der „mythologischen Monstra", welche ebenfalls in die Kategorie der „Monstra Fabulosa" fallen[5]. Mythologische Monstra sind bereits seit dem antiken Zeitalter bekannt. Sie wurden nicht nur in den Berichten des frühen Mittelalters, sondern vor allem auch in den Berichten der frühen Neuzeit aufgenommen. Über „mythologische Monstra" hebt Holländer hervor, dass diese dadurch in der frühen Neuzeit an Popularität gewonnen haben, dass man sich erneut die Antike als Vorbild genommen oder diese gar nachgeahmt hat. Es handelte sich nach Holländer allerdings um Fälschungen, da man des Öfteren die selben Nachrichten „in etwas veränderter Aufmachung" präsentierte (Holländer 1921: 271)[6]. Auch der Türkenkopf ist eine leicht veränderte Form des Medusenkopfes.

Medusa, eine der drei Gorgonen in der griechischen Mythologie, war aufgrund ihrer Schlangenhaare und schrecklichen Zähne eine furchterregende Gestalt, bei deren Anblick man zu Stein erstarrte (vgl. Erhat 1984: 127 f). Dass man den Medusenkopf in einen Türkenkopf umwandelte, welcher Schlangen auf dem Haupt und am Kinn hatte, verweist m. E. symbolisch auf die geradezu lähmende Furcht, die von den Türken ausging. Der Türkenkopf als Schreckbild steht somit für die siegreichen Osmanen, bei deren Anblick der Feind erstarrte. Da die osmanischen Krieger auch in den bildlichen Darstellungen des 16. Jahrhunderts meist mit Schnauz- und Vollbart abgebildet wurden[7], verwundert es nicht, dass der Türkenkopf nicht nur Schlangen am Kopf, sondern auch am Kinn hat.

Auch der knapp gefasste Text bezieht sich auf den Türkenkopf „und spielt damit auf den Höhepunkt türkischer Macht an, die mit der Seeschlacht von Lepanto 1571 vorläufig gebrochen wurde" (Faust 1999: 26). Der Türke verlor in den Augen der christlichen Welt mit dieser Schlacht seinen Nimbus der Unbesiegbarkeit.

---

5 Eugen Holländer sieht in dieser Nachricht nur das „Monstrum Fabulosum" und nicht das „mythologische Monstrum".

6 Holländer begründet das Bedürfnis dieser Nachahmung folgenderweise: „Durch die Entdeckung der Neuen Welt und ihrer Bewohner war die Glaubensseligkeit der Völker ins Unermessene gesteigert." (Holländer 1921: 286) So glaubte man, wie in der Antike, an Sachen, bevor man sie überhaupt gesehen hatte.

7 Zahlreiche Abbildungen, die den Türken mit Schnauz- und Vollbart darstellen, sind auch im Bildteil von Thomas Kaufmann zu sehen (Kaufmann 2008: 90 ff.).

Botanische Wunderzeichen

Ein ganz besonderes Interresse erweckten u.a. auch die pflanzlichen Abnormitäten. Ähnlich wie bei Tieren sah man auch in ihnen „den überirdischen Willensausdruck" (Holländer 1921: 84). Anhand der Betrachtung von Flugblättern mit pflanzlichem Misswuchs fällt auf, dass Getreidesorten einen besonderen Platz einnehmen, da sie meistens auf bevorstehende Not oder in seltenen Fällen auch auf Überfluss verweisen. Demzufolge wurden diese Zeichen meistens als göttliches Warnsignal gedeutet.

Botanische Wunderzeichen (Ähren)

Der Titel des in Prag gedruckten Flugblattes aus dem Jahre 1614 deutet bereits auf die Wunderzeichen hin, die dann im Text ausführlich erklärt werden (Abb. 3 im Anhang). Dem Bericht zufolge soll in der Stadt Sobotka in der Nähe von Prag auf einem Ackerfeld ein engelsgleicher Mann bzw. ein Engel erschienen sein. Darüber hinaus sollen Ähren mit menschlichem Antlitz, Stern und Kreuz auf dessen Stirn gesehen worden sein und dieselben sollen an den Schnittstellen geblutet haben.

Außerdem soll am selben Tag, an dem es in Wien an mehreren Orten Blut geregnet habe, der Türke „mit stolz und pracht" und „mit schwert unnd fewr" viele Christen ungeachtet ihres Alters umgebracht haben (Stopp 2001: 43).

Der Flugblattautor warnt seine Leser, indem er hervorhebt, dass den Menschen dasselbe Schicksal widerfahren wird, wenn sich die Menschen nicht bessern. Anschließend wird Gott gebeten, die Christen vor den Türken zu behüten, „damit er nicht vergiesse, unschuldiges Christen Blutff" (Stopp 2001: 43).[8]

Menschliche Abnormitäten als Wunderzeichen

Die sogenannten Wundergeburten, die einen relevanten Platz in den Flugblättern des 16. und 17. Jahrhunderts einnahmen, berichteten zumeist von missgestalteten Kindern. Die Seltenheit solcher Geburten erweckte nicht nur bei Flugblattautoren, sondern auch bei Ärzten und Kontroverstheologen großes Interesse. Die den Wundergeburten zugeschriebene Außergewöhnlichkeit führte dazu, dass man ihnen eine besondere Bedeutung zusprach und darin den Willen Gottes wiederzuerkennen glaubte. Dieser Auffassung zufolge galten

---

8 Aus botanischer Sicht handelt es sich hierbei um „verzweigte Gerstenähren (Hordeum spec.) mit phantasievollen Veränderungen" (Stopp 2001: 42).

Wundergeburten als Sensationsmeldungen, da sie auf den erzürnten Gott und die den Menschen bevorstehenden Strafen aufmerksam machten.[9] Als eine dieser Strafen galt der Türke, mit dem Gott die „sündigen" Christen bestrafen wollte, wenn sie sich nicht verbessern wollten[10]. Was besonders den Sensationswert der Wundergeburten ausmachte, war, dass der Mensch selbst im Mittelpunkt stand. Wie für das Flugblatt charakteristisch, wird auch in den Wundergeburten Anspruch auf Authentizität erhoben, indem Ort und Zeit des Geschehens, Augenzeugen verschiedenster Art sehr detailliert beschrieben werden. Auch die bildlichen Darstellungen menschlicher Abnormitäten dienen z. T. dazu den Sensationsmeldungen Glaubwürdigkeit zu verleihen.

Menschliche Missgeburten (Kinder)

Das in Köln gedruckte Flugblatt aus dem Jahre 1593 berichtet von seltsamen Himmelserscheinungen, der Geburt von missgestalteten Vierlingen in der ungarischen Stadt Rosenberg und beinhaltet einen Aufruf zur Buße (Abb. 4 im Anhang). Am Himmel befinden sich drei Sonnen, die mit Physiognomien versehen sind und von Dolchen durchbohrt werden sowie ein Kreuz. Jede dieser blutenden Sonnen wurde von einem „blutig Schwerdt" durchbohrt. Auch sind zwei Regenbogen auf dem Bild zu erkennen. Die auf den 3. Januar datierten Himmelserscheinungen sollen „drey Tag und drey Nacht" angedauert und bei den Augenzeugen Furcht, Betrübnis und Tränen ausgelöst haben, so dass „das Volck vor forcht zum Hauß außlieff" (Harms 1987: 397).

Das erste Kind rechts sieht dem Flugblattautor zufolge sehr „grewelich" und „unnatürlich" aus, da sich die Gesichtszüge auf der Brust befinden. Es ist „geboren ohne Haupt" (Harms 1987: 397). Es handelt sich also um ein „Monstrum Fabulosum", genauer gesagt um ein „mythologisches Monstrum", welches seit dem antiken Zeitalter bekannt ist (vgl. Holländer 1921: 272). Bereits Plinius d. Ä. (23–79 n. Chr.) berichtet in seinem 7. Buch der *naturalis historia* von

---

9   „Im weitaus größten Teil der Monstraflugblätter wird der eschatologische Zusammenhang betont, in dem das Monstrum zu sehen ist: Die Monstra werden als von Gott ‚gesandte' Wunderzeichen gedeutet, die die Bevölkerung zur Buße und Umkehr zur christlichen Lebensweise ermahnen sollen." (Ewinkel 1995: 9)

10 Andrea Geier hebt in ihrem Aufsatz „Also ist der Turcke auch vnser Schulmeister…" hervor, dass „die Türken lediglich das Mittel sind, mit denen die sündigen Christen belehrt werden sollen". Weiterhin betont sie, dass Luther vom Türken jedoch nicht nur als Mittel Gottes spricht, sondern „ihn direkt in die Rolle des ‚Schulmeisters' der Christen" einsetzt. „Der Türke führt selbst die Rute und lehrt die Christen damit die Gottesfurcht." (Geier 2003: 35) Auch in den Wunderzeichenberichten ist stets die Rede vom sündigen Menschen und dessen Belehrung. Eine Abwehr der Strafen Gottes ist nur dann möglich, wenn von einer Reue bzw. einer Belehrung die Rede ist.

menschlichen Erscheinungen ohne Kopf (Holländer 1921: 301). Diese Beschreibung wird später auch von mittelalterlichen Autoren wie John Mandeville, Sebastian Münster und Hartmann Schedel übernommen und in die frühe Neuzeit übertragen[11]. Das zweite Kind rechts fällt wegen seines turbanartigen Geschwulstes am Kopf auf. Es hat „auff dem Haupt einen Ring von Fleisch", welcher vom Autor mit einem türkischen Hut verglichen wird (Harms 1987: 397). Das dritte Kind rechts kommt mit langen abstehenden Haaren auf die Welt. Der Autor beschreibt den Gesichtszug des Kindes als ein „wild Thier mit scharffen zähnen". Aufgrund dieser Eigenschaften sieht es dem Autor zufolge nicht wie ein Neugeborenes aus, sondern „als wer es 7 jahr alt schier" (Harms 1987: 397). Das letzte Kind, das keine körperlichen Abnormitäten aufweist, hat ineinander gefaltete Hände und ein tränenüberströmtes Gesicht. Der Flugblattautor bemerkt zu dem schreienden Kind, dass es „blutige thränen" weint, die vom Leib herabfallen (Harms 1987: 397).

Der Autor meint anhand der Missbildung am Kopf des zweiten Kindes einen Turban „als wers ein Türkischer Hut gewest" zu erkennen (Harms 1987: 397). Harms bringt die Erscheinung mit dem langjährigen Krieg zwischen Österreich-Ungarn und dem Osmanischen Reich in Verbindung, der 1593 ausbrach und mit dem Frieden von Zsitvatorok 1606 endete (vgl. Harms 1987: 396).

Auch das mysteriöse Wesen der Mutter, einer fremden, schwangeren Frau, vor der sich alle fürchten und die eine Sprache spricht, die von niemandem verstanden wird, ergänzt das Bild der Vierlinge, die m. E. alle auf unterschiedliche Weise befremdlich wirken. Während die ersten zwei Jungen links noch Abnormitäten im Bereich des medinizisch Möglichen darstellen, gehören die anderen zwei Knaben nicht mehr in diesen Bereich. Sie stehen für das Irreale, da Flatterbänder am Kopf oder ein Kind ohne Kopf aus medizinischer Sicht nicht mehr glaubhaft sind. Die irreale Darstellungsweise des Kindes mit den Flatterbändern (dem Türkenhut), könnte einerseits als Folge einer unglaublichen Angst gesehen werden. Andererseits könnte sie auch als Ausdruck einer Distanz zum Befremdlichen oder gar ‚Fremden' darstellen.

---

11 Auch die Figuren aus dem *Livre de Mervaeilles* (Buch der Wunder der Welt), welches ein frühes „Schriftwerk aus dem 13., spätestens 14. Jahrhundert" ist und eine „Reisebeschreibung nach dem Orient" behandelt, sind kopflos (Holländer 1921: 299). Der Autor John Mandeville schildert eine angebliche Reise nach Ägypten, Indien, Zentralasien und China, die zwischen den Jahren 1322 und 1356 stattgefunden haben soll. Er berichtet auch von seinen Erlebnissen in der Türkei und von Städten, die von Türken erobert wurden. Dieser Reisebericht beinhaltet zahlreiche Abbildungen von merkwürdigen menschlichen Geschöpfen, unter anderem auch von Menschen ohne Kopf. Diese leben in fernen Gebieten der Welt: „And in another isle toward the South dwell folk of foul stature and of cursed kind that have no heads" (Mandeville 1371). Auch in *Schedels Buch der Chroniken (1493)* wird von Menschen ohne Kopf berichtet: „Item in dem land libia werden etlich on hawbt geporn und haben mund und augen" auf der Brust (Schedel 1493).

Schlussfolgerung

Die Bedrohung des christlichen Abendlandes durch den türkischen Feind führte zu einer ideologischen Überhöhung, die letztendlich in der Vorstellung vom Türken als Antichrist mündete. Die politischen und religiösen Auseindersetzungen des 16. Jahrhunderts führten zur Verbreitung des Glaubens, dass es nicht nur einen Antichristen, sondern eine Vielzahl von Antichristen gäbe. Mit Luther, der in dem Papsttum und in dem Türken den Antichristen sah, etablierte und verfestigte sich diese Vorstellung[12]. Auch in den Wunderzeichenberichten der frühen Neuzeit, ist diese Ansicht präsent. Das Bild des Türken spiegelt, auch in der Wunderzeichenliteratur, die durch die Türkenkriege hervorgerufene Furcht des christlichen Europa vor dem Feind wieder. Aufgrund der andauernden osmanischen Expansionsbestrebungen wurden selbst sonderbare Naturereignisse dazu genutzt, die Bevölkerung stets von Neuem auf diese Gefahr aufmerksam zu machen. Auch wenn der Türke bzw. die Türkenfurcht nicht immer eine zentrale Rolle in den Flugblättern einnimmt und teilweise eine von mehreren Deutungsversuchen darstellt[13], konnten viele der Flugblattautoren nicht darauf verzichten, Missgeburten von Mensch und Tier auch mit aktuellen politischen Ereignissen in Verbindung zu bringen. Ähnlich wurden auch Abnormitäten in der Pflanzenwelt, die seltener und auch schwieriger festzustellen waren, dazu genutzt, um einerseits zu belehren und andererseits auf die politischen Wirren der Zeit hinzudeuten. Das Türkenbild wurde im Bereich der zoologischen und der botanischen Flugblätter sowie bei den menschlichen Miss- und Wundergeburten ausfindig gemacht. Am häufigsten war der Türke in den zoologischen und am seltensten in den botanischen Flugblättern nachzuweisen. Zusammenfassend lässt sich festellen, dass die Häufigkeit der Türkenflugblätter, und damit meine ich die Flugblätter, in denen der Türke thematisiert wird, vor allem von den kriegerischen Ereignissen der Zeit abhängt. Je größer die von Türken ausgehende Gefahr ist, desto häufiger erschienen auch Flugblätter, die sich mit diesem Thema auseinandersetzten[14].

---

12 Die Fürsprecher des katholischen Glaubens verwiesen darauf, dass die immer näher rückenden Türken eine Strafe seien, die „Gott über den Frevel der kirchlichen Neuerung verhängt habe, nur die energische Niederschlagung derselben könne es wenden" (Cosack 1871: 165). Die Fürsprecher des evangelischen Glaubens hingegen tendierten dazu eine Beziehung zwischen „türkischer Wüterei" und „papistischen Greuel" herzustellen (Ebermann 1904: 47).

13 In erster Linie wurden die meisten Texte religiös ausgelegt.

14 Da es sich um eine von mir noch nicht abgeschlossene Arbeit handelt, können auch keine konkreten prozentualen Angaben zu den „Türkenflugblättern" gemacht werden. Dennoch kann jetzt schon hervorgehoben werden, dass es sich angesichts der Gesamtzahl der in diesen Jahrhunderten erschienenen Flugblättern nur um einen geringen Anteil handelt. Eine weitere Feststellung ist, dass die Anzahl der „Türkenflugblätter" parallel mit den kriegerischen Ereignissen der Zeit abnimmt oder ansteigt. Daraus lässt sich ableiten, dass die in den Flugblättern thematisierte Türkenfurcht einen Nachrichtenwert hat, der entweder offen formuliert wird oder aber eben auch latent erscheint. Der Türke ist aber auch nicht der

Die Analyse des Türkenbildes in den Wunderzeichenberichten der frühen Neuzeit führt außerdem zu der Feststellung, dass der Türke im Bereich des real Möglichen (z. B. Katzenjungen), wie aber auch des Irrealen (z. B. Wunderei mit Türkenkopf) erschien. In allen Flugblättern aber wurde, wie für das Flugblatt charakteristisch, Anspruch auf Authentizität erhoben, auch wenn eine Vermischung von irrealen und realen Ereignissen auf bildlicher Ebene stattfand. Auch die schriftlichen Auslegungen der Wunderzeichen belegen eine Verbindung von biologischen Abnormitäten mit politischen Ereignissen.

Eine weitere Besonderheit ist, dass auch Abnormitäten dazu dienen, den eschatologischen Charakter der Türkenflugblätter zum Vorschein zu bringen. Somit hat der Türke bzw. die Türkenfurcht einen symbolischen Charakter. Es geht also um eine Instrumentalisierung im Sinne der Kirche, die dadurch ein tugendhafteres Leben der christlichen Bevölkerung anstrebt. Die Abnormitäten, die als Vorzeichen eventuell von Gott zu erwartender Strafen ausgelegt werden, deuten darauf hin, dass Gott jederzeit präsent ist und jeder von der Strafe Gottes getroffen werden kann. Auch darf nicht außer Acht gelassen werden, dass die Einbettung kriegerischer Ereignisse in Sensationsmeldungen die Auflagenhöhe und somit den Umsatz steigerte.

---

einzige Feind, der einen wichtigen Stellenwert in den Flugblättern hat. Aufgrund der politischen Wirren der Zeit nahmen außer dem Türken auch zahlreiche andere Feinde, vor allem aus dem europäischen Raum, einen wichtigen Platz in den Flugblättern ein.

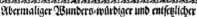

Abermaliger Wunders-würdiger und entsetzlicher

Scheusal/

Wie vormals der Ratzen/also auch jetzt der Katzen/

So da ebenmäßig zu Straßburg/bald jenem Ratten-Ungeziefer nach/nemlich den 5. und 15.
Augusti/ lebendig geworffen/und also gefunden worden/ wie gegenwärtiges Kupffer ausweiset/
fünf an einem Nabel hangende.

Nach glaubhafften Bericht von guter Hand eingelanget/
1 6 8 3.

Zu finden bey J.J. Felßecker.

Gleichwie die Wolthaten GOttes unermeßlich/ also sind auch dessen Allmachts-Wercke / seinen Zorn und Drau-Finger über die Sünden anzuzeigen / fast überhäuffet / welche gewißlichen nicht umsonst geschehen / oder sich also Natur-widrig erweisen/ und sehen lassen. Ob nun wolen uns Auslegungen und Deutungen über solche so seltzame Miß-Würffe zu machen weder geziemet/noch möglich / so bringet jedoch fast die alltägliche Erfahrung / von den überhäufften leidigen Straffen GOttes/ uns den Erfolg von selbst/selbst genugsam zu Gehör und unter Augen / was Er damit meyne und im Sinn habe? Und ist dahero wol kein so grosses Wunder/ in Betrachtung unsers Gehorsams-widrigen Lebens/ beydes gegen GOtt / als auch die vorgesetzten lieben Obern/ daß selbiger aus gerechter Straff- und Drau-Verhängniß/ uns solchen Scheußaligen Sünden-Spiegel an den mißwoffnen Ungeziefer / vielleicht will zu Gemüth führen und zu erkennen geben; welcher sich schon zum andern mal von so kurtzer Zeit her/ bey wenigen Wochen nacheinander zu Straßburg ereignet/ und von männiglich fast auß gesehen worden. Unsere Katzen-lüsterne/ wolüstige und sündliche Unart will etwan der grosse Gott/ damit anzeigen und vorbilden/ darinnen wir so gentzlich und ersoffen / ja fast alle / wie hier diese fünf Katzen zugleich an einem Nabel verknüpffet/ also auch über einen Schlag in solchem GOtt mißfälligen Leben uns erweise. Als getreue Freunde und liebe Bunds-Genossen Teutscher Treu / und Christ-geziemlichen Gehorsams zusammen verbunden seyn/ wäre noch wol etwas guts / und ein Anzeig Christliebender Einigkeit. Aber als schade und schändlich für uns / mit einander zu hauffen anhängig und zusammen verwickelt seyn/ nur der Gottgeliebten Christenheit zu schaden/ scheinet eben so schädlich und abscheulich/ als dieß Katzen-Scheusal. Straßburg sollte uns durch so seltzame Ungezifer eine Grausse zur Erkenntniß und von solchen Sünden / barbarischer Anhänge und lüstender Ehr- und Länder-Begierden/ abzumahnen/ billich bahnen und an Handen geben. Desgleichen sich auch die leidigen Türcken-Hunde/ sampt dero Conspiranten und Adhærenten / mit ihren blutgierigen Verbündnissen/ nicht weniger solchem verwickelten Ungezifer gleichartig zu seyn/ nicht unfüglich schon genugsam durch die leidige Erfahrung eine Zeit hero haben zu erkennen gegeben. GOtt wehre und steure allen solchen übel-gesinnten Verbündniß seiner /wieder sein gläubiges Christen-Häufflein/ und lasse sich gleich solchem Ungezifer ein Ende nehmen / daß ihre giftige Anschläge/ wie diese Mißgeburten/ mißrathen/ und vor aller Welt an Tage kommen mögen.

Der Katzen-Scheusal hier/ bild uns die Katzen-Lust
verbotener Dingen ein.
Daß mit der Sünd-Begier/ und ihrem Laster-Wust/
nicht so ersoffen sey:
Die Länder-Lüster-Lust/ die tolle Ehr-Begier/
und eitel-vergällte Ränck/
Die jetzund in der Welt streiten da und hier/
durch blutige Gezänck/
Sind diesem Mißmuth/ gleich Onilster Katzen-Greul/
wo solcher sich befind:
Demnach so spiegelt euch / bedencket euer Heil/
daß ihr so geartet sind.

Abbildung 1

Sehr erschrecklich Wunderzeichen / von einem Ey: wie es die volgende Figur aus weist vnd hie vnden im ter gemeldt/ Im Lande Lotringen zu Autuna genandt/ des 1569. Jars geschehen.

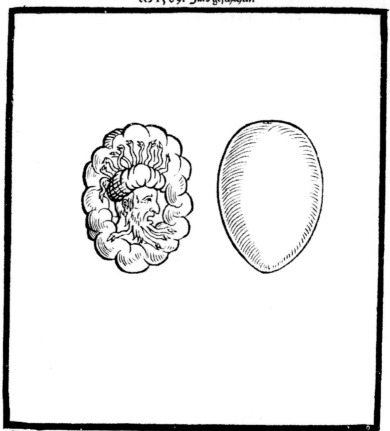

Jeses Bschrecklich wunder Zeichen ist zu Autuna im Lande Lotringen also geschehen. Demnach eines Aduocaten dienst magd/ hatt ein speis von Eyren machen solen/ vnd do sie etzliche derselben auf geschlagen/ in einem dorunter an statt deß Totters : nach art gestalt vnnd tracht eines Turcken Kopfs/ (wie da am genhäl augenscheinlich zu sehen) gefunden. Welcher gemeltter Turcken Kopf/ oben auf dem punde: vnd am Bart/ Voll angewachsner lebendiger Ottern oder schlangen gehabt. Ob solchem wunder wergk sich die beyurte Magt doch entsetzt/ vnd das weys daruon auf die Erden geschutt/ Daruon die Katz gefessen/ vnd bald an der statt todt bliben. Was nun des angezaigten mirackels deythung sey/ ist vns menschen verborgen vnnd allein Gott offenbar.

Welches Mirackel dem Hertzogen von Arschott / als balde neben einem schriftlichen dauon bericht: (Deß datum den dritten April: Ano 1569) Warde zugeschickt.
                                        Getruckt zu Prag bei Michael Petetie.

Abbildung 2

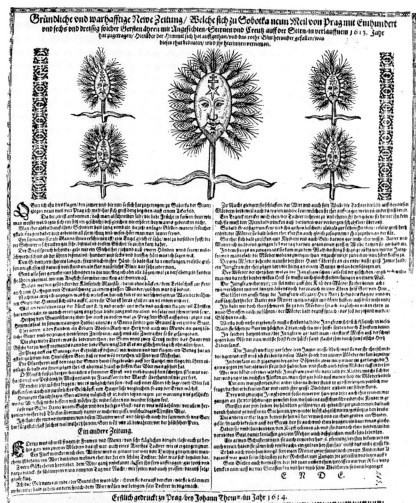

Abbildung 3

Abbildung 4

Abbildungsverzeichnis

Abbildung 1: Flugblatt von 1683: Abermaliger Wunders=würdiger und entsetzlicher Scheusal/ Wie vormals der Ratzen/ also auch jetzt der Katzen / So da ebenmässig zu Straßburgß/ bald jenem Ratten=Ungeziefer nach / nemlich den 5. und 15 Augusti / lebendig geworffen/ und also gefunden worden / wie gegenwärtiges Kupffer ausgeweiset / fünf an einem Nabel hangende. Nach glaubhafften Bericht von guter Hand eingelanget / 1683. (Hofmann 1999: 51; Faust 1999: 239)

Abbildung 2: Flugblatt von 1569: Sehr erschrecklich Wunderzeichen / von einem Ey: wie es die volgende Figur aus weist und hie unden im tex gemeldt / Im lande Lotringen zu Autuna genandt / des 1569. Jars geschehen. (Holländer 1921: 279; Faust 1999: 27)

Abbildung 3: Flugblatt von 1614: Gründliche Vnd warhaffte Newe Zeitung / Welche sich zu Sobotka neun Meil von Prag Einhundert vnd sechs vnd dreissig solcher Gersten ähren mit Angesichten / Sternen vnd Creutz auff der Stirn / in verlauffnem 1613. Jahr hat zugetragen / Hierüber der Himmel hat sich auffgethan / vnd das rothe Blut herunder gefallen / was dieses thut bedeuten / wird ihr hierinnen vernemen. (Stopp 2001: 43)

Abbildung 4: Flugblatt von 1593: Diese Himlische Zeichen seind gesehen worden in Ungern über der Statt Rosenburg / Im jar 1593. Zur selben zeit seind auch geboren diese vier Kinder / davon die Mutter gestorben und nicht begraben: wie ihr hören werdet. (Harms 1987: 397)

Literatur

Cosack, Carl J. (1871): „Zur Literatur der Türkengebete im 16. und 17. Jahrhundert", in: Weiss, Bernhard (Hg.): *Zur Geschichte der evangelisch ascetischen Literatur in Deutschland. Ein Beitrag zur Geschichte des christlichen Lebens wie zur Kultur- und Literaturgeschichte,* Basel / Ludwigsburg.

Ebermann, Richard (1904): *Die Türkenfurcht, ein Beitrag zur Geschichte der öffentlichen Meinung in Deutschland während der Reformationszeit,* Dissertationsschrift, Universität Halle.

Ecker, Gisela (1981): *Einblattdrucke von den Anfängen bis 1555. Untersuchungen zu einer Publikationsform literarischer Texte,* Bd. 1, Göppingen.

Erhat, Azra (1984): *Mitoloji Sözlüğü,* İstanbul.

Ewinkel, Irene (1995): *De monstris. Deutung und Funktion von Wundergeburten auf Flugblättern im Deutschland des 16. Jahrhunderts,* Tübingen.

Faust, Ingrid (1999): *Zoologische Einblattdrucke und Flugschriften vor 1800,* Bd. 2, Stuttgart.

Geier, Andrea (2003): „„Also ist der Turcke auch vnser Schulmeister…'. Zur Rhetorik von Identität und Alterität in Türkenschriften des 16. Jahrhunderts", in: Rahn, Thomas (Hg.): *Krieg und Rhetorik,* Tübingen.

Harms, Wolfgang (Hg.) (1987): *Deutsche illustrierte Flugblätter des 16. und 17. Jahrhunderts,* Bd. IV, Die Sammlungen der hessischen Landes- und Hochschulbibliothek in Darmstadt, Tübingen.

Hofmann-Randall, Christina (1999): *Monster, Wunder und Kometen. Sensationsberichte auf Flugblättern des 16. bis 18. Jahrhunderts*, Eine Ausstellung der Universitätsbibliothek, 19. November – 12. Dezember 1999 (=Schriften der Universitätsbibliothek Erlangen-Nürnberg), hrsg. von Hans-Otto Keunecke. Bd. 36), Erlangen.

Holländer, Eugen (1921): *Wunder, Wundergeburt und Wundergestalt in Einblattdrucken des fünfzehnten bis achtzehnten Jahrhunderts: kulturhistorische Studie*, Stuttgart.

Kaufmann, Thomas (2008): ‚*Türckenbüchlei'. Zur christlichen Wahrnehmung ‚türkischer Religion' in Spätmittelalter und Reformation*, Göttingen.

Krünitz, Johann Georg (Begr.) (1773 – 1858): Oeconomische Encyclopädie online, verfügbar unter: http://kruenitz1.uni-trier.de/ [Letztes Zugriffsdatum am 10.02.2011].

Lindemann, Margot (1969): *Deutsche Presse bis 1815. Geschichte der deutschen Presse. Teil 1* (=Abhandlungen und Materialien zur Publizistik. Hg von Fritz Eberhard. Bd. 5), Berlin.

Mandeville, Sir John (1371): *The Travels of Sir John Mandeville*, verfügbar unter: http://www.planetnana.co.il/mandeville/Travels_of_Sir_John_Mandeville-CHAPTER-XXII.htm [letztes Zugrifssdatum 05.09.2010].

Rosenberger, Veit (1998): *Gezähmte Götter. Das Prodigienwesen der römischen Republik*, Stuttgart.

Schedel, Hartmann (1493): *Schedelsche Weltchronik*, verfügbar unter: http://upload.wiki media.org/wikipedia/commons/a/aa/Schedelsche_Weltchronik_d_012.jpg) [letztes Zugriffsdatum 05.09.2010]

Schenda, Rudolf (1963): „Die deutschen Prodigiensammlungen des 16. und 17. Jahrhunderts", in: *Archiv für Geschichte des Buchwesens*, hrsg. von der Historischen Kommission des Börsenvereins des Deutschen Buchhandels e.V. Bd. IV, Frankfurt am Main.

Schenda, Rudolf (1970): *Volk ohne Buch. Studien zur Sozialgeschichte der populären Lesestoffe 1770 – 1910*, Frankfurt am Main.

Schwegler, Michaela (2002): *„Erschröckliches Wunderzeichen" oder „natürliches Phänomenon"? Frühneuzeitliche Wunderzeichenberichte aus der Sicht der Wissenschaft*, Bayerische Schriften zur Volkskunde, Bd. 7, München.

Stopp, Klaus (2001): *Botanische Einblattdrucke und Flugschriften vor 1800*, Bd. 1, Stuttgart.

Zedler, Johann Heinrich (1749): *Großes vollständiges Universallexikon aller Wissenschaften und Künste*, Bd. 59. Leipzig / Halle (Stichwörter „Wunder" und „Wunder=Zeichen"). Bd. 59, Sp. 2149. verfügbar unter: http://www.zedler-lexikon.de/ [Letztes Zugriffsdatum am 10.02.2011].

http://www.planetnana.co.il/notes/books/mandeville.htm [Letztes Zugriffsdatum am 10.02.2011].

http://upload.wikimedia.org/wikipedia/commons/a/aa/Schedelsche_Weltchronik_d_012.jpg. [Letztes Zugriffsdatum 10.02.2011].

Mahmut Karakuş

Bildungsmigration nach Deutschland und ihre Auswirkungen auf die Literatur: Sabahattin Alis Roman *Die Madonna im Pelzmantel*[1]

Wenn man von den deutsch-türkischen Wissenschaftsbeziehungen spricht, dann denkt man vor allem an das Exil der deutschen Wissenschaftler in die Türkei in den 1930er Jahren. Allerdings gab es, wenn auch unter unterschiedlichen Voraussetzungen, im gleichen Zeitraum auch eine bildungsbedingte Mobilität in umgekehrter Richtung, deren Bedeutung jedoch nicht immer angemessen gewürdigt wird. In der genannten Zeit wurden zahlreiche Studenten nach Deutschland geschickt, die dort nach den Bedürfnissen der neu gegründeten Republik ausgebildet werden sollten, welche dann für den wissenschaftlichen und kulturellen Aufbau des Landes in den Gründerjahren eine entscheidende Rolle gespielt haben.[2] Einer von diesen jungen Studenten war der spätere Autor Sabahattin Ali, der im Jahre 1928 nach Berlin ging.[3]

Als Folge dieses Deutschlandaufenthaltes, der den Autor und sein künstlerisches Schaffen entscheidend geprägt hat, ist der Roman *Kürk Mantolu Madonna* (1943) entstanden, der zusammen mit dem Roman *Der Dämon in uns*

---

1 Dieser Beitrag ist im Rahmen des Projekts *Türkisch-deutscher Kulturkontakt und Kulturtransfer* entstanden. Im literarischen Schwerpunkt geht es um die literarischen Inszenierungen deutsch-türkischer Beziehungen, die sich sowohl in der deutsch-türkischen wie auch in der deutschen oder türkischen Literatur niederschlagen können.

2 Die ersten Beziehungen zwischen Deutschland und der Türkei finden im Bereich des militärischen und diplomatischen Austauschs statt. So kam z.B. in den 30er Jahren des 19. Jahrhunderts Helmuth von Moltke für längere Zeit in das Osmanische Reich (Ortaylı 2005: 48). Am 14.07.1880 schloss das Osmanische Reich mit Deutschland einen Vertrag ab, nach dem weitere militärische und zivile Experten aus Deutschland ins Land geholt werden sollten (Ortaylı 2005: 75). Gegen Ende des 19. Jahrhunderts wurden diesmal Fachleute wie Professoren für den Fachbereich Medizin eingeladen, die mit der Aufgabe beauftragt wurden, Reformen in der Medizinausbildung durchzuführen (Ortaylı 2005: 77).

3 Sabahattin Ali sollte in Deutschland vier Jahre bleiben und dort deutsche Sprache und Literatur studieren, um dann in der Türkei als Fremdsprachenlehrer zu arbeiten (Bezirci 1992: 26). Nach dem Sprachkurs in Potsdam geht er nach Berlin, um sein Studium aufzunehmen. Dort wird er in einem Studentenheim untergebracht, in dem auch deutsche Studenten wohnen. Nach einer handgreiflichen Auseinandersetzung mit einem Studenten muss er sein Studium abbrechen und im Frühling des Jahres 1930 in die Türkei zurückkehren (Bezirci 1992: 30).

(2007) / *İçimizdeki Şeytan* (1940) unter dem Titel *Die Madonna im Pelzmantel* (2008) in deutscher Übersetzung vorliegt, auf den hier näher eingegangen werden soll. Darüber hinaus hat er nach seiner Rückkehr zahlreiche Werke aus dem Deutschen ins Türkische übersetzt.[4]

Die Madonna im Pelzmantel besteht aus drei Teilen. Im ersten Teil erzählt ein Ich-Erzähler, der Arbeitskollege von Raif Efendi, wie sich der introvertierte, dem Leben abgewandte Angestellte Raif Efendi in der Familie und am Arbeitsplatz durchzuschlagen versucht, ohne allerdings Lebensfreude zu zeigen. Sowohl in seiner Familie als auch am Arbeitsplatz nimmt er alle Beleidigungen und Ungerechtigkeiten ohne Reaktion hin:

> Nicht nur schien er es normal zu finden, dass er überall, sei es im Büro, sei es zu Hause, von Menschen, die ihm völlig fremd sein mussten, als ein Nichts betrachtet wurde, nein, er schien dies sogar zu begrüßen. (Ali 2008: 40)

Dies weckt im Ich-Erzähler, seinem Arbeitskollegen, die Neugierde, ihn näher kennenzulernen. Eines Tages erkrankt Raif Efendi, bittet seinen Kollegen, seine Schublade zu räumen und ihm den Inhalt nach Hause zu bringen. In der Schublade findet der Ich-Erzähler ein Tagebuch und kann sich nicht zurückhalten, darin zu lesen.

Hier setzt der zweite Teil des Romans ein, der auch als eine Binnengeschichte innerhalb einer Rahmenerzählung betrachtet werden kann, in der nun Raif Efendi als Ich-Erzähler seine Studienreise nach Berlin schildert. Auf Wunsch seines Vaters, der einen Seifenbetrieb besitzt, soll Raif Efendi „[...] nach Deutschland gehen und dort das Handwerk der Seifenherstellung, insbesondere die Fabrikation parfümierter Seifen erlernen [...]" (Ali 2008: 69). Im Zentrum des zweiten Teils des Romans steht jedoch nicht so sehr sein Studium, sondern seine Beziehung zu einer Malerin und Sängerin namens Maria Puder alias ‚Die Madonna im Pelzmantel', deren Selbstporträt Raif Efendi zunächst in einer Galerie und ihr persönlich dann in einem Nachtklub begegnet.

Zwischen Raif Efendi und Maria Puder entsteht eine Liebesbeziehung. Nach einiger Zeit muss Raif Efendi Berlin verlassen und verspricht Maria, sie nach Ankara nachzuholen. Ihr Verhältnis halten sie durch einen intensiven Briefverkehr aufrecht. Kurze Zeit darauf stirbt Maria Puder bei der Geburt ihres gemeinsamen Kindes, wobei Raif Efendi weder von ihrer Schwangerschaft noch von ihrem Tod etwas erfährt und vergebens auf eine Nachricht von ihr wartet. Nun beginnt er, völlig dem Leben den Rücken gekehrt, sein Leben zu fristen. Nach der Rückkehr aus Deutschland heiratet er in Ankara und bekommt Kinder,

---

4 Als Übersetzungen zu erwähnen sind z. B. Lessings *Minna von Barnhelm*, Kleists *Die Verlobung in St. Domingo*, Chamissos *Peter Schlemihls wundersame Geschichte*, Hebbels *Gyges und sein Ring*. Neben den Übersetzungen im Buchformat hat er verschiedene Übersetzungen in Zeitschriften veröffentlicht (Sönmez 2009: 155–156).

wobei auf die näheren Umstände dieser Heirat im Roman nicht eingegangen wird. Die Zeit zwischen der Rückkehr aus Deutschland und der Bekanntschaft mit dem Ich-Erzähler bzw. der Auffindung des Tagebuches durch ihn wird ausgespart. Durch einen Zufall trifft er in Ankara nach etwa neun Jahren die gemeinsame Tochter in Begleitung von Frau van Tiedemann, einer Verwandten von Maria, mit der er in Deutschland eine Zeit lang zusammen in einer Pension gewohnt hatte. Sie klärt ihn über den Tod von Maria und über die gemeinsame Tochter auf, wobei er seiner Tochter gegenüber die Wahrheit nicht offenbaren kann und seine Lebenskraft endgültig verliert.

Den kurzen letzten und dritten Teil des Romans bildet die Rückkehr an den Anfang zur Rahmengeschichte, in der der Arbeitskollege von Raif Efendi als Ich-Erzähler die Binnengeschichte kommentierend in die Rahmenhandlung überleitet.

Der Roman enthält intensive autobiographische Züge. Dieser Sachverhalt wird gelegentlich so sehr in den Vordergrund gestellt, dass man versucht, reale Entsprechungen für die fiktiven Romanfiguren zu identifizieren.[5] Wie immer es sich in dieser Hinsicht verhalten mag, Tatsache ist, dass der Autor eine narrative Konstellation geschaffen hat, in der zwei Figuren mit unterschiedlichem kulturellem Hintergrund einander in Berlin begegnen und sich ineinander verlieben.

Eingangs wurde im Zusammenhang mit den Wissenschaftsbeziehungen zwischen Deutschland und der Türkei die Bedeutung der Mobilität hervorgehoben. Sie ist allerdings nicht nur auf der Metaebene, nämlich für den Autor relevant, sondern auch auf der fiktiven Ebene für die beiden Figuren konstitutiv. Die Begegnung wie auch die Trennung der beiden Hauptfiguren sind das Ergebnis einer solchen Mobilität, die das Schicksal der beiden Protagonisten prägt. Die Mobilität betrifft sowohl die Binnenmigration als auch die Mobilität zwischen den Ländern. In Bezug auf Raif Efendi handelt es sich einerseits um eine Binnenmigration, weil er von der anatolischen Kleinstadt Havran nach Ankara gekommen ist, dort Fuß fasst und die Großstadt kennenlernt. Diese Binnenmigration wird sich mit der Zeit intensivieren und als eine Zwischenstufe in

---

5 So äußert sich Asim Bezirci in Bezug auf die Ich-Figur in der Rahmenhandlung von Sabahattin Ali (Bezirci 1992: 238); und die Hauptfigur Raif Efendi wird mit einem Verwandten des Autors identifiziert, den der Autor etwas umgewandelt in seinen Roman aufgenommen habe (Bezirci 1992: 234). Dieser Versuch, Entsprechungen für fiktive Figuren in der realen Welt zu finden, beschränkt sich nicht nur auf Raif Efendi, sondern gilt auch für die Figur Maria Puder. Sabahattin Ali erwähne ein gewisses Fräulein Puder, das er in Berlin kennen gelernt habe (Bezirci 1992: 232). Ferner ist von einer jüdischen Dame mit Pelzmantel aus einem ungarischen Orchester in Istanbul die Rede, mit der Sabahattin Ali befreundet gewesen sein soll (Bezirci 1992: 233). Zuletzt findet die Tochter von Sabahattin Ali, Filiz Ali, gewisse Ähnlichkeiten zwischen der ‚Madonna im Pelzmantel‘ und ihrer Mutter und fügt zugleich hinzu, dass die Figur Züge von mehreren Frauen trage (Ali, F. 1997: 40).

Richtung Europa das Gesicht der Metropolen prägen. Andererseits handelt es sich um eine Mobilität zwischen der Türkei und Deutschland, da Raif Efendi nun von Ankara nach Berlin geht, um dort zu studieren. Auch diese Form der Mobilität wird in der zweiten Hälfte des 20. Jahrhunderts zu einer radikalen Wandlung sowohl in der deutschen als auch in der türkischen Gesellschaft führen, die entscheidende Folgen vor allem in kultureller und wirtschaftlicher Hinsicht haben wird. Raif Efendis Freundin Maria Puder wandert auch zwischen den Städten, nämlich zwischen Berlin und Prag, will aber auch ihrem Geliebten in die Türkei folgen.

Es stellt sich nun die Frage, wie im Roman interkulturelle Verhältnisse narrativ dargestellt werden, deren Voraussetzungen die oben erwähnte Mobilität ist. In der Kommunikation zwischen Raif Efendi und seinen Bekannten in Deutschland wird seiner Herkunft bzw. Zugehörigkeit zu einem Kollektiv keine große Bedeutung beigemessen; der kulturelle Unterschied findet keine explizite Erwähnung; die jüdische Herkunft Marias väterlicherseits wird nur gelegentlich thematisiert. Folglich scheint auch von einem interkulturellen Konflikt bzw. kultureller Differenz explizit keine Rede zu sein. Wenn man jedoch die gegenwärtige deutsch-türkische Literatur oder deutsche Literatur im engeren Sinne betrachtet, so wird man unschwer zahlreiche Passagen finden, in denen in der Begegnung der Figuren aus unterschiedlichen kulturellen Kontexten Kulturkonflikte bzw. Kulturdifferenzen explizit thematisiert werden. In diesem Zusammenhang wird hervorgehoben, dass in der Begegnung der Figuren aus differenten kulturellen Kontexten interkulturelle Konflikte virulent werden können, die auf die „schwierige Koexistenz und strukturelle[n] Kommunikationsunfähigkeit dieser Kulturen" (Welsch 2000: 335) zurückgeführt werden. Die interkulturelle Kommunikation kann jedoch umso konfliktträchtiger sein, je größer die so genannte „interkulturelle Distanz" ist, die aus der „Dimension der erlebten Distanz zwischen Völkern und Kulturen" (Maletzke 1996: 33) resultiert. Aus den zitierten Stellen kann gefolgert werden, dass interkulturelle Verhältnisse, seien sie konfliktträchtig oder friedfertig, die Existenz mindestens zweier Kollektive mit unterschiedlichem kulturellem Hintergrund voraussetzen: „[W]enn beliebigen Kollektiven Kultur zukommt, müsste streng genommen Interkulturalität gleichbedeutend mit Interkollektivität sein." (Hansen 2000: 300) Die Thematisierung der kulturellen Differenzen sowohl in der deutsch-türkischen Literatur als auch in der deutschen Literatur im engeren Sinne könnte daher, wenn man von den kulturellen Differenzen zwischen der Majorität und den Minoritäten in Deutschland ausgeht, auch auf die kollektive Existenz der betreffenden Minoritäten zurückgeführt werden. Allerdings kann im Unterschied zu zahlreichen Werken aus der Gegenwart im vorliegenden Roman nicht von einer kollektiven Repräsentation der türkischen Kultur in Deutschland die Rede sein, die dann zu Kulturkonflikten führen könnte. Daher scheint auf den ersten Blick im Roman keine narrative Darstellung von Kulturkonflikten zu existieren. Das bedeutet allerdings nicht, dass kulturelle Differenzen völlig ausgeblendet werden. Auch wenn im Roman die interkulturellen Differenzen keine explizite Darstellung finden, so wird ihnen doch durch narrative Strategien, vor allem der kontrastiven Darstellung von Räumlichkeiten, in denen die Figuren agieren, implizit Ausdruck verliehen.

Wenn es sich so verhält, wie lässt sich dann die obige Frage beantworten? Eine zentrale Rolle könnte in diesem Zusammenhang die Darstellung der Räumlichkeiten in Ankara einerseits und in Berlin andererseits spielen, die zugleich der Darstellung der privaten und öffentlichen Sphäre gleichzukommen scheint. Diese Sphären sind Bereiche, in denen die Formen der Geschlechterbeziehung, beziehungsweise die Rolle der Frau in der Gesellschaft zum Vorschein kommen. Die interkulturellen Unterschiede werden nämlich mittelbar über das Verhältnis zur Räumlichkeit evoziert, das die betreffenden Figuren im Roman herstellen, das zugleich symbolisch für die Beziehung zwischen den Geschlechtern steht. Es stellt sich nun die Frage, wie das Verhältnis der Geschlechter in Ankara einerseits und in Berlin andererseits dargestellt wird. Während Raif Efendi in Ankara primär zu Hause unter seinen Familienmitgliedern, also in geschlossenen Räumen agiert, – wenn man von seinem Arbeitsplatz absieht, wo er am Schreibtisch weilen muss – verlagert sich die zwischenmenschliche Beziehung in Berlin von der geschlossenen privaten Sphäre in die öffentliche Sphäre des Draußen. Er macht z. B. mit seiner Freundin Maria Puder lange Spaziergänge im Freien, auf den Straßen von Berlin, vor allem im Bereich des Botanischen Gartens:

> Wir waren ein gutes Stück gelaufen. […] Nach einer Weile war es Maria, die fragte: / ‚Wohin gehen wir?‘ / ‚Das weiß ich nicht.‘ […] ‚Dies ist der Botanische Garten.‘ […] Drinnen waren wir ganz allein. Lange wanderten wir über die Kieswege. […] ‚Dies ist der schönste Platz in ganz Berlin‘, sagte Maria. (Ali 2008: 135 f.)

Sie setzen sich auf eine Bank und reden intensiv über die Form ihrer Beziehung und darüber, was eine Partei von der anderen erwarten kann. Wenn er sie treffen will, dann wartet er auf sie entweder vor dem Kabarett oder vor dem Haus Marias, um dann von dort Spaziergänge zu unternehmen: „Von der Brücke, die ihn [den Kanal] dort überspannte, war Maria Puders Haus zu sehen. […] Als ich mich umdrehte, sah ich sie auf mich zukommen." (Ali 2008: 130 f.) Er besucht Maria nur dann in ihrer Wohnung, als sie krank wird und Pflege braucht. Man könnte zwar annehmen, dass sich Maria in der Beziehung zu Männern eine relative Freiheit erlaubt, weil sie eine Künstlerin ist. Allerdings beschränkt sich dieser vorbehaltlose Umgang mit Männern nicht nur auf Maria. Am deutlichsten kommt der Sachverhalt, dass in Berlin die privaten und öffentlichen Sphären ineinander übergehen und dass sich die Interaktion der Figuren unter anderem auch in öffentlichen Bereichen wie Straßen und Parkanlagen vollzieht, darin zum Ausdruck, dass Raif Efendi auf dem Rückweg nach Hause auf der Straße von Frau van Tiedemann einen feurigen Kuss bekommt:

> Wir hakten einander unter und bewegten uns, [...] vorwärts, [...] Frau van Tiede-manns Fuß blieb am Bordstein [...] hängen. [...] Doch auch als sie ihr Gleichgewicht wiedergefunden hatte, entließ sie mich nicht aus ihrer Umarmung, sondern drückte mich noch fester an sich. [...] Plötzlich spürte ich die geöffneten Lippen der gut Fünfunddreißigjährigen in meinem Gesicht. (Ali 2008: 90 f.)

Maria beobachtet die beiden von der Ferne, zeigt allerdings keine Reaktion. Erst in einem Gespräch mit Raif Efendi erwähnt sie beiläufig, dass sie diese Szene gesehen habe. Sie misst der Szene allerdings keine weitere Bedeutung bei. Diese Geste von Raif Efendi und von Frau van Tiedemann signalisiert, dass sich das Private zwischen den beiden Figuren in Berlin auch in den öffentlichen Bereich ausdehnen kann. Darüber hinaus suggeriert die Tatsache, dass Frau van Ti-edemann im genannten Augenblick die Initiative ergreift und die aktivere Figur ist, dass der Frau hier in der Beziehung zum männlichen Geschlecht im Be-sonderen und in der Gesellschaft im Allgemeinen eine völlig andere Rolle zu-kommt als in Ankara. Zwar wird unterstrichen, dass auch in Ankara Frauen existieren, die in den öffentlichen Bereichen agieren, wie etwa einige Arbeits-kolleginnen von Raif Efendi. Es gibt jedoch auch eine Vielzahl von Frauen, deren Leben sich ausschließlich im privaten Bereich abspielt und die sich kaum auf die Straße wagen. Dass nicht nur die Gleichberechtigung der Frau mit dem Mann, sondern auch ihre tatsächliche Ebenbürtigkeit gegenüber dem Mann einen der zentralen Aspekte der Geschlechterbeziehung darstellt, expliziert sich in den Worten von Maria Puder in einem Gespräch mit Raif Efendi. Maria Puder tritt in der Beziehung zu Männern als eine selbstbewusste Person auf, die sich nicht scheut, ihre Gedanken über die Geschlechterbeziehung offen zum Ausdruck zu bringen:

> Das Unerträglichste für mich ist aber, dass die Frau gezwungen ist, sich dem Mann gegenüber stets passiv zu verhalten. Warum? [...] Warum liegt sogar in Euren Bitten ein Herrschaftsanspruch, während es uns als Schwäche angerechnet wird, wenn wir euch abweisen? Hiergegen habe ich mich seit meiner Kindheit immer aufgelehnt, ich habe das nie akzeptieren können. (Ali 2008: 146)

Auch hier vermeidet der Erzähler zwar einen expliziten Vergleich mit der ge-sellschaftlichen Stellung der Frau in Ankara. Allerdings vollzieht sich dieser Vergleich wiederum implizit, da im Roman keine Frau in Ankara dargestellt wird, die die Gleichberechtigung der Frau mit dem Mann entweder wie hier metasprachlich oder implizit thematisiert. Die traditionelle Frauenrolle sieht der Leser vor allem am Beispiel der Frau von Raif Efendi, wenn er sie in ihrer Rolle in der Familie betrachtet: „Raif Efendis Frau, Mihriye Hanim, die, bereits gealtert, bevor sie vierzig war, mit ihrem erschlafften Körper und den bis auf den Bauch herabhängenden Brüsten ein Bild seltsamer Unförmigkeit bot, stand den ganzen Tag in der Küche." (Ali 2008: 36) Der Gegensatz in der gesellschaftlichen Rollenverteilung der Frauen in Berlin und Ankara wird evident, wenn man die beiden Frauen miteinander vergleicht. Die Souveränität von Maria Puder, die einen Mann wie Raif Efendi in Erstaunen versetzt, kommt auch in der Szene zum Vorschein, in der sie Raif Efendi ihre Freundschaft anbietet: „„Wir könnten Freunde werden!' sagte sie. [...] Ich sah sie befremdet an. Was wollte sie damit sagen? Was konnte eine Frau einem Mann mit diesen Worten vorschlagen?" (Ali 2008: 114) Auch wenn Raif Efendi in einem europäischen Land weilt, signalisieren seine Worte, dass er bestimmte internalisierte Vorstellungen über die Rollenverteilung der Geschlechter hat, die von seiner Geliebten korrigiert werden. Es soll jedoch konstatiert werden, dass er in Berlin eine Metamorphose, einen gewissen Lernprozess durchgemacht hat, wobei hier Maria, im Jargon der höfischen Literatur gesprochen, die Rolle der Erzieherin zukommt. Dass er im Verhältnis nicht den Überlegenen spielt, zeigt der Umstand, dass er die Beziehungsform akzeptiert, die von Maria vorgeschlagen wird. Allerdings muss bemerkt werden, dass seine Erfahrungen in der neuen Umgebung, vor allem in der Beziehung zu Frauen, Raif Efendi in eine Unsicherheit geführt haben könnten, infolge derer er sich in der Beziehung zu Maria relativ zurückhaltend verhält.

Es wurde erwähnt, dass Raif Efendi in Ankara im Unterschied zu seiner Existenz in Berlin fast ausschließlich in geschlossenen Sphären erscheint. So ist auch seine Beziehung zu den Frauen auf das Verhältnis in geschlossenen Räumen beschränkt. Zwar verkehrt er im Büro als einem öffentlichen Raum mit Arbeitskolleginnen. Dieses Verhältnis ist jedoch eine arbeitsbedingte, somit unvermeidliche Beziehung. Es gibt allerdings eine große Zahl von Frauen, denen ausschließlich die Rolle einer Hausfrau zukommt, deren Leben sich zwischen Küche und Wohnzimmer abspielt. Die Sphären des Öffentlichen und des Privaten sind nämlich in Ankara vor allem für die genannten Frauen so streng voneinander getrennt, dass sie sich kaum auf die Straße wagen, dass z.B. Raif Efendi von seinem Krankenbett aufstehen muss, wenn etwas besorgt werden soll: „Bei uns zu Hause ist sogar das Brotholen ein Problem. Wenn ich krank werde, finden sie niemanden, den sie zum Bäcker schicken können!" (Ali 2008: 31) Im Roman scheint die Existenzform der betreffenden Frauen in Ankara in der Regel auf die private Sphäre beschränkt zu sein, während im öffentlichen Bereich vor allem Männer zu dominieren scheinen. Explizit kommt diese Tatsache im Verhältnis zwischen Mann und Frau zum Ausdruck, das im Roman auf das Verhältnis der Familienmitglieder bezogen ist, das sich von der Beziehung der Familienmitglieder in Berlin erheblich unterscheidet. Raif Efendi lebt in einer Großfamilie mit seiner Schwester, seinem Schwager und den Kindern, mit denen er ausschließlich im privaten Familienmilieu und zwar aus Not verkehrt, wobei dieses Verhältnis sich kaum in den öffentlichen Bereich des Draußen verlagert. Allerdings kann dieser Umstand nicht auf die dominante Rolle von Raif Efendi, sondern auf die Internalisierung der gesellschaftlichen Vorstellung über die Rollenverteilung von Geschlechtern durch die Frauen zurückgeführt werden. Wie erwähnt wurde, muss man allerdings in dieser Hinsicht eine Einschränkung vornehmen: dass nämlich die strikte Rollenverteilung im Roman nur für einen Teil der Frauen gilt, dass daneben auch Frauen existieren, die berufstätig sind, wie man am Beispiel der Arbeitskolleginnen von Raif Efendi beobachten kann. Wenn man sich Maria Puder zuwendet, so kann festgehalten werden, dass sie überwiegend allein lebt und das Bild einer selbständigen, selbstbewussten Frau abgibt, die sich nicht scheut, mit Raif Efendi auch in der öffentlichen Sphäre zu erscheinen.

> [I]n der Stadt – und in besonderer Weise in der großstädtischen Metropole – zeigen sich [zwar] die Phänomene der gesellschaftlichen Fortschritts in besonderer Verdichtung, und der städtische Raum ist paradigmatisch für die gesellschaftliche Existenz des Modernen Subjekts. (Matzat 2005: 73)

Im Roman erscheint die Stadt als der Schauplatz der zwischenmenschlichen Beziehungen, vor allem der Interaktion zwischen den Geschlechtern. Denn Urbanisierung und Individualisierung gehören zusammen und die Stadt ist Zivilisationsinstanz *sui generis* (Berking / Neckel 1988: 262). Das, was in den Zitaten in Bezug auf die Entfaltungsmöglichkeiten der Individuen in der Großstadt zum Ausdruck kommt, mag zwar allgemein für die Großstädte gelten. Diese Annahme bedarf jedoch einer Differenzierung. Denn in den beiden Metropolen Berlin und Ankara, von denen jede auf ihre eigene Art eine Weltmetropole darstellt, existieren differente Möglichkeiten für die Entfaltung der genannten Beziehungen.

Abschließend kann festgehalten werden, dass der Roman in der Darstellungsform der Geschlechterbeziehungen und der Familienstruktur implizit die interkulturellen Unterschiede zum Vorschein bringt, wobei den Kern des Romans eine Liebesgeschichte bildet. Auch wenn im zweiten Teil des Romans nicht von einer expliziten interkulturellen Wechselseitigkeit die Rede sein kann, weil keine kollektive Repräsentation des Fremden, hier der Türken, zu beobachten ist, so werden doch implizit die Differenzen der derzeitigen deutschen und türkischen Kultur angedeutet, die sich vor allem im Verhältnis der Geschlechter und in der Rolle der Frau in der Familie und Gesellschaft manifestieren. Bei der Darstellung der Differenzen beider Kulturen kommt der Konstruktion der Räumlichkeit eine relevante Rolle zu, weil sie der poetischen Semantisierung der Beziehung zwischen den Figuren, vor allem aber zwischen den Geschlechtern in beiden Kulturen verhilft. Zur individuellen Leistung von Raif Efendi kann gerechnet werden, dass er dank der Hilfe von Maria Puder eine gewisse Wandlung durchgemacht hat. Der Tod seines Vaters führt ihn in die Heimat zurück. Die Trennung von Maria hat tiefe Spuren in seinem Inneren hinterlassen, so dass er nach der Rückkehr aus Deutschland immer mehr dem Leben den Rücken kehrt und alles mit sich geschehen lässt, was man am Anfang des Romans beobachten kann. Am Ende des Romans enthüllt sich der Grund seiner Apathie dem Leben gegenüber, wenn die Handlung am Ende wieder an den Anfang zurückkehrt und sich der Kreis schließt.

Literatur

Ali, Filiz (1997): *Filiz Hiç Üzülmesin. Sabahattin Ali'nin Objektifinden, Filiz Ali'nin Gözünden Bir Yaşam Öyküsü*, İstanbul.

Ali, Sabahattin (1940): *İçimizdeki Şeytan*, İstanbul.

Ali, Sabahattin (2007): *Der Dämon in uns*, übersetzt von Birgi-Knellesen, Ute, Zürich.

Ali, Sabahattin (2008): *Die Madonna im Pelzmantel*, übersetzt von Birgi-Knellesen, Ute, Zürich.

Ali, Sabahattin (2010 [1943]): *Kürk Mantolu Madonna*, İstanbul.

Berking, Helmut / Neckel, Sighard (1988): „Stadtmarathon. Die Inszenierung von Individualität als urbanes Ereignis", in: Scherpe, Klaus R.: *Die Unwirklichkeit der Städte. Großstadtdarstellungen zwischen Moderne und Postmoderne*, Reinbek bei Hamburg, S. 262–278.

Bezirci, Asim (1992): *Sabahattin Ali. Yaşamı, Kişiliği, Sanatı, Hikayeleri, Romanları*, İstanbul.

Hansen, Klaus P. (2000): „Interkulturalität: Eine Gewinn- und Verlustrechnung", in: Wierlacher, Alois (Hg.): *Jahrbuch Deutsch als Fremdsprache*, Bd. 26, München, S. 289–306.

Maletzke, Gerhard (1996): *Interkulturelle Kommunikation. Zur Interaktion zwischen Menschen verschiedener Kulturen*, Opladen.

Matzat, Wolfgang (2005): „Stadtdarstellung im Roman. Gattungstheoretische Überlegungen", in: Moser, Christian / Bolln, Frauke / Elpers, Susanne / Scheid, Sabine / Tiedemann, Rüdiger von (Hg.): *Zwischen Zentrum und Peripherie. Die Metropole als kultureller und ästhetischer Erfahrungsraum*, Bielefeld, S. 73–89.

Ortaylı, İlber (2005*): Osmanlı İmparatorluğu'nda Alman Nüfuzu*, İstanbul.

Sönmez, Sevengül (2009): *A'dan Z'ye Sabahattin Ali*, İstanbul.

Welsch, Wolfgang (2000): „Transkulturalität. Zwischen Globalisierung und Partikularisierung", in: Wierlacher, Alois (Hg.): *Jahrbuch Deutsch als Fremdsprache*, Bd. 26. München, S. 327–351.

Karin E. Yeşilada

Gotteskrieger-Konfigurationen des radikalen Islam in der deutschsprachigen Gegenwartsprosa

Einleitung: Muslim Turn in der Gegenwartsliteratur

Für den mittellosen Studenten aus Sabahattin Alis Roman *Die Madonna im Pelzmantel* gab es nach dem Tod des ihn unterstützenden Vaters keine Alternative als die überstürzte Rückkehr in die Türkei: Sein sorgloses Leben als Bummelstudent im Berlin der 1930er war für den Türken damit jäh beendet – und doch hinterließ diese literarische Episode unverkennbare Spuren im kulturellen Gedächtnis deutsch-türkisch-jüdischer Beziehungen. Solche historischen Einschreibungen, die ihr Echo in den Berlin-Romanen türkisch-deutscher Autoren finden und kennzeichnend für den ‚Turkish Turn' in der deutschen Gegenwartsliteratur sind (Adelson 2005), werden durch die zeitgenössischen Debatten um Integration und Islam verdrängt.[1] Neuerdings ist darüber hinaus ein markanter ‚Muslim Turn' (Yeşilada 2009) zu verzeichnen, der sich nicht allein dadurch bemerkbar macht, dass eingewanderte Autoren mit muslimischem Hintergrund Position zum Islam beziehen. Seit Mitte des 2000er Jahrzehnts entwickelt sich in den Werken (nicht nur) türkisch-deutscher Autoren ein literarischer Islam-Diskurs, der sich in der Schaffung muslimischer, häufig radikalmuslimscher Figuren manifestiert. Wie verfährt die Literaturwissenschaft mit dieser neuen Literatur ‚muslimischer Provenienz'?

Im Zuge der seit den Ereignissen des 11. September 2001 anschwellenden Debatten über Islam wurde Religion zum zentralen, wenn nicht alleinigen Identitätsmerkmal weltweit, insbesondere auch für die in Deutschland lebenden Einwanderer aus islamischen Ländern wie der Türkei, Iran, Marokko usw. Autoren mit islamischen Hintergrund werden seither als ‚Muslime' und ‚muslimische Autoren' wahrgenommen. Die Problematik dieser Adressierung liegt in ihrer Ausschließlichkeit, in dem, was Amartya Sen (2006) als „Identitätsfalle" bezeichnet. Denn die Annahme, dass ein Mensch ausschließlich aufgrund seiner Religiosität bestimmbar sei, ist insofern ein Fehlschluss, als zum einen dabei

---

1 Vgl. dazu die Beiträge von Mahmut Karakuş und Michael Hofmann in diesem Band.

andere identitätskonfigurierende Faktoren ausgeblendet werden, Identität also nur auf einen einzigen, bestimmenden Aspekt, eben Religion, fokussiert bleibt und damit keine Dynamik zugesprochen bekommt. Andererseits verbindet sich mit der Zuweisung einer vermeintlich ‚muslimischen' Identität stets eine bereits festgeschriebene Vorstellung von ‚Islam'. Im Zeichen von Post-9/11 ist dies eine die westlichen Gesellschaften bedrohende, fundamentalistisch-aggressive Variante, die zumeist in monokausalen Zusammenhängen denkt (Muslim = männlich = Terrorist, bzw. Muslima = weiblich = Unterdrückung) und komplexere Zusammenhänge (wie z.B. Re-Islamisierung im globalen post- und antikolonialen Kontext, Re-Islamisierung in Deutschland im Kontext von Wiedervereinigung und Xenophobie usw.) ausblendet. Der westliche öffentliche mediale Diskurs ignoriert gesamthistorische Entwicklungslinien islamischer Geschichte dabei ebenso wie innerislamische (kritische) Diskurse. Amartya Sens kritische Replik auf Samuel Huntingtons monolithischen Kulturbegriff argumentiert dagegen mit der Diversität von Identitäten und biografischen Entwürfen.

Für die Literaturwissenschaft ist die Behauptung eines ‚Muslim Turn' daher mit der Einsicht verbunden, dass Identitätskonstruktionen im Sinne Sens stets in ihrer Pluridimensionalität zu denken sind. Das betrifft sowohl die Autoren als auch die Texte ‚muslimischer Provenienz'. Es geht darum, zu untersuchen, welchen Stellenwert Islam im Schreiben eines Autors einnimmt, und welche Rolle die muslimische Perspektive für die Erzählweise spielt. Im Folgenden sollen fiktionale Erzählungen der jüngsten deutschen Gegenwartsliteratur (muslimischer und nicht-muslimischer Provenienz) vorgestellt werden, die mit Konfigurationen des radikalen Islam in besonderer Weise auf die Entwicklungen seit 2001 reagieren.

Literarische Konfigurationen des radikalen Islam

2004 erschien Feridun Zaimoğlus Erzählband *Zwölf Gramm Glück*, der nicht nur strukturell, sondern auch inhaltlich mit religiöser Thematik spielt. 2006 kam Sherko Fatahs preisgekrönter Roman *Das dunkle Schiff* heraus, der die Geschichte eines als Terrorist gescheiterten Flüchtlings aus dem Irak erzählt. Im gleichen Jahr veröffentlichte Christoph Peters seinen Roman *Ein Zimmer im Hause des Krieges* über den deutschen muslimischen Attentäter Jochen Sawatzky alias Abdullah. 2008 publizierte der Schauspieler und Kabarettist Fatih Çevikkollu die schriftliche Version seines zuvor bereits erfolgreichen Kabarettprogramms unter dem Titel *Der Moslem-TÜV*; Aygen-Sibel Çelik schrieb die Jungmädchen-Erzählung *Seidenhaar* über zwei unterschiedliche Cousinen mit und ohne Kopftuch, und 2010 sorgte die Journalistin Hilal Sezgin mit ihrem komischen Terror-Roman *Mihriban pfeift auf Gott*, einer Geschichte über einen Berliner Türken, der vom Verfassungsschutz zum Terroristen stilisiert wird, für angenehme Überraschung beim Feuilleton.[2]

Alle literarischen Texte haben miteinander gemeinsam, dass sie den Aspekt der radikal-islami(sti)schen Bedrohung, sei es in der Figur des Gotteskriegers oder in der inszenierten Terrordrohung, auf fiktionale Weise interpretieren und damit an den öffentlichen Diskurs über Islam anknüpfen. In welcher Weise das jeweils in den einzelnen Texten erfolgt, soll nun vor Augen geführt werden. Dabei lassen sich die Texte unterteilen in zwei Kategorien: diejenigen, die ‚echte' Terroristen, d. h. Gotteskrieger-Konfigurationen, präsentieren (Zaimoğlu, Fatah und Peters), und solche, die ‚vermeintliche' Terroristen darstellen, d. h. die den Islamismus als inszenierte Bedrohung gestalten (Çevikkollu, Sezgin).

Die ‚echten' Terroristen: Gotteskrieger-Konfigurationen bei Feridun Zaimoğlu, Christoph Peters und Sherko Fatah

Feridun Zaimoğlus Erzählung *Gottes Krieger* (2004)

Im Werk des wohl bekanntesten türkisch-deutschen Autors der zweiten Generation, des 1964 geborenen Feridun Zaimoğlu, zieht sich ein islamischer Bezug wie ein ‚grüner' Faden durch das gesamte bisherige Werk: Schon die Kanaksta-Figuren aus dem ersten Text *Kanak Sprak* (1995) äußerten sich dezidiert religiös, wie etwa die Figur des Islamisten Yücel, der in einer einzigen großen Suada auf den Westen islamistisches Gedankengut verbreitet, einschlägige Formulierungen vom gerechten Kampf gegen die westliche Dekadenz ins Feld führt, dabei mächtig auf den rhetorischen Putz haut, letztlich aber doch nur über seine eigene klägliche Existenz hinwegtäuscht und sich damit in den Chor der anderen Kanaksta einreiht, die das traurige Lied vom Leben am Rand in einer von sozialer Kälte geprägten Gesellschaft intonieren.[3] Später hat Zaimoğlu zusammen mit Günter Senkel mehrere Theaterstücke mit Islam-Thematik verfasst, etwa *Schwarze Jungfrauen* (2005), in dem junge Musliminnen (vorwiegend Einwandererinnen) trotzig Position beziehen, oder *Nathan Messias* (2006), das Lessings Stoff abwandelt und in den Nahen Osten der Jetztzeit versetzt, wo Nathan als messianischer Hassprediger die politisch brisante Gemengelage aufmischt.

---

2 In dieser Aufzählung sind die unzähligen Kolportagebücher muslimischer Frauen, die – häufig mit Unterstützung einer journalistischen Ghostwriterin – islamisch-patriarchalische Unterdrückung anprangern, ebenso wenig berücksichtigt wie die zahlreichen Debattenbeiträge engagierter Akademikerinnen wie Seyran Ateş, Necla Kelek, Lamiya Kaddor oder Mina Abadi.

3 Vgl. dazu meinen Beitrag in Hofmann / von Stosch 2011.

Zaimoğlu ist Spezialist für sprachgewaltige Rede, weswegen Hasspredigten des Öfteren in seinen Texten auftauchen; die Verbindungen zum (radikalen) Islam, wie schon bei der frühen Yücel-Figur, sind dabei bemerkenswert. Die an die marxistische Kulturkritik gemahnende Kritik an der deutschen Gesellschaft wird hier unter religiöser Perspektive formuliert und mit dem Islam verknüpft. So durchzieht etwa der Begriff der Barmherzigkeit (*merhamet*) den gesamten Text als moralischer Imperativ in der Einwanderungsgesellschaft: Aus einer islamischen Ethik heraus fordern die Einwandererkinder soziale Gerechtigkeit. Woher der 22-jährige Yücel seine Überzeugungen nimmt, lässt der Text offen; Tom Cheesman (2010) vermutet hier einschlägige Quellen wie Internet oder örtliche Hassprediger in den Moscheen, Leitfiguren einer islamistischen Szene, die das Milieu einer neuen muslimischen Jugendbewegung „zwischen Pop und Dschihad" prägen (Gerlach 2007). Eine solche Beziehung ist in Zaimoğlus Erzählung *Gottes Krieger* gestaltet.

Zaimoğlus mit dem Publikumspreis der Jury beim Bachmann-Wettbewerb ausgezeichneter Erzählband *Zwölf Gramm Glück* erschien drei Jahre nach dem 11. September 2001 und trägt deutliche Züge religiöser Auseinandersetzung, die sich sowohl strukturell (die insgesamt zwölf Erzählungen sind in *Diesseits* und *Jenseits* unterteilt) als auch inhaltlich manifestieren (Yeşilada 2009; Littler 2009; Cheesman 2007). Die Erzählung *Gottes Krieger* aus dem zweiten, in der Türkei angesiedelten, Buchabschnitt *Jenseits* schildert, wie ein ehemaliger Glaubenskrieger zum Abtrünnigen wird, weil er die doppelte Moral des in einen Sexskandal verstrickten ‚Herzpredigers' seiner Sekte nicht länger erträgt. Der Deutschlandtürke geht in die Türkei, verliebt sich dort in eine Witwe, bricht mit der Sekte und mit seinem alten Leben. Bereits auf der Ebene der Figurenkonstellation entfaltet die Erzählung unterschiedliche Entwürfe muslimischen Glaubens.

Der ‚Herzprediger' ist einer jener fanatischen Hassprediger, die seit 2001 verstärkt als mentale Urheber islamistischer Attentate in den öffentlichen Fokus gerückt sind. Seine in Kursivschrift in die Erzählung eingeflochtenen Predigten offenbaren den bekannten Duktus ultrareligiöser, antiwestlicher Propaganda, die sich gegen den US-amerikanischen Kapitalismus, aber auch gegen Bolschewismus, gegen Verwestlichung, Sittenlosigkeit, soziale Kälte und allgemeine Verderbtheit richtet. Faschistoide Züge treten in der Vorstellung von der „Entfremdung von Art, Rasse und reinem Vaterglauben" (Zaimoğlu 2004: 129) und der Selbstdefinition als „Herrengläubige" zutage. Im Gegensatz zur verbalen Rhetorik Yücels, der lediglich seine Worte als ‚Panzer' benutzte, stehen bei der Sekte des Herzpredigers Worte für Taten, für Bombenanschläge; das Gewaltpotential ist ernst zu nehmen und real. Seine Jünger sind Gotteskrieger, die sich im Gegensatz zur großen Mehrheit muslimischer Jugend in Deutschland nicht zur demokratischen Grundordnung bekennen und sie zerstören wollen.

Dennoch befördert die Empörung über die sexuelle Entgleisung des Idols den Ablösungsprozess und öffnet für den Ich-Erzähler den Raum zu eigenen sexuellen Erfahrungen mit der um einiges älteren Witwe. Zugleich entlarvt der Gotteskrieger die Doppelbödigkeit der Sektenphilosophie und büßt zunehmend an Radikalität ein. So löst er sich im Verlauf der Erzählung aus den Zwängen der islamistischen Vereinigung, ohne alle Inhalte aufzugeben; er bezeichnet sich als „Gläubigen" und glaubt noch an den „Gottesstaat", distanziert sich aber von der mörderischen Agenda der „Herrengläubigen" (Zaimoğlu 2004: 150, 156). Letztlich findet er über die Liebe zurück in die türkische Gemeinschaft, die eine freiere, wenngleich ebenfalls moralisch ambivalente Religiosität erlaubt. Mit der Erzählung *Gottes Krieger* schuf Zaimoğlu erstmals für die deutschsprachige Literatur eine, wenngleich skizzenhafte, Innensicht auf die islamistische Terror- und Schläfer-Szene.

Christoph Peters, *Ein Zimmer im Hause des Krieges* (2006)

Die Terroristenfigur in Christoph Peters' zwei Jahre darauf erschienenem Roman *Ein Zimmer im Hause des Krieges* (2006) ist ebenfalls Gotteskrieger, unterscheidet sich von Zaimoğlus Figur jedoch markant, da Abdullah es nicht beim verbalen Schwadronieren belässt, sondern sich tatsächlich als Untergrundaktivist den Todesschwadronen in Ägypten anschließt. Der geplante Terroranschlag allerdings scheitert; die Attentäter werden überwältigt, in Kairo ins Gefängnis geworfen, gefoltert und zum Tode verurteilt. Von der ,Action' im ersten, kürzeren Teil wechselt der Roman im zweiten Teil zum Dialog zwischen dem inhaftierten Protagonisten und dem deutschen Botschafter. Dieser will den Terroristen aus der lebensbedrohlichen Situation befreien, indem er ihn zu einem Geständnis und zur Abkehr vom Islam bewegt.

Peters inszeniert die Innensicht auf den Gotteskrieger literarisch einmal in *medias res* und dann in *media colloquia* (Letzteres mit entsprechenden Längen, die durch den Wechsel verschiedener Textformen wie Protokoll, Dialog, innerer Monolog aufgebrochen werden). Interessant erscheint dabei die Konfiguration des Gotteskriegers selbst, der eigentlich ein Deutsch-Amerikaner mit desolater Lebensgeschichte ist. Jochen Sawatzky war vom Vater, einem in Deutschland stationierten GI, früh verlassen und von der Mutter mehr schlecht als recht großgezogen worden, irrte orientierungslos am Rande der deutschen Gesellschaft herum, konvertierte dann aus Liebe zu einer Deutsch-Araberin zum Islam und schloss sich einer deutsch-arabischen Terrorzelle an. Als islamistischer Söldner kam er schließlich erst ins Terrorcamp und zuletzt ins Gefängnis. Der deutsche Botschafter Claus Cismar dagegen, Sohn eines ehemaligen Nazi-Offiziers, hatte in den 1968ern stark mit der RAF sympathisiert, jedoch nicht zur

Waffe gegriffen, sondern den ‚langen Marsch durch die Institutionen' angetre-
ten, mit dem Ziel, das System von innen zu verändern, und es so bis zum
Deutschen Botschafter gebracht. In dieser Funktion (und aus seiner Erfahrung
heraus) versucht er nun, den gescheiterten Konvertiten zu verstehen, zu überzeugen und (zur Rettung aus der lebensgefährlichen Lage) umzustimmen. Peters
inszeniert in sokratischer Manier also einen Dialog zwischen dem geläuterten
Ex-Radikalen mit weißer Weste und dem verbohrten Konvertiten-Radikalen,
dessen Hemd sich unter der ägyptischen Folter zunehmend blutig verfärbt. Man
könnte diese vom Autor bewusst als (erfolglose) Konfrontation der Ideologien
(Linksradikalismus versus Islamismus) angelegte Begegnung jedoch auch psy-
chologisch als tragischen Vater-Sohn-Konflikt deuten, in dem beide Männer in
ihren Rollen versagen. Es kommt zwar zur zwischenzeitlichen Annäherung,
doch reichen weder Zeit noch Vertrauensverhältnis für ein Happy End: Cismar
erleidet einen nervösen Zusammenbruch und wird vorzeitig abberufen, woraufhin Sawatzky verurteilt und gehenkt wird.

Sherko Fatahs Roman *Das dunkle Schiff* (2006)

Auch der Protagonist in Sherko Fatahs 2006 erschienenen Roman *Das dunkle
Schiff* begibt sich in den realen Kampf der Gotteskrieger und tötet ganz aktuell
mehrere Menschen, darunter hauptsächlich unschuldige Zivilisten, deren ein-
ziger Fehler darin bestanden hatte, zur falschen Zeit (d. h. im irakischen Bürgerkrieg der 2000er Jahre) auf der falschen Seite (nämlich nicht auf Seiten der
islamistischen Untergrundkämpfer) gewesen zu sein. An Kerims Händen klebt
so viel Blut, dass er schließlich vor der Entsetzlichkeit seines Handelns davon-
läuft: Anders als Peters' Sawatzky und ähnlich wie Zaimoğlus Gotteskrieger
schwört er der selbstgerechten Gewalt des islamistischen Terrors ab.[4]
    Auslöser dafür, dass der Held der Erzählung zum Terroristen wurde, war ein
traumatisierendes Erlebnis. Die ebenso brutale wie gedankenlose Tötung seines
Vaters durch irakische Milizen, die den alten Mann mit ihrem Jeep überrollten
und anschließend davonfuhren, zerstörte die Existenz der damals bereits sehr
vom Überlebenskampf gebeutelten Familie vollends. Kerim nimmt durch islamistische Gegengewalt einerseits Rache am irakischen System, andererseits
(er-)lebt er sein Trauma und die damit verbundenen Schuldgefühle immer
wieder neu. Die Erzählung folgt damit den von Wolfgang Schmidbauer (2003)
veranschaulichten Prinzipien einer Psychologie des Terrors, die letztlich zum
tragischen Scheitern des Helden führen. Der eher passive Kerim bleibt indessen

---

4 Das Motiv des Abtrünnigen findet sich auch bei Figuren aus der zeitgenössischen spanischen
   Literatur über die baskische Untergrundorganisation ETA, vgl. etwa Sarrionanda 2007.

ein vom Schicksal und den Ereignissen Getriebener. In einer Art *rite de passage* auf dem „dunklen Schiff" gelangt er als blinder Passagier bis nach Deutschland, wo er nicht zuletzt aufgrund der traumatischen Erlebnisse während der Überfahrt die heilende Nähe zu Gott sucht und sich einer religiösen Gemeinde in Berlin anschließt. Doch der Schritt ins zivile Leben gelingt nicht, weil Kerim der neuen Eigenverantwortlichkeit nicht gewachsen ist. Seine Vergangenheit holt ihn schließlich ein; er wird von einem Komplizen der ehemaligen Terroreinheit ermordet.

Mit der Schilderung desolater Verhältnisse und des an ihnen verzweifelnden Helden gelingt Sherko Fatah ein eindringliches Bild des von Bürgerkrieg und Invasion zerstörten Irak und seiner Bevölkerung. Nahezu distanziert, doch nicht minder intensiv erzählt er von einem irakischen Flüchtling, dessen Option für den radikalen Islam aus der spezifischen gesellschafts- und historisch-politischen Situation erwächst. Der für den Deutschen Buchpreis nominierte Roman beleuchtet damit erstmals für die deutsche Literatur die globalen Verhältnisse und ihre Auswirkungen im Irak und erzählt zugleich die Geschichte der in Deutschland lebenden irakischen Flüchtlinge. Der radikale Islam ist hier eher eine Episode, wenngleich eine, die das tragische Ende des Helden herbeiführt.

Die ‚echten' Terroristen in den Texten von Feridun Zaimoğlu, insbesondere jedoch von Christoph Peters und Sherko Fatah greifen also aus ideologischen Gründen in den Kampf ein, riskieren dabei ihr eigenes Leben und kalkulieren den Tod ihrer Feinde ein. Sie reden mehr über den Gottesstaat als über den Glauben selbst: Ihr Islam ist eher politisch als theologisch motiviert. Als politische Figuren scheitern fast alle, mit Ausnahme von Zaimoğlus Helden, der, wie so viele Figuren in Zaimoğlus Kosmos, zwar verbal attackiert, letztlich jedoch keiner Menschenseele etwas zuleide tut. Bemerkenswerterweise fallen die ‚echten' (d. h. gebürtigen) Muslime bei Zaimoğlu und Fatah vom Terrorglauben ab, während ausgerechnet der deutsche Konvertit bei der Sache bleibt – Literatur geht hier neue Wege abseits medialer, gemeingültiger ‚Wahrheiten'.

Die ‚vermeintlichen' Terroristen: Islamismus als inszenierte Bedrohung bei Fatih Çevikkollu und Hilal Sezgin

Das Spiel mit der Identität des vermeintlich ‚Anderen' ist ein fester Bestandteil türkisch-deutscher Satire seit den frühen 1980er Jahren, als Şinasi Dikmen den *anderen Türken* mit einer deutschen Wochenzeitung ausstattete oder zum Integrationskurs schickte und Osman Engin den ‚oberintegrierten Türken' alias „Sperrmüllefendi" schuf. Şinasi Dikmen und Muhsin Omurca alias *Knobi-Bonbon Kabarett* hatten schon in den frühen 1990er Jahren Erfolg mit Szenarien wie *Putsch in Bonn* (Ausländer regieren Deutschland) oder dem *Beschneider von Ulm* (ein janusköpfiger Übeltäter verbreitet mit nächtlichen Zwangsbeschneidungen Angst und Schrecken). Mittels Überspitzung und Groteske nahmen sie seinerzeit schon, d. h. noch lange vor 9/11, immerhin noch vor der sogenannten ‚Neuen Weltordnung', die nach Ende des Kalten Krieges den Islam zum neuen Feindbild des Westens erklärte, deutsche Ängste vor dem Islam aufs Korn. Dikmens aktuelles Kabarett-Programm *Islam für Anfänger* ist eine Fortsetzung dieser jahrzehntelangen Auseinandersetzung.

Insofern macht der 1972 geborene und zum Schauspieler ausgebildete Fatih Çevikkollu nichts genuin Neues, wenn er mit seinen satirischen Geschichten in *Der Moslem-TÜV* (2008) deutsche Islam-Ängste karikiert. Die ‚neuen Schläuche' des alten Islamphobie-Weines gestalten sich in der Erzählung *Picknick in der Parallelgesellschaft* (S. 71 – 89) dergestalt, dass Berliner Türken in Neukölln für deutsche Berlin-Touristen die muslimische Parallelgesellschaft in verschiedenen Versionen (Besuch einer türkischen Familie, Straßenprügelei, Schulverwüstung, Zwangsheirat, Ehrenmord, Djihad) inszenieren und auf Bestellung darbieten. Beim ‚Djihad' etwa werden die Reisebusse des Touristik-Unternehmens „Meckermann" zum Schein angegriffen, arabische Parolen geschrien, Platzpatronen verfeuert, und es fließt viel Kunstblut. Der gruselige Ausflug deutscher Touristen in die vermeintliche Parallelwelt wird zum lukrativen Geschäftszweig, der den Aufstieg des ehemaligen Problembezirks befördert. Nach dem ästhetischen Prinzip der Maskerade übernehmen brave türkische Unterschichtbürger die ihnen vom öffentlichen Diskurs zugedachten Rollen islamistischer Bösewichte und spielen, ähnlich wie bei den Bad Segeberger Karl-May-Festspielen, Räuber- und Gendarm alias ‚echter Djihad'. Ob dies im postkolonialen Sinne als Gegenrede des Subalternen zu verstehen ist, bleibt dahingestellt; Çevikkollus ‚Hobby-Islamisten' verstehen ihre Selbstinszenierung jedenfalls als Farce und geben deutsche Islam-Ängste der Lächerlichkeit preis.

Weniger komisch erweist sich die übertriebene Angst vor islamistischem Terror dagegen für die Protagonisten in Hilal Sezgins 2010 erschienenen Roman *Mihriban pfeift auf Gott*. Berliner Türken werden hier zu Opfern eines vom deutschen Verfassungsschutz erdachten Bedrohungsszenarios und marginalisiert. Sezgin kehrt im Gegensatz zu Çevikkollu das Prinzip der freiwilligen Maskerade um und etabliert staatlichen Überwachungsterror als eigentliches Instrument der Bedrohung.

Mihriban, eine Dreißigerin ohne konkrete Lebensperspektive, und ihr frisch von seiner deutschen Frau getrennter Bruder Mesut sowie dessen kleine Tochter erfahren im Silvesterurlaub am Roten Meer von einem islamistischen Terroranschlag in Deutschland (Sekt wurde vergiftet, es gibt ein halbes Dutzend Tote) und avancieren durch die nachfolgenden Entwicklungen unfreiwillig von ursprünglich passiven Beobachtern zu mutmaßlichen Tätern. Der Rollenwechsel erfolgt durch implizite mediale und explizite persönliche Zuschreibung: Unter dem Eindruck des im Fernsehen gezeigten Attentats fallen die bis dahin zum Gros deutscher Pauschaltouristen in Ägypten gehörigen Deutsch-Türken im Hotel plötzlich auf als ‚die Anderen‘. Den ‚Muslimen‘ schlägt nun Misstrauen entgegen, ihr Glaube wird zum Auslöser von Fremdzuschreibung und Ausgrenzung. Auch jene beiden Urlaubsbekannten, die in dieser Situation (noch) Interesse und Sympathie bezeugen, haben keine altruistischen Motive. Die neuen ‚Freunde‘ entpuppen sich später stattdessen als Agenten vom Verfassungsschutz, die Mihribans Bruder in die Falle locken: Mesut, der ebenso wie seine getrennt lebende Frau als Programmierer für den Verfassungsschutz arbeitet, wird bewusst zum Terrorverdächtigen aufgebaut, um auf diese Weise seine Frau zur Mit- bzw. Weiterarbeit zu erpressen. Das mediale Angstszenario wiederum wird seitens des Staates künstlich aufrecht erhalten, um über den Druck einer verängstigten Öffentlichkeit schärfere Sicherheitsmaßnahmen auf politischer Ebene durchzudrücken. Die im Erzählmuster des Detektivromans aufgelöste Geschichte lenkt am (glücklichen) Ende den Fokus auf das Zusammenspiel von digitaler Überwachungstechnologie und den komplexen Verwicklungen der Innen- und Sicherheitspolitik.

Genrekritisch könnte man Sezgins Roman als den Versuch lesen, ein aktuelles politisches Thema in Form eines interkulturellen Agententhrillers aufzubereiten – was ihr stilistisch übrigens nur mäßig gelingt. Vielmehr geht es um die Auseinandersetzung mit dem Islam im Kontext öffentlicher Debatten. Dazu etabliert Sezgin zwei bewusst naive Figuren im Text (Mihriban und ihre Nichte Suna), die nach dem dialektischen Prinzip kontrovers diskutieren, abwägen und erläutern. Das Handlungsgeschehen wird durch diskursive Passagen immer wieder unterbrochen. Mittels dieser narrativen Technik bereitet Sezgin das Thema Islam für den nicht-muslimischen (deutschen?) Leser didaktisch auf. Der Roman folgt damit dem Anspruch, unterhaltend aufzuklären: über türkische Einwanderer der zweiten und dritten Generation, die an Allah glauben oder aber ‚auf Gott pfeifen‘, die Opfer von Staatsintrigen werden und doch eigentlich ‚ganz normal‘ sind und einen offenen Glauben leben. Nicht zuletzt wegen der gewollt positiven Grundhaltung (ein Happy End wird eilig herbeigeführt, die ursprünglichen Terror-Todesfälle hatten letztendlich natürliche Ursachen) ist Sezgins Roman eher der Jugendliteratur zuzurechnen.

Schluss: Pluridimensionalität muslimischer Entwürfe

Der Muslim Turn in der deutschen Gegenwartsliteratur besetzt neue Räume und Themen, indem er fast durchgängig Islam aus der Innenperspektive muslimischer Figuren beschreibt. Vor allem die Figur des radikalen Islamisten bietet literarischen Stoff, der im Kontext internationaler politischer Konflikte wie dem Irakkrieg erzählt wird. Mit ihren literarischen Entwürfen des radikalen Islam reagieren die hier vorgestellten Autoren auf die seit über einem Jahrzehnt anhaltenden und regelmäßig neu aufflammenden Debatten über Islamismus, Radikalität und Terror und belegen dabei den Ort, den der öffentliche Diskurs männlichen Einwanderern muslimischen Glaubens zuweist, neu. Diese mit Geschlecht und Religion besetzten Räume des ,männlichen Muslims' werden auf unterschiedliche Weise interpretiert. Bei den ,echten Terroristen' und Gotteskriegern ist der Auslöser für die Hinwendung zu Gott und Terror zumeist eine gestörte Vater-Sohn-Beziehung, die von den ,Gotteskriegern' auf die politische Ebene ideologischer Auseinandersetzung transponiert wird. Diese individuelle Konstellation führt in persönliche Krisen, die nicht selten durch Konflikte mit der (väterlichen) Führerfigur hervorgerufen werden. Die jeweiligen Glaubensfanatismen stehen dabei im Kontext gesellschaftspolitischer und geopolitischer Kontexte, wie etwa der neuen Weltordnung, des Irak-Kriegs oder des Palästina-Konflikts, in den die Gotteskrieger, selbst bisweilen Opfer dieser Konflikte (Flüchtlinge und Migranten), eingreifen. Die Terroristen scheitern als politische Figuren mit ihrer Agenda, erfahren aber über die Loslösung aus den Strukturen und die erneute Krise eine persönliche Veränderung, die häufig mit einer religiösen Öffnung einhergeht.

Dagegen halten sich Sezgin und Çevikkollu ihr Publikum gewogen, indem sie ihm nicht allzu schwere literarische Kost zumuten: Sowohl die Groteske als auch der Verständnis heischende (Jugend-)Roman vermeiden reale Todesfälle und Tragödien bzw. stellen diese satirisch überspitzt oder distanziert dar, so dass die Helden der Geschichte niemals in echte Gefahren geraten. Trotz der berechtigten Kritik an medialen Zuschreibungsmechanismen bewegen sich diese Texte von der literarischen Qualität her in seichten Gewässern, was womöglich auf ihre Intention der Lesereinbindung zurückzuführen ist.

Mit den Konfigurationen des radikalen Islam knüpft die deutsche Gegenwartsliteratur an den weltliterarischen Trend von Erzählungen über Terroristen an (Yeşilada 2009). Für die Literaturwissenschaft ist in Bezug auf den ,Muslim Turn' indessen die Erkenntnis bestimmend, dass im Sinne Amartya Sens Identitätskonfigurationen stets in ihrer Pluridimensionalität zu denken sind.

Für Muzaffer Özdemir (1935 – 2010)

Literatur

Adelson, Leslie A. (2005): *The Turkish Turn in Contemporary German Literature. Toward a New Critical Grammar of Migration*, New York.

Çelik, Aygen-Sibel (2007): *Seidenhaar*, Wien.

Çevikkollu, Fatih / Mysorekar, Sheila (2008): *Der Moslem-TÜV. Deutschland, einig Fatihland*, Reinbek bei Hamburg.

Cheesman, Tom (2007): *Novels of Turkish German Settlement. Cosmopolite Fictions*, Rochester, NY.

Cheesman, Tom (2010): „Feridun Zaimoğlu und Günther Senkel und die drei Betrüger: *Nathan Messias* (2006/2009)", Vortrag, gehalten am 26.05.2010 in Paderborn; unveröffentlichtes Vortragsmanuskript.

Fatah, Sherko (2006): *Das dunkle Schiff*, Berlin.

Gerlach, Judith (2007): *Zwischen Pop und Dschihad*, Bonn.

Littler, Margaret (2009): „Intimacies Both Sacred and Profane: Islam in the Works of Emine Sevgi Özdamar, Zafer Şenocak, and Feridun Zaimoğlu", in: Morrison, Jeffrey / Hodkinson, James (Hg.) (2009): *Islam Encounters in German Literature*, Rochester, NY, S. 221–235.

Peters, Christoph (2006): *Ein Zimmer im Haus des Krieges*, Berlin.

Sarrionanda, Joseba (2007): *Der gefrorene Mann*, übersetzt von Petra Elser / Raul Zelik, München.

Schmidbauer, Wolfgang (2003): *Der Mensch als Bombe. Eine Psychologie des neuen Terrorismus*, Reinbek bei Hamburg.

Sen, Amartya (2006): *Die Identitätsfalle*, München.

Sezgin, Hilal (2010): *Mihriban pfeift auf Gott*, Köln.

Yeşilada, Karin (2009): „Dialogues with Islam in the Writings of (Turkish-)German Intellectuals: A Historical Turn?", in: Morrison, Jeffrey / Hodkinson, James (Hg.) (2009): *Islam Encounters in German Literature*, Rochester, NY, S. 181–203.

Yeşilada, Karin (2011): „Gotteskrieger und Jungfrauen: Islam im Werk Feridun Zaimoğlus", in: Hofmann, Michael / von Stosch, Klaus (Hg.): *Islam in der deutschen und türkischen Literatur*. Paderborn (in Vorbereitung).

Zaimoğlu, Feridun (1995): „Im Namen des Allerbarmers. Yücel, 22, Islamist", in: *Kanak Sprak. 24 Mißtöne vom Rande der Gesellschaft*, Hamburg, S. 137–141.

Zaimoğlu, Feridun (2004): „Gottes Krieger", in: *Zwölf Gramm Glück*, Köln, S. 122–156.

Zaimoğlu, Feridun / Senkel, Günther (2006): *Nathan Messias*, uraufgeführt im Februar 2006 am Düsseldorfer Schauspielhaus unter Leitung von Anna Badora, Neuinszenierung am Ballhaus Naunynstraße in Berlin unter Neco Çelik 2009.

Zaimoğlu, Feridun / Senkel, Günther (2005): *Schwarze Jungfrauen*, uraufgeführt am Berliner Theater Hebbel am Ufer – HAU Berlin, 17.3.2006, Regie: Neco Çelik.

Christian Dawidowski / Matthias Jakubanis

Interkulturelles Lernen und Literaturdidaktik

Der Begriff ‚Interkulturalität' ist mittlerweile zu einem Passepartout-Begriff innerhalb der Didaktik geworden, dem es mit steigender Anzahl an Publikationen an terminologischer Schärfe zunehmend mangelt. Unklarheiten und Forschungsdesiderata beginnen bereits bei dem fundierenden Verständnis von Kultur, das im aktuellen geisteswissenschaftlichen Diskurs in der Regel semiologisch oder symboltheoretisch formuliert wird. Das Präfix ‚inter' signalisiert eine Begegnung zweier (oder mehrerer) Kulturen und eine Form des Austausches oder Transfers, der durch Wechselseitigkeit geprägt ist.

Entscheidende Probleme ergeben sich im Rahmen einer Didaktik, die zu erheblichen Teilen handlungswissenschaftlich orientiert ist, vor allem durch pädagogische Zielvorstellungen, die wiederum normativ (und damit kulturell) verankert sind. Der damit entstehende Hiatus zwischen Theorie und Praxis einer abstrakt begründeten Zielvorstellung und der (praktischen) Notwendigkeit unterrichtlicher Unterweisung wirft Problembereiche auf, die im Folgenden differenziert werden sollen. Wie ist also interkulturelle Kompetenz im Rahmen des Deutschunterrichts lehrbar? Das ist die Leitfrage einer handlungswissenschaftlich und pädagogisch ausgerichteten Literaturdidaktik. Diese Frage soll im Folgenden beantwortet werden, nicht ohne dabei allerdings die implizit mitgedachte Voraussetzung zu thematisieren, die im Rahmen einer bildungstheoretischen Didaktik durch die Frage konkretisiert wird: Ist interkulturelle Kompetenz im Rahmen des Deutschunterrichts lehrbar? Wir möchten zeigen, dass es der Literaturdidaktik für die Beantwortung beider Fragen im streng wissenschaftlichen Sinne an Daten mangelt, die es erlaubten, Entscheidungen von einer solchen kulturellen und damit auch politischen Brisanz zu fällen. Eine empirisch arbeitende Literaturdidaktik erschließt daher solche Daten, indem sie sich der Frage stellt: Unter welchen Voraussetzungen wird im Deutschunterricht interkulturelle Kompetenz gelehrt?

Der bildungstheoretische Diskurs: Modellierungen von Interkulturalität

Wie Grundlagentexte der Postkolonialismus-Debatte (vgl. Bhabha 1994; Said 1994) den literaturwissenschaftlichen und den ethnographischen Diskurs anregten (z. B. in den multipel aufgefächerten Postcolonial Studies, den von Geertz angeregten Fragen nach der Kultur als Text (1995), der Writing-Culture-Debatte um James Clifford (1995) oder den Liminalitäts-Konzepten) (vgl. Geisenhanslüke / Mein 2007a; Geisenhanslüke / Mein 2007b), so entwickelte auch der pädagogische Diskurs neue, dynamische Konzepte, um die Begegnung von Kulturen im Begriff der Interkulturalität beschreibbar zu machen. Gemeinsam ist diesen neben dem Aspekt des Dynamischen das Primat der pädagogischen Zielvorstellung, die sich beispielsweise im Begriff der ,interkulturellen Kompetenz' manifestiert. Ulrike Reviere versteht so,

> [...] Interkulturelles Lernen als Prozeß [...], in dem sich das autonome Subjekt durch Reflexion, Interaktion und Dialog mit anderen der Grenzen seiner eigenen, sich in permanenter Veränderung befindenden Deutungsmuster bewußt wird, diese kritisch überprüft und modifiziert, was als Konsequenz zu einer Veränderung der Handlungsmuster im interkulturellen Kontext führen kann. (Reviere 1998: 33)

Neben der Prozesshaftigkeit des Lernens charakterisiert Reviere Interkulturalität durch mehrere weitere Aspekte: die Anwesenheit des Anderen, Fremden, die Bewusstwerdung des Eigenen durch die Dialogizität und schließlich die Modifikation des Handelns durch Einsicht. Relevant erscheint vor allem die Bewusstseinsebene, auf der sich die Reflexionsprozesse abspielen: Reviere bezeichnet diese als die Ebene der „Deutungsmuster" – ein Begriff, der der qualitativen soziologischen Forschung entnommen ist und als eine dem Subjekt oft unzugängliche Schicht des Denkens verstanden werden kann. „In diesen [Schichten] lagern sich kulturelle Wissensbestände und Handlungsnormen ab, die oft auf die jeweilige kulturelle Tradition verweisen." (Dawidowski 2009: 60) Solche Deutungsmuster sind nicht nur als Effekt von Sozialisationsprozessen handlungsleitend und kulturell oder zumindest milieuspezifisch gebunden, sie bilden vor allem ein latentes Normen- und Regelwerk, das relativ stabil und schwer modifizierbar ist. Der Anspruch der interkulturellen Erziehung ist also sehr hoch, wenn ein solches Gefüge aus lebenslang vermittelten Strukturen, das sich mit zunehmendem Alter mehr und mehr verfestigt, aufgebrochen werden soll. Von pädagogischer Warte aus scheint gerade dies unabdingbar, ist doch interkulturelle Erziehung die „pädagogische Antwort auf die Schwierigkeiten, die die multikulturelle Gesellschaft hervorbringt" (Reviere 1998: 32).

Der Aufgabenbereich der Literaturdidaktik

Die Literaturdidaktik hat trotz der soeben genannten Problematik das Konzept des interkulturellen Lernens weitgehend konsensuell in den Kanon ihrer Zentralthemen aufgenommen. Heute findet sich kaum noch eine Einführung, die nicht einen Bereich für die Probleme der Sprach- und Literaturvermittlung in kulturell heterogenen Klassen[1] reserviert hätte; viele Publikationen haben etwa seit der Jahrtausendwende das Etikett ‚Interkulturalität' in ihren Titel aufgenommen.[2] Ein Blick auf den schulischen Fächerkanon zeigt, dass das Fach Deutsch neben Fächern wie Religion (Weltreligionen), Philosophie (ethische Dimension der Globalisierung) oder Englisch (Postkolonialismus-Thematik) eine zentrale Stellung einnimmt, wenn es um interkulturelle Werteerziehung geht. Die Literaturdidaktik bemüht sich, den besonderen Rang des Literaturunterrichts hervorzuheben, der gerade in der intensiven Lektüre, im Sich-An-verwandeln von fiktionalen Texten besteht, die oft mehr Schülernähe versprechen als die distanzierte Form des Lesens entweder in der Fremdsprache oder bei der Sachtext-Lektüre. Vermerkte das *Handbuch interkulturelle Germanistik* noch 2003, es fehle ein „umfassender theoretischer Entwurf einer interkulturellen deutschen Literaturdidaktik" (Wierlacher / Bogner 2003: 480), kann davon mittlerweile keine Rede mehr sein.[3]

Ingelore Oomen-Welke weist bereits 1991 auf die notwendigen Umschichtungen innerhalb der Fachdidaktik Deutsch hin, die sich zu einer „differentiellen Didaktik" (Oomen-Welke 1991: 10) hin entwickeln müsse. Diese zeichne sich aus durch „die Wahl der Gegenstände, das Einbeziehen der Herkunftssprachen und das bewusste Eingehen auf die nationale Heterogenität" (Oomen-Welke 1991: 10). Für die Literaturdidaktik fordert sie die Einübung des Perspektivenwechsels vor allem anhand der Berücksichtigung von „Texten aus den Nachbarländern oder anderen Erdteilen" (Oomen-Welke 1991: 16).[4] Dawidowski und Wrobel bemühten sich 2006 gemeinsam um eine erste Entwicklung von Zielen und Methoden und argumentierten dabei aus literaturwissenschaftlicher, pädagogischer und bildungstheoretischer Perspektive. Dieter Wrobel stellt ein Modell zur Erlangung interkultureller Kompetenz auf, die über interkulturelle

---

1 Zur schulischen Situation von Migrantenkindern bis zum Jahr 2006 vgl. Diller 2006.
2 Vgl. exemplarisch Rösch 2000; Honnef-Becker 2007; Dawidowski / Wrobel 2006.
3 Theoretische Ansätze wie die von Oomen-Welke (1991), Honnef-Becker (2007), Dawidowski (2006a) oder Wrobel (2006) sind vor allem von Werner Wintersteiner (2006) im Entwurf „transkultureller literarischer Bildung" zu einem umfassenden Konzept verarbeitet worden (auch: Wintersteiner 2010). Solche Konzepte existieren längst im Bereich DaZ / DaF und in der Sprachdidaktik. Vgl. allein Luchtenberg 1995, 1998, 1999 oder Ehlers 2007.
4 Oomen-Welke (1994) konkretisierte diese Umrisse einer interkulturellen Fachdidaktik.

Begegnung und Bildung das Ziel interkultureller Lernprozesse sei. Bildung und
Begegnung sind dabei als sozialisatorische Elemente von Ich-Identität zu sehen.

,Begegnung' meint in diesem Zusammenhang zum einen die Begegnung mit
dem Text, zum anderen die mit dem Anderen und seinen Einstellungen, Mei-
nungen und Weltbildern, die oft innerhalb der Anschlusskommunikation – im
besten Fall im offenen Unterrichtsgespräch – erfolgt. In der gemeinsamen
Textlektüre liegt damit die Chance, Bildung und Begegnung als elementare Bestandteile interkulturellen Lernens zu verzahnen und die Zielvorstellung einer
modifizierten Ich-Identität – ergänzt um das Moment interkultureller Kompetenz – zu realisieren.

Im selben Band wird versucht, den Vermittlungsprozess interkultureller
Lektüre in der Schule aus fachdidaktischer und rezeptionstheoretischer Perspektive zu modellieren (vgl. Dawidowski 2006a; Dawidowski 2006b). Dabei
wird nicht nur auf in der Literaturdidaktik anerkannte und nicht bezweifelte
Modelle zur Phasierung von Lernprozessen mit Texten (Kreft 1982; Müller-
Michaels 1991) zurückgegriffen, sondern es wird auch Oomen-Welkes Forderung nach einem „Perspektivwechsel" zum integralen Bestandteil des interkulturellen Lernens im Deutschunterricht erhoben.[5] Wir gehen von der These
aus, dass der Literaturunterricht der Sekundarstufen I und II gerade in seiner
hermeneutisch verfahrenden Methodik interkulturelle Lernprozesse anregen
und gewinnbringend durchführen kann (vgl. Dawidowski 2006a: 19). Der
Lernprozess spielt sich in vier Schritten ab, die mit den Etiketten ,Irritation' –
,Transparenz' – ,Perspektivwechsel' – ,Transfer' benannt werden. Gemeinsame
Kennzeichen dieser vier Phasen sind neben der Ausrichtung auf multikulturelle
Lernsituationen die erweiterte Wahl des Gegenstandes (s. u.) und der Bezug auf
handlungs- und produktionsorientiertes Lernen. Dabei geht es im Einzelnen
zunächst im Rahmen der ,Irritation' um die Erstbegegnung mit dem Phänomen
des Fremden, das Abgründe innerhalb des Vertrauten öffnen soll, um die
Selbstverständlichkeit routinisierter Alltagsabläufe zu torpedieren. Der ,Per-
spektivwechsel' als Kernstück einer Phasierung des Deutschunterrichts in interkultureller Absicht ereignet sich im Zuge einer Umkehrung der ethnozen-
trischen Blickrichtung, indem ein kulturelles oder soziales Phänomen über die
Rezeption einer internen Erzählerfokalisierung wahrgenommen wird. Denk-
modelle und emotionale Regungen, die als Resultat einer fremdkulturellen Sozialisation erklärbar werden, können so zunächst rational, dann aber im besten
Fall auch emotional miterlebt werden.

Wie bereits oben angedeutet, scheinen die Texte eine gravierende Bedeutung
für die Initiierung des Perspektivwechsels zu haben; bereits 1985 formulierte

---

5 ,Perspektivwechsel' ist auch in der pädagogischen Literatur zum interkulturellen Lernen ein
  Zentralbegriff (vgl. u. a. Wilkens / Neumann 2002: 89 oder Hansen 1998).

Eggert sein „Plädoyer für ein wenig ‚Literatur fremder Kulturen' im Deutschunterricht" (Eggert 1985). Der fachdidaktische Prozess des Aufstellens von Literaturempfehlungen in Verbindung mit Zielen und Methoden kann als Kanonbildung verstanden werden; tatsächlich hat sich in den letzten Jahren, zunächst vor allem unter dem Einfluss der postkolonialen Literaturgeschichtsschreibung, ein heimlicher, erweiterter Kanon entwickelt.[6] Das Durcharbeiten und Ergänzen des nationalen Kanons für den Deutschunterricht folgt einem Diskurs, dessen Regeln gerade erst in der Entstehung begriffen sind; die zu entscheidenden Fragestellungen seien im Folgenden kurz aufgelistet:

– Reicht nicht der bestehende literarische Kanon aus, um Fragen der Interkulturalität an zentralen Texten wie der *Iphigenie* oder dem *Nathan* zu verhandeln? Harro Müller-Michaels plädiert für eine Apologie des literarischen Kanons und verweist auf „die Absurdität dieser pädagogischen Utopie" einer Erweiterung des Kanons mit dem Ziel der Stärkung interkultureller Kompetenz (Müller-Michaels 2006: 53).
– Soll es sich um deutschsprachige, mehrsprachige oder fremdsprachige Autoren handeln?
– Ist Literatur in der Übersetzung (vor allem für den Deutschunterricht) zugelassen? Betrachtet man die Literaturauswahl in den Bundesländern mit Zentralabitur, fällt auf, dass diese Frage in diesem Kontext klar verneint wird.
– Sollen die Autoren in sozialisatorischer Hinsicht fremdkulturell verhaftet sein? Immerhin fordert Wrobel für den Deutschunterricht, „dass auch die Biografie der Autorinnen und Autoren mit einbezogen werden soll", die den „Authentizitätsstatus" der Autoren beglaubigen soll (Wrobel 2009: 101).

Kritik der Interkulturalität

Das Aufkommen und die Stärkung eines fachdidaktischen Paradigmas wie dem der Interkulturalität sind zunächst von intensiven Debatten um die theoretische Legitimität und die praktische Notwendigkeit begleitet. Diese Debatten blieben im Kontext der interkulturellen Neufundierung der Fachdidaktik aus. Der Grund mag darin zu finden sein, dass interkulturelles Lernen eben ganz und gar

---

6 Für dessen Sichtbarwerdung stehen in der Literaturwissenschaft der Band *Kanon Macht Kultur* (Heydebrand 1998) und Brinker-Gablers Aufsatz „Vom nationalen Kanon zur postnationalen Konstellation" (1998). Wirft man einen Blick auf die kanonisierten Autoren der ‚postnationalen Konstellation' – Autoren also, deren Texte im Zeichen des Postkolonialismus und des Interkulturalismus kategorisiert worden sind, begegnet man aus deutschsprachiger Perspektive einem Kernbestand aus Conrad, Goethe (*West-östlicher Divan*), Lessing (*Nathan*), Uwe Timm (*Morenga*), Nadolny (*Selim*), und Autoren mit interkultureller Biographie wie Emine Özdamar, Yoko Tawada, Feridun Zaimoglu, Herta Müller.

nicht den Stellenwert eines Paradigmas einnimmt, sondern dass es mit Harro Müller-Michaels lediglich um die „Erweiterung des Auftrages des Deutschunterrichts" (2006: 53) geht – wollte man es despektierlich wenden, um eine Modeerscheinung. Man kann den Grund auch in der *political correctness* im Zusammenhang mit Migrationsfragen finden. Die kritischen Stimmen jedenfalls blieben weitgehend aus,[7] obwohl die Problematik des Konzepts offen liegt. Einige neuralgische Aspekte der Kritik werden im Folgenden aufgeführt und um eine Schlussfolgerung ergänzt:[8]

– Das Konzept des interkulturellen Lernens ist primär pädagogisch motiviert und geht von gesellschaftlich-kulturellen Idealvorstellungen aus, die durch geeignete pädagogische Maßnahmen realisiert werden sollen. Bettet man ein solches Konzept in den Rahmen einer Fachdidaktik ein, führt dieser Umstand zwangsläufig zu einem Wandel bezüglich der Bedeutung der Gegenstände der zugeordneten Fachwissenschaft. Für die Literaturdidaktik bedeutet dies: Ihr Gegenstand Literatur wird im Rahmen interkultureller Lernprozesse zu einem Medium, das einem genuin pädagogischen Ziel untergeordnet ist. Das Oszillieren eines Gegenstandes im Sinne einer Ziel-Mittel-Ambivalenz ist für die Fachdidaktik nicht ungewöhnlich, dient doch jeder unterrichtliche Gegenstand immer auch erzieherischen Funktionen.[9] Eine für die Ästhetik des Hochliterarischen optierende Fachdidaktik problematisiert seit je die Überformung des Literaturunterrichts durch Erziehung und somit die Funktionalisierung der Literatur.

– Jedoch wird im Rahmen der interkulturellen Erziehung im Deutschunterricht der Literatur eine klare Wirkung in sozialisatorischer Hinsicht zugeschrieben: Literatur mit postkolonialen und / oder interkulturellen Charakteristika kann das Individuum mit Hinsicht auf das gewünschte Ideal des weltoffenen, mehrkulturellen und toleranten Menschen formen und bilden. Damit tritt der Fachdidaktiker in ein prekäres Kausalverhältnis aus Ursache (Literatur) und Wirkung (Menschenbild) ein, das jedoch in keiner Weise durch empirische Forschungen bestätigt wird – und wahrscheinlich auch nicht bestätigt werden kann. Die sozialisationsförderliche Dimension des Literarischen – unabhängig vom Interkulturellen – ist Teil eines seit der Frühzeit der Literaturpädagogik gepflegten Glaubens an den inneren Zusammenhang von Bildungsgut und individueller Bildung. Tatsächlich erreicht die interkulturelle

---

7 Die wenigen lexikalischen Artikel zur interkulturellen Literaturdidaktik verbleiben ebenfalls ganz im Rahmen der Darstellung (vgl. Kliewer 1993, 2000 und 2006; Wierlacher / Bogner 2003).

8 Zu den im Folgenden aufgeführten Kritikpunkten vgl. die Einleitung in Dawidowski / Wrobel 2006: 7–10.

9 Der Literaturunterricht ist somit – einem Diktum Fritzsches folgend – Erziehung zur Literatur und Erziehung durch Literatur (vgl. Fritzsche 1994: 98).

Literatur im Unterricht wahrscheinlich nur die, die ohnehin mit vergleich-
barer (kritischer) Literatur über ihre familiären Kontexte vertraut sind.

Es bleibt zu folgern: Die Fachdidaktik bewegt sich in der Debatte über interkulturelle Fragen auf ungesichertem Terrain. Dies ist vor allem vor dem Hintergrund der politischen Brisanz der Thematik hochproblematisch. Es bleibt
schließlich eine unumstößliche Tatsache, dass die Heterogenität einer Einwanderungsgesellschaft längst unsere Klassenräume prägt. Die empirische Wende in
der Fachdidaktik hat jedoch vor dieser Frage Halt gemacht. Dabei geht es doch
um Wesentliches: Wie nämlich sind die sozialisatorischen Voraussetzungen
einer veränderten Schülergeneration beschreibbar?

Empirische Forschung in der interkulturellen Fachdidaktik – ein Beispiel

Bei der Beantwortung dieser Frage kann sich die empirische literaturdidaktische
Forschung mittlerweile auf eine Reihe von Studien stützen, die unterschiedliche
Schülersegmente in Hinblick auf ihre literarische und mediale (Selbst-)Sozia-
lisation untersuchen. So erforschen Pieper et al. (2003) anhand 27 narrativer
Interviews die Lesesozialisation von Hauptschülern, denen bedingt durch ihr
Herkunftsmilieu eine Schrift- und Bildungsferne zugeschrieben wird. Das Seg-
ment der Schüler mit Migrationsgeschichte wird in dieser Studie auf Grund der
Heterogenität von sozialer Lage und (familiärem) Lebensstil zwar folgerichtig
nicht als distinktes Merkmal der Untersuchung angeführt, bietet jedoch anhand
des Interviewmaterials einen in dieser Form erstmaligen inhaltlichen Zugang
hinsichtlich der Lesesozialisation dieser in der momentanen Debatte zunehmend bedeutsamen Schülerpopulation. Einen hierzu komplementären Ansatz
der aktuellen Forschung bildet die Untersuchung von literarischen Bildungs-
prozessen bei Oberstufenschülern und jungen Studierenden, deren literarische
Sozialisation überwiegend vom Hochkulturschema bestimmt ist, die jedoch
keinen Migrationshintergrund aufweisen (Dawidowski 2009). Ausgehend von
den bereits skizzierten heterogenen Rahmenbedingungen unterrichtlicher
Prozesse und den Ansprüchen einer fundierten interkulturellen Didaktik erscheint es unserer Meinung nach darüber hinaus notwendig, die Gruppe der
deutsch-türkischen Schüler als eines der demographisch bedeutsamsten Min-
derheitensegmente empirisch stärker zu berücksichtigen. Im Rahmen des Dis-
sertationsprojektes „Literarische Bildung und Migration – Eine empirische
Untersuchung literarischer Sozialisationsprozesse bei jungen Erwachsenen mit
türkischem Migrationshintergrund" sollen daher die Fokusse beider oben ex-

emplarisch angeführten Ansätze dahingehend kombiniert werden, dass erstmalig die Konzepte und Deutungsmuster literarischer Bildung bei Migranten des Hochkulturschemas, die zudem über eine gymnasiale Sozialisation verfügen, empirisch erforscht werden. Es soll der Frage nachgegangen werden, welche Konzepte von literarischer Bildung sich im kulturellen Transfer zwischen Herkunfts- und Mehrheitsgesellschaft bei jungen Erwachsenen mit türkischem Migrationshintergrund entwickeln.

Dies erscheint umso vordringlicher, als Sprache im umfassenderen und (prä-) literarische Erfahrungen im engeren Sinne als elementar für eine auch wissenssoziologisch bedeutsame „Konstruktion von Wirklichkeit" einer Einwanderungsgesellschaft (Berger / Luckmann 2007) erachtet werden. Ein interkulturell ausgerichteter Literaturunterricht, die Begegnung mit Texten, ermöglicht gerade bei jungen Erwachsenen die für eine funktionierende Einwanderungsgesellschaft notwendige „[...] Kommunikation über gemeinsames Wissen und Verständigung über ästhetische Erfahrungen" (Assmann 2002:110).

Aus diesem reziproken Wirkungszusammenhang von literarischer Bildung und den damit zusammenhängenden Sozialisationsprozessen einerseits und gesellschaftlicher Integration andererseits ergeben sich nachfolgende forschungspraktische Erfordernisse:
- Wie konstituiert sich die Bedeutung von literarischer Bildung bei Jugendlichen mit türkischem Migrationshintergrund? Lassen sich spezifische Vorstellungen im Vergleich zu den bisher untersuchten empirischen Lesern anderer Bevölkerungssegmente konstatieren?
- Welchen Stellenwert, welche Erwartungen und welche Funktionen messen diese Heranwachsenden mit türkischem Migrationshintergrund dem Erwerb literarischer Bildung bei? Vollzieht sich hierdurch eine spezifische soziale Positionierung im Gesellschaftssystem?
- Welche Bildungsnormen existieren bei ebendiesen Heranwachsenden? Welche Auswirkungen auf bestehende Bildungsnormen — beispielsweise die des Hochkulturschemas — resultieren hieraus?
- Vollzieht sich durch das Aufeinandertreffen von (womöglich divergierenden) Vorstellungen über türkische und deutsche Literatur ein spezifischer Kulturtransfer? Wie ist ein solcher Transfer hinsichtlich seines Inhalts, Verlaufs und seiner Auswirkungen näher zu bestimmen?

In methodischer Hinsicht erfolgt eine primäre Orientierung an den qualitativen Standards der empirischen Sozialforschung (vgl. Flick 2002; Soeffner 2004). Vor allem mittels ausführlicher narrativer Interviews wird den Schülern der notwendige Rahmen des „Erzählenlassens" (Eggert 2009: 235) gewährt, ausführlich und rekonstruktiv auf ihre literarische und mediale Sozialisation einzugehen, um hierdurch eine ausreichende Datenbasis für die sozialwissenschaftliche

Auswertung literarischer Sozialisationsprozesse gewährleisten zu können. Selbst die in den Interviews potentiell vorkommenden idealisierenden Darstellungen von Leseerlebnissen, deren Wahrheitsgehalt hinterfragt werden kann, erweisen sich im Sinne des Forschungsvorhabens als nützlich. Schließlich ermöglicht deren empirische Analyse Erkenntnisse über die Modi der Adaptation von (existierenden) literarischen Bildungsvorstellungen.

Mit der Skizzierung eines forschungspraktischen Beispiels, das den Kulturtransfer bei Migranten mittels literarischer Sozialisationsprozesse empirisch zu untersuchen intendiert, soll zugleich eine Möglichkeit einer fachdidaktischen Ausrichtung aufgezeigt werden, deren Potential es ist, das zuvor von uns als ungesichert charakterisierte Terrain interkultureller Fragen schrittweise wissenschaftlich begehbar zu machen.

Literatur

Assmann, Aleida (2002): „Der väterliche Bücherschrank. Über Vergangenheit und Zukunft der Bildung", in: Wiesinger, Peter (Hg.): *Akten des X. Internationalen Germanistenkongresses Wien. „Zeitenwende – Die Germanistik auf dem Weg vom 20. ins 21. Jahrhundert"*, Bern, S. 97 – 112.

Bhabha, Homi (1994): *The Location of Culture*, London / New York.

Berger, Peter L. / Luckmann, Thomas (2007): *Die gesellschaftliche Konstruktion der Wirklichkeit. Eine Theorie der Wissenssoziologie*, Frankfurt am Main.

Brinker-Gabler, Gisela (1998): „Vom nationalen Kanon zur postnationalen Konstellation", in: Heydebrand, Renate v. (Hg.): *Kanon Macht Kultur. Theoretische, historische und soziale Aspekte ästhetischer Kanonbildungen*, Stuttgart, S. 78 – 96.

Clifford, James (1995): „Über ethnographische Allegorie", in: Berg, Eberhard / Fuchs, Matthias (Hg.): *Kultur, soziale Praxis, Text. Die Krise der ethnographischen Repräsentation*, Frankfurt am Main, S. 200 – 239.

Dawidowski, Christian (2006a): „Theoretische Entwürfe zur Interkulturellen Literaturdidaktik. Zur Verbindung pädagogischer und deutschdidaktischer Interkulturalitätskonzepte", in: Dawidowski, Christian / Wrobel, Dieter (Hg.): *Interkultureller Literaturunterricht. Konzepte – Modelle – Perspektiven*, Baltmannsweiler, S. 18 – 36.

Dawidowski, Christian (2006b): „Interkultureller Literaturunterricht am Beispiel von Herta Müllers *Der Mensch ist ein großer Fasan auf der Welt*", in: Dawidowski, Christian / Wrobel, Dieter (Hg.): *Interkultureller Literaturunterricht. Konzepte – Modelle – Perspektiven*, Baltmannsweiler, S. 189 – 196.

Dawidowski, Christian / Wrobel, Dieter (Hg.) (2006): *Interkultureller Literaturunterricht. Konzepte – Modelle – Perspektiven*, Baltmannsweiler.

Dawidowski, Christian (2009): *Literarische Bildung in der heutigen Mediengesellschaft. Eine empirische Studie zur kultursoziologischen Leseforschung*, Frankfurt am Main.

Diller, Axel (2006): „Bedingungen, Möglichkeiten und Grenzen der schulischen Förderung von Migrantenkindern. Interkulturalität im Deutschunterricht der Primarstufe", in:

Dawidowski, Christian / Wrobel, Dieter (Hg.): *Interkultureller Literaturunterricht. Konzepte – Modelle – Perspektiven*, Baltmannsweiler, S. 66–82.

Eggert, Hartmut (1985): „Plädoyer für ein wenig ‚Literatur fremder Kulturen‘ im Deutschunterricht", in: Der Deutschunterricht 4, S. 71–79.

Eggert, Hartmut (2009): „Von der ‚Jungleserkunde und der literarischen Erziehung‘ zur ‚Lesesozialisation in der Mediengesellschaft‘", in: Dawidowski, Christian / Korte, Hermann (Hg.): *Literaturdidaktik empirisch. Aktuelle und historische Aspekte*, Frankfurt am Main, S. 223–237.

Ehlers, Swantje (2007): „Interkulturelle Lesedidaktik", in: Honnef-Becker, Irmgard (Hg.): *Dialoge zwischen den Kulturen. Interkulturelle Literatur und ihre Didaktik*, Baltmannsweiler, S. 47–62.

Flick, Uwe (2002): „Design und Prozess qualitativer Forschung", in: Flick, Uwe (Hg.): *Qualitative Forschung. Ein Handbuch*, 3. Aufl., Hamburg, S. 252–265.

Fritzsche, Joachim (1994): *Zur Didaktik und Methodik des Deutschunterrichts*, Bd. 3: *Umgang mit Literatur*, Stuttgart.

Geertz, Clifford (1995): *Dichte Beschreibung. Beiträge zum Verstehen kultureller Systeme*, Frankfurt am Main.

Geisenhanslüke, Achim / Mein, Georg (Hg.) (2007a): *Grenzräume der Schrift*, Bielefeld.

Geisenhanslüke, Achim / Mein, Georg (Hg.) (2007b): *Schriftkultur und Schwellenkunde*, Bielefeld.

Hansen, Georg (1998): „Perspektivwechsel. Eine Einführung", in: Heydebrand, Renate v. (Hg.): *Kanon Macht Kultur. Theoretische, historische und soziale Aspekte ästhetischer Kanonbildungen*, Stuttgart.

Heydebrand, Renate v. (Hg.) (1998): *Kanon Macht Kultur. Theoretische, historische und soziale Aspekte ästhetischer Kanonbildungen*, Stuttgart.

Honnef-Becker, Irmgard (2007): „Empathie und Reflexion: Überlegungen zu einer interkulturellen Literaturdidaktik", in: Honnef-Becker, Irmgard (Hg.): *Dialoge zwischen den Kulturen. Interkulturelle Literatur und ihre Didaktik*, Baltmannsweiler, S. 201–235.

Kliewer, Annette (2006): „Interkulturelle Literaturdidaktik", in: Kliewer, Heinz J. / Pohl, Inge (Hg.): *Lexikon Deutschdidaktik*, Bd. 1, Baltmannsweiler, S. 263–265.

Kliewer, Hans-Jürgen (1993): „Deutschunterricht – Unterricht für Deutsche? Die Interkulturalität literarischer Bildung", in: Reich, Hans H. / Pörnbacher, Ulrike (Hg.): *Interkulturelle Didaktiken. Fächerübergreifende und fächerspezifische Ansätze*, Münster / New York, S. 52–60.

Kliewer, Hans-Jürgen (2000): „Deutsch: Literatur", in: Reich, Hans H. / Holzbrecher, Alfred / Roth, Hans Joachim (Hg.): *Fachdidaktik interkulturell. Ein Handbuch*, Opladen, S. 214–233.

Kreft, Jürgen (1982): *Grundprobleme der Literaturdidaktik. Eine Fachdidaktik im Konzept sozialer und individueller Entwicklung und Geschichte*, Heidelberg.

Luchtenberg, Sigrid (1995): *Interkulturelle sprachliche Bildung. Zur Bedeutung von Zwei- und Mehrsprachigkeit für Schule und Unterricht*, Münster / New York.

Luchtenberg, Sigrid (1998): „Integrative interkulturelle Sprachbildung", in: Köhnen, Ralph (Hg.): *Wege zur Kultur. Perspektiven für einen integrativen Deutschunterricht*, Frankfurt am Main, S. 307–324.

Luchtenberg, Sigrid (1999): „Interkulturelle Kommunikation im Deutschunterricht", in: *Didaktik Deutsch* (7), S. 36–55.

Müller-Michaels, Harro (1991): „Produktive Lektüre. Zum produktionsorientierten und schöpferischen Literaturunterricht", in: *Deutschunterricht* (8), S. 6–17.

Müller-Michaels, Harro (2006): „Gebrochene Interkulturalität. Apologie des literarischen Kanons", in: Dawidowski, Christian. / Wrobel, Dieter (Hg.): *Interkultureller Literaturunterricht. Konzepte – Modelle – Perspektiven*, Baltmannsweiler, S. 53–64.

Oomen-Welke, Ingelore (1991): „Umrisse einer interkulturellen Didaktik für den gegenwärtigen Deutschunterricht", in: *Der Deutschunterricht* (2), S. 6–27.

Oomen-Welke, Ingelore (1994): „Intellekt und Engagement im Deutschunterricht", in: Oomen-Welke, Ingelore (Hg.): *Brückenschlag. Vom anderen lernen – miteinander handeln*. Stuttgart, S. 21–28.

Pieper, Irene / Rosebrock, Cornelia / Wirthwein, Heike / Volz, Steffen (Hg.) (2003): *Lesesozialisation in schriftfernen Lebenswelten. Lektüre und Mediengebrauch von HauptschülerInnen*, Weinheim / München.

Reviere, Ulrike (1998): *Ansätze und Ziele Interkulturellen Lernens in der Schule. Ein Leitfaden für die Sekundarstufe*, Frankfurt am Main.

Rösch, Heidi (2000): *Jim Knopf ist (nicht) schwarz. Anti-Rassismus in der Kinder- und Jugendliteratur und ihre Didaktik*, Baltmannsweiler.

Said, Edward (1994): *Kultur und Imperialismus. Einbildungskraft und Politik im Zeitalter der Macht*, Frankfurt am Main.

Soeffner, Hans-Georg (2004): *Auslegung des Alltags – Der Alltag der Auslegung. Zur wissenssoziologischen Konzeption einer sozialwissenschaftlichen Hermeneutik*, 2., durchgesehene und ergänzte Aufl., Konstanz.

Wierlacher, Alois / Bogner, Andrea (Hg.) (2003): *Handbuch interkulturelle Germanistik*, Stuttgart / Weimar.

Wilkens, Gabriela / Neumann, Ursula (2002): „Multikulturalität und Mehrsprachigkeit als Lernbedingungen im Literaturunterricht", in: Bogdal, Klaus-Michael / Korte, Hermann (Hg.): *Grundzüge der Literaturdidaktik*, München, S. 78–90.

Wintersteiner, Werner (2006): *Transkulturelle literarische Bildung: Die „Poetik der Verschiedenheit" in der literaturdidaktischen Praxis*, Innsbruck.

Wintersteiner, Werner (2010): „Transkulturelle Literaturdidaktik", in: Rösch, Heidi (Hg.): *Literarische Bildung im kompetenzorientierten Deutschunterricht*, Freiburg.

Wrobel, Dieter (2006): „Texte als Mittler zwischen Kulturen. Begegnung und Bildung als Elemente des interkulturellen Literaturunterrichts", in: Dawidowski, Christian / Wrobel, Dieter (Hg.): *Interkultureller Literaturunterricht. Konzepte – Modelle – Perspektiven*. Baltmannsweiler, S. 37–52.

Wrobel, Dieter (2009): „Interkulturelle Literatur in Kanon und Unterricht. Entwicklungen und Textvorschläge", in: Hamann, Christof / Hofmann, Michael (Hg.): *Kanon heute. Literaturwissenschaftliche und fachdidaktische Perspektiven*, Baltmannsweiler, S. 97–114.

Yasemin Dayıoğlu-Yücel / Inga Pohlmeier[1]

Literatur und interkulturelle Kompetenz am Beispiel von Dilek Zaptçıoğlus Roman *Der Mond isst die Sterne auf*

Die Ausbildung von interkultureller Kompetenz ist nicht nur ein Desiderat für ausreisende Geschäftsleute, die sich in ihrem neuen Arbeitsumfeld i.w.S. behaupten wollen, sondern auch eine Schlüsselkompetenz für Schüler (und erfreulicherweise auch immer mehr ein Thema für Universitätsdozenten und Studierende).[2] Pioniere der interkulturellen Pädagogik und Literaturdidaktik wie Georg Auernheimer, Dietrich Krusche, Lothar Bredella und Heidi Rösch haben sich bereits mit der zunehmenden Anzahl von Migrantenkindern in deutschen Klassenzimmern beschäftigt, als die öffentliche Debatte nicht in dem Maße vom Thema Zuwanderung beherrscht war wie heute. Mittlerweile wird in Deutschland (mit und trotz Sarrazin) nach Wegen gesucht, das neue Selbstverständnis als Einwanderungsland in der Gesellschaft und in Institutionen wie Schulen produktiv umzusetzen. Das hat auch Auswirkungen auf die Literaturdidaktik, in der sich immer stärker die Richtung der interkulturellen Literaturdidaktik etabliert.

Obwohl Theoretiker, die zur Richtung der Interkulturellen Kommunikation gezählt werden können, ganz andere Schwerpunkte setzen als die interkulturelle Literaturdidaktik, sehen sich beide Disziplinen immer wieder der Kritik gegenüber, die Kulturgrenzen, die sie zu überwinden helfen wollen, durch ihre Arbeiten eigentlich erst zu verfestigen. Wenn etwa Geert Hofstede und Alexander Thomas als zwei wichtige Vertreter der Interkulturellen Kommunikation von Kulturstandards bzw. Kulturdimensionen sprechen, so stehen sie zusätzlich in der Kritik zu anwendungsbezogen zu sein (vgl. Moosmüller 2000: 23). Weitergeführt heißt das, die Theorien werden im Dienste der Wirtschaft eingesetzt,

---

1 Dieser Beitrag ist aus dem Teilprojekt *Interkulturelle Theorie und Literaturdidaktik* im Rahmen des von den germanistischen Abteilungen der Istanbul Universität und der Universität Paderborn durchgeführten Forschungsprojekts *Türkisch-deutscher Kulturkontakt- und Kulturtransfer* entstanden. In dem Teilprojekt wird der Frage nachgegangen, inwiefern aus Theorie und Praxis der Interkulturellen Kommunikation und der Literaturtheorie neue Synthesen zur Gestaltung von interkultureller Literaturdidaktik entstehen können.
2 Vgl. den Beitrag von Elke Bosse in diesem Band.

wo die Gesetze der Vorteilsmaximierung eher im Vordergrund stehen als das gegenseitige kulturenübergreifende Verstehen. Stellvertretend seien hier Leggewie und Zifonun zitiert, die meinen, die Feststellung, im Kulturkontakt entständen Missverständnisse, sei zwar „kaum [zu] bestreiten" aber „höchst trivial". Man habe sich „in der interkulturellen Pädagogik und dem interkulturellen Management bisher mit der Reproduktion bekannte [sic!] Kultur-Stereotype zufrieden gegeben", weswegen es nicht „verwunderlich" sei, dass „nach 30 Jahren ‚interkulturellem Coaching' immer noch dieselben ‚Missverständnisse' ausgeräumt werden" müssten. Mit Missverständnissen sind die ‚Critical Incidents' gemeint, die aufgrund von unterschiedlichen, kulturell geprägten Auffassungen z. B. von Machtdistanz oder Zeitmanagement entstünden. „Übersehen" werde hier dreierlei: erstens inwiefern Kulturen überhaupt als voneinander getrennt angesehen werden können, zweitens die Produktivität und der bewusste Einsatz von Missverständnissen und drittens, dass nicht immer die Kulturunterschiede im Vordergrund der Missverständnisse stehen (vgl. Leggewie / Zifonun 2010: 16).

Der interkulturelle Pädagoge Georg Auernheimer, den die Kritik somit einschließt, formulierte allerdings bereits drei Jahre zuvor:

> Um ‚erfolgreich' zu kommunizieren, genügt es nicht, fremde Kulturmuster oder Kulturstandards zu kennen bzw. eine Aufgeschlossenheit für fremde Muster zu entwickeln, zumindest dann nicht, wenn ‚erfolgreich' nicht nur im Sinne strategischen Handelns, sondern im Sinne einer dialogischen, verständigungsorientierten Kommunikation verstanden wird. (Auernheimer 2007: 21; Hervorhebung im Text)

Er weist weiterhin mit Vehemenz darauf hin, dass Machtasymmetrien im interkulturellen Kontakt nicht unterschlagen werden dürfen.

Wir halten diesen Aspekt ebenfalls für elementar, werden in unserem Beitrag aber weniger auf diesen Punkt eingehen. Vielmehr wollen wir anhand der Textanalyse zeigen, dass die Diskussion um die Verfestigung monolithischer Blöcke bei dem Versuch, diese zu durchbrechen, ebenfalls von dichotomischem Denken geprägt ist und sich zudem gegen die Grundlagen menschlicher Wissensorganisation richtet. Denn bereits in Einführungen zum Thema interkulturelle Kompetenz (vgl. beispielsweise Roth / Köck 2004) erfährt man, dass jeder von uns Hetero- und Autostereotype in sich trägt, und zwar zunächst zwecks Komplexitätsreduktion – was unserer Meinung nach nicht als trivial zu werten ist. Es sollte nicht um die Eliminierung dieser Stereotype gehen, sondern um das Bewusstsein für deren Konstruktion im gesellschaftspolitischen Diskurs. Die ‚schöne' Literatur nun – sofern sie gelungen ist – vermag es, sowohl höchst komplexe innere und äußere Vorgänge als auch individuelle und kollektive Beziehungsstrukturen zu entfalten, wobei die Existenz von stereotypischem Denken und deren Dekonstruktion in ein und demselben Text auftreten können.

Im Fokus unserer Analyse steht Dilek Zaptçıoğlus Jugendroman *Der Mond isst die Sterne auf* aus dem Jahre 1998. *Der Mond isst die Sterne auf* ist der erste und bisher einzige Jugendroman der Schriftstellerin und Journalistin, der in der Presse viel beachtet und mehrfach ausgezeichnet wurde, unter anderem mit dem Gustav-Heinemann-Friedenspreis für Kinder- und Jugendbücher (1999).[3]

Bei *Der Mond isst die Sterne auf* handelt es sich um einen sowohl kriminalistisch als auch gesellschaftskritisch angelegten, besonders vielschichtigen Jugendroman, der unter anderem die Themen Identitätsfindung, Migration, Integration, Isolation, Interkulturalität, Einwanderungsproblematik, Generationskonflikt und Rassismus anspricht. Die Geschichte spielt zu Beginn der 1990er Jahre in Berlin. Im Mittelpunkt stehen der 19-jährige Abiturient Ömer und sein Vater Seyfullah Gülen, der ehemals als Gastarbeiter nach Deutschland migriert ist. Seyfullah Gülen liegt nach einem Sturz in die Spree im Koma. Unklar ist, wie es zu diesem Vorfall gekommen ist. Die Kriminalpolizei ermittelt, ob es sich um einen rechtsradikalen Übergriff handelt, da zur Tatzeit Rechtsradikale gesichtet wurden, schließt aber einen Selbstmordversuch oder Unfall nicht aus. Ömer und seine Freunde beschließen den Fall in Eigeninitiative aufzuklären.

Dass sich das Buch für einen interkulturell akzentuierten Deutschunterricht besonders eignet, haben auch schon Brunner und Josting gezeigt (vgl. Brunner 2004: 71–90 und Josting 2007: 146–166). Eine Besonderheit des Jugendromans stellen die beiden unterschiedlichen, in sich komplex gestalteten Erzählebenen dar, die nach Rösch eine „doppelte Optik" gewährleisten (Rösch 2006: 102), einen Perspektivwechsel mit sich bringen und somit in besonderer Weise zur Selbst- und Fremdreflexion anregen. Der Roman ist in Kapitel segmentiert, denen jeweils (auch optisch durch kursiven Schriftsatz markierte) kürzere Teile vorangestellt sind, in denen ein Er-Erzähler in aktorialer Fokalisierung mit Innensicht des Vaters Seyfullah zu Wort kommt. Hier erfährt der Leser nach und nach von dem Doppelleben des Vaters, der zugleich mit einer (deutschen) Frau und gemeinsamer Tochter ein Familienleben in einem anderen Berliner Stadtteil führte, was die Vermutung zulässt, Seyfullah Gülen könnte Selbstmord begangen haben, weil er keinen Ausweg mehr aus der Situation wusste. Den Hauptteil des Romans macht dagegen die mit diesen Teilen nicht durch Kommentierung verbundene Ich-Erzählung Ömers aus, ebenfalls mit Innensicht. Obwohl der Erzählteil mit dem Vater als Hauptfigur zeitlich vorgestellt ist, handelt es sich nicht um eine Binnenerzählung, sondern um eine Parallelerzählung, die den

---

3 Zu den weiteren Veröffentlichungen Zaptçıoğlus gehören neben Übersetzungen und Reiseführern über die Türkei und speziell Istanbul *Die Geschichte des Islam* (2002), *Türken und Deutsche. Nachdenken über eine Freundschaft* (2005) und gemeinsam mit Jürgen Gottschlich *Das Kreuz mit den Werten. Über deutsche und türkische Leitkulturen* (2005).

Roman ganz ohne große Analyse als multiperspektivisch ausweist. Innerhalb der Ich-Erzählung Ömers gibt es noch einen etwas weniger offenkundigen Aspekt, der zur Vielschichtigkeit des Erzählens beiträgt. Die Figur Ömer erzählt aus einer zeitlichen Distanz, womit eine Diskrepanz vom „erzählten" zum „erzählenden Ich" manifest wird (Josting 2007: 152). Auch die Figurenkonstellation ist „ethnisch vielfältig angelegt". Auf inhaltlicher Ebene wird Komplexität unter anderem dadurch erzeugt, dass die Figuren im Text nicht nur Jugendliche türkischer, sondern etwa auch arabischer und deutscher Herkunft oder Kinder aus Mischehen sind. So werden im Roman gleichermaßen Jugendlichen mit und ohne Migrationshintergrund und auch Erwachsenen „Leserrollen angeboten" (vgl. Josting 2007: 148).

Ein zentraler inhaltlicher Aspekt, der in der Rezeption des Textes bis jetzt nicht genug Beachtung gefunden hat, ist unseres Erachtens die Tatsache, dass Neonazis für den Gesundheitszustand des Vaters verantwortlich gemacht werden. Ömer und seine Freunde sind davon überzeugt, dass das Ereignis mit einer Gruppe von Skinheads zusammen hängen muss, die am Unfallort gesehen worden sind und schließen sich zum „Bund der Geächteten" (Zaptçıoğlu 1998: 98 f.) zusammen, der den Vorfall selbsttätig aufklären will. In dieser Namensgebung verbindet sich die Identifikation mit Heinrich Heines Minderheitenposition und Erfahrungen der Diskriminierung aufgrund seiner jüdischen Herkunft (vgl. Brunner 2004: 83) und Heines Nähe zu den politischen Zielen des 1834 in Paris gegründeten historischen „Bundes der Geächteten".

Ömer und seine Freunde schrecken nicht davor zurück, einen Neo-Nazi, von dem sie vermuten, er sei über den Tathergang unterrichtet, brutal niederzuschlagen und ihm mit dem Tod zu drohen (vgl. Zaptçıoğlu 1998: 80 f.). Der Wortführer in dieser Szene ist der Freund deutscher Herkunft mit Spitznamen Hucky:

> Er [Hucky] war vielleicht zwei Köpfe größer als der schmächtige Skinhead. ‚Woher kommst Du überhaupt?', fragte er. ‚Antworte gefälligst, okay? Hier hilft Dir keiner! Hier können wir Dich abmurksen und niemand erfährt davon, begreif es doch endlich!' Einen Moment lang überlegte ich [Ömer], was wir tun sollten, wenn er nicht den Mund aufmachte. Ihn schlagen, bis er sprach? Wer wollte ihn denn schlagen? Ich fühlte mich plötzlich unheimlich müde. Ich war nahe daran, alles zu bereuen. Was passierte, wenn er jetzt einen verdammten Herzanfall bekam und in unseren Armen starb? Die seltsamsten Gedanken schossen mir durch den Kopf [...]
> ‚Ich weiß nicht, wovon ihr redet! Ich weiß von nichts!'
> ‚Ich wette, du weißt mehr, als du uns verraten willst, Mann!', schrie Hucky weiter. ‚Vielleicht warst Du ja selbst dabei?' Er ging ganz nahe an seinen Kopf heran und packte sein Kinn. Der Skin versuchte plötzlich loszulaufen, aber Kenan und Murat hielten ihn zurück. Da landete schon der erste Schlag in seinem Gesicht.
> Hucky schlug drauflos. ‚Scheißkanacken!', brüllte der Skin. Bald war seine rechte Augenbraue aufgeplatzt, das Blut färbte die eine Gesichtshälfte rot, jedes Mal wenn er

sich aufrichtete, bekam er einen weiteren Schlag ins Gesicht. Ich wollte ‚Stopp!' sagen, hielt mich aber zurück. Wenn wir irgendetwas aus ihm herausholen wollten, hatten wir keine andere Wahl, als ihn zu verprügeln. (Zaptçıoğlu 1998: 78)

Schließlich droht einer aus der Gruppe, Murat, dem Neonazi noch mit einem Messer und dem Tod. Als Hucky in diesem Ton fortfährt, fängt der Rechtsradikale an zu weinen:

> Da fing der Skin an zu heulen. Er sah schrecklich aus. Ich hätte ihm am liebsten ein Taschentuch gegeben, damit er sich den Rotz, die Tränen und das Blut vom Gesicht wischen konnte. Er war nicht älter als wir, vielleicht sogar jünger, mager und total blass. [...] Ich bekam Mitleid mit ihm, hielt jedoch weiterhin den Mund. (Zaptçıoğlu 1998: 80)

Während der Blick in Huckys Innenleben verwehrt bleibt und er genauso wie Murat als brutal dargestellt wird, zeigt die Präsentation der Innensicht Ömers, dass er eigentlich doch Empathie gegenüber der Person empfindet, deren körperliche Integrität hier verletzt wird, was durch die Beschreibung des Neonazis, unter anderem als „schwach", „mager und total blass" etc., verstärkt wird. Dieses Verfahren sensibilisiert dafür, dass hier eine Person aufgrund ihrer (an Äußerlichkeiten festgemachten) Gruppenzugehörigkeit brutal verletzt und somit das kritisierte generelle Verfahren von Neofaschisten nur umgekehrt wird. Ömer erscheint weiterhin sympathisch, da er sich innerlich gegen die Aktion auflehnt. Dass er es aber nicht wirklich tut, sollte in jedem Fall kritisch hinterfragt werden, denn hier dient lediglich die vermutete Gewalt zur Legitimation der Gegengewalt in Eigenjustiz. Ömer geht sogar so weit zu behaupten, die Neonazis seien schuld am Tod seines Vaters, selbst wenn sie ihn nicht angefasst haben sollten (vgl. Zaptçıoğlu 1998: 217).

Die Beispiele zeigen, dass die Mehrheit der Figuren zu Stereotypisierungen und sogenanntem Schubladendenken neigt. Für sie zählt hier die simple Gleichung „Skins plus Türke gleich Totschlag" (Zaptçıoğlu 1998: 50), obwohl nicht sicher gestellt ist, welche Gründe zu dem Vorfall geführt haben. Auch als Ömer den Schulleiter ohrfeigt, weil dieser nicht seine Überzeugung von der Schuld der Neonazis teilt, erscheint Ömer nicht als Handelnder, da der Akt des Zuschlagens nicht erzählt und die Figur Ömer so wieder der Verantwortung enthoben wird. Vielmehr heißt es im Text: „Und im nächsten Augenblick sah ich den Anzug auf dem Boden liegen." (Zaptçıoğlu 1998: 45) Auch durch die metonymische Verwendung des „Anzugs" für den Schulleiter wird die Situation entpersönlicht. Selbst Josting unterliegt der Sympathielenkung des Textes, wenn sie interpretiert, Ömer schlage aus „lauter Verzweiflung" zu (Josting 2007: 161).

Dass die internationale Presse sich weitestgehend einig ist, Ömers Vater sei Opfer eines rassistischen Überfalls geworden und mit Besorgnis die neonazistischen Übergriffe im vereinigten Deutschland zur Kenntnis nimmt (vgl.

Zaptçıoğlu 1998: 86 ff.), deckt sich mit der generellen Haltung der Presse kurz nach dem Mauerfall und konnte etwa in Bezug auf die türkischen Medien, die beim Brand eines von Türken bewohnten Ludwigshafener Wohnhauses im Jahre 2008 sofort von einem rassistischen Anschlag ausging, bestätigt werden. Auch wenn die zunehmenden rechtsradikalen Übergriffe seit dem Mauerfall berechtigterweise Ängste bei vielen Menschen mit Migrationshintergrund ausgelöst haben müssen und auch Debatten um einen möglicherweise verstärkten Nationalismus nach der Wiedervereinigung geführt wurden,[4] werden hier vorschnelle Urteile gefällt, die sich bis zum Ende des Romans nicht belegen lassen.[5]

Der Mond isst die Sterne auf zeigt allerdings auf subtile Weise – vielleicht der Grund, weswegen dieser Aspekt bislang nicht genug Beachtung fand – dass rassistische Argumentationsmuster und ihre Dekonstruktion durch sowohl inhaltliche als auch stilistische Verfahren Teil desselben Textes ebenso sein können, wie in dieser Widersprüchlichkeit auch im Innenleben der Rezipienten. Im Fall unseres Werkbeispiels trifft dies gerade durch die Diskrepanz zwischen Figurenrede und der allgemeinen Erzählhaltung zu. Während auf der Erzählebene die komplexe Vielschichtigkeit der Figuren deutlich wird, zeigt die Figurenebene, dass polarisierendes Denken weiterhin existiert:

> Die Deutschen schaffen es immer, dass man sich bei ihnen bedankt, auch dann, wenn sie es sind, denen man einen Dienst erweist. Das ist egal. Sie verdrehen die Situation so meisterhaft, dass man sich am Ende bei ihnen bedanken muss. Umgekehrt fühlt man sich verpflichtet, sich bei ihnen zu entschuldigen, auch wenn sie im Unrecht sind. Das macht einen großen Teil ihres Geheimnisses aus, das ich nicht begreifen kann. (Zaptçıoğlu 1998: 109)

Oder, höchst klischeehaft:

> Was war eigentlich der große Unterschied zwischen Türken und Deutschen, über den jeder in diesem Land sich den Kopf zerbrach, war es vielleicht unsere Art den Tee zuzubereiten? Stört es sie, dass wir Tee anstatt Kaffee tranken? (Zaptçıoğlu 1998: 164)

Wenn Ömer weiterhin bei der Frage, wer beim „Bund der Geächteten" dabei sein könne, über den Algerier Raschid sagt: „Er ist Algerier, Mann. Afrika, das ist hunderttausend Kilometer weit weg. Außerdem hasse ich Couscous." (Zaptçıoğlu 1998: 98), wird dem seitens Kenan entgegnet: „Wenn es ums Skins-Aufklatschen geht, darf er ganz vorne marschieren, aber gleichzeitig sagst du, er sei keiner von uns. Außerdem glaube ich nicht, dass er in seinem ganzen Leben

---

4 Zum verstärkten Nationalsozialismus nach 1989/90 vgl. u. a. Habermas 1990 und Ayim 1997.
5 Zum weiteren Verlauf der Handlung: Ömers Vater wacht aus dem Koma nicht mehr auf und stirbt. Die Neonazis werden gefasst und beteuern, nichts mit dem Überfall zu tun zu haben. Es steht die Vermutung im Raum, dass sich Seyfullah sehr wahrscheinlich aus Angst vor den Skinheads hinter dem Zaun am Fluss verstecken wollte und dabei ins Wasser gerutscht ist. Er hielt sich dort auf, weil er ganz in der Nähe des Unfallortes seinem Doppelleben nachging.

mehr als zwei Wochen in Afrika verbracht hat." (Zaptçıoğlu 1998: 99) Darin zeigt sich zunächst nur ein multiperspektivisches Verfahren, das, obwohl nur Ömer aus der Innensicht gezeigt wird, die Perspektive mithilfe anderer Figuren erweitert und somit einseitigen Urteilen entgegenwirkt. Die fast blinde Fokussierung auf einen rassistischen Übergriff, die keine andere Deutung zulässt, wird allerdings vor allem durch die Parallelerzählung konterkariert, die die Figur des Vaters – dem im Haupttext keine handelnde Rolle zukommt, der vielmehr als passives Opfer stilisiert und vereinnahmt wird – gerade als vielschichtigen Menschen zeigt, der ein ‚Täter' ist, der sich durch das verschwiegene Doppelleben große Schuld mindestens gegenüber seinem Sohn Ömer aufgeladen hat.[6]

In einem interkulturell akzentuierten Deutschunterricht bietet es sich an, die ‚Neo-Nazi-Geschichte' zum Anlass zu nehmen, um über die unüberwindbare Tatsache zu sprechen, dass theoretisch die kulturelle Vielschichtigkeit und Mehrfachzugehörigkeit mittlerweile breit akzeptiert ist, in der Praxis aber das vermeintlich triviale ‚Schubladendenken' noch vorherrscht und im Fall des vorgestellten Beispiels auch einen Sinn hat. Das didaktische Wirkungspotential des Buches liegt u. a. darin, die Schüler für die Angst vor verbalen oder tätlichen Übergriffen auf Migranten zu sensibilisieren.

In diesem Zusammenhang sollte über die Gründe für das gewaltsame Verhalten Ömers und seiner Freunde gesprochen werden, die keine Entschuldigung für gewaltsame Taten darstellen, die Sympathie des Lesers für Ömer aber lenken. So wird es möglich, sich der oft tief sitzenden Stereotype bewusst zu werden, mit denen man ‚dem Anderen' begegnet, sei es aus Sicht eines vorurteilsbelasteten Deutschen oder ebenfalls vorurteilsbelasteten Deutsch-Türken. Die fachliche Relevanz des Buches liegt vor allem darin, dass sich an diesem Grundlagen der Erzählanalyse und Kriterien für ästhetische Literatur erarbeiten lassen. Insgesamt bietet das Buch eine Fülle von Möglichkeiten zur Förderung literarischer Kompetenz, zu der zusätzlich das Zuordnen von Texten in Epochen und Gattungen, der intertextuelle Vergleich[7] und der Austausch über Lektüre-Erfahrungen zu zählen sind (vgl. Josting 2007: 149; Hurrelmann 2002: 142).

Methodisch betrachtet stellt das textnahe Lesen eine Grundlage im interkulturellen Literaturunterricht dar, die durch geeignete produktive, analytische und intermediale Verfahren konkretisiert werden sollte (vgl. Rösch 2000: 12 ff.). Handlungs- und produktionsorientierte Verfahren sollten in erster Linie dazu führen, „dass sich die Schüler in Figuren hineinversetzen, Empfindungen und Gedanken nachvollziehen" (Spinner 2001: 129). Eine mögliche Aufgabenstel-

---

6 Dass die türkische und deutsche Ehefrau jeweils weitestgehend passive Figuren bleiben, ist eine der wenigen Schwachstellen des Textes.

7 Es bietet sich an, Zaptçıoğlus Roman dem Roman *Selam Berlin* von Yadé Kara (2003) gegenüberzustellen. Auch hier geht es um einen Jugendlichen in der Nachwendezeit, das Parallelleben des Vaters und rassistische Übergriffe.

lung im Rahmen der Figurencharakterisierung könnte in Bezug auf Typ und Charakter lauten:

Versetz dich in der folgenden Szene (Verhör des Skinheads) in die Rolle des Skinheads. Welche Gedanken gehen dir in diesem Moment durch den Kopf? Schreibe einen inneren Monolog, in dem der Skinhead nicht stereotyp erscheint.

> ‚Vor drei Nächten ist hier etwas passiert‘, sagte ich [Ömer]. ‚An der Oberbaumbrücke. Ihr habt 'nen alten Mann gepackt und in die Spree geworfen. Wenn du uns sagst, wer dabei war, lassen wir dich wieder laufen. Hast du verstanden?‘ Er hob den Kopf und schaute mich an, ich werde diesen Blick nie vergessen [...]. (Zaptçıoğlu 1998: 77)

Durch diese Übung kann deutlich werden, dass auch an sich negativ konnotierte Typen (im literaturwissenschaftlichen Sinn) durch eine bewusste Lenkung des Textes in positivem Licht erscheinen können. Anstatt die Existenz von Stereotypen grundsätzlich zu kritisieren, sollte genau darauf geschaut werden, wann dieses stereotype Denken gefährlich oder auch produktiv werden kann und für wen. Durch den Einsatz des Textes *Der Mond isst die Sterne auf* im Unterricht kann aufgezeigt werden, durch welche literarischen Verfahren einerseits stereotype Denkmuster wiedergegeben (z.B. Figurenrede) und gleichzeitig dekonstruiert werden können (z.B. Parallelerzählung) sowie auf Verfahren der Sympathielenkung im Text aufmerksam gemacht werden – und somit eine Verknüpfung von fachspezifischen Inhalten mit der Thematisierung von interkulturellen Aspekten kombiniert werden.

Literatur

Auernheimer, Georg (2007): „Interkulturelle Kompetenz revidiert", in: Antor, Heinz (Hg.): *Fremde Kulturen verstehen – fremde Kulturen lehren. Theorie und Praxis der Vermittlung interkultureller Kompetenz*, Heidelberg, S. 11 – 28.

Ayim, May (1997): „Das Jahr 1990: Heimat und Einheit aus afro-deutscher Perspektive", in: Ayim, May: *Grenzenlos und unverschämt*, Berlin 1997, S. 88 – 103.

Brunner, Martina E. (2004): „Migration ist eine Hinreise. Es gibt kein ‚Zuhause‘, zu dem man zurück kann": der Migrationsdiskurs in deutschen Schulbüchern und in Romanen deutschtürkischer AutorInnen der neunziger Jahren", in: Durzak, Manfred / Kuruyazıcı, Nilüfer (Hg.): *Die andere deutsche Literatur*, Würzburg, S. 71 – 90.

Habermas, Jürgen (1990): „Die Stunde der nationalen Empfindung. Republikanische Gesinnung oder Nationalbewußtsein?", in: Habermas, Jürgen: *Die nachholende Revolution*, Frankfurt / Main, S. 157 – 166.

Hurrelmann, Bettina (2002): „Kinder- und Jugendliteratur im Unterricht", in: Bogdal, Klaus-Michael / Korte, Hermann (Hg.): *Grundzüge der Literaturdidaktik*, München, S. 134 – 146.

Josting, Petra (2007): „Tod in Berlin. Ein Jugendroman im interkulturellen Literaturunterricht: Der Mond isst die Sterne auf von Dilek Zaptçıoğlu", in: Dawidowski, Christian /

Wrobel, Peter: *Interkultureller Literaturunterricht. Konzepte – Modelle – Perspektiven*, Baltmannsweiler, S. 146 – 166.

Kara, Yadé (2003): *Selam Berlin*, Zürich.

Leggewie, Klaus / Zifonun, Darius (2010): „Was heißt Interkulturalität?", in: *Zeitschrift für interkulturelle Germanistik* (1), Bielefeld, S. 13 – 34.

Moosmüller, Alois (2000): *Die Schwierigkeit mit dem Kulturbegriff in der Interkulturellen Kommunikation*, in: Alsheimer, Rainer / Moosmüller, Alois / Roth, Klaus (Hg.): *Lokale Kulturen in einer globalisierten Welt. Perspektiven auf interkulturelle Spannungsfelder*, Münster, S. 15 – 29.

Rösch, Heidi (2000): *Jim Knopf ist ~~nicht~~ schwarz: Anti-/Rassismus in der Kinder- und Jugendliteratur und ihrer Didaktik*, Baltmannsweiler.

Rösch, Heidi (2006): „Was ist interkulturell wertvolle Kinder- und Jugendliteratur?", in: *Beiträge Jugendliteratur und Medien* (58/2), S. 94 – 103.

Roth, Juliana / Köck, Christian (Hg.) (2004): *Interkulturelle Kompetenz? Culture Communication Skills. Handbuch für die Erwachsenenbildung*, München.

Spinner, Kasper H. (2001): *Kreativer Deutschunterricht. Identität – Imagination – Kognition*, Seelze.

Zaptçıoğlu, Dilek (1998): *Der Mond isst die Sterne auf*, Stuttgart.

Ernst Struck

Interkulturalität und Wissenstransfer. Die Bedeutung interkultureller Studiengänge am Beispiel der *Kulturwirtschaft – International Cultural and Business Studies* der Universität Passau

Kulturbegegnung und Kulturtransfer

> Europa war und ist ein durch permanente Kulturtransfergeschehnisse entstandenes und entstehendes politisches und soziales Gebilde. Es ist in vielfältiger Weise erst durch Kulturbeziehungen. Es ist gleichzeitig vielfältig und einheitlich. ‚So ist die Kulturbegegnung das wahre Feld und die große Triebkraft aller Geschichte (Tenbruck 1992: 23)'. Ohne Kulturbegegnung wäre gesellschaftliche Entwicklung nicht möglich. (Fuchs / Trakulhun 2003: 9)

In allen Kulturen, nicht nur in Europa, finden sich importierte, inkorporierte und transformierte Elemente aus anderen Kulturen. Hier ist dann das ursprünglich Fremde zum Eigenen geworden und es wurde damit eine Weiterentwicklung der eigenen Kultur ermöglicht. Untersuchungen zum Wissens- und Kulturtransfer und seinen Folgen, vor allem in historischer Perspektive, liegen in großer Zahl vor (u.a. Rees et al. 2002; İhsanoğlu 2004; Bremmer / Dekker 2007; Steiger et al. 2010). Zahlreiche Beispiele können hier angeführt werden, die auf der einen Seite von den deskriptiven Aspekten der Kultur auf der materiellen Ebene, den kulturellen Praktiken und Artefakten, wie auf der anderen Seite von den explikativen Aspekten der Kultur auf der immateriellen Ebene, den kollektiven Werten und Normen, handeln. Sie lassen sich ganz kulturgeographisch als Ausbreitung von Innovationen, eben von anderen oder fremden Kulturelementen, im Raum beschreiben. Sie reichen von der langsamen Diffusion und Adaption von Werten und Normen der Religionen, der verschiedenen philosophischen und politischen Ideen oder der unterschiedlichen Gesellschaftsentwürfe bis hin zur weitaus schnelleren räumlichen Verbreitung der Kaffeekultur, von Bewässerungstechniken, Haustypen und Siedlungsformen, Ritualen des Umgangs miteinander oder der Nutzung sozialer Netzwerke des Internets. Gleichzeitig werden aber auch kulturelle Einflüsse abgewiesen. Barrieren können aufgebaut werden, wobei die bewusste Auseinandersetzung mit dem ‚Anderen' dann der Innenorientierung dient und den eigenen gesellschaftlichen Zusammenhalt, das ‚Wir', stärkt. Bei der Ablehnung des kulturell Fremden spielen insbesondere Stereotype und Vorurteile eine große Rolle, die durch Bildung, Wissen und Reflexion interkultureller Erfahrung verändert und abgebaut werden können – viele der trennenden Barrieren lassen sich so überwinden. Die Analyse des Kultur- und Wissenstransfers reicht damit von der innovativen Bewältigung bis zur Verweigerung der Begegnung.

Kulturräume, Kulturerdteile, Kulturkreise und Globalisierung

Die Kontakte und Auseinandersetzungen zwischen Kulturen galten bis ins 19. Jahrhundert als überschaubar und steuerbar. Räumliche Distanz und definierte, gesicherte Grenzen schränkten den Austausch und die Kommunikation ein. Nationalkulturen und Kulturräume wurden konstruiert und dienten der Orientierung, der Abgrenzung und der Selbstbestimmung. Kulturen waren ‚verortet‘. In der Geographie legte, die Gedanken von Hettner (1923) und Schmitthenner (1938) weiterführend, Albert Kolb im Jahre 1962 eine Gliederung der Erde in „Kulturerdteile" vor, die bis heute eine überaus große Wirkkraft entfaltet hat (Kolb 1962). Diese Räume sind gekennzeichnet durch einheitliche Kulturelemente, die jeweils ganz einmalig mit der Naturlandschaft verknüpft sind und eine eigenständige, geistige und gesellschaftliche Ordnung in Zusammenhang der Geschichte aufweisen. Sie suggerieren Homogenität und klare Grenzen. Immaterielle Kulturelemente, materielle Kulturelemente und Natur wurden hier kombiniert und in ein Raumkonzept, einen Container, gegossen. Diese geographische Konstruktion der „Kulturerdteile", oft auch als „Kulturräume" bezeichnet, hat bis heute in Deutschland großes Gewicht, es wurde nämlich in den 1980er Jahren für den Schulunterricht nutzbar gemacht, um den Schülern Orientierung in der Welt zu geben und ihnen eine Ordnung der Welt zu bieten (Newig 1986; Newig 1995; Kolb / Newig 1997). Trotz vielfacher fachwissenschaftlicher Einwände gegen dieses Raum-Containerwissen bestimmt es die Lehrpläne und den Schulunterricht und vermittelt schon in frühen Lebensjahren eine angeblich wissenschaftlich fundierte Weltsicht, die sich ganz systematisch und eurozentrisch vom Fremden abgrenzt (vgl. Dürr 1987; Scheffer 2003). Dieses tief im Wissensbestand der Bevölkerung verankerte und kaum hinterfragte trennende räumliche Kulturkonzept, das ebenso, nahezu selbstverständlich von Politik und Medien perpetuiert wird, beeinflusst in ganz entscheidendem Maße u. a. die Diskussion um die Zugehörigkeit der Türkei zu Europa und die Frage ihrer Mitgliedschaft in der Europäischen Union (Struck 2006, 2007).

War die Konstruktion derartiger holzschnittartiger und schlichter Kategorisierungen zur kulturellen Gliederung der Welt bis in die Mitte des 20. Jahrhunderts noch verständlich, wenngleich auch hier bereits die Dynamiken und Austauschprozesse zwischen Kulturen erkannt worden waren, so haben Kulturkontakt und Kulturtransfer in der Phase der Globalisierung eine ganz neue Dimension erhalten. Dieser tief reichende Wandel ist gekennzeichnet nicht allein durch die Vernetzung der Volkswirtschaften und der Globalisierung der Weltwirtschaft, sondern ganz entscheidend durch die Entstehung einer globalen Informationsgesellschaft. Informationen und Wissen können nun über alle Kulturgrenzen hinweg global verbreitet und sofort rezipiert werden (vgl. Strasburger et al. 2009). Akteure unterschiedlicher Kulturen haben die Möglichkeit, sich nahezu zeitgleich auszutauschen, und können mit der Entwicklung schnellen weltumspannenden Verkehrs und Transports auch unmittelbar miteinander in Kontakt treten. Das Phänomen der Migration und des schnellen Reisens zwischen bisher entfernten Regionen in massenhafter Dimension, hat die sozialen Begegnungen zwischen den Menschen unterschiedlicher Gesellschaften und Kulturen extrem ansteigen lassen. Die intensive gegenseitige Beeinflussung der Kulturen auf materieller wie immaterieller Ebene ist das entscheidende Charakteristikum unserer Zeit.

Mit zunehmenden Austauschprozessen wäre ein wachsendes Bemühen um ‚Verstehen' der Gemeinsamkeiten und Unterschiede zu erwarten gewesen, jedoch hat die neue, unausweichliche und intensive Auseinandersetzung mit anderen Kulturen, gesellschaftlichen Entwürfen und Religionen vielfach zur Verunsicherung der eigenen identitätsstiftenden Grundlagen geführt. Die Beobachtung weltweiter Konflikte wurde nun im Zusammenhang mit den Theorien und Raumkonstrukten verschiedener Kulturen gesehen. Man könnte meinen, die älteren deutschen Kulturraum- oder Kulturerdteilentwürfe der Geographen (Kolb 1962; Newig 1986) wären Vorbild für die Gliederung der Welt in „Kulturkreise" von Samuel Huntington (1993, 1996) gewesen, da die Charakterisierungen und die postulierten Grenzen nahezu identisch sind. Huntington ging aber mit seiner damit verbundenen These des „Kampfes" der Kulturen, über die Intentionen dieser deutschen Geographen weit hinaus und fand deshalb, vor allem aber infolge der Ereignisse des 11. Septembers 2001, weltweite Beachtung. In der reduktionistischen, eindimensionalen Sichtweise Huntingtons werden die Angehörigen eines Kulturkreises entweder unter einer Religion (u. a. islamische, hinduistische, orthodoxe Welt) oder aber einer regionalen Kategorie (u. a. westliche, afrikanische, japanische Welt) subsumiert. Homogene Kulturkontinente werden suggeriert und es wird von der Grundannahme ausgegangen, dass die in diesen Kulturkreisen zusammengefassten Menschen sich feindlich gegenüberstehen würden (vgl. Scheffer 2010). Sie müssten dann, um jeweils ihre so definierte kulturelle Identität zu wahren, diese stärken und sich die Gegensätze und Differenzen immer deutlicher und machtvoller bewusst machen.

„Kulturfalle" und „Identitätsfalle"

Derartige, scheinbar plausible Weltordnungen und Raumbilder führen zur Fundamentalisierung, Ethnozentrierung und letztlich zur machtvollen politischen Instrumentalisierung von Kultur, aus der es dann kein friedliches Entkommen mehr zu geben scheint. Die Welt wäre gefangen im Kampf der Kulturen. Der Mensch säße in einer „Kulturfalle".

Grundsätzlich strittig ist, ob sich die Komplexität von Kulturen und Kulturkreisen auf einzelne allgemeine Kategorien reduzieren lässt, wie nach Samuel Huntington auf „history, language, culture, tradition and, most important, religion" (Huntington 1993: 25). Huntington konstruiert damit sogar eine klare östliche Grenze in Europa: Nicht zum westlichen Kulturkreis gehören nahezu der gesamte Balkan, einschließlich Griechenland und Bulgarien, die östliche Hälfte Rumäniens, sowie natürlich die Türkei, da in seinem „Europa" „The peoples [...] are Protestant or Catholic" – andere Christen, Juden und Muslime sind ausgeschlossen. Die weiteren gemeinsamen, kulturellen Grundlagen sind: „[...] the common experiences of European history – feudalism, the Renaissance, the Reformation, the Enlightenment, the French Revolution, the Industrial Revolution" (Huntington 1993: 30). Alle östlich dieser Grenze lebenden Menschen haben diese Erfahrungen nicht gemacht und können diese grundlegenden Ideen demnach nicht teilen.

Die Politik der Europäischen Union ist solchen Argumenten nicht gefolgt und hat von Anfang an Griechenland als ebenso zu Europa gehörig aufgenommen, wie jüngst Bulgarien und Rumänien, und hat damit letztlich auch das Religionszugehörigkeitsargument für einen „westlichen, europäischen Kulturkreis" entkräftet. Ganz anders im Fall der Türkei, hier spielt in der EU-Mitgliedschaftsdebatte (für einzelne nationale Politiken) die Religion, ganz im Sinne Samuel Huntingtons, eine große Rolle.

Die zentrale Frage ist, ob man die Menschen nach derartigen Kategorien, wie zuallererst Religion, dann nachgeordnet Tradition und Lebensraum, in die sie immer zwangsläufig hineingeboren werden, zusammenfassen kann. Der Mensch würde dann, nach Amartya Sen, in einer unüberwindlichen „Identitätsfalle" sitzen: „[...] man sollte [...] nicht vergessen, daß es ein Merkmal etlicher der derzeit recht einflußreichen hohen Theorien über Kulturen und Zivilisationen ist, die Menschen in Schubladen einer singulären Identität zu stecken." (Sen 2010a: 184 f.) Alle anderen kulturellen Elemente und Unterschiede, wie Armut und Reichtum, unterschiedliche politische Einstellungen, Sprachen, Zeitverständnis und sogar Nationalitäten treten dann weit zurück. Jeder Mensch hat aber vielfältige Identitäten, darunter ist die Religion nur eine:

[Z]um Beispiel gehören Hindus, Moslems, Sikhs und Christen in Indien nicht nur alle zur gleichen Nation, sondern sie können auch andere Gemeinsamkeiten haben: die gleiche Sprache, Literatur, den gleichen Beruf, Wohnort und viele anderen Gruppen-zugehörigkeiten. (Sen 2010b: 380 f.)

Danach geht es darum, wenn man über Kultur spricht, die nicht-religiösen Zugehörigkeiten und ihre mit Religionsgemeinschaften konkurrierenden An-sprüche zu diskutieren, um den vielfältigen Identitäten von Menschen besser gerecht zu werden. Die verschiedenartigen kulturellen Elemente gilt es in ihrem jeweiligen Kontext zu verstehen, um den Differenzen dann die Gemeinsamkeiten und übergeordneten ethischen Ziele gegenüberstellen zu können. „Die demo-kratische Praxis kann sicherlich dazu beitragen, dass die vielfältigen Identitäten von Menschen besser wahrgenommen werden." (Sen 2010b: 381)

Interkulturelle Kommunikation und Dialog

Die interkulturelle Kommunikation befasst sich mit den genannten kulturellen Gemeinsamkeiten und Unterschieden, den verschiedenartigen Identitäten sowie der Kommunikation ihrer Akteure. Sie analysiert die Probleme, wie Wahrneh-mungs- und Bedeutungsunterschiede, Fehlinterpretationen sowie unterschied-liche Werte-, Normen- und Machtkonstellationen im Wechselspiel von Eigenem und Fremden. Interkulturelles Lernen, verstanden als ganzheitlicher Prozess, der kognitiven Wissenserwerb, Emotionen und Verhalten integriert, leitet dann zum Perspektivenwechsel an, um auch aus der Sicht des Anderen die Welt be-greifen zu lernen. Damit werden neue Elemente in das eigene, bestehende Ver-haltensrepertoire integriert (Barmeyer 2010: 57). Das Ziel ist der Erwerb in-terkultureller Kompetenz, die eine analytisch-strategische und handlungsori-entierte Fähigkeit darstellt. Sie ermöglicht,

[...] die Logiken anderer kultureller Systeme zu erkennen und eine Brücke zu schlagen zwischen eigenen und anderen Wertvorstellungen, Denkweisen, Gefühlen und Ver-haltensmustern. Sie hilft Gegensätze zu begreifen, in Alternativen zu denken und die Stärken anderer kultureller Systeme zu verstehen. (Barmeyer 2010: 59)

Dieser Prozess des Kulturkontakts kann darüber hinaus interkulturelle Syner-gien hervorbringen und zu einer Synthese der verschiedenen kulturellen As-pekte in einer neuen, „Dritten Kultur" führen, die durch neue Regeln und Ver-haltensweisen, die von den Akteuren geteilt werden, bestimmt ist (Dirscherl 2004).

Die so geführten Diskurse und Dialoge zwischen kulturellen Identitäts-gruppen können ein Ausweg aus der „Kulturfalle" sein, sie können Konflikte hemmen und Barrieren abbauen. Sie zu führen bedeutet aber, fähig zum interkulturellen Dialog zu sein und ein umfassendes, fachliches Wissen über die eigene wie über eine andere Kultur in all ihrer Komplexität zur Verfügung zu haben.

Interkulturalität und Wissenstransfer in der universitären Lehre

Diese heute schlüssige und kaum in ihrer Notwendigkeit in Frage gestellte Forderung nach interkultureller Kompetenz war in den 1980er Jahren in Deutschland noch neu, hier befassten sich zuerst Wirtschaftswissenschaften, Pädagogik und Migrationsforschung mit derartigen Fragen. An der jüngsten Universität Bayerns, der Universität Passau (gegründet 1978), die ganz auf die Geisteswissenschaften spezialisiert war, kam in der Mitte der 1980er Jahre in einem kreativen Umfeld von Professoren der Philosophischen Fakultät und Wirtschaftsvertretern, die die Universitätsentwicklung im sogenannten „Neuburger Gesprächskreis" (heute „Managementkonvent der Universität") begleiteten, die Idee auf, einen Studiengang zu entwickeln, dessen Absolventen eine fremde „Kultur und Mentalität" verstehen können. Die Vertreter aus der Wirtschaft hatten in dieser Phase der zunehmenden Globalisierung erkannt, dass – so formulierten sie es – „in andern Ländern anders gedacht wird" und daraus für die deutschen Unternehmen vielfältige Probleme mit letztendlich wirtschaftlichen Nachteilen zu verzeichnen seien. Es sollten Akademiker ausgebildet werden, die neben ihrem fachlichen Wissen diese kulturelle Andersartigkeit überwinden könnten, u. a. auch durch hervorragende Fremdsprachenkenntnisse für Verhandlungen mit ausländischen Partnern in deren Muttersprache. Ein interfakultärer Studiengang wurde entworfen, der, so beschrieb ihn die *Süddeutsche Zeitung* einige Jahre später, „den Spagat zwischen Interdisziplinarität und Expertentum" übte:

> Ziel ist die Ausbildung von Akademikern, die firm sind in Wirtschaft, Recht, Personal- und Rechnungswesen, die aber auch einen Kulturkreis samt Geschichte, Geographie, Politik, Soziologie, Literatur und Kunst und mindestens zwei Sprachen so genau kennen, dass sie als Länderexperten überall da einsetzbar sind, wo es um Kommunikation geht. Statt Wissensballast, der rasch veraltet, Schlüsselqualifikationen, die überall gebraucht werden."[1] (*Süddeutsche Zeitung*, 17.06.1995)

Die Kulturbindung wurde in diesem Diplomstudiengang *Sprachen, Wirtschafts- und Kulturraumstudien* (auch heute im Bachelor und Master) allein über die

---

1 Der Artikel aus dem Jahre 1995 ist die Anerkennung eines innovativen Konzepts, das zu diesem Zeitpunkt bereits sieben Jahre alt war, und man noch weit entfernt von den späteren Forderungen nach Praxisorientierung und Schlüsselqualifikationen im Rahmen des Bolognaprozesses war.

Sprachen definiert und „Kulturraumstudien" werden verstanden als „kulturenbezogene Regionalforschung". So wurden zuerst der anglophone, frankophone, italienischsprachige, iberoromanische und der der südostasiatische Kulturraum wählbar gemacht, später kamen dann die Regionen der ostmitteleuropäischen und der deutschen Sprache, letztere jedoch allein für ausländische Studierende, hinzu. Die genannten geisteswissenschaftlichen Fächer bieten jeweils kulturspezifisch oder zum Teil kulturenübergreifend in ihren Lehrveranstaltungen die fachwissenschaftlichen Grundlagen. Um die eigene Spezialisierung der zukünftigen Kulturexperten zu ermöglichen, sind hier die Bereiche Ästhetik und Kommunikation oder Geschichte, Gesellschaft und Raum wählbar. Eine wissenschaftliche Exkursion, später ergänzt durch eine Projektarbeit, ein verpflichtendes Auslandsstudiensemester und ein Auslandspraktikum vertiefen die Kulturkompetenz. Inzwischen bestehen an der Universität Passau über 150 Partnerschaftsabkommen mit Universitäten in den genannten Sprach-Kulturräumen. Die interkulturelle Kommunikation, zuerst nur ausgewiesen durch interkulturelle Trainingsseminare, hat mit der Einrichtung einer eigenen Professur nun einen wissenschaftlichen Stellenwert erhalten und entsprechende Schlüsselqualifikationen bietet heute ein eigenes Universitätszentrum an (ZfS). In den Wirtschaftswissenschaften werden die grundlegenden betriebswirtschaftlichen Kernkompetenzen vermittelt, in der Anfangsphase in bescheidenerem Umfang, mit der Unstrukturierung in Bachelor und Masterstudiengänge werden hier im B.A. inzwischen wirtschaftswissenschaftliche Kenntnisse in einem Umfang vermittelt, die auch die anschließende Zulassung zu einem wirtschaftswissenschaftlichen Master ermöglichen.

Dieser im Jahre 1989 in der deutschen Universitätslandschaft völlig neuartige Diplomstudiengang *Sprachen, Wirtschafts- und Kulturraumstudien* (KUWI) wurde zum Erfolg. Beim Start im Sommersemester 1989 schrieben sich 100 Studierende und im folgenden Semester dann ganz unerwartet 600 Studierende ein, die damit die Universität vor größte Kapazitätsprobleme stellten. Die Nachfrage stieg noch weiter an, bis zu 2000 Bewerber pro Semester stellten sich dem dann eingeführten hohen Numerus Clausus. Die *Frankfurter Allgemeine Zeitung* titelte 1998 „International, interdisziplinär und interkulturell. Die Kulturwirte der Universität Passau sind gefragte Generalisten." (*FAZ*, 01.08. 1998) Es hatte sich bereits gezeigt, dass dieses neue akademische Profil der Absolventen vom Arbeitsmarkt gut aufgenommen worden war und der Studiengang, trotz seines breiten Fächerspektrums, auch wissenschaftliche Vertiefung in einzelnen Fachgebieten ermöglichte. So arbeiten die Absolventen nicht nur in der Wirtschaft, sondern auch in der Forschung, der Entwicklungszusammenarbeit und der Politik, und sind in auslandsbezogenen Institutionen wie DAAD (Deutscher Akademischer Austauschdienst), GIZ (Gesellschaft für Internationale Zusammenarbeit, vormals GTZ), Goethe-Institute und Vertretungen von Wirtschaftsorganisationen zu finden. „Sie arbeiten in Colombo, St. Petersburg, Dublin und Buenos Aires [...] sie sind international gefragt" (*Süddeutsche Zeitung*, 20.01.2009). Sie und die Studierenden werden durch das „KUWI-Netzwerk international e.V." betreut, das mit mehr als 3600 Mitgliedern einer der größten Studierenden- und Alumni-Organisationen Deutschlands ist. Mit dem Bolognaprozess wurde dieses inhaltliche Konzept inzwischen in einen Bachelor und einen darauf aufbauenden Master überführt: den Studiengängen *Kulturwirtschaft – International Cultural and Business Studies, ICBS*. Aber auch andere auf diese breite interkulturelle und interdisziplinäre Basis des Bachelors *Kulturwirtschaft* aufbauende, kulturbezogene, fachwissenschaftlich vertiefte und forschungsorientierte Masterstudiengänge sind an der Universität Passau entwickelt worden, wie die Studiengänge *Geographie: Kultur, Umwelt und Tourismus, Russian and East Central European Studies, Southeast Asian Studies* und zuletzt die *North and Latin American Studies*.

Kulturexperten und Kulturvermittler

Wie die aktuelle politische und gesellschaftliche Situation in Deutschland, in Europa und der Welt zeigt, sind derartige Kulturexperten wohl zunehmend notwendig, wenn wir nicht der Idee eines „Kampfes der Kulturen", wie ihn Samuel Huntington postulierte, folgen, nicht in die hier aufgezeigte „Kulturfalle" und auch nicht in die „Identitätsfalle", wie sie Amartya Sen erkannte, gehen wollen.

Der Umgang mit Migranten und mit Staatsbürgern mit so genanntem ‚Migrationshintergrund' ist eine kulturelle Herausforderung für viele Nationalstaaten, sogar innerhalb der Europäischen Union. So wurden in Frankreich populistisch und medienwirksam Angehörige der Bevölkerungsgruppen der Sinti und Roma ausgewiesen und in ihre ursprünglichen Herkunftsgebiete Rumänien und Bulgarien zurückgeschickt, obwohl auch für Sie das Recht des freien Aufenthalts in der EU gilt und sie demnach jederzeit nach Frankreich zurückkehren können (seit Beginn 2010). Hier, wie auch in vielen anderen europäischen Ländern, werden die Debatten um Multikulturalität, kulturelle Fremdheit, Kulturvermittlung und Integration äußerst emotional und kontrovers geführt. Die Auswirkungen der weiteren Globalisierung mit Verlagerung der Märkte, der Produktion und bald ganz sicher auch der Produktentwicklung nach Asien ist in Europa interkulturell ebenso zu bewältigen wie zum Beispiel auch der langwierige Prozess der Aufnahme der Türkei in die Europäischen Union. In deutsch-türkischer Zusammenarbeit will man seit 2006 mit der Ernst-Reuter Initiative

[…] zur Überwindung kultureller und religiöser Missverständnisse und unterschiedlicher Wahrnehmungen […] für den Respekt der kulturellen Vielfalt […] werben. […] Unterschiede identifizieren, zusammen nach Lösungen suchen und die gemeinsame Zukunft mit Respekt für die Verschiedenheit gestalten. (Deutsches Konsulat in Istanbul 2010)

Als Ausdruck dieses vertieften interkulturellen Dialogs ist eine staatliche Türkisch-Deutsche Universität (DTU / TAÜ) in Istanbul im Aufbau, die dem Kulturaustausch und dem Wissenstransfers dienen soll.[2]

Akademiker, die interkulturelle Kompetenz erworben haben, über persönliche interkulturelle Erfahrungen verfügen und Fachwissen über den ‚kulturellen Gegenstand', sei es ein Land, eine Region oder eine Bevölkerungsgruppe, besitzen müssten in diesen Diskursen der Politik, der Wirtschaft und der Medien als Kulturexperten und interkulturelle Mittler tätig sein. Wissenstransfer und Kulturaustausch könnten dann weitaus weniger konfliktanfällig und deutlich erfolgreicher sein.

Literatur

Barmeyer, Christoph (2010): „Interkulturalität", in: Barmeyer, Christoph / Genkova Petia / Scheffer / Jörg (Hg.): *Interkulturelle Kommunikation und Kulturwissenschaft. Grundbegriffe, Wissenschaftsdisziplinen, Kulturräume*, Passau, S. 35–72.

Bremmer jun., Rolf H. / Dekker, Kees (Hg.) (2007): *Foundations of Learning. The Transfer of Encyclopaedic Knowledge in the Early Middle Ages*, Leuven.

Deutsches Konsulat in Istanbul (2010): verfügbar unter: http://www.istanbul.diplo.de/Vertretung/istanbul/de/Aktuell/ErnstReuterInitiative/Ernst_Reuter_Initiative_S.html [letztes Zugriffsdatum 10.10.2010].

Dirscherl, Klaus (2004): „Der dritte Raum als Konzept der interkulturellen Kommunikation. Theorie und Vorschläge für die Praxis", in: Bolten, Jürgen (Hg.): *Interkulturelles Handeln in der Wirtschaft*, Sternenfels, S. 12–24.

Dürr, Heiner (1987): „Kulturerdteile: Eine „neue" Zehnweltenlehre als Grundlage des Geographieunterrichts?" in: *Geographische Rundschau* (39/4), S. 229–232.

FAZ; Becker, Lisa (1998): „International, interdisziplinär und interkulturell. Die Kulturwirte der Universität Passau sind gefragte Generalisten. Hoher Numerus clausus bremst Zustrom", 01.08.1998, S. 43.

Fuchs, Thomas / Trakulhun, Sven (Hg.) (2003): *Das eine Europa und die Vielfalt der Kulturen. Kulturtransfer in Europa 1500–1850*, Berlin.

Hettner, Alfred (1923): *Der Gang der Kultur*, Leipzig.

---

2 Es wäre zu wünschen, dass derartige Überlegungen in die Neugründung dieser Universität DTU / TAÜ eingehen und aus ihr auch Experten für einen wissenschaftlich fundierten interkulturellen Dialog zwischen Deutschland und der Türkei hervorgehen werden.

Huntington, Samuel P. (1993): „The Clash of Civilizations?", in: *Foreign Affairs* (72/3), S. 22–49.

Huntington, Samuel P. (1996): *The Clash of Civilizations and the Remaking of World Order*, New York.

İhsanoğlu, Ekmeleddin (2004): *Science, Technology and Learning in the Ottoman Empire. Western Influence, Local Institutions, and the Transfer of Knowledge*, Hampshire.

Kolb, Albert (1962): „Die Geographie der Kulturerdteile", in: Leidlmair, Adolf (Hg.): *Herrmann von Wissmann-Festschrift*, Tübingen, S. 42–49.

Kolb, Albert / Newig, Jürgen (1997): *Kulturerdteile*, Gotha.

Newig, Jürgen (1986): „Drei Welten oder eine Welt: Die Kulturerdteile", in: *Geographische Rundschau* (38/5), S. 262–267.

Newig, Jürgen (1995): „Weltordnung nach Kulturerdteilen", in: *Geographie heute* (128), S. 44–45.

Rees, Joachim / Siebers, Winfried / Tilgner, Hilmar (Hg.) (2002): *Europareisen politisch-sozialer Eliten im 18. Jahrhundert. Theoretische Neuorientierung – kommunikative Praxis – Kultur- und Wissenstransfer*, Berlin.

Scheffer, Jörg (2003): „Lateinamerika – ein Kulturerdteil? Zur Konstruktion und Dekonstruktion eines verbreiteten Weltbildes", in: Struck, Ernst (Hg.): *Ökologische und sozio-ökonomische Probleme in Lateinamerika*, S. 9–18.

Scheffer, Jörg (2010): „Kulturgeographie als Geographie der Kultur", in: Barmeyer, Christoph / Genkova, Petia / Scheffer, Jörg (Hg.): *Interkulturelle Kommunikation und Kulturwissenschaft. Grundbegriffe, Wissenschaftsdisziplinen, Kulturräume*, Passau, S. 233–250.

Schmitthenner, Heinrich (1938): *Lebensräume im Kampf der Kulturen*, Leipzig.

Sen, Amartya (2006): *Identity and Violence: The Illusion of Destiny*, New York / London.

Sen, Amartya (2010a): *Die Identitätsfalle. Warum es keinen Krieg der Kulturen gibt*, München.

Sen, Amartya (2010b): *Die Idee der Gerechtigkeit*, München.

Steiger, Johann Anselm / Richter, Sandra / Föcking, Marc (Hg.) (2010): *Innovation durch Wissenstransfer in der Frühen Neuzeit. Kultur- und geistesgeschichtliche Studien zu Austauschprozessen in Mitteleuropa*, Amsterdam / New York.

Strasburger, Aleksander / Kosinski, Witold / Zietara, Wojciech (Hg.) (2009): *Transfer von Wissen und Kulturmustern im Zeitalter der Globalisierung*, Warschau.

Struck, Ernst (2006): „Geostrategische Raumbilder im Diskurs um die EU-Mitgliedschaft der Türkei", in: Scheffer, Jörg (Hg.): *Europa und die Erweiterung der EU*, Passau, S. 103–110.

Struck, Ernst (2007): „Die Türkei – geopolitische Kontroversen um die Mitgliedschaft in der EU", in: *Geographische Rundschau* (59/3), S. 52–59.

Süddeutsche Zeitung; Baedeker, Rita (1995): „Mentalität als Geschäftsgrundlage. Die Passauer Kulturwirte üben den Spagat zwischen Interdisziplinarität und Expertentum", 17.06.1995, S. 43.

Süddeutsche Zeitung; Klasen, Oliver (2009): „Von Passau nach Sankt Petersburg. Seit 20 Jahren gibt es den Studiengang KulturWirtschaft", 20.01.2009, S. 35.

Tenbruck, Friedrich H. (1992): „Was war der Kulturvergleich, ehe es den Kulturvergleich gab?" in: Matthes, Joachim (Hg.): *Zwischen den Kulturen? Die Sozialwissenschaften vor dem Problem des Kulturvergleichs*, Göttingen, S. 13–35.

Asker Kartarı

Kulturkontakt im türkisch-deutschen Kontext

Die Begriffe ‚Interkulturalität' und ‚Interkulturelle Kommunikation' wurden in den letzten Jahrzehnten intensiv diskutiert (Chen / Starosta 1996: 7 – 16; Leeds-Hurwitz 1998: 15 – 28). Neben den Gewinnen, die Kulturkontakte mit sich bringen, tauchten stets auch Probleme auf: Kommunikationsprobleme sind dabei die am meisten genannten und allem anderen zu Grunde liegenden Schwierigkeiten, da Kulturunterschiede ineffektive Kommunikation auslösen, ja, als deren Quelle bezeichnet werden können. Wissenschaftler näherten sich diesen Problemen aus verschiedenen Richtungen an. Basis dafür ist das unterschiedliche Kulturkonzept der Forscher aus den sozial- und kulturwissenschaftlichen Fächern (vgl. Gerndt 1986: 11; Maletzke 1996: 15; Gudykunst 1997: 337 – 348). Die Wissenschaftler, die die interkulturelle Kommunikation im Sinne von Ethnographie verstehen, nutzen einen weit gefassten Kulturbegriff (Kartarı 2006: 13 – 17). Sie begreifen Kultur als die von einer kulturell geprägten Gruppe gemeinsam erschaffenen Weltbilder, Wahrnehmungen, Denkweisen, Normen, Werte und Vereinbarungen. Kulturelle Gruppen unterscheiden sich voneinander durch diese selbsterschaffenen Merkmale, die ihr Alltagsleben bewusst und unbewusst leiten. Menschen kommunizieren anhand von ‚Codes', die von ihrer Kultur geprägt bzw. erzeugt worden sind.

Die Kommunikation wird unter anderem als Bedeutungsaustausch definiert. Sie enthält alle Verhaltensweisen, die von anderen Menschen wahrgenommen und interpretiert werden. Die Kommunikation schließt die Sendung verbaler und nonverbaler Botschaften ein. Diese Botschaften werden vom Kommunikator bewusst, aber auch unbewusst gesendet. Deswegen wird die Kommunikation als ein komplexer, vielseitiger und dynamischer Prozess der Bedeutungsvermittlung definiert.

Der Untersuchungsgegenstand der Interkulturellen Kommunikation besteht aus Interaktionen im Alltagsleben zwischen Menschen unterschiedlicher kultureller Herkunft. Deswegen werden Themen wie Wahrnehmung, Stereotypisierung, Akkulturation, Enkulturation, kultureller Wandel, Modernisierung, Migration bzw. kulturelle Identitäten im Rahmen dieser Disziplin untersucht.

Die Migration im Allgemeinen und, als ihre Folge, der Integrationsprozess der Migranten, bildet ein besonderes Forschungsfeld für die interkulturelle Kommunikation. Mit circa 2,6 Millionen Migranten türkischer Herkunft erlebt Deutschland mehrere Aspekte der Interkulturalität im türkisch-deutschen Kontext in verschiedenen Situationen des Alltagslebens. In diesem Beitrag gehe ich von folgenden Fragestellungen aus: Welche Eigenheiten der Kultur beeinflussen die Effektivität der Kommunikation mit anderen Kulturangehörigen? Unter welchen Bedingungen findet türkisch-deutscher Kulturkontakt in Deutschland statt? Und wie kann man türkisch-deutsche Kommunikation verbessern?

Um diese Fragen beantworten zu können, orientiere ich mich an der konstruktiven Theorie der Kommunikation. Diese Theorie konzentriert sich auf die stabilen persönlichen Unterschiede und auf die Unabhängigkeit und Individualität des kommunikativen Verhaltens. Die konstruktive Kommunikationstheorie (Applegate / Sypher 1988: 41–46) fußt auf der individuellen Strukturtheorie von George Kelly (1955) und interpretiert diese durch Werners Entwicklungstheorie (Werner 1959: 125–146). Die konstruktive Kommunikationstheorie akzeptiert, dass, wo eine Entwicklung stattfindet, die Situation sich aus weniger Differenzierung / Differenziertheit zur mehr Differenzierung / Differenziertheit wandelt. Das heißt, nach jeder Entwicklung tauchen noch mehr Unterschiede auf, da jede Entwicklung die kognitiven und sozialen Schemata der jeweiligen Personen und die organisatorische Komplexität der Gesellschaft ändert. In dieser Theorie wird die Kommunikation als eine pragmatische Aktion angenommen. Die Kommunikation wird als Intentions- bzw. Botschaftsaustausch zwischen zwei oder mehreren Personen definiert. Dieser Austauschprozess, die Mitteilung, ist zielorientiert. Das Ereignis selbst wie auch dessen Qualität und die in diesem Beteiligungsprozess beobachteten verbalen und nonverbalen Kommunikationsverhaltensmuster können ,rational' ausgewertet werden. Aber diese Rationalität muss nicht immer logisch sein. Mit anderen Worten: Die Akteure sind sich ihrer Intentionen nicht immer bewusst. Die Ziele des Individuums lassen sich auf drei Bereiche konzentrieren: Identität, Beziehung und Instrumente. Wenn das Ziel des Akteurs primär auf dem Bereich der Identität fußt, versucht er während der Interaktion seine eigene und die Identität der anderen zu managen. Liegt das Ziel primär im Bereich der Beziehungsebene, beeinflusst dies das Niveau, die Intimität und die Dominanz im Prozess der Kommunikation. Die instrumentalen Ziele führen die Akteure zur Überzeugung und Beruhigung des Kommunikationspartners und zum Informationsaustausch. In allen drei Fällen bestimmen Intentionen, Zwecke und Ziele der Kommunikationsteilnehmer, Inhalt, Qualität und Ablauf des Kommunikationsprozesses. Deswegen erscheint es sinnvoll, die kulturellen Elemente der jeweiligen Kulturen, die auf die Kommunikationsziele der Teilnehmer Einfluss haben, aus dem komplexen Kulturgestell herauszuziehen und zu diskutieren.

Wie oben genannt, enthält jede Kultur Weltbilder, Wertvorstellungen, Denkweisen, Normen und auch Stereotype und Vorurteile. Die allgemeine Geschichte, die Lebenserfahrungen, die gesellschaftliche und physische Umgebung wie der kommunikative Kontext prägen die kulturellen Eigenschaften. Als Folge dieser Tatsache entstehen die Botschaften, die durch den kulturellen Code konstruiert werden und kulturspezifisch sind. Um die Bedeutungen kommunikativer Botschaften zu übertragen, braucht man einen Empfänger, der den entsprechenden Decodierungsschlüssel besitzt. Der Begriff ‚entsprechend‘ verweist auf die notwendige Nähe von Sender- und Empfängerkultur. Denn soziale Gruppen, die mehrere Aspekte ihrer Kulturen teilen, erleben weniger Probleme bei der Dekodierung von Botschaften bzw. beim gegenseitigen Verstehen. Die Wahrnehmung des kommunikativen Verhaltens ist auch Kultur geprägt. Wir können nur das, was wir kennen oder was etwas von unserer Kultur beinhaltet, wahrnehmen. Der Begriff ‚das Wahrnehmungssieb‘ verweist auf den Umstand, dass wir nicht unempfindlich gegen alle Stimulantia sind. Vom Wahrnehmen bis zum Deuten hängt die Kommunikation von der Kultur ab. Deswegen schrieb der Kulturanthropologe Edward T. Hall „culture is communication, communication is culture" (Hall 1959: 169). Es darf jedoch nicht vergessen werden, dass Kulturen nicht homogen sind, sie ändern sich ständig. Wenn wir von Eigenschaften einer Kultur reden, meinen wir den Durchschnitt. Dieser Durchschnitt wird innerhalb einer Kultur als ‚normal‘ erachtet. Kleine Abweichungen werden toleriert, größere Abweichungen als ‚anormal‘ bewertet. In jeder Kultur gibt es ‚normale‘ und ‚abweichende‘ Personen. Deswegen kann man von einer homogenen Kultur nicht reden. In manchen theoretischen Annäherungen wird ‚kulturelle Normalität‘ durch dem Begriff ‚Kulturstandards‘ definiert.

Kulturstandards geben den Mitgliedern einer Kultur Orientierung für ihr Verhalten. Sie beeinflussen unsere Wahrnehmung, unser Denken, unsere Urteile und unsere Handlungen. Sie haben einen normativen Charakter, aber auch eine bestimmte Toleranzspanne. Innerhalb dieser Grenzen ist bis zu einem gewissen Grad abweichendes Verhalten akzeptiert. Kulturstandards als ‚Verhaltensregulatoren‘ sind unbewusst und werden nur in kritischen, meist in interkulturellen Interaktionen bemerkt, aber oft nicht identifiziert. Sie können sich im Zeitablauf ändern. Deswegen ist es nicht richtig über eine Kultur feste und allgemeine Aussagen zu treffen. Bei Außenstehenden verursachen solche Aussagen Stereotypisierungen im Denken und errichten somit neue Hindernisse statt effektiver Kommunikation. Die wichtigsten Kommunikationssperren sind die Vorurteile. Vorurteile kommen von unvollständigen, verzerrten Informationen und von begrenzten persönlichen Erfahrungen. Jeder Mensch muss die Komplexität dieser Welt reduzieren. Jedoch sind Vorurteile meist destruktiv und lassen keine Differenzierung zu. Wir werden immer Vorurteile haben, aber wir können uns ihrer bewusst sein, und wir müssen versuchen, sie in interkulturellen Interaktionen zu modifizieren. Es gibt mehrere Quellen für Vorurteile. Die wichtigsten davon sind die Spuren historischer Ereignisse, persönliche Erfahrungen mit der jeweiligen Kultur wie auch die Einflüsse der Medien.

Der türkisch-deutsche Kulturkontakt hat seine Wurzeln im Mittelalter. Die Kreuzzüge, an denen auch deutsche Heere beteiligt waren, internationale Angelegenheiten vom 16. bis zum 20. Jahrhundert; die Belagerungen Wiens; der Erste Weltkrieg, in dem das Osmanische und das Deutsche Reich verbündet waren und ihre Armeen gemeinsam kämpften und sich ihre Beziehungen vielseitig entwickelten, was sich u. a. in der Gründung von deutschen Schulen im Osmanischen Reich zeigte; die Beziehungen im Zweiten Weltkrieg und die Nachkriegszeit mit der Einladung der Gastarbeiter nach Deutschland sind die wesentlichen historischen Ereignisse, die Angehörige beider Kulturen zusammenbrachten.

Auf deutscher Seite war der ‚Türke‘ zunächst besetzt als reelles Feindbild. Die dadurch bedingte Türkenfurcht äußerte sich im Alltag etwa durch das Abhalten von „Türkengebeten“ und in der Abwertung der Figur des ‚Türken‘ im Fastnachtskarneval. Nach der ersten Belagerung Wiens im Jahre 1529 läuteten täglich um die Mittagszeit die Glocken, um gläubige Christen vor der Türkengefahr zu warnen. Die „Türkenglocke“ wurde, so wie die Betglocke, geläutet, wenn das Gebet zum Schutz vor den Türken in den Kirchen abgehalten wurde. Die größten und schwersten Glocken wurden „Türkenglocken“ genannt. Sie sollten in den damals unruhigen Zeiten vor Gefahren warnen und die gläubigen Christen aus der Umgebung zurückrufen (vgl. Pierer's 1863: 946).

Es gab aber auch die exotisierende Begeisterung, die sich in der ‚türkischen Mode‘ ab dem Ende des 17. Jahrhunderts bis ins 19. Jahrhundert zeigte (vgl. Dietrich 1998: 124 f.). Die Herren trugen türkische Pantoffeln und die Frauenkleidung sollte unbedingt osmanische Textilien enthalten. Bei den Oktoberfesten in der ersten Hälfte des 19. Jahrhunderts zeigte man das erbeutete Audienzzelt mit den beiden krönenden Halbmonden, und Festteilnehmer trugen türkische Trachten.

Nach der Entsendung der deutschen Militärberater in das Osmanische Reich ab 1870 stellte der Besuch von Wilhelm II. in Istanbul im Jahre 1889 eine Wende für die deutsch-türkischen Beziehungen dar. Im Oktober 1898 kam Kaiser Wilhelm II. ein zweites Mal nach Istanbul. Die Freundschaft zwischen dem Kaiser und Sultan Abdülhamit II. vertiefte sich. Die Konzession für den Bagdadbahn-Bau ging an die Deutschen und bis 1904 wurde die Strecke von Konya und bis zum Begin des Taurus fertig gestellt. Einer der Führer der jungtürkischen Bewegung, Enver Paşa, wurde nach der ‚Jungtürkischen Revolution‘ 1908 zum Militärattaché in Berlin ernannt. Dieser den Deutschen freundlich gesinnte

General kam im Jahre 1914 als Kriegminister nach Istanbul zurück und wurde dann Chef des Generalstabs. Das Osmanische Reich trat auf Seiten der Militärmächte in den Ersten Weltkrieg ein und die deutsch-türkische Freundschaft wandelt sich in eine Waffenbrüderschaft.

Trotz der militärischen Niederlage blieben die positiven Einflüsse in den Beziehungen beider Kulturen bestehen. Nach der im Jahr 1933 verwirklichten Universitätsreform in der Türkei konnten zahlreiche europäische Wissenschaftler, darunter auch deutsche Akademiker, auf persönliche Einladung des damaligen Staatspräsidenten Atatürk als ordentliche Professoren zuerst an der Universität Istanbul verpflichtet werden (vgl. Gülen et al. 2008: 19–27; Arslan 2008; Neumark 1980).

Das Abkommen zur Anwerbung von Arbeitskräften nach Deutschland im Jahre 1961 hatte eine damals ungeahnte Dynamik zur Folge. Als viele ursprüngliche ‚Gastarbeiter' auch langfristig in Deutschland bleiben wollten und ihre Familien nachholten, kam es gehäuft zum tatsächlichen Kulturkontakt im Alltagsleben, der aber nicht nur zu Vermischungen, sondern auch zu Separationen geführt hat.

Die intensiven Diskussionen um Integration zeigen, dass es auf beiden Seiten Versäumnisse diesbezüglich gab und auf beiden Seiten weiterhin Vorurteile herrschen. Einen Tag nach dem Treffen zwischen Angela Merkel und Recep Tayyip Erdoğan in Berlin schrieb die Zeitung *Bild am Sonntag* am 10.10.2010, dass beide Politiker „die in Deutschland lebenden Türken zu verstärkten Integrationsbemühungen aufgefordert" hatten. Die Zeitung publizierte auch Resultate einer Umfrage zu einer durch Bundespräsident Christian Wulff angestoßenen Debatte. In seiner Rede zum Tag der Einheit 2010 sagte dieser: „Wir haben erkannt, dass multikulturelle Illusionen die Herausforderungen und Probleme regelmäßig unterschätzt haben." Einerseits müssten die Einwanderer sich integrieren und „unsere Art zu leben [...] akzeptieren". Toleranz müsse andererseits auch andersherum gelten: „Ein freiheitliches Land wie unseres – es lebt von Vielfalt, es lebt von unterschiedlichen Lebensentwürfen, es lebt von Aufgeschlossenheit für neue Ideen." (Wulff 2010)

Die Umfrage der *Bild-Zeitung* mit dem Titel „Was die Deutschen wirklich über Integration und den Islam denken" zeigt, dass die öffentliche Meinung in der deutschen Gesellschaft sich in den letzten Jahrzehnten nicht stark geändert hat. Unter anderem beantworteten die Frage „Glauben Sie, dass die große Mehrheit der Muslime in Deutschland bereit ist, die Gleichberechtigung der Frau im Alltag zu akzeptieren?" nur 25 % der Befragten mit ‚Ja'. Die Frage „Wird die große Mehrheit der Zuwanderer aus islamischen Ländern in absehbarer Zeit gut Deutsch sprechen?" bejahten lediglich 28 %. Die in seiner Rede geäußerten Ansichten des deutschen Bundespräsidenten und die öffentliche Meinung in der deutschen Gesellschaft zeigen uns, welche kulturellen Hindernisse einer effektiven interkulturellen Kommunikation im türkisch-deutschen Kontext im Weg stehen.

Diese Äußerungen zeigen, dass der Hauptteil der Kommunikation im deutsch-türkischen Kontext auf der Identitätsebene basiert. Das heißt, die Intention der Kommunikationsteilnehmer in der Öffentlichkeit fußt auf dem Bereich der Identität und es wird versucht, die eigene und andere Identitäten zu managen. Die deutsche Seite will die in Deutschland lebenden Türken in die deutsche Gesellschaft ‚integrieren' und die türkische Seite will die türkische Identität der betroffenen Deutsch-Türken bewahren. Die Vorurteile, deren Wurzeln sich in der Geschichte befinden, stürmen in die Interaktion ein und verhindern eine effektive Kommunikation. Weil die türkische und die deutsche Kultur unterschiedliche Zeitorientierungen haben (Kartarı 1997: 120 f.) – die türkische Kultur ist tendenziell vergangenheits- und gegenwartsorientiert, die deutsche Kultur aber gegenwarts- und zukunftsorientiert –, heben sie unterschiedliche historische Epochen der deutsch-türkischen Beziehungen in den Vordergrund und verknüpfen aktuelle Ereignisse mit den geschichtlichen.

Die nähere Geschichte der letzten ca. 150 Jahre trägt für die Türkei große Bedeutung. Insbesondere erinnert man sich an die deutsch-türkische Waffenbrüderschaft. In Deutschland neigt man dazu, die ‚Ist-Situation' für wichtig zu halten. In der Türkei strebt man danach, die eigenen Werte zu bewahren. In Deutschland überwiegt die Vorstellung, Türken sollten sich den Werten vor Ort anpassen. Wenn das Ziel der Kommunikationsteilnehmer im Bereich der Beziehungsebene wie etwa in einer Ehe oder Freundschaft liegt, beeinflussen die Kulturunterschiede das Niveau, die Intimität und die Dominanz der Kommunikation. Die türkische Kultur legt großen Wert auf die Opferbereitschaft und solche Beziehungen basieren hauptsächlich auf Freiwilligkeit. Die deutsche Kultur verweist jedoch auf die Individualität der Person. Die kollektivistische Denkweise hat ihren Einfluss verloren. Deswegen bewertet man das Verhalten des Kommunikationspartners nach seinem eigenen – kulturellen – Maß.

Der größte Teil der deutsch-türkischen Kommunikation vollzieht sich im alltäglichen Leben und meistens am Arbeitsplatz. Deswegen sind die Kommunikationsziele hauptsächlich instrumental. Das heißt, die Kommunikationsteilnehmer streben danach, die Gegenseite zu überzeugen, zu besänftigen und eine reibungslose Atmosphäre zu schaffen. Diese Harmoniesuche entspricht auch der türkischen Kultur und so funktionieren deutsch-türkische Arbeitsteams in der Industrie in der Regel sehr gut (vgl. Kartarı 2010: 141 – 154; Kartarı / Roth 2003: 128 – 140).

Wenn die Interaktionsteilnehmer im deutsch-türkischen Kontext mit den kulturellen Eigenschaften des Partners vertraut sind und ihre Intentionen effektiv kommunizieren, spielen negative Vorurteile eine geringere Rolle und eine gemeinverständliche Beziehung kann aufgebaut werden.

Deswegen sollte man die Hoffnung nicht verlieren. Nachfolgende Generationen in Deutschland, unter Einbeziehung der jungen Deutsch-Türken, können und werden in der Zukunft ein vernünftiges Zusammenleben aufbauen und gemeinsam leben. Deutsch-türkische Wissenschaftler, Intellektuelle, Künstler, Schriftsteller, Politiker, Geschäftsleute und Sportler, die sich auf internationaler Ebene als ein Bestandteil der deutschen multikulturellen Gesellschaft verstehen, beweisen dies schon heute.

Literatur

Applegate, James L. / Sypher, Horward E. (1988): „A Constructivist Theory of Communication and Culture", in: Kim, Young Yun / Gudykunst, William B. (Hg.): *Theories in Intercultural Communication, International and Intercultural Communication Annual*, Bd. 12, Newbury Park, S. 41 – 66.

Arslan, Mehmet (2008): „Beiträge Deutscher Wissenschaftler zur Medizinerausbildung in der Türkei", in: *Uluslararası Sosyal Araştırmalar Dergisi* (The Journal of International Social Research), (1/3), S. 83 – 103.

Bild am Sonntag: „Was die Deutschen wirklich über Integration und den Islam denken", 10.10.2010.

Chen, Guo M. / Starosta William J. (1996): *Foundations of Intercultural Communication*, Boston.

Dietrich, Anne (1998): *Deutschsein in Istanbul. Nationalisierung und Orientierung in der deutschsprachigen Community von 1843 bis 1956*, Opladen.

Gerndt, Helge (1986): *Kultur als Forschungsfeld: Über volkskundliches Denken und Arbeiten*, München.

Gudykunst, William B. (1997): „Cultural Variability in Communication", in: *Communication Research* (24/4), S. 337 – 348.

Gülen, Dinçer / Meriç, Nuriddin / Küçüker, Orhan (2008): „Der deutsche Wissenschaftler in der Türkei nach 1933: Ord. Prof. Dr. Dr. h. c. mult. CURT KOSSWIG und seine herausragende Bedeutung für die zoologische Forschung und Lehre", in: Kubaseck Christopher / Seufert, Günter (Hg.) *Mitteilung Hamburger zoologisches Mus. Inst.*, Bd. 101, S. 19 – 27.

Hall, Edward T. (1959): *The Silent Language*. New York.

Kartarı, Asker (1997): *Deutsch-türkische Kommunikation am Arbeitsplatz. Zur interkulturellen Kommunikation zwischen türkischen Mitarbeitern und deutschen Vorgesetzten in einem deutschen Industriebetrieb*, Münster / New York / München.

Kartarı, Asker / Roth, Klaus (2003): „German-Turkish Communication at the Workplace in Turkey", in: *Area Studies, Business and Culture. Results of the Bavarian Research Network forarea*, Münster / Hamburg / Berlin / London, S. 128 – 140.

Kartarı, Asker (2006): *Farklılıklarla Yaşamak. Kültürlerarası İletişim*, 2. Aufl., Ankara.

Kartarı, Asker (2010): „Betriebsalltag in deutsch - türkischen Unternehmen in der Türkei", in: Grosch, Nils / Zinn-Thomas, Sabine (Hg.): *Fremdheit – Migration – Musik*.

Kulturwissenschaftliche Essays für Max Matter, Münster / New York / München / Berlin, S. 141–154.

Kelly, George O. (1955): *The psychology of personal constructs,* New York.

Leeds-Hurwitz, Wendy (1998): „Notes in History of Intercultural Communication: The Foreign Service Institute and the Mandate for Intercultural Training", in: Martin, Judith N. / Nakayama, Thomas K. / Flores, Lisa A. (Hg.): *Readings in Cultural Context,* London / Toronto, S. 15–28.

Maletzke, Gerhard (1996): *Interkulturelle Kommunikation. Zur Interaktion zwischen Menschen verschiedener Kulturen,* Opladen.

Neumark, Fritz (1980): *Zuflucht am Bosporus. Deutsche Gelehrte, Politiker und Künstler in der Emigration 1933–1953,* Frankfurt am Main.

Pierer's Universal-Lexikon (1863), Bd. 17, Altenburg.

Werner, Heinz (1959): „The concept of development from a comparative and organismic point of view", in: Harris, Dale B. (Hg.): *The concept of development,* Minneapolis, S. 125–146.

Wulff, Christian (2010): Rede von Bundespräsident Christian Wulff zum 20. Jahrestag der Deutschen Einheit, verfügbar unter: http://www.bundespraesident.de/Reden-und-In terviews-,11057.667040/Rede-von-Bundespraesident-Chri.htm?global.back=/ -%2c11057%2c4/Reden-undInterviews.htm%3flink%3dbpr_liste%26link.sDateV% 3d3.10.2010 [letztes Zugriffsdatum 8. 12. 2010].

Tülin Polat / Nilüfer Tapan

Zur Vermittlung des Deutschen als Fremdsprache in der Türkei als eine wichtige Dimension der Kulturkontakte[1]

Heutzutage werden im Rahmen der Diskussionen um eine zeitgemäße Neustrukturierung der deutschbezogenen Studiengänge an den Universitäten (wie z. B. Germanistik, Deutschlehrerausbildung, Übersetzungswissenschaft) überfachliche Kompetenzen, darunter auch Sprachkenntnisse, kommunikative und interkulturelle Schlüsselqualifikationen, als Vorbedingung der Qualitätssicherung hervorgehoben. In einer Welt, wo die Menschen verschiedener Kulturen in engem Kontakt zueinander leben, gehört es zu den wichtigsten Aufgaben der Bildung und Ausbildung, „Lerner zu grenzüberschreitender Verständigung zu befähigen" (Altmayer 2005: 194), d. h. vor allem die interkulturelle Kompetenz zu fördern. Und der Fremdsprachenunterricht ist seinem Wesen nach der richtige Ort, wo diese Fähigkeit zu entwickeln ist. Denn im Fremdsprachenunterricht begegnen sich zwei verschiedene Kulturen, und es findet eine Konfrontation mit dem Fremden statt. Das Lernen einer Fremdsprache eröffnet Türen zu einer fremden Kultur, in der die Zielsprache als Kommunikationssprache verwendet wird. Daher ist das Erlernen von Fremdsprachen, also der Fremdsprachenunterricht, zugleich der Ort des interkulturellen Treffens, somit auch des interkulturellen Lernens, wobei die sprachliche und die kulturelle Sensibilisierung als sich gegenseitig ergänzende Bestandteile des Unterrichtsgeschehens anzunehmen sind.

Auf der Basis der Interdependenz von Sprache und Kultur stellen Edmondson und House die These auf, „dass interkulturelle Kommunikation und fremdsprachige Kommunikation identisch sind" (1998: 170). Aus dieser Formulierung ist zu entnehmen, dass fremdsprachige Kommunikation, d. h. das Erlernen der Fremdsprache, in gewisser Hinsicht der Grundstein der Kulturkontakte ist. Diese Argumentation bildet den Ausgangspunkt dieses Beitrags. Wir gehen also von der Annahme aus, dass Kulturkontakte in erster Linie fremdsprachliche Kenntnisse voraussetzen, wenn auch auf Grund der technischen Fortschritte die Welt sich in zunehmender Weise visualisiert. Konkreter gesagt: Geht es um türkisch-deut-

---

1 Nach Nachnamen alphabetisch geordnet.

schen Kulturkontakt, so ist nicht aus dem Blick zu verlieren, dass der Erwerb der sprachlichen Kenntnisse die tragende Säule dieses Prozesses ist, was auf die Wichtigkeit der Vermittlung der deutschen und türkischen Sprachen in beiden Ländern hinweist. Daraus ist zu entnehmen, dass auch die Entwicklung der wissenschaftlichen Bereiche des Faches Deutsch an den Universitäten im Grunde genommen auf die Vermittlung des Deutschen als Fremdsprache angewiesen ist. Der Gedankengang dieses Beitrags ist daher folgendermaßen zu skizzieren: Wenn das interkulturelle Lernen als ein Prozess charakterisiert wird, der Menschen unterschiedlichen Alters und Geschlechts befähigt, ohne große Konflikte und ohne gegenseitige Diskriminierung zusammenzuleben (Schneider et. al. 1990, zitiert nach Edmondson / House 1998: 163), so ist das gerade der Punkt, den man von Kulturkontakten erwartet, damit die Begegnungen in sprachlichen / kulturellen Kontexten zu beiderseitigen Bereicherungen führen können. Aus der Perspektive der Türkei ist also festzuhalten:

– Die Förderung und Vertiefung der türkisch-deutschen Kulturkontakte erfordert die Entwicklung der interkulturellen Kompetenz, was das interkulturelle Lernen im Bereich des Deutschen als Fremdsprache zu einer unverzichtbaren Dimension des Deutschunterrichts in der Türkei macht.

– Die Entwicklung und Verstärkung der interkulturellen Kompetenz erfordert die Entwicklung der sprachlichen und kulturellen Deutschkenntnisse, was die Gestaltung und Durchführung der Vermittlung des deutschen als Fremdsprache nach interkulturellem Konzept voraussetzt.

Die Vermittlung des Deutschen als Fremdsprache als eine wichtige Brücke für türkisch-deutsche Kulturkontakte ist ein komplexer Prozess. Die Effektivität dieses Prozesses hängt von verschiedenen Einflussfaktoren ab, wobei die Lehrenden als Akteure dieses Prozesses die maßgebende Rolle und Funktion haben. Die entsprechende Implementierung eines theoretischen Ansatzes bedarf der Lehrenden, die die Theorie in die Praxis umsetzen können. Im Kontext der Interkulturalität oder der Kulturkontakte ist der Lehrende nach Bleyhl „[...] derjenige, der als Experte die Tür in die andere Sprachwelt aufschließt, zum Gang in diese Sprachkultur einlädt und oft [...] der einzige Repräsentant dieser Kultur ist" (2004: 216). So kommt uns die Aufgabe zu, die angehenden Deutschlehrer so auszubilden, dass sie diese Vermittlerrolle zwischen der deutschen und türkischen Kultur in ihrer späteren Unterrichtspraxis effektiv ausüben. Dementsprechend wollen wir hier den Fragen nachgehen, wie die kulturelle oder interkulturelle Kompetenz der angehenden Deutschlehrer zu fördern ist und welche Möglichkeiten in den vorhandenen Deutschlehrerausbildungsprogrammen an der Istanbul Universität zu diesem Zweck zu finden sind, um diesen Aspekt des Bereichs Deutsch als Fremdsprache in der Türkei durchleuchten zu können.

Bevor wir aber auf die Behandlung dieser relevanten Fragen eingehen, wollen wir kurz die Funktion und Rolle der deutschen Sprache in der Türkei skizzieren.

Interesse und Bedarf am Erlernen der westlichen Fremdsprachen Deutsch, Französisch und Englisch gab es in der Türkei schon seit der Gründung der türkischen Republik. Auf ihre Bedeutung für die türkischen internationalen Beziehungen wurde in den Modernisierungsbestrebungen der Türkei immer wieder hingewiesen. In der türkischen Fremdsprachenlandschaft hat sich aber die Gewichtung der einzelnen Fremdsprachen wie Deutsch, Französisch und Englisch je nach sich verändernden historisch-politischen, ökonomischen und kulturellen Bedingungen des Landes verschoben. So prägt heute wie weltweit auch in der Türkei die zunehmende Nachfrage nach Englischkenntnissen die fremdsprachenpolitischen Entscheidungen. Englisch ist zurzeit mit großem Abstand die meist angebotene und meist gelernte Fremdsprache in der Türkei. Die zentrale Frage in diesem Kontext ist nun, wie man genügend Zeit und Raum für die anderen Fremdsprachen bietet, wenn man es mit dem im europäischen Kontext geforderten Erhalt der sprachlichen und kulturellen Vielfalt ernst meint. Und hier liegt die Schlüsselfunktion des Deutschen in der Türkei (vgl. Polat / Tapan 2008). Englisch ist mit Abstand die meist gelernte Fremdsprache in den Schulen. Ihr folgt aber zurzeit nicht mehr die französische Sprache, die jahrelang sogar in der Rolle der ersten Fremdsprache gelehrt und gelernt wurde. Vielmehr ist die deutsche Sprache an die zweite Stelle gerückt. Deutsch steht heute noch in Schule, Hochschule und Erwachsenenbildung im Angebot der Sprachen nach Englisch an zweiter Stelle. Das ist auch verständlich, wenn man sich die vielfältigen historischen, wirtschaftlichen, gesellschaftlichen und zwischenmenschlichen Beziehungen zwischen der Türkei und Deutschland vor Augen hält, wie z. B:

– Die auf historischen Gegebenheiten beruhenden engen Beziehungen zwischen Deutschland und der Türkei.
– Die sich intensivierenden ökonomischen Beziehungen zwischen Deutschland und der Türkei: Deutschland ist einer der wichtigsten Handelspartnern der Türkei. Die Zahl der Unternehmen, die in der Türkei aktiv tätig sind, erhöht sich ständig. Auch die Zahl der türkischen Unternehmen in Deutschland zeigt einen steigenden Trend.
– Der aufsteigende Tourismus: Die Zahl der Touristen, die aus deutschsprachigen Ländern in die Türkei kommen, ist besonders in den letzten Jahren stark gestiegen, sodass diese Gruppe heute eine Spitzenstellung bekommen hat. Besonders an den touristischen Gebieten der Mittelmeerküste ist Deutsch die meistverlangte Fremdsprache und liegt sogar mit Abstand vor Englisch.
– Die Auswirkungen der Migrationsbewegung: Fast drei Millionen Menschen mit türkischer Herkunft leben heute in den deutschsprachigen Regionen Europas und circa zweieinhalb Millionen sind nach einem Lebensabschnitt in

Deutschland wieder in die Türkei zurückgekehrt. Es ist anzunehmen, dass sie ihre Beziehungen zwischen der Türkei und Deutschland weiter pflegen.

Kurzum: Die engen gesellschaftlichen und menschlichen Beziehungen zwischen Deutschland und der Türkei, die traditionsreichen Bildungsbeziehungen bieten eine gute Ausgangslage für die türkisch-deutschen Kulturkontakte. Zu betonen sei hier, dass Rückkehrende in dem Kontext der Weiterführung der Kulturkontakte einen unübersehbaren Beitrag zur Entstehung eines neuen Potentials darstellen. Aus all diesen Gründen kann behauptet werden, dass es in der Türkei durchaus Bedarf an Deutschkenntnissen gibt. Wichtig ist es nun, diese Tendenz zugunsten der Weiterentwicklung der türkisch-deutschen Kulturkontakte zu nutzen, was in der Tat mit der Effektivität des Deutschen als Fremdsprache zusammenhängt.

Eine effektive Entwicklung des Deutschen ist erst dann möglich, wenn bei dem Prozess des Lehrens und Lernens unterschiedliche Aspekte, wie die Eigenschaften der Adressatengruppe, die Rolle des Lehrers, die Auswahl der Lehrmaterialien usw., in Betracht gezogen werden. Bei den Diskussionen um die Weiterentwicklung des Deutschen und um die Effektivität des Deutschunterrichts spielen also unterschiedliche Faktoren, die eigentlich interdependent sind, eine bedeutende Rolle, wobei den Lehrern, wie schon betont, eine Schlüsselfunktion zukommt.

Betrachten wir die geschichtlichen Entwicklungen des Ausbildungsprozesses der Deutschlehrer, so lässt sich sagen, dass diese Entwicklungen auf einer langen Tradition beruhen. Bis heute sind im Kontext dieses Prozesses bestimmte Erneuerungsphasen realisiert worden, die zu spezifischen Strukturänderungen geführt haben (vgl. Polat / Tapan 2003: 53 ff.). Hier wollen wir kurz auf die Neustrukturierung von 1998 eingehen, weil diese in der Ausbildung der Deutschlehrer als eine neue Phase zu bezeichnen ist, in der sowohl auf der institutionellen als auch auf der fachdidaktischen Ebene gemäß den Anforderungen der Zeit Reformen vorgenommen wurden. Die Neustrukturierung des neuen Programms von 1998 wurde im Jahre 2006 einer neuen Revision unterzogen, und das Programm wurde nach den aktuellen bildungs- und sprachpolitischen Entwicklungen in bestimmten Hinsichten erweitert und differenziert.

Das didaktische Konzept, das dem erwähnten Programm der Deutschlehrerausbildung in der Türkei zugrunde liegt, ist in der Tat ein fortschrittliches Programm und ist daher positiv zu bewerten. Folgende Merkmale, die miteinander verbunden sind, legen den innovativen Charakter des Programms für Deutschlehrerausbildung dar:

– Klare Zielsetzung: Nach vierjährigem Studium bekommen die Studenten der Deutschlehrerausbildung das Recht, als Deutschlehrer zu arbeiten. Das Programm verfolgt die Zielsetzung, die Studierenden als professionelle und qualifizierte Deutschlehrer auszubilden.

– Dementsprechend ist das Programm berufsorientiert: Die Berufsorientiertheit gibt bei der Gestaltung und Ausführung des Programms den Ton an. Es geht also in erster Linie darum, die Deutschlehrerkandidaten auf den Lehrerberuf vorzubereiten.

– Dementsprechend ist das Programm praxisorientiert: Die Erstellung des Programms ist durch die Verzahnung von Theorie und Praxis, d. h. die Verzahnung von Fachwissen und Fachdidaktik ausgezeichnet. Dies konkretisiert sich in der intensiven Zusammenarbeit der Fakultät und der Schule. Darüber hinaus sind die praxisorientierten didaktisch-methodischen Fächer in das Programm integriert und stellen den wichtigsten Schwerpunkt des Studiengangs für Deutschlehrerausbildung dar. Und in diesem Punkt liegt auch die eigentliche Differenz dieses Studiengangs im Vergleich zu den Studiengängen der Germanistik und der Übersetzungswissenschaft.

Betrachten wir das Lehr- und Lernprogramm für die Deutschlehrerausbildung auf der Ebene der Fachkompetenz künftiger Deutschlehrer, so lässt sich festhalten, dass bestimmte Kompetenzen das anzustrebende Lehrerprofil ausmachen. Diese sind: Sprachkompetenz, Vermittlungskompetenz, bezugswissenschaftlich orientierte Kompetenz, Medienkompetenz, Evaluations- und Qualitätsabsicherungskompetenz und interkulturelle Kompetenz.

Die interkulturelle Kompetenz als eine Schlüsselqualifikation der angehenden Deutschlehrer ist eine die anderen Kompetenzen umfassende und ist daher für alle im Programm vorgesehenen Veranstaltungen verbindlich und gehört zu der Zielsetzung der inhaltlichen und strukturellen Ausgestaltung des Programms. Die Frage, die heutzutage kontrovers und viel diskutiert wird, ist, wie und mit welchen Mitteln die interkulturelle Kompetenz gelehrt und gelernt werden soll.

Die Beantwortung dieser Frage ist unter anderem abhängig von dem Lernerfaktor, weil die Lerner als Inputs eines Lernprogramms direkte und indirekte Auswirkungen auf die Lerner als Adressatengruppe der Deutschlehrerausbildung in der Türkei haben. Hier möchten wir uns auf die Deutschlehrerkandidaten der Istanbul Universität beschränken und versuchen, die beachtenswerten Eigenarten dieser Adressatengruppe hervorzuheben.

Ein großer Teil der Studierenden der Deutschlehrerausbildung der Istanbul Universität verfügt schon am Beginn ihres Studiums über gewisse Deutschkenntnisse und über fremdkulturelle Erfahrungen, weil sie wegen deutsch-türkischen Migrationsbewegungen eine Periode ihres Lebens in den deutschsprachigen Ländern verbracht haben. Sie sind entweder in den deutschsprachigen Ländern geboren oder kurz nach der Geburt in diese Länder gekommen und bis

zu einem bestimmten Lebensjahr dort aufgewachsen. Während ihres Aufent-
haltes im Ausland haben sie deutsche Schulen besucht; nach der Rückkehr sind
sie auch in türkische Schulen gegangen und haben hier ihr türkisches Abitur
gemacht, das ihnen den Zugang zum Studium eröffnet hat. Was ihre sprachlichen Kenntnisse betrifft, so kann man sagen, dass ihr Kenntnisstand in der
deutschen Sprache sich auf einem solchen Niveau befindet, dass sie die
alltägliche Kommunikation ohne Schwierigkeiten führen können. Darüber
hinaus verfügen sie über kulturell geprägte Alltagserfahrungen. Die Deutschlehrerkandidaten haben also einen sprachlichen und kulturellen Kontakt mit der
Lebensrealität in den deutschsprachigen Ländern, bevor sie mit dem Studium an
der Istanbul Universität anfangen. Um diese Beobachtung mit Zahlenangaben zu
verdeutlichen: Von den 40 Studierenden, die im Studienjahr 2009 / 2010 in der
Abteilung für Deutschlehrerausbildung der Istanbul Universität immatrikuliert
worden sind, haben 29 Studierende bei der Erstellung ihrer Bildungsbiografie
mitgeteilt, dass sie ihre vorhandenen Deutschkenntnisse nicht in der Türkei,
sondern in den deutschsprachigen Ländern erworben haben. Viele sind sogar
Auslandsgeborene und sind mit den fremdkulturellen Werten, Lebensweisen
und Normen konfrontiert. Ausgehend von diesen Inputbedingungen ist zu behaupten, dass die sprachlichen und kulturellen Vorerfahrungen der Studierenden eine geeignete Basis zur Lehr- und Lernbarkeit der interkulturellen Kompetenz ermöglichen. Die Tatsache, dass die Deutschlehrerkandidaten der
Istanbul Universität über bestimmte Deutschkenntnisse verfügen und gewisse
Vorerfahrungen bezüglich der Kulturkontakte mit sich bringen, ist sicherlich ein
Vorteil, und bildet eine günstige Ausgangsbasis zur Weiterentwicklung und
Verfestigung ihrer interkulturellen Kompetenz.

So wollen wir abschließend darauf aufmerksam machen, dass aufgrund der
bestehenden Möglichkeiten, die oben erwähnt worden sind, die Interkulturalität
im Rahmen des Deutschen als Fremdsprache in der Türkei als ein effektiver
Realisierungsweg der türkisch-deutschen Kulturkontakte eine ohne große
Schwierigkeit erreichbare Zielsetzung ist. Die Vernachlässigung dieses Weges,
d. h. des Lehr- und Lernprozesses des Deutschen als Fremdsprache, wird sich
sicherlich in gewissem Masse auch auf die Entwicklung der türkisch-deutschen
Kulturkontakte auf negative Weise auswirken. Wir wollen fernerhin auch darauf
aufmerksam machen, dass Türkisch als Fremdsprache in Deutschland für
Deutsche in den Bildungsinstitutionen etabliert werden sollte, um die Einsei-
tigkeiten der Kulturkontakte vermeiden zu können. Es ist offensichtlich, dass es
zur Verstärkung der Kulturkontakte beitragen könnte, wenn auch Deutsche die
Sprache der in ihrer Heimat lebenden Nachbarn lernen würden.

Zusammenfassend lässt sich also sagen, dass die Existenz des Deutschunterrichts an den türkischen Schulen, sei es Deutsch als erste oder als zweite
Fremdsprache, einen großen Beitrag zur Garantierung der zukunftsbezogenen

Entwicklungen der türkisch-deutschen Kulturkontakte leistet. Erweitert sich die Quelle der Deutschlernenden, so erweitert sich parallel dazu das Spektrum der Kulturkontakte. Darum ist es eine Herausforderung in politischer und sprachenpolitischer Hinsicht, effektive Wege zu schaffen, um die Motivation am Deutschlernen zu erhöhen und den Platz des Deutschunterrichts an den Lehrplänen der türkischen Schulen zu sichern. Desweiteren ist es vonnöten, Maßnamen zu ergreifen, um das Fach Türkisch als Fremdsprache an den deutschen Schulen zu etablieren. Erst dann kann ein wechselseitiger Kulturaustausch realisiert werden, was im Kontext der türkisch-deutschen Kulturkontakte als ein Grundsatz hervorzuheben ist. Und bei einer Gelegenheit, wo Kulturkontakte angesprochen werden, muss auch der Tatsache Rechnung getragen werden, dass wegen der zu starken Orientierung der Weltkommunikation auf Englisch auch türkisch-deutsche Kulturkontakte davon bedroht sind, in einer anderen Sprache, d. h. auf Englisch realisiert zu werden, wenn man die noch bestehenden Chancen bezüglich des Faches Deutsch als Fremdsprache verpasst und sich nicht darum bemüht, diese Chance zu nutzen. Hier ist der richtige Ort, auch diesen Punkt zur Diskussion zu stellen.

Literatur

Altmayer, Claus (2005): „Braucht die Landeskunde eine kulturwissenschaftliche Basis?" in: Krumm, Hans Jürgen / Portmann, Paul Tselikas (Hg.): *Theorie und Praxis, Österreichische Beiträge zu Deutsch als Fremdsprache* (2005/9), Innsbruck, S. 193 – 206.

Bleyhl, Werner (2004): „Das Menschenbild als Basis für eine Didaktik des Fremdsprachenunterrichts", in: *ZFF, Zeitschrift für Fremdsprachenforschung*, Band 15 (2004/2), Berlin, S. 207 – 235.

Edmondson, Willis / House, Juliane (1998): „Interkulturelles Lernen: ein überflüssiger Begriff", in: *ZFF, Zeitschrift für Fremdsprachenforschung 1998*, Band 9 (98/2), Hagen, S. 161 – 188.

Polat, Tülin / Tapan, Nilüfer (2003): „Neustrukturierungen im Prozess der Deutschlehrerausbildung in der Türkei", in: Neuner, Gerhard (Hg.): *Internationales Qualitätsnetz Deutsch als Fremdsprache - Tagungsdokumentation*, Kassel, S. 53 – 66.

Polat, Tülin / Tapan, Nilüfer (2008): „Probleme und Potentiale des Deutschen als Fremdsprache in der Türkei", in: *Türkisch-Deutsche Germanistentagung 12.-16. 10. 2008*, Mannheim (in Druck).

Elke Bosse

Bedarf und Möglichkeiten interkultureller Qualifizierung im Hochschulkontext

Internationalisierung deutscher Hochschulen

In Orientierung am Gedanken der Wettbewerbsfähigkeit wird die Internationalisierung deutscher Hochschulen seit Mitte der 1990er Jahre gezielt vorangetrieben, um „Deutschlands Rolle in der globalen Wissensgesellschaft [zu] stärken" (BMBF 2008) – so der Titel des aktuellen Strategiepapiers der amtierenden Bundesregierung. Im Zentrum bildungspolitischer Aufmerksamkeit steht insbesondere der internationale Austausch von Studierenden und Wissenschaftlern, da er „als Voraussetzung für moderne Hochschulen, für Spitzenforschung und Innovation" (BMBF 2010) betrachtet wird. Dies legt nahe, den Prozess der Internationalisierung anhand von Zahlen zu bestimmen, wie sie seit 2001 vom Deutschen Akademischen Austauschdienst (DAAD) in der Reihe *wissenschaft weltoffen* veröffentlicht werden (DAAD 2010a). Demnach ist beispielsweise die Zahl ausländischer Studierender in Deutschland von rund 150.000 im Jahr 1997 auf fast 240.000 im Jahr 2009 angestiegen. Das bedeutet, dass der Anteil ausländischer Studierender in den vergangenen zwölf Jahren von 8,7 % auf 11,8 % gewachsen ist, wobei die Quote der Bildungsausländer[1] 1997 noch bei 5,5 % lag und 2009 8,9 % ausmachte (DAAD 2010b: Abs. 1.1.3). Folgt man dieser Quelle weiter, dann lässt sich die Internationalisierung der Hochschulen auch daran ablesen, dass eine wachsende Zahl deutscher Studierender die Gelegenheit zum Auslandsstudium wahrnimmt[2], dass sich auch der Wissenschaftleraustausch intensiviert hat[3] und dass das wissenschaftliche Personal

---

1 Als Bildungsausländer gelten Studierende, die ihre Hochschulzugangsberechtigung im Ausland erworben haben.
2 Hier hat sich die Zahl seit Mitte der 1990er Jahre beispielsweise mehr als verdoppelt und lag 2007 bei über 90.000 Studierenden (DAAD 2010b: Abs. 5.1.1).
3 Dies zeigt sich insbesondere daran, dass sowohl die Zahl geförderter Wissenschaftler in Deutschland, als auch die Zahl deutscher Wissenschaftler im Ausland in den letzten Jahren stark angestiegen ist und 2008 bei rund 26.300 bzw. 6.000 lag (DAAD 2010a: 76 ff).

eine zunehmend heterogene Zusammensetzung im Hinblick auf seine nationale Herkunft aufweist.[4]

Diese Zahlen bilden die aktuellen Veränderungen an den Hochschulen allerdings nur unzureichend ab, da Internationalisierung vielerorts eine Komplexität erreicht hat, die weit über die physische Mobilität einzelner Akteure hinausgeht (Teichler 2007: 299 f). So hat die von Teichler (2007: 295) konstatierter hochschulpolitischer Akzentverschiebung von internationaler Kooperation zu globaler Wettbewerbsfähigkeit einen institutionellen Wandel eingeleitet, der nur schwer quantitativ zu erfassen ist. Erste Versuche in dieser Richtung wie die 2006 von DAAD, Alexander von Humboldt-Stiftung und der Hochschulrektorenkonferenz in Auftrag gegebene „Studie zur Entwicklung und Erhebung von Profildaten zur Internationalität der deutschen Hochschulen" (DAAD 2010c) gelangen zu dem Ergebnis, dass die Internationalität einer Hochschule in sieben Kernbereiche aufzuschlüsseln ist:

– Internationalität des Campus (Anteil von Bildungsausländern unter den Studierenden, Anteil des ausländischen Personals)
– Organisiertes Auslandsstudium und internationale Vernetzung in Studium und Lehre (Quote der ERASMUS-Studierenden, Studiengänge mit integriertem Auslandsaufenthalt)
– Auslandsorientierung von Studiengängen (englischsprachiges Lehrangebot)
– Studienangebote im Ausland
– Dozentenmobilität
– Akademische Qualität mit internationalem Bezug (Stipendiaten, ausländische Doktoranden)
– Internationale Vernetzung in der Forschung (forschungsbezogene Hochschulpartnerschaften, Forschungsmittel aus dem Ausland) (DAAD 2010c, iif)

Während die vom DAAD veröffentlichte Studie die hochschulspezifischen Leistungsbereiche Lehre und Studium, Forschung sowie Verwaltung / Infrastruktur untersucht und dabei zwischen unmittelbar der Internationalisierung dienenden Aktivitäten und unterstützenden, organisatorischen Strukturen unterscheidet, geht das Centrum für Hochschulentwicklung (CHE) von einer Gliederung in übergreifende Aspekte, Forschung sowie Lehre und Studium aus (CHE 2007). Bei diesem Ansatz wird besonders deutlich, dass die institutionelle Verankerung von Internationalität und Internationalisierung auf der Ebene der Hochschulleitung einen zentralen Stellenwert erlangt hat. Denn die Internationalität einer Hochschule wird hier unter anderem danach bestimmt, ob es in der

---

4 So konnte für 2008 ermittelt werden, dass Mitarbeiter mit ausländischer Staatsbürgerschaft 11 % aller Hochschulangehörigen stellen, wobei der überwiegende Teil aus West- und Osteuropa (41,6 bzw. 23,1 %) stammt, gefolgt von Asien (21,4 %) (DAAD 2010a: 72 ff).

Hochschulleitung Verantwortliche für Internationales gibt, ob Internationalisierung zu den Schwerpunkten bei Klausurtagungen der Hochschulleitung gehört und ob es eine Internationalisierungsstrategie mit einem festgelegten Maßnahmenkatalog sowie entsprechenden finanziellen und personellen Ressourcen gibt (CHE 2007: 14).

Neben der besonderen Bedeutung der institutionellen Verankerung des Internationalen[5] verdeutlicht die CHE-Studie mit ihren 186 Indikatoren zur Ermittlung des internationalen Profils einer Hochschule, dass es sich bei Internationalisierungsprozessen um einen sehr komplexen Forschungsgegenstand handelt. Angesichts dieser Komplexität ist zu bezweifeln, dass die bisher vornehmlich quantitativen Untersuchungsverfahren ihrem Gegenstand gerecht werden können. Denn die qualitative Dimension der Internationalisierung bleibt hier weitgehend unberücksichtigt. So sagen auch die vielfältigen Profildaten der genannten Studien letztendlich nichts darüber aus, wie sich die internationale Ausrichtung und die internationalen Aktivitäten einer Hochschule auf den Alltag von Studium, Lehre und Forschung auswirken. Aus Sicht des Forschungsgebiets Interkulturelle Kommunikation stellt sich hier insbesondere die Frage, wie die in den Internationalisierungsprozess involvierten Akteure einer Hochschule mit der gewachsenen kulturellen Diversität und den Möglichkeiten für interkulturelle Kooperation umgehen.

Kulturelle Diversität und interkulturelle Kooperation im Hochschulalltag

Zwar gibt es eine Vielzahl von qualitativ angelegten Forschungsarbeiten, die einen Einblick in die besonderen Risiken und Chancen interkultureller Kommunikation im Hochschulkontext vermitteln, bislang werden diese Studien in der Fachdiskussion zur Internationalisierung aber kaum wahrgenommen.[6]

---

5 Teichler spricht diesbezüglich von einem „,Mainstreaming' der Internationalisierung" (2007: 291 ff).

6 Dies zeigt sich beispielsweise daran, dass der renommierte Hochschulforscher Ulrich Teichler in seinem umfassenden Werk zur *Internationalisierung der Hochschulen* (Teichler 2007) das Forschungsgebiet Interkulturelle Kommunikation an keiner Stelle erwähnt. Dabei hat sich dieses Gebiet in Deutschland im Laufe der 90er Jahre zunehmend etabliert, wobei die Erforschung interkultureller Kommunikation im Hochschulkontext traditionell eine wichtige Rolle spielt. Siehe hierzu beispielsweise die Bibliographie von Hinnenkamp (1994) sowie die aktuelleren sprachwissenschaftlichen Arbeiten von Rost-Roth (1998, 2000, 2003, 2006) zur Fehlkommunikation in Beratungsgesprächen an der Hochschule, von Knapp (2008) zu Herausforderungen in der Lehre unter Bedingungen von Lingua-Franca-Kommunikation und Interkulturalität sowie die Beiträge in Lévy-Tödter / Meer (2009) und die in Mehlhorn (2005) angeführten Publikationen zu kommunikativen Anforderungen im Studium.

Vielmehr erfahren auch hier quantitativ orientierte Untersuchungen besondere Aufmerksamkeit, wie sie vom Hochschulinformationszentrum (HIS) im Auftrag des DAAD oder des Deutschen Studentenwerks durchgeführt werden. Alarmierend wirkte insbesondere die im Jahr 2004 veröffentlichte Erhebung zum Studienerfolg, nach der die Gruppe der ausländischen Studierenden mit 50 % deutlich höhere Abbruchquoten aufzuweisen scheint als die der deutschen Studierenden (30 %) (Heublein et al. 2004)[7]. Zurückgeführt wird dieses Ergebnis auf die mangelnde Bewältigung der besonderen Herausforderungen, die ein Auslandsstudium mit sich bringt. Nach einer Übersicht von Leenen / Groß (2007: 198) gehört hierzu das spezifische Irritations- und Konfliktpotenzial in den folgenden Bereichen:
- Aufenthaltsproblematik
- Behördenkommunikation
- Sprach- und Verständigungsschwierigkeiten
- Organisation des Studiums
- Informeller Kontakt zu Kommilitonen
- Kooperation in studentischen Arbeitsgruppen
- Kommunikation mit der Dozentenschaft
- Lehr- und Lernstile

Die aufgeführten Punkte deuten darauf hin, dass die Ursachen für mangelnden Studienerfolg sowohl institutionell als auch interkulturell bedingt sein können. Diese Sichtweise wird durch eine weitere HIS-Studie zur Internationalität deutscher Hochschulen (Heublein et al. 2007) gestützt, der zufolge das große Potenzial interkultureller Begegnungen an deutschen Hochschulen nicht zufriedenstellend genutzt wird:

> Vor allem Defizite im Kommunikationsklima und in der Gesprächsintensität sowie damit zusammenhängend im zusätzlichen Kenntnis- und Fähigkeitserwerb verdeutlichen die uneingelösten Möglichkeiten. Für die Studierenden erlebbare Internationalisierung braucht offensichtlich vermehrte interkulturelle Gesprächsförderung und Schaffung von Begegnungsmöglichkeiten. (Heublein et al. 2007: 60)

Das Zitat macht deutlich, dass die internationale Ausrichtung der Hochschulen weder zum traditionellen Ziel der grenzüberschreitenden Kooperation noch zu der aktuell geforderten Wettbewerbsfähigkeit beitragen kann, wenn sie im Hochschulalltag kaum wahrgenommen wird. Die Ergebnisse der HIS-Studien legen deshalb nahe, den alltäglichen Umgang mit den Risiken und Chancen der Internationalisierung gezielt zu fördern, so dass die für den Studienerfolg als

---

7 Die Autoren der Studie räumen ein, dass die ermittelten Schwundquoten nicht allein durch Studienabbruch, sondern auch durch den Wechsel des Studienorts zu erklären sind (Heublein et al. 2004: 42 ff).

notwendig erachtete Integration ausländischer Studierender gelingt und auch nicht mobile Studierende am Internationalisierungsgeschehen teilhaben. Dies bedeutet, die institutionelle Verankerung von Internationalisierung, die Raum und Anerkennung für kulturelle Diversität und Interkulturalität schafft, systematisch mit der interkulturellen Qualifizierung der beteiligten Akteure zu verknüpfen.[8]

Der Bedarf an interkultureller Qualifizierung lässt sich mit Blick auf den deutsch-türkischen und türkisch-deutschen Studierendenaustausch näher veranschaulichen. Zwar liegen hierzu bislang keine systematischen Untersuchungen vor, die Erkenntnisse bezüglich der Internationalisierung deutscher Hochschulen sowie der Forschungsstand auf dem Gebiet der Interkulturellen Kommunikation ermöglichen es jedoch, charakteristische Beispiele aus dem Studienalltag zu identifizieren. So habe ich auf der Grundlage von Feldnotizen, die ich während meiner Tätigkeit als Lektorin an einer türkischen Hochschule angefertigt habe, eine kritische Interaktionssituation[9] rekonstruiert, die auf die Erzählung eines deutschen Austauschstudenten zurückgeht:

Mark absolviert zurzeit ein Auslandssemester an einer türkischen Universität im Rahmen des ERASMUS-Programms. Er belegt Kurse in einem deutschsprachigen Studiengang, sodass er dem Unterrichtsgeschehen ohne Probleme folgen kann. Gleichwohl ist er mit den besuchten Lehrveranstaltungen unzufrieden. Entrüstet erzählt er davon, wie er einem Dozenten wiederholt Fragen gestellt hat, woraufhin dieser folgendermaßen reagierte: „Dies ist eine Vorlesung. Das bedeutet, ICH LESE VOR." Mark regt sich darüber auf, dass man doch nichts lernen könne, wenn man keine Fragen stellen dürfe, und er zieht die fachliche Kompetenz seines Dozenten in Zweifel.

Abb. 1: Beispiel deutsch-türkischer Kommunikationserfahrungen (eigene Darstellung)

Dieses Beispiel illustriert, wie die Konfrontation mit unterschiedlichen Konventionen der Gestaltung von Lehrveranstaltungen und unterschiedlichen Formen des Wissenstransfers zu wechselseitigen Irritationen und negativen Urteilen führen kann. Während Mark eher an diskursive Wissensaneignung gewohnt sein mag und sich in einer Lehrveranstaltung entsprechend zu Wort meldet, scheint dieses Verhalten für den Dozenten gegen übliche Beteiligungsregeln zu verstoßen. Er weist Marks Fragen womöglich zurück, um seiner

---

8 Den Hintergrund dieser Argumentation bildet das Modell von Otten (2009), das Internationalisierung als Transformationsprozess auf Organisations- und Personenebene begreift.
9 Zum Begriff der kritischen Interaktionssituation siehe Kammhuber (2000: 97).

Aufgabe der Wissensvermittlung nachkommen zu können. An Marks Entrüs-
tung wird deutlich, dass es ihm nicht gelingt, seine Irritation auf divergierende,
kulturell und institutionell geprägte Diskurskonventionen und Lehr- / Lernstile
zurückzuführen. Er reagiert vielmehr mit Ablehnung und wertet ungewohnte
Handlungsweisen ab.

Dass sich solche Irritationen und negativen Urteile beim Sammeln interkultureller Erfahrungen zu Stereotypen verdichten können, illustriert das zweite
Beispiel, das aus einem Korpus von Aufzeichnungen aus einem interkulturellen
Training mit ausländischen und deutschen Studierenden stammt (Bosse 2010a).
Hier sprechen die Teilnehmenden im Plenum über Probleme und Lösungsan-
sätze bezüglich einer kritischen Interaktionssituation, die ihnen zuvor im Format eines Trainingsfilms präsentiert wurde. Dabei kommt auch Hakan zu Wort,
ein Student aus der Türkei, der seit zwei Jahren an einer Hochschule in
Deutschland studiert. Im folgenden Transkriptauszug nimmt er den bisherigen
Gesprächsverlauf zum Anlass für eine wertende Kontrastierung nationalkultu-
reller Besonderheiten:

1	HA	von der KINderheit an die deu' wachsen die deutschen
2		so auf, <<lächelnd> weil (.) die sind so (.)
3		peDANtisch:> [(--) ja: sie sind (.) sie
4	TN	[((lachen))
5	HA	=sie versuchen IMmer PÜNKTlich zu sein, =zum beispiel
6		in der türkei wir sind wir sind NICH so, wir sind ja
7		fleXI:bler (.) oder: [(-)]
8	SL	[hm=hm]
9	HA	=lockerer zum beispiel, (.) ((...))

Abb. 2: Beispiel türkisch-deutscher Kommunikationserfahrungen (Bosse 2010a, 178)
Die Transkriptkonventionen orientieren sich am „Gesprächsanalytischen Transkriptionssystem" (Selting et al. 1998). Die verwendeten Sprechersiglen stehen für Hakan (HA), nicht näher
identifizierte Teilnehmende (TN) und die Seminarleiterin (SL).

Die angeführte Sequenz weist Merkmale von Stereotypenkommunikation
(Nazarkiewicz 2010) auf, was sich zunächst an der Verwendung des generischen
Artikels im Fall von „die deutschen" (Z. 1) in Verknüpfung mit „peDANtisch" (Z.
3) als abwertender Formulierung zeigt. Die potentielle Gesichtsbedrohung, die
mit dieser Äußerung einhergeht, bearbeitet Hakan durch den Wechsel in eine
scherzhafte Modalität. Er erntet damit ein Lachen von Seiten anderer Teilnehmer

und ergänzt das Stereotyp des pedantischen Deutschen mit Hilfe eines Authentizitätsbelegs durch die Angabe kategoriengebundener Tätigkeiten (Z. 5: „sie versuchen IMmer PÜNKTlich zu sein").[10] Diesem Bild setzt Hakan eine ihm aus der Türkei vertraute, positive Eigenschaft (Z. 7: „fleXI:bler") entgegen, wobei er mit dem generischem „wir" (Z. 6) eine Selbstkategorisierung vornimmt und seine nationale Zugehörigkeit hervorhebt.[11] Ganz ähnlich wie oben veranschaulicht dieses Beispiel, wie Kulturkontakt zur Abwertung fremdkultureller Konventionen und zur Betonung kultureller Unterschiede führen kann.

Aus der Perspektive des Forschungsgebiets Interkulturelle Kommunikation sind diese Einsichten nichts Neues, bestätigen sie doch die schon in den fünfziger Jahren formulierte Kontakthypothese, nach der Kulturkontakt nur unter bestimmten Bedingungen zu einem Abbau von Vorurteilen beiträgt (Allport 1954). Umso verwunderlicher ist es, dass Mobilitätsprogramme wie ERASMUS im Besonderen und die Internationalisierungsbemühungen deutscher Hochschulen im Allgemeinen diese Erkenntnisse kaum in Betracht ziehen. Vielmehr werden lediglich organisatorische und strukturelle Voraussetzungen für Begegnung geschaffen, und es wird auf vermeintlich automatisch ablaufendes Erfahrungslernen gesetzt, ohne die Reflexion interkultureller Erlebnisse zu unterstützen und interkulturelles Lernen zu befördern. Dies erscheint besonders kritikwürdig, da „[d]ie Stärke der Hochschulen jedoch gerade darin [liegt], das Erfahrungslernen des Alltags durch systematisches Lernen jenseits des Alltags zu übertreffen" (Teichler 2007: 344).

Erst in jüngerer Zeit zeichnet sich ein Umdenken ab, hinter dem ein Verständnis von Internationalisierung steht, dass über Mobilität und strukturelle Veränderungen hinausreicht. So heißt es beispielsweise im Strategiepapier der Hochschulrektorenkonferenz:

> Es wird darauf ankommen, Lehrende und Lernende mit Hilfe gezielter Weiterbildungsangebote interkulturell zu sensibilisieren und ein Bewusstsein dafür zu erzeugen, dass das Lehren, Lernen und Forschen in interkulturellen Kontexten hohe Ansprüche an alle Beteiligten stellt. (HRK 2008: 9)

Angesichts der zitierten Forderung nach interkultureller Qualifizierung stellt sich die Frage, wie die Hochschulen dieser neuen Aufgabe nachkommen können.

---

10 Hinweise zu Generalisierungen und Kontrastierungen sowie ein Überblick zu den sprachlichen Mitteln des Kategorisierens finden sich in Czyzewski et al. (1995: 56).

11 Zur Unterscheidung verschiedener Mittel und Formen des Zuordnens, mit denen Zugehörigkeit angezeigt oder hervorgehoben werden kann, siehe Hausendorf (2002).

Möglichkeiten interkultureller Qualifizierung

Aktuelle Entwicklungen an deutschen Hochschulen zeigen, dass die Verschränkung von Internationalisierung und interkultureller Qualifizierung sowohl in Form von integrativen Studienangeboten erfolgen kann, die die Förderung interkultureller Kompetenz in die Studienpläne einbinden, als auch
durch flankierende Angebote, die von Studierenden neben den regulären Veranstaltungen ihres jeweiligen Studiengangs wahrgenommen werden können
(Bosse 2010b).[12] Diese Vielfalt ist besonders begrüßenswert, wenn man bedenkt,
dass die Förderung interkultureller Kompetenz von Studierenden lange Zeit auf
punktuellen Initiativen einzelner Lehrender oder auf Hochschulprojekten für
ausgewählte Zielgruppen beruhte und zumeist auf Grundlagenseminare begrenzt war (Thomas / Hößler 2007: 81). Gleichwohl ist zu beachten, dass interkulturelle Qualifizierung im Bereich additiver Studienangebote zumeist im
Lernformat interkultureller Trainings erfolgt, das sich durch eine Betonung
praxisorientierter Einblicke in die Dynamik und die Gestaltungsmöglichkeiten
interkultureller Kommunikation auszeichnet (Leenen 2001). Angesichts der für
interkulturelle Trainings üblichen engen zeitlichen Begrenzung und ihrer besonderen Praxisorientierung stellt sich in Verbindung mit der Frage nach ihrer
Effektivität auch die nach ihrer wissenschaftlichen Fundierung:

> Aus fachwissenschaftlicher Perspektive sind ohne Zweifel Abstriche zu machen, wenn
> interkulturelle Kommunikation und Kompetenzvermittlung in erster Linie als
> Schlüsselqualifikationen Eingang in grundständige Studiengänge finden. Logischer-
> weise können hier nicht die gleichen Maßstäbe für Wissenschaftlichkeit für das Thema
> geltend gemacht werden, wie es bei einem grundständigen Studium der interkultu-
> rellen Kommunikation der Fall ist. (Otten / Robertson-von Trotha 2007: 251)

Für interkulturelle Qualifizierungsangebote müssen Hochschulen somit Qualitätskriterien entwickeln, die Wissenschaftlichkeit und Praxisorientierung gleichermaßen berücksichtigen. Grundlegende Anhaltspunkte bietet hierfür das
Forschungsgebiet Interkulturelle Kommunikation, da die Untersuchung der
Besonderheiten interkultureller Kommunikation sowohl wissenschaftlich fundierte Rahmenkonzepte für die didaktisch-methodische Trainingsgestaltung
liefert, als auch Impulse für eine kritische Reflexion der Trainingspraxis (Straub
et al. 2007; Weidemann et al. 2010).

Als praktisches Beispiel für eine wissenschaftlich fundierte Form interkultureller Qualifizierung sollen im Folgenden die interkulturellen Trainingsmodule der Universität Hildesheim dienen. Diese basieren auf einer empirischen

---

12 Siehe hierzu auch Otten (2010), der zwischen studienergänzender interkultureller Kompe-
tenzvermittlung, Studiengängen mit interkulturellem Kernprofil sowie postgradualer interkultureller Qualifizierung unterscheidet.

Untersuchung zur Trainingskonzeption und -evaluation und den daraus abgeleiteten Qualitätskriterien (Bosse 2010a). Grundlage der Trainingsmodule bildet eine auf den Hochschulkontext zugeschnittene Definition, nach der interkulturelles Training zu verstehen ist als

> Anwendung wissenschaftlich fundierter Rahmenkonzepte des Forschungsgebiets Interkulturelle Kommunikation auf praxisbezogene Fragestellungen, die für die Bewältigung interkultureller Herausforderungen im Studienalltag von unmittelbarer Bedeutung sind (Bosse 2010a: 408).

Diese Verschränkung von Wissenschaft und Praxis wird in Form von Workshops umgesetzt, die allen Studierenden der Universität Hildesheim im Rahmen des Angebots fachübergreifender Schlüsselkompetenzen offen stehen. Das modulare Trainingsangebot erstreckt sich dabei auf den gesamten Verlauf der dreijährigen Bachelorstudiengänge. Dies ermöglicht einerseits eine Gliederung der praktischen Herausforderungen interkultureller Kommunikation in verschiedene Themenfelder, die auf einzelne Studienphasen abgestimmt sind. Andererseits kann die Vermittlung zentraler Rahmenkonzepte Interkultureller Kommunikation durch den mehrstufigen, studienbegleitenden Aufbau des Trainingsangebots in aufeinander aufbauenden Schritten erfolgen:

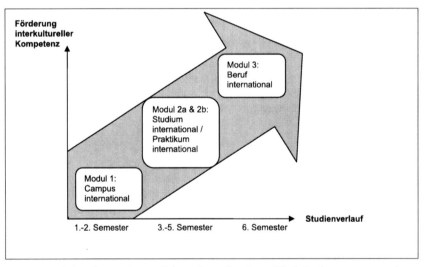

Abb. 3: Interkulturelle Trainingsmodule an der Universität Hildesheim (Bosse 2010a: 378)

Im Basismodul „Campus international" geht es darum, den Hildesheimer Universitätscampus als Ort interkultureller Begegnungen zu thematisieren. Hier werden Grundkenntnisse des Forschungsgebiets Interkulturelle Kommunikation als Werkzeuge für die Reflexion interkultureller Erfahrungen vermittelt.

Kulturelle Vielfalt wird dabei beispielsweise auf der Ebene von Modellen kultureller Wertorientierungen analysiert und im Rahmen einer Kulturkontakt-Simulation in ihrer praktischen Bedeutung erkundet. Die Kombination von Erfahrungsaustausch und theoriegeleiteter Reflexion wird schließlich dazu genutzt, Handlungsalternativen für kritische Interaktionssituationen zu erarbeiten sowie Perspektiven für das Miteinander von deutschen und internationalen Studierenden auf dem Hildesheimer Campus zu entwerfen.

Das zweite Modul umfasst die Workshops „Studium international" und „Praktikum international", die die im Basismodul vermittelten Kompetenzen mit Blick auf geplante, aktuelle oder bereits absolvierte Auslandsaufenthalte erweitern. Während das Basismodul auf klassischen Ansätzen der Kulturanthropologie und der Sozialpsychologie basiert, steht hinter dem zweiten Modul eine sprachwissenschaftliche Perspektive.[13] Erklärungen für die besonderen Herausforderungen interkultureller Kommunikation werden folglich im Bereich des sprachlichen Handelns gesucht. Behandelt werden also kommunikative Unterschiede und ihre möglichen Auswirkungen im Gesprächsverlauf, wobei die Studierenden am Beispiel studiums- bzw. praktikumsspezifischer Situationen erleben können, inwiefern die Frage, wer wann mit wem wie worüber spricht, in Abhängigkeit vom jeweiligen kulturellen Kontext zu beantworten ist. Als Antwort liefert der Workshop keine Patentrezepte, sondern bietet Gelegenheit, Analyseschritte einzuüben und Anhaltspunkte für die Gesprächsgestaltung zu gewinnen. Dies soll die Fähigkeit fördern, Unterschiede zu erkennen, unbeabsichtigte Wirkungen zu vermeiden oder Missverständnisse zu reparieren.

„Beruf international" bildet das Abschlussmodul für Studierende, die zum Ende ihres Studiums daran interessiert sind zu erkunden, wie sie die während ihres Studiums erworbenen interkulturellen Erfahrungen und Kompetenzen für eine international ausgerichtete berufliche Laufbahn nutzen können. Durch einen biographischen Rückblick klären die Teilnehmer, welchen subjektiven Stellenwert Interkulturalität für sie besitzt und in Zukunft einnehmen soll. Darauf aufbauend werden Anforderungen von Tätigkeiten in international orientierten Zusammenhängen analysiert und den bereits vorhandenen Kompetenzen der Teilnehmer gegenübergestellt, um individuelle Entwicklungspotenziale aufzuzeigen. Neben den Erfahrungen der Teilnehmer kommen hier wieder Fallbeispiele und eine Simulation zum Einsatz, sodass Herausforderungen wie die Darstellung interkultureller Kompetenz in Bewerbungsverfahren oder die Zusammenarbeit in internationalen Teams praktisch erkundet werden können.

Die Teilnahme an den interkulturellen Trainingsmodulen können sich die

---

13 Zum Unterschied zwischen linguistisch und pädagogisch-psychologisch fundierten Trainingsansätzen siehe von Helmolt (2007) und Leenen (2007).

Studierenden der Universität Hildesheim als extracurriculare Leistung in Form eines Hochschulzertifikats anerkennen lassen. Das Zertifikat für interkulturelle Kommunikation und Kompetenz honoriert verschiedene Formen interkultureller Qualifizierung, die von dem Sammeln interkultureller Erfahrungen, dem Engagement für interkulturelle Kommunikation bis hin zur Reflexion von Erfahrungen und Engagement reichen. Zu den interkulturellen Erfahrungen zählen dabei studienbezogene Auslandsaufenthalte oder Sprachkurse im In- und Ausland. Als interkulturelles Engagement gilt, sich in die Betreuung internationaler Studierender einzubringen, in international bzw. interkulturell orientierten studentischen Initiativen mitzuwirken oder die Heimatuniversität im Rahmen eines Auslandssemesters an einer Partnerhochschule vorzustellen. Die Reflexion von Erfahrungen und Engagement erfolgt schließlich im Rahmen der skizzierten interkulturellen Trainingsmodule.

Schlussbemerkung

Angesichts der aufgezeigten Entwicklungen und Möglichkeiten interkultureller Qualifizierung bleibt festzuhalten, dass es notwendig erscheint, internationale Hochschulbeziehungen wie beispielsweise die zwischen der Türkei und Deutschland nicht allein auf struktureller Ebene auszubauen, sondern auf die Entwicklung „diskursiver Interkulturen" (Koole / ten Thije 1994) hin auszurichten. Dies bedeutet, die Chancen und Risiken der Internationalisierung im Hinblick auf ihre interkulturelle Dimension näher zu erforschen und die wechselseitige Verständigung im Hochschulalltag nachhaltig zu fördern. Interkulturelle Qualifizierungsangebote für Studierende können dabei einen ersten Ansatzpunkt darstellen.

Literatur

Allport, Gordon W. (1954): *The nature of prejudice*, Cambridge.

BMBF (2008): *Deutschlands Rolle in der globalen Wissensgesellschaft stärken. Strategie der Bundesregierung zur Internationalisierung von Wissenschaft und Forschung*, verfügbar unter: http://www.bmbf.de/pub/Internationalisierungsstrategie.pdf [letztes Zugriffsdatum 07.05.2010].

BMBF (2010): *Internationalisierung der Hochschulen*, verfügbar unter: http://www.bmbf.de/de/908.php [letztes Zugriffsdatum 01.10.2010].

Bosse, Elke (2010a): *Interkulturelle Qualifizierung von Studierenden. Trainingskonzeption und -evaluation*, Dissertationsschrift, Universität Hildesheim.

Bosse, Elke (2010b): „Interkulturelle Qualifizierungsangebote für Studierende: mehrstufig, studienbegleitend und nachhaltig", in: Eß, Oliver (Hg.): *Das Andere lehren. Handbuch zur Lehre Interkultureller Handlungskompetenz*, Münster, S. 35–47.

CHE (2007): *Wie misst man Internationalität und Internationalisierung von Hochschulen? Indikatoren- und Kennzahlenbildung*, Gütersloh.

Czyzewski, Marek / Drescher, Martina / Gülich, Elisabeth / Hausendorf, Heiko (1995): „Selbst- und Fremdbilder im Gespräch. Theoretische und methodologische Aspekte", in: Czyzewski, Marek / Gülich, Elisabeth / Hausendorf, Heiko / Kastner, Maria (Hg.): *Nationale Selbst- und Fremdbilder im Gespräch*, Opladen, S. 11–81.

DAAD (2010a): *Wissenschaft weltoffen 2010. Daten und Fakten zur Internationalität von Studium und Forschung in Deutschland*, Bielefeld.

DAAD (2010b): *Wissenschaft weltoffen 2010. Daten und Fakten zur Internationalität von Studium und Forschung*, verfügbar unter: http://www.wissenschaft-weltoffen.de/ daten/1/1/2 [letztes Zugriffsdatum 10.02.2011].

DAAD (2010c): *Internationalität an deutschen Hochschulen – Konzeption und Erhebung von Profildaten*, Bonn.

Hausendorf, Heiko (2002): „Kommunizierte Fremdheit: Zur Konversationsanalyse von Zugehörigkeitsdarstellungen", in: Kotthoff, Helga (Hg.): *Kultur(en) im Gespräch*, Tübingen, S. 25–59.

Helmolt, Katharina von (2007): „Interkulturelles Training: Linguistische Ansätze", in: Straub, Jürgen / Weidemann, Arne / Weidemann, Doris (Hg.): *Handbuch Interkulturelle Kommunikation und Kompetenz*, Stuttgart, S. 763–772.

Heublein, Ulrich / Özkılıc, Murat / Sommer, Dieter (2007): *Aspekte der Internationalität deutscher Hochschulen. Internationale Erfahrungen deutscher Studierender an ihren heimischen Hochschulen*, Bonn.

Heublein, Ulrich / Sommer, Dieter / Weitz, Brigitta (2004): *Studienverlauf im Ausländerstudium. Eine Untersuchung an vier ausgewählten Hochschulen*, Bonn.

Hinnenkamp, Volker (1994): *Interkulturelle Kommunikation. Studienbibliographien Sprachwissenschaft 11*, Heidelberg.

HRK (2008): *Internationale Strategie der Hochschulrektorenkonferenz – Grundlagen und Leitlinien*, Bonn.

Kammhuber, Stefan (2000): *Interkulturelles Lehren und Lernen*, Wiesbaden.

Knapp, Annelie (2008): „Ingenieurwissenschaftliche Lehrveranstaltungen – kulturneutrales Terrain?", in: Knapp, Annelie / Schumann, Adelheid (Hg.): *Mehrsprachigkeit und Multikulturalität im Studium*, Frankfurt am Main, S. 137–153.

Koole, Tom / ten Thije, Jan D. (1994): *The construction of intercultural discourse: team discussion of educational advisers*, Amsterdam.

Leenen, Wolf Rainer (2001): „Interkulturelles Training. Entstehung, Typologie, Methodik", in: Landeszentrum für Zuwanderung Nordrhein Westfalen (Hg.): *Interkulturelle und antirassistische Trainings – aber wie? Konzepte, Qualitätskriterien und Evaluationsmöglichkeiten. Konzepte, Qualitätskriterien und Evaluationsmöglichkeiten. Dokumentation der Tagung des Landeszentrums für Zuwanderung Nordrhein Westfalen*, Solingen, S. 9–24.

Leenen, Wolf Rainer (2007): „Interkulturelles Training: Psychologische und pädagogische Ansätze", in: Straub, Jürgen / Weidemann, Arne / Weidemann, Doris (Hg.): *Handbuch Interkulturelle Kommunikation und Kompetenz*, Stuttgart, S. 773–783.

Leenen, Wolf Rainer / Groß, Andreas (2007): „Internationalisierung aus interkultureller

Sicht: Diversitätspotenziale der Hochschule", in: Otten, Matthias / Scheitza, Matthias / Cnyrim, Andrea (Hg.): *Interkulturelle Kompetenz im Wandel.* Bd. 2: *Ausbildung, Training und Beratung,* Frankfurt am Main, S. 185–214.

Lévy-Tödter, Magdalène / Meer, Dorothee (Hg.) (2009): *Hochschulkommunikation in der Diskussion,* Frankfurt am Main.

Mehlhorn, Grit (2005): *Studienbegleitung für ausländische Studierende an deutschen Hochschulen,* München.

Nazarkiewicz, Kirsten (2010): *Interkulturelles Lernen als Gesprächsarbeit,* Wiesbaden.

Otten, Matthias (2009): „Academicus interculturalis? Negotiating interculturality in academic communities of practice", in: *Intercultural Education* (20/5), S. 407–417.

Otten, Matthias (2010): „Funktionen und Organisationsformen interkulturell ausgerichteter Studienangebote", in: Weidemann, Arne / Straub, Jürgen / Nothnagel, Steffi (Hg.): *Wie lehrt man interkulturelle Kompetenz. Theorien, Methoden und Praxis in der Hochschulausbildung. Ein Handbuch,* Bielefeld, S. 163–185.

Otten, Matthias / Robertson-von Trotha, Caroline (2007): „Interkulturelle Kommunikation als Schlüsselqualifikation in der Hochschulausbildung an der Universität Karlsruhe (TH)", in: Otten, Matthias / Scheitza, Matthias / Cnyrim, Andrea (Hg.): *Interkulturelle Kompetenz im Wandel.* Bd. 2: *Ausbildung, Training und Beratung,* Frankfurt am Main, S. 245–273.

Rost-Roth, Martina (1998): „Kommunikative Störungen in Beratungsgesprächen. Problempotenziale in inter- und intrakulturellen Gesprächssituationen", in: Fiehler, Reinhard (Hg.): *Verständigungsprobleme und gestörte Kommunikation,* Opladen, S. 216–244.

Rost-Roth, Martina (2000): „Methodische Anmerkungen zur Erfassung von Kommunikationsstörungen in interkulturellen Kommunikationen. Primärdaten und Sekundärdaten für diskursanalytische Interpretationen", in: Aguado, Karin (Hg.): *Forschungsmethodologien in der Fremd- und Zweitspracherwerbsforschung,* Baltmannsweiler, S. 63–73.

Rost-Roth, Martina (2003): „Anliegensformulierungen: Aufgabenkomplexe und Sprachliche Mittel. Analysen zu Anliegensformulierungen von Muttersprachlern und Nichtmuttersprachlern am Beispiel von Beratungsgesprächen und Antragsbearbeitungsgesprächen im Hochschulkontext", in: *Zeitschrift für interkulturellen Fremdsprachenunterricht,* verfügbar unter: http://zif.spz.tu-darmstadt.de/jg-08-2-3/beitrag/Rost-Roth1.htm [letztes Zugriffsdatum 25.05.2010].

Rost-Roth, Martina (2006): „Intercultural Communication in Institutional Settings. Counselling Sessions", in: Bührig, Kristin / ten Thije, Jan (Hg.): *Beyond misunderstanding. Linguistic analyses of intercultural communication,* München, S. 189–216.

Selting, Margret / Auer, Peter / Barden, Birgit / Bergmann, Jörg / Couper-Kuhlen, Elisabeth / Günthner, Susanne / Meiner, Christoph / Quasthoff, Uta / Schlobinski, Peter / Uhmann, Susanne (1998): „Gesprächsanalytisches Transkriptionssystem (GAT)", in: *Linguistische Berichte* 173, S. 91–122.

Straub, Jürgen / Weidemann, Arne / Weidemann, Doris (Hg.) (2007): *Handbuch Interkulturelle Kommunikation und Kompetenz,* Stuttgart.

Teichler, Ulrich (2007): *Die Internationalisierung der Hochschulen. Neue Herausforderungen und Strategien,* Frankfurt am Main.

Thomas, Alexander / Hößler, Ulrich (2007): „Interkulturelle Qualifizierung an den Regensburger Hochschulen: Das Zusatzstudium Internationale Handlungskompetenz", in: *Interculture Journal – Online Zeitschrift für interkulturelle Studien* (6/3), S. 73–94.

Weidemann, Arne / Straub, Jürgen / Nothnagel, Steffi (Hg.) (2010): *Wie lehrt man interkulturelle Kompetenz. Theorien, Methoden und Praxis in der Hochschulausbildung. Ein Handbuch*, Bielefeld.

Zehra İpşiroğlu

Theater als Ort der interkulturellen Begegnung – Ein deutsch-türkisches Theaterprojekt

Wir sind viele

In einer biblischen Geschichte im Evangelium des Markus, Kapitel 5, fragt Jesus einen Verrückten, den niemand bändigen kann: „Wie heissest du?" Der Befragte antwortet: „Legion heisse ich; wir sind viele" (Vers 9; Luthertext 1956).

Mit der Bezeichnung „viele" sind die „unsauberen Geister" in ihm gemeint, die ihn plagen. Daraufhin rettet Jesus ihn von diesen Dämonen, die dann in Gestalt einer Schweineherde den Meeresabhang hinunterstürzen und ertrinken.

In der heutigen Zeit, in der man weniger von einer in sich geschlossenen Persönlichkeit, von Individuum, Identität und Authentizität spricht, sondern mehr von konstruierten Identitäten und vom ‚Dividuum', scheint mir diese Geschichte besonders nachdenkenswert. Denn der postmoderne Diskurs über das ‚Dividuum' verharmlost oder verdrängt die Tatsache, dass verschiedenartige, einander entgegengesetzte Impulse häufig auch zu Konflikten, sogar zu schwerwiegenden Neurosen führen können. Je mehr der Einzelne in einer urbanen Kultur lebt, in der moderne und traditionelle Wertsysteme gleichzeitig gegen-, mit- oder ineinander existieren, um so mehr entstehen soziale und psychische Reibungen und Konflikte.

Die kleinen Frauchen in uns

Die türkische Autorin Elif Şafak beschreibt in ihrem autobiografischen Roman *Schwarze Milch* (*Siyah Süt* 2007) diese Situation aus einer Genderperspektive. Sie erzählt nicht nur von einer bestimmten Phase ihres Lebens, in der ihre künstlerischen Impulse in starke Konflikte zu ihren Rollen als Schriftstellerin, als Ehefrau, als Mutter geraten, sondern sie führt auch aus der Lebensgeschichte von künstlerisch herausragenden Autorinnen Krisensituationen mit vielfach tragischem Ende vor, wie Familienzusammenbruch, Ehebruch, sogar Selbstmord. Z. B. thematisiert sie die schweren Depressionen der Autorin Sylvia Plath, die zum Selbstmord führten oder George Elliotts Kampf um Gleichberechtigung. In dem autobiografischen Teil ihres Buches werden ihre verschiedenen Impulse und Neigungen, die miteinander in Konflikt geraten, personifiziert. Da sind die kleinen Fingerfrauchen, die der Autorin so sehr auf der Nase herum tanzen, dass sie in eine schwere Krise gerät. Da ist die praktisch schnelle Vernunft-Frau, die immer an der Oberfläche schwimmt, die Ehrgeiz-Frau, die eiskalt nur an Karriere denkt, die frustrierte intellektuelle Frau, die mit ihren ständigen Nörgeleien an nichts mehr Freude hat, die weise Derwisch-Frau, die sich von allem Lebenstreiben fern hält und die mütterliche Pudding-Frau, die mit einem Putsch alles durcheinander bringt. So werden die möglichen weiblichen Rolleneinbindungen in unserer heutigen Zeit auf witzige Art verfremdet.

Auch in Männern (wenn es auch nicht zum Thema dieses Textes wird) sind natürlich verschiedenartigen Impulse, die mit einander in Konflikt geraten können, vorhanden. In Analogie zu Elif Şafak könnte man sie bezeichnen als das Macho-Männchen, das sich ständig aufbläst, das Macht-Männchen, das verbissen kämpft, das weinerlich sensible Männchen oder das kritische Nörgel-Männchen.

Aber im Leben sind die Konflikte, die die Männer zu tragen haben, bestimmt nicht so stark und ausgeprägt wie die Konflikte der Frauen. In den traditionell patriarchalischen Gesellschaften, in denen die Geschlechterrollen klar getrennt sind, gibt es für sie sowieso keine Probleme, aber auch in modernen Gesellschaften, in denen Gleichberechtigung anerkannt wird, sind ihre Rollen, zumindest was Karriere und Beruf betrifft, zum größten Teil gesichert.

Ich und Ich Selbst

Anders ist es bei Frauen, die in ihren traditionellen sowie modernen Rollenmustern tatsächlich ‚viele' sind, d. h. viele Rollen übernehmen müssen, um sich in einer von Männern dominierten Welt durchzusetzen, worauf die kritische Genderforschung in Deutschland wie in der Türkei bis heute hinweist.

Besonders ausgeprägt treten Probleme mit sich widersprechenden Teil-Rollen bei Frauen mit Migrationshintergrund auf, weil gerade Frauen, die zumeist aus traditionellen Gesellschaften kommen, mit den Werten der modernen Gesellschaften in Konflikt geraten. Dazu ein Beispiel aus meiner Schreibwerkstatt an der Universität Duisburg-Essen zum kreativen Schreiben mit jungen Menschen mit Migrationshintergrund. In der Geschichte *Der rosa Montag* beschreibt die junge Autorin eine ungewöhnliche Persönlichkeitsspaltung zwischen ‚Ich' und ‚Selbst' (vgl. İpşiroğlu / Özsoysal 2002). ‚Ich' ist fest eingezwängt in Traditionen, aber ‚Selbst' ist frei, geht seinen eigenen Weg, und macht, was es will. Während sich ‚Ich' traurig zu Hause einschließt, ist ‚Selbst' so verrückt, dass es auf niemanden hört und so lebt, wie es will. ‚Selbst' hat einen italienischen Freund, geht mit ihm aus und heiratet ihn heimlich, ohne darauf zu achten, was andere wohl sagen werden. ‚Selbst' ist glücklich. ‚Ich' nimmt ihm das sehr übel und ist wütend, aber bewundert ‚Selbst' auch, und ist neidisch auf dessen Mut.

Ich denke, dass diese Geschichte die inneren Konflikte der jungen Migrantinnen aus der dritten Generation sehr treffend darstellt. In der Öffentlichkeit aber werden diese Probleme entweder einseitig debattiert oder verdrängt und missachtet. Während z.B. die Soziologin Necla Kelek die Probleme nur auf den Islam als eine frauenfeindliche und rückständige Religion zurückführt (Kelek 2010), den sozialen Kontext dabei aber zum größten Teil ausklammert, nehmen die Vertreter eines inzwischen längst problematisierten Multikulturalismus genau die Gegenposition ein, nach dem Motto: Jeder soll auf seine Art glücklich werden oder aber unglücklich bleiben.

In dem kürzlich auch in deutscher Sprache erschienenen Buch *Wege ins Freie, junge Migrationsgeschichten* (İpşiroğlu 2007) habe ich versucht, Lebensgeschichten von jungen Migrantinnen zu präsentieren, die sich bemühen, ihren eigenen Lebensraum selbst zu schaffen und sich selbst zu finden. Daraus entstanden Porträts von Selbstfindungsprozessen junger Menschen, die ihren eigenen Weg gehen, sich dabei frei in verschiedenen Gruppen bewegen, verschiedene Rollen spielen wollen, ohne sich einzuengen. Selbstbestimmung bleibt ihr Motto. So bietet dieses Buch anschauliches Material zum Nachdenken, Material über individuelle und gesellschaftliche Erfahrungen und Emanzipationsversuche. Dabei werden herkömmliche Klischees, Vorurteile und Verallgemeinerungen problematisiert. Sechs Frauen und zwei Männer erzählen. Keine Stimme ist typisch, doch ist jede auf ihre Weise repräsentativ.

Ihre Erzählungen sind mitbestimmt durch das Milieu, aus dem sie stammen, und durch das, in dem sie jetzt leben, durch ihre Sozialisation, ihre Ausbildung, durch ihre Begegnung mit anderen Menschen, durch ihre Berufs- und Zukunftsaussichten, durch die Bedingungen, die ihnen von der Gesellschaft gesetzt wurden.

So werden in diesem Buch Themen und Probleme dargestellt, die nicht ausschließlich durch die Migration entstehen, aber durch diese verstärkt werden können, wie z.B. Auseinandersetzungen mit Traditionen, Generationenkonflikten, Geschlechterbeziehungen, Diskriminierungserfahrungen, Zerrissenheit und Unstabilität, Heimatlosigkeit, Suche nach einem Lebensraum, Suche nach sich selbst. Leitfragen sind: Was waren die Haupthindernisse, wie konnten die jungen Leute diese überwinden, mit welchen Konflikten mussten sie sich auseinandersetzen, welche Dramen spielten sich in ihrem Leben ab, welche persönlichen Begegnungen haben ihnen weiter geholfen, wie stellen sie sich ihre Zukunft vor usw.

Entgegen der herkömmlichen Tendenz Migranten als Opfer dazustellen und dies verallgemeinernd auf die als rückschrittlich wahrgenommene islamisch-türkische Kultur zurückzuführen, ging es hier also darum, Versuche oder Wege einer Selbstfindung zu zeigen, in der die jungen Menschen als Akteure ihres eigenen Lebens dargestellt werden.

So individuell und einzigartig die einzelnen Lebens- und Entwicklungsgeschichten auch angelegt sind, deutlich erkennbar sind hier die Grundmuster der Integrationshemmschwellen: patriarchalische Grundstrukturen bei Migrantenfamilien, die aus dörflichen Gegenden der Türkei kommen, und Schwierigkeiten und Probleme der Aufnahmegesellschaft mit dem ‚Andersartigen' und ‚Fremden' umzugehen. Der Prozess der Selbstfindung läuft sehr langsam und mühselig, da die Bindung an die Familie und die Angst vor der als kalt empfundenen Atmosphäre in Deutschland, die Angst alleine zu bleiben und keinen Rückhalt mehr zu haben, sehr stark ausgeprägt ist.

Ein Theaterprojekt

Das Theaterprojekt *Wege ins Freie*, das ursprünglich aus einem Seminar zu kulturellen Differenzen entstanden und entwickelt worden war, wurde durch Theaterworkshops unter der Leitung von Bernhard Deutsch, dem Theaterpädagogen des Theaters an der Ruhr, weitergeführt und nach einer langen Arbeitszeit von drei Semestern im Theater an der Ruhr und in Essen, Oberhausen und Paderborn aufgeführt. So entstand ein dokumentarisches Theaterstück, das die Probleme der dritten Generation mit Migrantenherkunft zum ersten Mal aus ihrer eigenen Perspektive zur Sprache brachte.

Die erste Phase dieses Projektes war die Rezeption und Analyse der ausgewählten Lebensgeschichten aus dem Buch *Wege ins Freie*. Dabei entwickelten sich drei Richtungen:

Die Geschichten von ‚Deutschländern', die hier geboren und aufgewachsen sind und trotzdem das schwere Gepäck der Eltern vollgestopft mit den dörflichen Gewohnheiten und Traditionen der Eltern mitschleppen müssen; die Geschichten von den zwischen beiden Ländern Hin- und Hergeschobenen, die das ständige Nomadenleben satt haben und endlich an einem Ort Wurzeln schlagen wollen; die Geschichten derer, die ihre frühe Kindheit mit unterschiedlichsten Erfahrungen, z. B. in einer Großstadt, die dem Einzelnen sehr viel Freiraum lassen kann, oder in einem Elendsviertel, unter den denkbar ärmsten Verhältnissen in der Türkei, verbracht haben, und sich je nach ihren Erfahrungen heute hier oder dort mehr zugehörig fühlen oder den Mut haben, irgendwo anders in der Welt neu zu beginnen.

Aus jeder Lebensgeschichte wurden charakteristische Merkmale oder Wendepunkte herausgearbeitet, die dann die Vorgabe für die Improvisationsarbeit waren. Diese Wendepunkte ergaben noch keine Szenen, sondern Denkanregungen oder Bilder, die dann bei der Improvisationsarbeit weiter ausgebaut wurden. Nachdem die Rollen verteilt worden waren – jeder Teilnehmer hatte (eine vielleicht ihrer eigenen Lebensgeschichte ähnelnde) Rolle ausgewählt –, konnten sie die Rolle mit Bildern aus der eigenen Lebensgeschichte, Erfahrungen, Erlebnissen und Beobachtungen veranschaulichen. Dabei wurde ständig betont, dass es hier um ein dramaturgisches Modell geht, in dem ein Wechselspiel zwischen individuell Besonderem und modellhaft Verallgemeinerndem entsteht.

Dramaturgisch entstand zunächst ein Spielgerüst aus zwei Teilen. Die Phasen der Kindheit, der Entwicklung und der Selbstsuche. Die Reibungspunkte und Widerstände wurden rückblickend auf zwei Ebenen, auf Spiel- und Erzählebene, in locker miteinander verbundenen Szenen dargestellt.

Im ersten Teil ging es um die Reise in die Vergangenheit, um frühe Kindheitserfahrungen, um Stimmen, Bilder und Erinnerungen aus beiden Ländern, die die späteren Jahre prägen. Im zweiten Teil um die Auseinandersetzung mit den Schwierigkeiten und Problemen der Migration sowie um den langen mühseligen Weg der Selbstsuche. So unterschiedlich der Weg auch ist, den Einzelne gehen müssen, das Gemeinsame bleibt die Befreiung von Hindernissen und Zwängen. Das Stück endet mit der offenen Frage: bleiben oder gehen? Einige haben das ewige Hin- und Hergeschoben werden wie ein Gepäckstück satt, und wollen endlich hier Fuß fassen. Eine Andere hat ein Stück Türkei außerhalb der Migrantenmilieus kennengelernt, was ihr einen neuen Weg eröffnet. Wieder eine Andere fühlt sich als Weltbürgerin nirgendwo oder überall zu Hause. Zur Veranschaulichung seien hier ein paar Beispiele gegeben:

(1)   Kofferszene

Zu Beginn kommen alle mit kleinen und großen Koffern und Taschen auf die Bühne. Die Hin- und Hergeschobenen werfen die Koffer weg, sie wollen endlich ein Leben ohne Koffer führen und träumen davon, ein eigenes Haus zu bauen. Die hier Geborenen, die so mühselig die uralten Koffer ihrer Eltern schleppen, dass sie fast krumm gehen, werfen daraus nach und nach alles, was ihnen nicht passt, weg. Ein tiefes Aufatmen, Erleichterung ist zu spüren. Was jetzt zählt, ist die Freiheit. Es gibt auch eine Abenteuerlustige, die in ihren Rucksack das Allernotwendigste einpackt, bevor sie in die weite Welt zieht.

(2)   Das Kind und zwei Mütter

Eine Szene aus der Kindheit: Eine deutsche Mutter bereitet ihr Kind zu einem Wochenendausflug vor. Das Kind klammert sich an die Mutter, weint und bettelt, heult und tobt, löst sich von ihr, rennt verzweifelt herum, versteckt sich im Schrank. Da erscheint schon die bäuerlich aussehende türkische Mutter, um es

über das Wochenende von den Pflegeeltern abzuholen. Eine herzzerreißende
Szene, die das Problem der Pflegekinder veranschaulicht. Türkische Eltern
übergaben ihre Kleinkinder deutschen Pflegeeltern. Die Kinder wuchsen als
deutsche Kinder auf und konnten mit ihrer eigentlichen Familie überhaupt
nichts anfangen.

(3)   Sprache ist Macht
Eine komische Szene der Kommunikationslosigkeit: Ein türkischer Arbeiter
geht mit seinem Sohn Ali zum Elternsprechtag. Da die Deutschkenntnisse des
Vaters nicht ausreichen, muss Ali übersetzen. Sobald die Lehrerin den Vater
sieht, drückt sie ihren Unmut aus. Ali ist in der Schule äußerst schlecht. Die
Kommunikationslosigkeit zwischen der Lehrerin und dem Vater wächst ins
Absurde, weil beide durch die eigenmächtige Übersetzung von Ali gegenseitig
alles falsch wahrnehmen und deuten. Doch der Vater hört der Lehrerin stolz und
erfreut zu.

(4)   Vater, Bruder, Freund
Eine Szene über patriarchalische Strukturen: Ein türkisches Mädchen wird von
einem deutschen Schulfreund angesprochen, aber in ihrer Angst lässt sie sich
nicht darauf ein. Ihr kleiner Bruder, der die Aufgabe hat sie zu beobachten, verrät
sie dem Vater. Zu Hause wird sie zur Rede gestellt und verprügelt.

In komisch verfremdendem, manchmal sich ins Absurde steigerndem grotes-
kem Stil entstanden Szenen aus dem Migrantenalltag. Das Besondere an diesen
Szenen war, dass es sehr wenige Szenen gab, die deutliche Schwarz-Weiß-Bilder
zeigten. Zumeist wurden die Szenen in ihrem sozialen Kontext so gezeigt, dass
die Probleme in ihrer Vielschichtigkeit problematisiert wurden, wie z. B. bei der
Szene mit dem Pflegekind, wo letztendlich nicht nur das Kind, sondern alle
leiden oder die Szene über die Kommunikationslosigkeit zwischen dem türkischen Vater und der Lehrerin, wo der Junge beide an der Nase herumführt.
    Wege ins Freie hatte einerseits das Ziel, die Klischees und Vorurteile über
Migranten zu problematisieren, andererseits den mühseligen Prozess der
Selbstfindung mit den dazugehörigen Hindernissen und Barrieren zu veranschaulichen. Es war ein Stück, das Mut machen sollte und zwar nicht nur Migranten aus der dritten Generation, sondern allen, die mit diesem Problem zu
tun haben. Denn letztendlich ging es hier auch um Erfolgsgeschichten. Sichtbar
wird, wie bei diesem langen ‚Weg ins Freie' jedes negative Erlebnis, jede Irritation, jede Verletzung große Blockaden schafft, umgekehrt aber jedes positive
Erlebnis, jede menschliche Begegnung – sei es mit einem Lehrer, der sich soli-
darisiert, oder einer Nachbarin, die sich öffnet – Wunder wirken kann. Es ging

hier also weniger um grundlegende politische Änderungen, als um kleine konkrete Schritte in den Grenzen des Machbaren.

Literatur

İpşiroğlu, Zehra / Özsoysal, Fakiye (Hg.) (2002): *Lust am Schreiben*, Essen.
İpşiroğlu, Zehra (Hg.) (2009): *Wege ins Freie, Junge Migrationsgeschichten*, Hückelhoven.
Kelek, Necla (2010): *Himmelreise, Mein Streit mit den Wächtern des Islam*, Köln.

Yadigar Eğit / Kasım Eğit

Interkulturelle Aspekte bei der Übersetzung der Romane
Buddenbrooks und *Effi Briest* ins Türkische

Interkulturelle Kommunikation lässt sich heute nicht mehr aus unserem Leben wegdenken und ist gegenwärtig ein aktueller Gegenstandsbereich, der in der wissenschaftlichen Diskussion intensiv diskutiert wird. Auch die Übersetzung ist davon in großem Maße betroffen. Anwachsende wechselseitige Wirtschaftsbeziehungen, der Tourismus, Immigrationsprozesse, Mischehen sowie politische und kulturelle Beziehungen zwischen den Nationen haben dazu beigetragen, dass der Bedarf an vielfältigen Übersetzungen, seien sie fachlicher oder literarischer Art, besonders gestiegen ist.

Das Ziel unseres Beitrags besteht darin, die unterschiedlich fundierten Probleme beim Übersetzen der in der Überschrift dieser Studie erwähnten literarischen Werke darzulegen sowie deren Lösungsmöglichkeiten unter Berücksichtigung linguistischer, übersetzungswissenschaftlicher und (inter)kultureller Aspekte zu erörtern und die folgenden drei Fragen zu beantworten: Was bedeutet eigentlich ‚übersetzen'? Was ist eine Übersetzung? Welche Qualifikationen muss der Übersetzer besitzen?

Eine befriedigende Antwort auf diese Fragen zu geben, ist ein sehr schwieriges Unterfangen, weil ‚Übersetzen' keine bloße Suche nach Entsprechungen für Lexeme und Begriffe in einer anderen Sprache ist. Die enge Beziehung zwischen Kultur und Übersetzung wird etwa seit den 1960er Jahren des letzten Jahrhunderts, in denen sich die Übersetzungswissenschaft zu einer eigenständigen Disziplin entwickelt hat, in der Forschungsliteratur immer wieder thematisiert. Obwohl die Theorie des Übersetzens zunächst stark linguistisch geprägt war und das Phänomen ‚Kultur' nicht systematisch in Bezug auf Übersetzung besprochen wurde, erkannte man, dass Sprachen in bestimmte Kulturen eingebettet sind (vgl. Floros 2003: 1). So haben viele Autoren, wie z. B. Jakobson (1959), Nida (1964), Kade (1964), Levý (1969) und Nida / Taber (1969) die Beziehung zwischen Kultur und Übersetzung zum Gegenstand ihrer Untersuchungen gemacht. Im Verlauf der 1980er Jahre wurde in übersetzungswissenschaftlicher Literatur die Translation als interkultureller Prozess betrachtet (Reiß / Vermeer 1984; Snell-Hornby 1986). Snell-Hornby betrachtete die

Übersetzung als „cross-cultural event" (1986) und Vermeer beschreibt sie als „kulturellen Transfer" (1986). Die Übersetzung als Vermittlung zwischen den Kulturen ist, so Bachmann-Medick, eine der wichtigsten Formen der Auseinandersetzung mit fremden Kulturen (vgl. Bachmann-Medick 1997: 5). In dieser Bedeutung meint die Übersetzung jedoch nicht nur die Textübersetzung, sondern auch „die Übersetzung von Denkweisen, (fremden) Weltbildern und differenten Praktiken" (Bachmann-Medick 1997: 5). In diesem Zusammenhang argumentiert auch Karakuş zu Recht, die Übersetzung schließe „auch die Übertragung von Erfahrungen in Texte bzw. Vermittlung von Wissen über fremde Kulturen" ein (Karakuş 2002: 261).

Viele Übersetzungswissenschaftler, die sich schwerpunktmäßig mit dem Phänomen ‚Kultur' auseinandergesetzt haben, wie z. B. Hönig / Kußmaul (1982), Holz-Mänttäri (1984), Snell-Hornby (1986), Vermeer (1986), Witte (2000), Thome (2002) und Floros (2003), vertreten trotz unterschiedlicher Übersetzungsmethoden recht übereinstimmend die Auffassung, dass es sich bei der Übersetzung nicht um eine „bloße Umkodierung, eine Substitution von Elementen eines Sprachinventars in Elemente eines anderen Sprachzeicheninventars" handelt, sondern, das Übersetzen sei „ein Prozeß, bei dem mittels Texte von einer Kultur in eine andere vermittelt wird" (Vermeer zitiert in Eğit 2006: 299). Deshalb muss der Übersetzer „plurikulturell sein, das bedeutet, er muß die Welt seines Auftraggebers, seine eigene und die des Zielrezipienten kennen und sie voneinander unterscheiden und in Beziehung zueinander bringen können" (Vermeer zitiert in Eğit 2006: 299). Beim Übersetzungsvorgang literarischer Werke sind weitaus mehr Faktoren von Bedeutung als nur rein sprachliche, d. h. nicht nur die Sprachen an sich sind unterschiedlich, sondern auch die Gegenstände und Sachverhalte sowie Denkstrukturen unterscheiden sich je nach den am Übersetzungsvorgang beteiligten Sprachen. Jiří Levý bezeichnet die literarische Übersetzung im Rahmen seines am Original orientierten Ansatzes als „reproduktiv" (Levý 1969: 65 f).

Ein grundlegendes Thema der übersetzungswissenschaftlichen Diskussionen ist das Problem der Übersetzbarkeit (vgl. Eğit 2006: 299). In diesem Zusammenhang spricht Stolze von einer relativen Übersetzbarkeit des Ausgangstextes (vgl. Stolze 1982: 141). Die Instanz des Verstehens rückte erst spät in den Vordergrund der sprachwissenschaftlich orientierten Übersetzungsforschung (vgl. Apel / Kopetzki 2003: 5), der sich auch Wills (1977: 72) anschloss. Auch Wills' Definition wird, obwohl sie die direkte Beziehung zwischen sprachlichen Elementen oder Texten zweier Sprachen ganz aufhebt und die Instanz des Verständnisses dazwischenschaltet (vgl. Apel / Kopetzki 2003: 5), der Kritik unterworfen, in der die Frage aufgeworfen wird, wie dann die „Übersetzung von

anderen Formen der Darlegung von Verständnis unterschieden werden kann"
(Apel / Kopetzki 2003: 5).

Das Verstehen ist demnach die wichtigste Voraussetzung für das ,Übersetzen'
schlechthin. Der Übersetzer muss also den Text zuerst richtig verstehen und
„das Verstandene entsprechend in der Zielsprache so ausdrücken, daß seine
Übersetzung bei dem zielsprachlichen Leser den Eindruck des Ausgangstextes
erweckt" (Eğit 2001: 164). Ähnlich äußert sich auch Levý zur Übersetzung literarischer Kunstwerke: „Die Übersetzung kann nicht dem Original gleichen, sie
soll aber auf den Leser auf die gleiche Weise wirken" (Levý 1969: 69). Der Leser
einer literarischen Übersetzung weiß ferner, so Levý, „daß er nicht das Original
liest", aber er verlangt, dass die Übersetzung die Qualität des Originals beibe-
halte. Ein weiterer Standpunkt, den Levý vertritt, ist der Grad der sprachlichen
Bedingtheit, der sich nach dem Autor und der Art des betreffenden Werkes
richtet, d.h. je höher der Grad ist, desto schwieriger ist die Übersetzung (Levý
1969: 39 f.).

Von einem guten Übersetzer wird demnach erwartet, dass er die gleichen
Gedanken vermittelt wie das Original; denn die Übertragung eines literarischen
Werks in einen anderen Sprach- und Kulturraum durch das Mittel Übersetzung
kann schnell zu Entfremdungen und interpretatorischen Divergenzen führen
(vgl. Schilly 2003), vor allem beim Übersetzen von „Metaphern, Sublekten [...],
Bibelzitaten" (Schilly 2003), Anredeformen, Kosewörter, Wortspiele und Anspielungen auf historische Ereignisse.

In der literarischen Übersetzung geht es tatsächlich nicht nur um sprachliche
Umsetzungsprozesse, sondern auch um unterschiedliche Deutungswelten (vgl.
Schilly 2003). Ähnlich argumentiert auch Bredella, indem er literarische Texte
von anderen Texten unterscheidet, weil sie eben eine bestimmte „Weltsicht"
(Bredella 1980: 94) präsentieren.

Da in dieser Studie davon ausgegangen wird, dass Sprache die Kultur einer
Sprachgemeinschaft reflektiert und somit als Teil dieser Kultur aufzufassen ist,
und dass folglich in jeder Übersetzung bewusst oder unbewusst eine ,inter-
kulturelle Kommunikation' zustande kommt, soll im Rahmen der Übersetzungswissenschaft auf den Begriff ,Kultur' eingegangen werden. Die Interkulturelle Kommunikation, die sich bei der Begriffsbestimmung der Kultur auf die
moderne Kulturanthropologie stützt, bewirkt eine Erweiterung in der Übersetzungswissenschaft (vgl. Maletzke 1996:16).

Der Übersetzungswissenschaft und der Interkulturellen Kommunikation ist
gemein, dass sie den Begriff ,Kultur' im Rahmen des Kulturvergleichs untersuchen und sich im erweiterten Sinn mit Kommunikation zwischen zwei Kulturen auseinandersetzen. Witte bezeichnet in diesem Zusammenhang Translation als eine „Sondersorte der Interkulturellen Kommunikation" (Witte 2000:
23).

Eine eingehende Untersuchung des Phänomens Kultur und deren Definition zeichnet sich in der Übersetzungswissenschaft vor allem mit der Definition Göhrings (1978) ab, die sich auf die von dem Anthropologen Goodenough (1964) stammende Kulturdefinition stützt. Göhring definiert ‚Kultur' für die Zwecke des Übersetzers und Dolmetschers folgenderweise:

> [Kultur ist] all das, was dieser im Hinblick auf seine Ausgangsgesellschaft und auf seine Zielgesellschaften wissen und empfinden können muß, damit er beurteilen kann, wo sich Personen in ihren verschiedenen Rollen so verhalten, wie man es von ihnen erwartet, und wo sie von den gesellschaftlichen Erwartungen abweichen [...]. (Göhring 1998: 112)

Es ist offenkundig, dass diese Definition das Ideal anstrebt, denn selbst Göhring gesteht, dass kein Übersetzer bzw. Dolmetscher gemäß den Forderungen dieser Definition im Besitz aller Wissensbestände seiner Ausgangsgesellschaft, schon gar nicht seiner Zielgesellschaften sein kann. Außerdem neigen immer mehr Menschen dazu, wie Göhring unterstreicht, die Grenzen zwischen Ausgangs- und Zielgesellschaften zu verwischen und Elemente aus anderen kulturellen Systemen in ihr individuelles Verhaltensrepertoire, in ihre Idiokultur zu integrieren (vgl. Göhring 1998: 113).

Göhrings Definition entstand im Rahmen der interkulturellen Kommunikation und beeinflusste die übersetzungswissenschaftliche Forschung bis in die 1990er Jahre. Seit den 1980er Jahren, dem sogenannten ‚cultural turn', macht sich eine neue Entwicklung bemerkbar, die unter anderem auch die Übersetzungswissenschaft stark beeinflusst. In dieser Neuorientierungsphase werden die ausschließlich linguistisch orientierten Untersuchungen durch kultursensitive ersetzt. Übersetzen wird in dieser Phase nicht nur als ein linguistischer, sondern wie bereits an mehreren Stellen dieses Beitrags erwähnt, als ein kultureller Prozess verstanden. Nach Snell-Hornby geht es beim Übersetzen „nicht um isolierbare Einheiten, sondern um ein Gewebe von Bezügen, wobei die Bedeutung der einzelnen Wörter durch ihre kontextuelle Relevanz und ihre Funktion im Textganzen bedingt ist" (Snell-Hornby 1986: 16).

Den Begriff Kultur definiert Vermeer als die Menge aller Verhaltenskonventionen und -normen und deren Resultate in einer gegebenen Gemeinschaft / Gesellschaft / Sozietät (vgl. Vermeer 1996: 221). Demnach umfasst der Begriff Kultur Normen und Konventionen, in die der Mensch hineinwächst, und die er beherrschen muss, um als Mitglied der Gesellschaft akzeptiert zu werden. Diese Normen und Konventionen unterscheiden sich von Gesellschaft zu Gesellschaft und sind somit auch relativ. Vermeers Definition von Kultur, die sich auf die oben erwähnten Definitionen von Göhring und Goodenough stützt, lässt die für die Übersetzung relevanten Faktoren außer Acht. Auch Witte beachtet die Relevanz der Kultur für den Zieltext nicht, wenn sie Kultur als menschliches Gesamtverhalten versteht, wobei die ‚Regeln' für das Verhalten sowie dessen ‚Resultate' in die Definition einbezogen sind (vgl. Witte 2000: 11). Ferner können auch Holz-Mänttäri und Hönig / Kußmaul, die sich intensiv mit dem Thema Kultur befassen, mit ihren Definitionen keinen operationalisierbaren Begriff für die Übersetzung bieten, wenn sie Kultur nur als Oberbegriff für die Sprache (vgl. Holz-Mänttäri 1984: 37) oder den Text als verbalisierten Teil einer Soziokultur (vgl. Hönig / Kußmaul 1982: 58) definieren.

Im Anschluss an unsere Ausführungen die Probleme des Übersetzens und seiner Beziehung zur Kultur betreffend wollen wir nun im Folgenden anhand der Werke: *Buddenbrooks* (Thomas Mann) und *Effi Briest* (Theodor Fontane) auf die Probleme beim Übersetzen dieser Werke ins Türkische eingehen und unsere Erfahrungen darlegen. Vorerst möchten wir jedoch auf die Bedeutung dieser Werke und ihrer Übersetzungen für den türkischen Kulturraum eingehen, weil sie die Vergleichsbasis für einige unten aufgeführte Beispiele bilden.

Von den beiden Autoren ist Thomas Mann dem türkischen Leser wohl bekannt, da sehr viele seiner Werke ins Türkische übersetzt worden sind. Die Übersetzungen von *Die vertauschten Köpfe* und *Die Bekenntnisse des Hochstaplers Felix Krull* sind in Vorbereitung. Von *Buddenbrooks* existieren zwei verschiedene türkische Übersetzungen (Arpad 1984; Eğit / Eğit 2006). Theodor Fontane ist dem türkischen Leser wenig bekannt. Auch von *Effi Briest* existieren zwei verschiedene Übersetzungen (Akipek 1949; Eğit 2007). Beide Verlage wünschten eine Neuübersetzung der beiden Werke zu veröffentlichen, weil einerseits die Sprache der Erstübersetzungen nicht mehr sehr aktuell war, und andererseits jene Übersetzungen (insbesondere die Übersetzung von Burhan Arpad) sehr viele Verkürzungen, große Stilveränderungen, Fehlinterpretationen sowie sehr viele nicht übersetzte Textstellen enthielten.

Ein Hintergrundwissen über die literarische Stellung der Autoren, die historischen, soziokulturellen sowie politischen Ereignisse der jeweiligen Zeitperiode, in der die Autoren gelebt haben, ist unerlässlich. Da wir beide Germanisten sind, kam uns zwar unser Beruf zugute, aber dennoch mussten bzw. müssen wir sehr viel recherchieren, insbesondere bei der Übersetzung von *Buddenbrooks* mussten wir uns sehr intensiv mit Musiktheorien und unzähligen Musikinstrumenten auseinandersetzen. In Fällen, in denen Sachwörterbücher für Musik und Internetrecherche nicht ausreichten, mussten wir bei Kollegen aus dem Konservatorium und bei den Kollegen aus den Fachbereichen Geschichte und Philosophie unserer Fakultät anklopfen. Ein anderes Problem bereitete uns die Tatsache, dass von *Buddenbrooks* bereits eine Übersetzung vorlag, die es zu übertreffen galt.

Wir mussten bei unserer Übersetzungstätigkeit unsere Aussagen mit größter Sorgfalt durchdenken, diskutieren und dann erst übersetzen. In diesem Sinne haben wir versucht, die sprachlichen Eigentümlichkeiten im Ausgangstext (im

Folgenden abgekürzt als AT), deren Übersetzung Schwierigkeiten bereitete, ohne Veränderungen vorzunehmen mit einer kleinen Erklärung in den Zieltext (im Folgenden abgekürzt als ZT) zu übertragen, wie z. B. in den folgenden Textstellen aus den *Buddenbrooks*.

> **Bsp.** (1): „Immer der nämlich, mon vieux, Bethsy ...?" ‚Immer' sprach sie wie ‚*ümmer*' aus (Mann 1989: 9).[1]

> **Übersetzung:** „Her zaman aynı, hep aynı adam değil mi sevgili Bethsy...?" ‚Her zaman' *sözcüğünü kibar konuşma modasına uyarak biraz değişik söylemişti* (Eğit / Eğit 2009: 11).

Mit dieser Übersetzung konnte die sprachliche Eigentümlichkeit im AT (‚ümmer') mit einer kleinen Erklärung, nämlich „dem Trend der damaligen Sprechmode entsprechend", ohne selbstständig ein Wort zu kreieren in den ZT übertragen werden. Eine Anpassung in dem ZT hätte den Sinn der betreffenden Stelle im Ausgangstext verfälschen können. Das Gleiche gilt auch für die folgende Textstelle:

> **Bsp.** (2): „Äußerlich, mein gutes Kind, äußerlich bist du glatt und geleckt, ja, aber innerlich, mein gutes Kind, da bist du schwarz" [...] Und dies sagte er unter Weglassung des *r* und indem er ‚schwarz' wie ‚*swärz*' aussprach [...] (Mann 1989: 15).

> **Übersetzung:** „Güzel evladım, dış görünüşüne bakılırsa, kusursuz görünüyorsun, ama için kara" [...] Bunu söylerken *r* harfini yutmuş ve ‚kara' *sözcüğünü değişik biçimde söylemişti*. (Eğit / Eğit 2009: 16) [Rückübersetzung: Und dies sagte er unter Weglassung des *r* und sprach das Wort ‚schwarz' auf eine andere Weise aus.]

Sprachliche Eigentümlichkeiten, Wortspiele und die Verwendung von Dialekten bereiten Übersetzern immer Schwierigkeiten. Diese dem Original getreu wiederzugeben, ist nicht möglich; der intendierte ausgangssprachliche Effekt lässt sich in der Zielsprache nicht verwirklichen, selbst bei den aneinander nahen Sprach- und Kulturräumen ist das kaum möglich; bei einander sehr fremden Sprach- und Kulturräumen ist es überhaupt nicht zu verwirklichen. Auch wenn es heißt, der Übersetzer soll alles tun, um dem Original treu zu bleiben; doch das ist nicht möglich. Unsere Erfahrung zeigt, dass sich der Übersetzer dennoch einige Zusätze und Auslassungen erlauben darf, wenn z. B. der Informationsgehalt des ATes von dem zielsprachlichen Leser nicht verstanden zu werden droht: Solche Problemstellen sind z. B. die folgenden Textstellen aus den beiden Werken:

---

1 Wenn nicht anders gekennzeichnet, handelt es sich in diesem und den folgenden Zitaten um unsere Hervorhebungen.

Bsp. (3): Der erste Kutscher war ‚Leid‘. Denn schon im Buche Hiob heißt es: Leid soll mir nicht ‚*widerfahren*‘ oder auch, ‚*wieder fahren*‘ in zwei Wörtern und mit einem *e*. Effi wiederholte kopfschüttelnd den Satz, auch die Zubemerkung, konnte sich aber trotz aller Mühe nicht *daran zurecht finden*; sie gehörte ganz ausgesprochen zu den Bevorzugten, die für derlei Dinge durchaus kein Organ haben, und so kam denn Vetter Briest in die nicht beneidenswerte Situation, immer erneut erst auf den Gleichklang und dann auch wieder auf den Unterschied von ‚widerfahren‘ und ‚wieder fahren‘ hinweisen zu müssen.“ (Fontane 1984:199)

Übersetzung: İlk arabacı, ‚ıstıraptı‘. Kutsal Kitap'ın Eyüp Peygamber bölümünde şöyle geçer: ‚*Bir daha ıstırap çekmeyeceğim*‘
Effi başını sallayarak ilgili cümleyi ve ilave açıklamayı tekrar etti; ancak bütün çabasına rağmen *bu kelime oyunuyla* neyin hicvedildiğini anlayamadığı için biraz neşesi kaçtı. O bu tür şeylere özellikle kulak kabartan meraklılardan değildi. Kuzen Briest bu nedenle *kelime oyunundaki* eş seslere ve *iki sözcük arasındaki anlam farkına* tekrar tekrar gönderme yaparak kendisini hiç de imrenilmeyecek bir konuma sokmuş oldu. (Eğit 2007: 209)

Bei dieser Textstelle des Ausgangstextes handelt es sich um ein Wortspiel mit den beiden Wörtern: „widerfahren“ und „wiederfahren“, die entweder direkt oder indirekt ausgedrückt werden. Da eine wortgetreue Übersetzung in keiner Weise die gleiche Wirkung auf den türkischen Leser erzielen würde, wurde in der Übersetzung auf eine sprachliche Anpassung dieses Wortspiels verzichtet und stattdessen mit einer Fußnote erklärt, dass es sich hier um ein Wortspiel handelt, das nicht äquivalent ins Türkische übertragen werden kann. Die Übersetzung versucht also, jene Stellen im AT, wo das Wortspiel ‚wiederfahren – widerfahren‘ direkt oder indirekt zum Ausdruck kommt, mit dem Wort „kelime oyunu“ abzudecken, damit der türkische Leser nicht verwirrt wird.

Ein anderes Problem bereiteten die Textstellen im Plattdeutschen bei den *Buddenbrooks*. Dialekte zu übertragen, ist nicht möglich; sollte es möglich sein, dann stellt sich die Frage: In welcher zielsprachlichen Dialektform sollen sie denn wiedergegeben werden? Es blieb uns in diesem Falle nichts anderes übrig, als das Standardtürkische in unserer Übersetzung zu verwenden. Es ist wahr, dass bei dieser Vorgehensweise die Wirkung der betreffenden Stellen des Ausgangstextes im Plattdeutschen bei dem Zieltextleser nicht dieselbe sein kann. Da an mehreren Stellen des Romans plattdeutsche Ausdrücke und Dialoge vorkommen und an einer Stelle des ATes auch namentlich darauf verwiesen wird, sahen wir von einer Zusatzerklärung ab. Der türkische Leser erfährt über den Verweis, dass der betreffende Sprecher in einer Mundart spricht, der im Norden Deutschlands gesprochen wird. Die plattdeutschen Ausdrücke haben wir zuerst ins Hochdeutsche übertragen und danach ins Türkische übersetzt. An einigen Stellen, die uns Schwierigkeiten bereiteten, kam uns unsere deutsche Kollegin zur Hilfe. Um ein Beispiel zu geben: Ein Auszug aus einem Gespräch zwischen dem Konsul Buddenbrook und dem Arbeiter Corl Smolt:

> **Bsp. (4):** Der Konsul: „Nu red' mal, Corl Smolt! Nu is' Tiet! Ji heww hier den leewen langen Namiddag brölle..."
> „Je, Herr Kunsel ..." brachte Corl Smolt kauend hervor. „Dat's nu so'n Saak... öäwer... Dat is nu so wied... Wi maaken nu Revolutschon."
> „Wat's dat för Undög, Smolt!"
> „Je, Herr Kunsel, dat seggen Sei woll, öäwer dat is nu so wied... wi sünd nu nich mihr taufreeden mit de Saak... Wie verlangen nu ne anner Ordnung, un dat is ja ook gor nich mihr, dass dat *wat* is..." (Mann 1989: 191)

> **Übersetzung:** „Corl Smolt, hadi konuş bakalım! İşte tam sırası! Bütün öğle sonu boyunca böğürüp durdunuz..." dedi.
> Corl Smolt ağzındaki ekmeği çiğneyerek, „Evet, Bay Konsül..." dedi. „Bilmem nasıl söylesem... istediğimiz şey... Daha fazla bekleyemeyiz... şey... ihtilal yapmak istiyoruz."
> „Neler saçmalıyorsun sen, Smolt!"
> „Evet Bay Konsül, belki de haklısınız, ama başka çaremiz yok... biz yeni bir düzen istiyoruz, hepsi bu, başka bir şey istediğimiz yok..." (Eğit / Eğit: 2009: 171 f.)

Die wörtliche Übertragung leicht erscheinender Syntagmen im AT in einen anderen Sprach- und Kulturraum kann, wie bereits erwähnt, sehr leicht zu Entfremdungen und falschen Interpretationen führen, wie sich z. B. an der folgenden Textstelle in den *Buddenbrooks* demonstrieren lässt.

> **Bsp. (5):** „Es ist spät, aber wir haben mit dem *zweiten Frühstück* gewartet." (Mann 1989: 108)

Der Ausdruck „das zweite Frühstück" im AT kann sehr leicht zu der falschen Annahme der Übersetzung mit „ikindi kahvaltısı" führen, was auch in der ersten Übersetzung der *Buddenbrooks* geschehen ist (vgl. auch Özbek 2002: 31). Denn hin und wieder wird zwar der Ausdruck „ikindi kahvaltısı" im Türkischen verwendet, bei dem Tee getrunken wird und dazu Kekse oder andere Gebäckssorten gegessen werden, aber der Zeitpunkt ist am späten Nachmittag und nicht wie beim zweiten Frühstück in Deutschland am späten Morgen. Die betreffende Stelle haben wir so übersetzt:

> **Übersetzung:** „Geç oldu, ama *kahvaltı için* sizi bekledik", dedi yalnızca. (Eğit / Eğit 2009: 142)

Ein anderer Ausdruck, der interpretatorisch zu Divergenzen führen kann, ist die Textstelle:

> **Bsp. (6):** „Sie ging schwer, denn sie *war guter Hoffnung* wie gewöhnlich." (Mann 1989: 689)

Übersetzung: „Ağır ağır yürüyordu, çünkü her zamanki gibi yine *hamileydi*." (Eğit / Eğit 2009: 604)

Die Übersetzung dieser Textstelle scheint zwar auf ersten Blick keine Schwierigkeiten zu bereiten, kann aber sehr schnell missverstanden werden. Diese sprachliche Wendung wird selbst von vielen Personen mit hervorragenden Deutschkenntnissen, vor allem von jüngeren Personen, oft wörtlich genommen.

Ein typisches Beispiel zur Erklärung des Kulturtransfers liefert uns der Abschlusssatz der *Buddenbrooks:*

Bsp. (7): Sie [Sesemi Weichbrodt] stand da, eine Siegerin in dem guten Streite, den sie während der Zeit ihres Lebens gegen die Anfechtungen von seiten ihrer Lehrerinnenvernunft geführt hatte, bucklig, winzig und bebend vor Überzeugung, eine kleine, strafende, begeisterte *Prophetin*. (Mann 1989: 759)

Übersetzung: Hayatı boyunca yaşamın zorluklarına karşı bir öğretmen sağduyusuyla hep iyi amaçlar için savaşmış ve başarıya ulaşmış biri olarak, küçülmüş ve iki büklüm olmuş vücuduyla, masanın önünde durmuş, inançla titriyordu; cezalandıran ve yürekleri coşturan küçük bir *peygamber* gibiydi. (Eğit / Eğit 2009: 664)

Die semantische Äquivalenz des Ausdrucks „Prophetin" scheint uns mit der türkischen Entsprechung „Peygamber" gewährleistet zu sein; denn innerhalb der islamischen bzw. islamisch-türkischen Kultur gibt es keine „Prophetin", auch im Christentum nicht. Einen anderen Ausdruck, der völlige Äquivalenz ermöglicht, konnten wir nicht finden. Die Übersetzung von Arpad mit dem Wort „Tanrı Kızı" (Gottes Tochter) ist unseres Erachtens erst recht nicht möglich, weil der Islam die Trinität des Christentums völlig ablehnt (vgl. auch Eğit 2006: 305). Hier noch ein Beispiel aus dem Roman Effi Briest:

Bsp. (8): *Der Polterabend* hatte jeden zufriedengestellt... (Fontane 1984: 33 f.)

Für den Ausdruck „Polterabend", der eine kulturelle Begebenheit ausdrückt, steht im Wörterbuch als türkische Entsprechung „kına gecesi", was u. E. nicht stimmt. „Kına gecesi" wird zwar vor der Hochzeit gefeiert, hat aber ansonsten nichts Gemeinsames mit dem deutschen „Polterabend". Also durfte diese Stelle nicht mit „kına gecesi" übersetzt werden, sondern musste als eine Feier, die am letzten Abend vor der Hochzeitsfeier stattfindet, beschrieben werden:

Übersetzung: *Düğünden önceki gece yapılan eğlence* herkesi mutlu etmişti... (Eğit 2007: 36)

Im Folgenden soll auf einen besonders interessanten Fall der Kulturübertragung im Rahmen der türkischen Übersetzung der *Buddenbrooks* hingewiesen werden, in der ein angeblich türkisches Sprichwort zitiert wird:

Bsp. (9): „Ich habe in den letzten Tagen oft an ein türkisches Sprichwort gedacht, das ich irgendwo las: *‚Wenn das Haus fertig ist, so kommt der Tod.'*" (Mann 1989: 430)

Obwohl in der westlichen Literatur auf dieses „türkische" Sprichwort einge-gangen wird, haben unsere Nachforschungen zu keiner Entsprechung im Tür-kischen geführt. Trotzdem haben wir es als türkisches Sprichwort bestehen lassen und eine wortgetreue Übersetzung ins Türkische übernommen:

Übersetzung: „Son günlerde bir yerde okuduğum bir Türk atasözünü, ‚Ev yapan ölür' diyen atasözünü sıkça anımsadım." (Eğit / Eğit 2009: 378)

Auch die Übertragungen der beiden Titel, „Konsul" (*Buddenbrooks*) und „Landrat" (*Effi Briest*) bereiteten uns als Übersetzer Schwierigkeiten. Der „Konsul" in *Buddenbrooks* ist nicht jener Konsul, der im alten Rom oder im napoleonischen Frankreich höchster Staatsbeamter war, und auch nicht, der heute als Staatsbeamter eines Staates in einem anderen Staat tätig ist, sondern in dem Roman *Buddenbrooks* ist der Konsul, von dem die Rede ist, ein Titel, der in der damaligen Zeit (im 19. Jahrhundert in Deutschland) vom Senat der einzel-nen Länder manchen Großhändlern und sehr wichtigen Personen verliehen wurde. Wir haben diesen Titel mit der türkischen Bezeichnung „Konsül" (Eğit / Eğit 2009: 9) wiedergegeben und mit einer Fußnote ihre Bedeutung erklärt. In der ersten Übersetzung wurde dieser Ausdruck mit „Konsolos" übersetzt, was u. E. überhaupt nicht zutrifft.

Die Bezeichnung „Landrat" in *Effi Briest* (Fontane 1984: 151) wurde zuerst mit der türkischen Bezeichnung „Mülki İdare Amiri" übersetzt, was unserer Meinung nach zutreffender die Funktion eines Landrats zum Ausdruck brachte. Diese Bezeichnung fand bei unserem Verlag leider kein Echo; die Bezeichnung „Kaymakam" (Eğit 2007: 167) wurde bevorzugt. Diese Bezeichnung erfüllt u. E. die Funktionen des „Landrats" nicht vollständig.

Wie die aufgeführten Bespiele belegen, können sehr leicht Missverständnisse und falsche Interpretationen entstehen. Die Übersetzung verlangt, wie auch Levý ausdrückt, „nicht nur ein gründlicheres, sondern vor allem ein bewußteres Erkennen des Werkes als die bloße Lektüre" (Levý 1963: 43).

Literatur

Apel, Friedman / Kopetzki, Annette (2003): *Literarische Übersetzung*, Stuttgart.
Akipek, Nijad (1949): *Effi Briest*, Ankara (Übersetzung aus dem Deutschen).
Arpad, Burhan (1984): *Buddenbrook Ailesi*, İstanbul (Übersetzung aus dem Deutschen).
Bachmann-Medick, Doris (Hg.) (1997): *Übersetzung als Repräsentation fremder Kulturen.* Berlin.
Bredella, Lothar (1980): *Das Verstehen literarischer Texte*, Stuttgart.

Eğit, Kasım (2001): „Übersetzungsprobleme: Die türkischen Übersetzungen der ‚Sternstunden der Menschheit‘ von Stefan Zweig", in: *VII Türkischer Germanistikkongreß. Eröffnungsreden und Tagungsbeiträge. Germanistik für das Jahr 2000*, Ankara, S. 161 – 173.

Eğit, Yadigar (2006): „Zur Übersetzungsproblematik: Die türkischen Übersetzungen der ‚Buddenbrooks‘ von Thomas Mann und ‚Sternstunden der Menschheit‘ von Stefan Zweig", in: Karakuş, Mahmut / Oraliş, Meral (Hg.): *Bellek, Mekân, İmge. Prof. Dr. Nilüfer Kuruyazıcı'ya Armağan*, Istanbul, S. 298 – 307.

Eğit, Kasım (2007): *Effi Briest*, İstanbul (Übersetzung aus dem Deutschen).

Eğit, Kasım / Eğit, Yadigar (2009 [2006]): *Buddenbrooklar. Bir ailenin çöküşü*, İstanbul (Übersetzung aus dem Deutschen).

Floros, Georgios (2003): *Kulturelle Konstellationen in Texten. Zur Beschreibung und Übersetzung von Kultur in Texten*, Tübingen.

Fontane, Theodor (1984 [1896]): *Effi Briest*, Klagenfurt.

Goodenough, Ward (1964): „Cultural Anthropology and Linguistics", in: Hymes, Dell (Hg.): *Language in Culture and Society. A Reader in Linguistics and Anthropology*, New York, S. 36 – 40.

Göhring, Heinz (1978): „Interkulturelle Kommunikation: Die Überwindung der Trennung von Fremdsprachen- und Landeskundeunterricht durch einen integrierten Fremdverhaltensunterricht", in: Hartig, Matthias / Wode, Henning (Hg.): *Kongreßberichte der 8. Jahrestagung der Gesellschaft für Angewandte Linugistik GAL e.V., Mainz 1977*, Bd.4, Stuttgart, S. 9 – 14.

Göhring, Heinz (1998): „Interkulturelle Kommunikation", in: Snell-Hornby, Mary / Hönig, Hans G. / Kußmaul, Paul / Schmidt, Peter A. (Hg): *Handbuch Translation*, Tübingen, S. 112 – 115.

Holz-Mänttäri, Justa (1984): *Translatorisches Handeln. Theorie und Methode*, Helsinki.

Hönig, Hans G. / Kußmaul, Paul (1982): *Strategie der Übersetzung. Ein Lehr- und Arbeitsbuch*, Tübingen.

Jakobson, Roman (1959): „On Linguistic Aspects of Translations", in: Brower, Reuben A. (Hg.): *On Translation*, Cambridge, MA, S. 232 – 239.

Kade, Otto (1964): *Subjektive und objektive Faktoren im Übersetzungsprozeß*, Dissertationsschrift, Leipzig.

Karakuş, Mahmut (2002): „Die Stimme des Randes: Zaimoğlus ‚Koppstoff‘ und ‚Kanak Sprak‘ als Artikulation differenter Randgruppen", in: *Ege Alman Dili ve Edebiyatı Araştırmaları Dergisi* 2002 (4), İzmir, S. 261 – 268.

Levỳ, Jiri (1969): *Die literarische Übersetzung Theorie einer Kunstgattung*, Frankfurt am Main.

Mann, Thomas (1989 [1901]): *Buddenbrooks*, Frankfurt am Main.

Maletzke, Gerhard (1996): *Interkulturelle Kommunikation. Zur Interaktion zwischen Menschen verschiedener Kulturen*, Opladen.

Nida, Eugene A. (1964): *Toward a Science of Translating*, Leiden.

Nida, Eugene A. / Taber, Charles R. (1969): *Theorie und Praxis des Übersetzens*. Leiden.

Özbek, Yılmaz (2002): „Çeviri neden zor bir uğraştır?", in: *Ege Alman Dili ve Edebiyatı Araştırmaları Dergisi* 2002 (4), İzmir, S. 31 – 35.

Reiß, Katharina / Vermeer, Hans J. (1984): *Grundlegung einer allgemeinen Translationstheorie*, Tübingen.

Schilly, Ute Barbara (2003): „Literarische Übersetzung als interkulturelle Kommunikation. Miguel Delibes' Cinco horas con Maio und seine deutsche Übersetzung", in:
TRANS. Internetzeitschrift für Kulturwissenschaften (03/15), verfügbar unter: http://
www.inst.at/trans/15Nr/07_2/schilly15.htm [letztes Zugriffsdatum 11.01.2011].

Snell-Hornby, Mary (1986): *Übersetzungswissenschaft eine Neuorientierung. Zur Inte-
grierung von Theorie und Praxis*, Tübingen.

Snell-Hornby, Mary (1990): „Linguistic Transcoding or Cultural Transfer? A Critique of
Translation Theory in Germany", in: Bassnet, Susan / Lefevere, Andre (Hg.): *Translation, History and Culture*, London / New York, S. 79–86.

Stolze, Radegundis (1982): *Grundlagen der Textübersetzung*, Heidelberg.

Thome, Gisela (2002): „Methoden des Kompensierens in der literarischen Übersetzung",
in: Thome, Gisela (Hg.): *Kultur und Übersetzung: methodologische Probleme des
Kulturtransfers, Jahrbuch Übersetzen und Dolmetschen*, Bd. 2, 2001, Tübingen, S. 299–
317.

Vermeer, Hans J. (1986): „Übersetzen als kultureller Transfer", in: Snell-Hornby, Mary
(1986): *Übersetzungswissenschaft eine Neuorientierung*. Tübingen, S. 30–53.

Vermeer, Hans J. (1996): *Die Welt, in der wir übersetzen. Drei translatorische Überlegungen
zu Realität, Vergleich und Prozeß*, Heidelberg.

Wills, Wolfram (1977): *Übersetzungswissenschaft. Probleme und Methoden*, Stuttgart.

Witte, Heidrun (2000): *Die Kulturkompetenz des Translators. Begriffliche Grundlegung
und Didaktisierung*, Tübingen.

Erika Glassen

Der Stellenwert der *Türkischen Bibliothek* im Gesamtkomplex der deutschen Übersetzungsliteratur aus dem Türkischen

In meinem Beitrag geht es um die dichte Beschreibung eines konkreten Falls von Kulturtransfer durch ein Übersetzungsprojekt:

Die Initiative ging von der Robert Bosch Stiftung in Stuttgart aus, die in ihrem Referat *Völkerverständigung* seit 2003 einen Schwerpunkt *Deutsch-türkische Beziehungen* pflegt. Die Stiftung entschloss sich, ein Übersetzungsprojekt zu fördern, nämlich eine Reihe mit türkischer Literatur in 20 Bänden. Es war die Zeit, als in der deutschen Öffentlichkeit die Frage: „Soll die Türkei in die Europäische Union aufgenommen werden?" heftig diskutiert wurde.

Die Stiftung suchte zunächst unter den deutschen Turkologen nach fachkundigen Herausgebern. Dabei zeigte sich, dass an den deutschen Universitäten die türkische Literatur eher stiefmütterlich behandelt wird. Die meisten deutschen Turkologen sind Linguisten oder Historiker. Ich selbst habe als Islamwissenschaftlerin alter Schule die drei Sprachen Arabisch, Persisch und Türkisch / Osmanisch gelernt, in meinen akademischen Schriften vor allem historische Themen bearbeitet, war jedoch als Nebenfachgermanistin auch für Literatur aufgeschlossen und habe sie immer wieder in Seminaren behandelt. Als Direktorin des Orient-Instituts der DMG Beirut / Istanbul hatte ich zwischen 1989–1994 meinen Wohnsitz in Istanbul und machte mich dort näher mit der türkischen Literatur vertraut. Damals waren die Antiquariate in Istanbul noch reich bestückt, und es gelang mir, eine recht ansehnliche türkische Privatbibliothek aufzubauen. Nach meiner Rückkehr aus Istanbul an die Universität Freiburg habe ich mich in Forschung und Lehre dann intensiver der türkischen Literatur gewidmet. Weil meine Kollegen das wussten, empfahlen sie mich der Bosch Stiftung als Herausgeberin der *Türkischen Bibliothek*. Hinzu kam, dass diese Arbeit nicht allein neben einem vollen Lehrdeputat geleistet werden konnte. Da ich aber bereits seit 1999 im Ruhestand lebte, konnte ich mich der Aufgabe voll widmen. Jens Peter Laut, der damals die Turkologie in Freiburg vertrat (heute lehrt er in Göttingen), erklärte sich bereit zur Mitarbeit und konnte die offizielle Anbindung der *Türkischen Bibliothek* an die Universität Freiburg als ein Drittmittelprojekt des Orientalischen Seminars gewährleisten.

Stiftung und Herausgeber suchten dann nach einem engagierten Verlag. Die Wahl fiel auf den Unionsverlag in Zürich, der seit Langem durch seine Übersetzungen aus dem Türkischen bekannt ist. Der Verleger Lucien Leitess konnte für eine Zusammenarbeit gewonnen werden. In der Anfangsphase gehörten auch Börte Sagaster, damals Mitarbeiterin am Orient-Institut in Istanbul, und Tevfik Turan, Universität Hamburg, sowie Tayfun Demir, Duisburg, zu unserer Arbeitsgruppe.

Wie ist die *Türkische Bibliothek* konzipiert?

Es gab bereits eine beträchtliche Anzahl von Übersetzungen aus dem Türkischen. Dabei handelte es sich aber um eine meist subjektiv geleitete Auswahl oder um das Prinzip, nach und nach das Gesamtwerk eines berühmten Autors zu präsentieren, wie es mit Yaşar Kemal beim Unionsverlag und Orhan Pamuk beim Hanser Verlag geschieht. Uns ging es aber darum, eine systematische Auswahl zu treffen, die mit den 20 uns zur Verfügung stehenden Bänden einen Gesamtüberblick über die türkische Literatur der Moderne bieten sollte.

Die Türkei ist schon seit langem auf dem Weg nach Europa. Dieser ‚Verwestlichungsprozess‘, der einherging mit der Abwendung von der eigenen osmanischen Tradition, spiegelt sich auch in der Literatur. Zu den westlichen Importen auf geistigem Gebiet gehörte in der zweiten Hälfte des 19. Jahrhunderts das literarische Genre des Romans. Der Roman sollte im Sinne der spätosmanischen Reformerpersönlichkeiten – wie etwa Namık Kemal – die Funktion eines unterhaltsamen Mediums übernehmen, das die sich wandelnde Gesellschaft realistisch abbildete, den Lesern westliche Sitten und Moralvorstellungen vermittelte, aber gleichzeitig eine übertriebene, oberflächliche Westomanie anprangerte. Der Roman konnte sich bald in der türkischen Literatur etablieren, und da man breitere Leserschichten erreichen wollte, diente er gleichzeitig dazu, die komplizierte osmanische Schriftsprache zu vereinfachen und wurde später zu einem Motor der republikanischen Sprachreform.

Die 20 Bände der *Türkischen Bibliothek* wurden in drei Kategorien aufgeteilt: Klassische Moderne, Postmoderne und Anthologien. Dabei sollten die Romane das Kernstück der Reihe bilden. Wir haben zunächst eine große Anzahl türkischer und deutscher Experten gefragt, welche Werke sie für repräsentativ, spannend und damit übersetzenswert hielten. Wir waren aber bei unserer Auswahl nicht frei, weil wir prinzipiell nur bislang noch nicht ins Deutsche übersetzte Werke berücksichtigen wollten. Viele wichtige Erzählungen und Romane lagen aber bereits in älteren Übersetzungen vor. Manchmal ließ uns auch der große Umfang eines Romans vor der Übersetzung zurückschrecken, wie etwa Oğuz Atays *Tutunamayanlar* (*Die Haltlosen*) mit seinen über 700 Seiten.

Für die erste Kategorie der Literatur der klassischen Moderne haben wir neun

Werke ausgewählt: acht Romane und die Autobiographie der Frauenrechtlerin, Romanautorin und Frontkämpferin Halide Edip Adıvar. Es handelt sich um Werke, die bei ihrem ersten Erscheinen den Nerv der Zeit getroffen haben, inzwischen aber ‚klassisch' geworden sind, d. h. sie gehören nach dem Konsens der türkischen Literaturkritiker und -wissenschaftler bereits zur Literaturgeschichte.

Sie sind im türkischen Original etwa im Abstand von zehn Jahren erschienen und jeweils durch Handlung und Schauplatz eng in den historischen Kontext eingebunden. Die Helden bzw. Heldinnen der Romane vertreten verschiedene Generationen des 20. Jahrhunderts. Dadurch lässt sich, wie in unserer Konzeption beabsichtigt, kontinuierlich der Hauptstrang der türkischen Literatur- und Geistesgeschichte verfolgen. Dabei wollten wir keineswegs einen Kanon der türkischen Moderne vorschlagen, aber die Problematik der Kanonbildung ließe sich sehr schön anhand unserer Auswahl diskutieren.

Folgende Werke gehören – in chronologischer Abfolge – zu der Kategorie der klassischen Moderne:

Halid Ziya Uşaklıgil, *Aşk-ı Memnu*, 1900 (*Verbotene Lieben*);

Halide Edip Adıvar, *Memoirs*, 1926 / *Mor Salkımlı Ev*, 1963 – *The Turkish Ordeal*, 1928 / *Türkün Ateşle İmtihanı* 1956 (deutsch in einem Band unter dem Titel: *Mein Weg durchs Feuer*);

Memduh Şevket Esendal, *Ayaşlı ve Kiracıları*, 1934 (*Die Mieter des Herrn A.*);

Sabahattin Ali, *İçimizdeki Şeytan*, 1940 (*Der Dämon in uns*);

Ahmet Hamdi Tanpınar, *Huzur*, 1949 (*Seelenfrieden*);

Yusuf Atılgan, *Aylak Adam*, 1959 (*Der Müßiggänger*);

Leyla Erbil, *Tuhaf bir Kadın*, 1971 (*Eine seltsame Frau*);

Adalet Ağaoğlu, *Ölmeye Yatmak*, 1973 (*Sich hinlegen und sterben*);

Oğuz Atay, *Bir Bilim Adamının Romanı*, 1975 (*Der Mathematiker*).

Daran schließt sich die zweite Kategorie an, nämlich Werke jüngerer Autoren, die nach 1980 erschienen sind und aktuelle Entwicklungen der türkischen Literatur zeigen, also postmoderne und globale Tendenzen. Bei der Auswahl dieser sechs Werke haben wir uns weitgehend auf den Rat türkischer Experten und Leser verlassen. Dabei handelt es sich um:

Hasan Ali Toptaş, *Gölgesizler*, 1995 (*Die Schattenlosen*);

Murathan Mungan, *Doğu Sarayı* (*Palast des Ostens*), ein vom Autor für uns unter diesem Titel zusammengestellter Zyklus von ungewöhnlichen Liebesgeschichten, die er bereits früher in anderen Konfigurationen publiziert hatte: in *Cenk Hikayeleri*, 1986, in *Lal Masallar*, 1989 und in *7 Mühür*, 2002;

Ahmet Ümit, *Sis ve Gece*, 1996 (*Nacht und Nebel*);

Aslı Erdoğan, *Kırmızı Pelerinli Kent*, 1998 (*Die Stadt mit der roten Pellerine*);

Murat Uyurkulak, *Tol*, 2002 (*Zorn*);

Ayşe Kulin, *Bir Gün*, 2005 (*Der schmale Pfad*).

Die dritte Kategorie umfasst fünf Anthologien. In unserer Reihe sollten außer Romanen auch andere Literaturgattungen zu Wort kommen. Dazu gehören zwei Bände mit Erzählungen aus der frühen Republikzeit bis zur Gegenwart. Die Geschichten sind thematisch ausgewählt, wie die Titel der Bände zeigen:

Der von Tevfik Turan herausgegebene Band *Von Istanbul nach Hakkâri: Eine Rundreise in Geschichten* enthält 33 bisher nicht ins Deutsche übersetzte Geschichten. Wir haben immer darauf geachtet, dass auch Autorinnen angemessen vertreten sind. Es sind Geschichten, die den Leser in alle Regionen der Türkei führen und ihn mit Menschen aus unterschiedlichem Milieu und verschiedener ethnischer Herkunft bekannt machen.

Den zweiten Erzählband unter dem Titel *Liebe, Lügen und Gespenster* hat Börte Sagaster herausgegeben. Er ist der jüngeren Erzählergeneration gewidmet, die mit Krimi, Science Fiction und surrealistischen Elementen und Formen experimentiert. Man kann die meisten dieser Geschichten als postmodern bezeichnen.

Für die zweisprachige Lyrik-Anthologie *Kultgedichte – Kült Şiirleri*, herausgegeben von Erika Glassen und dem türkischen Lyriker, Romancier und Publizisten Turgay Fişekçi, wurden über 50 prominente Persönlichkeiten des türkischen Kulturlebens gebeten, ein Gedicht zu nennen, das ihnen besonders am Herzen liegt und in einem kurzen Essay ihre Gedanken darüber mitzuteilen. Die vorliegende Sammlung von 42 Gedichten ist also eine subjektive Auswahl und keineswegs repräsentativ für die türkische Lyrik. Trotzdem sind die meisten Strömungen und berühmten Dichter vertreten. Aber es ist überraschend, dass der Gedichtband von einer Grundstimmung der Melancholie, Schwermut, Traurigkeit und des Leids beherrscht wird, also einem Lebensgefühl, das sich unter dem türkischen Begriff *hüzün* fassen lässt.

Auch die türkische Volksliteratur durfte nicht fehlen. Eine Anthologie unter dem Titel *Im Reich der Schlangenkönigin* wurde von Erika Glassen und Hasan Özdemir (Ankara Üniversitesi) herausgegeben. Hier geht es darum, den deutschen Lesern einen Eindruck von dem reichen mythischen Schatz der anatolischen Märchen, Sagen, Volksromane usw. zu geben. Das ist eine Quelle, aus der auch die modernen türkischen Autoren immer wieder schöpfen. Solche Bezüge zur modernen Literatur werden beispielhaft im Nachwort aufgezeigt.

Den Abschluss der Reihe bildet eine Anthologie unter dem Titel *Hundert Jahre Türkei. Zeitzeugen erzählen*, herausgegeben von Hülya Adak (Sabancı Üniversitesi Istanbul) und Erika Glassen. Es handelt sich um eine Sammlung von Texten aus Memoiren, Reden, Zeitschriftenartikeln, Interviews usw., die den Lesern den kulturellen, politischen und gesellschaftlichen Wandel in der Türkei von 1900 bis zur Gegenwart nahe bringen. Nicht wir schreiben die Geschichte, sondern wir lassen die türkischen Literaten, Politiker, Wissenschaftler und Journalisten, darunter viele Frauen, selbst sprechen. Viele der Akteure, die das historische Geschehen mitgestaltet haben, kommen zu Wort. So ist ein spannendes, informatives Lesebuch entstanden, das auch als Hintergrundlektüre zu den literarischen Werken dienen soll.

Die Übersetzungen

Für dieses Projekt mussten eine ganze Reihe von Übersetzern rekrutiert werden. Es war sowohl der Stiftung als auch dem Verlag ein Anliegen, bei dieser Gelegenheit die Übersetzertätigkeit aus dem Türkischen ins Deutsche allgemein zu fördern. Daher wurden an interessierte Bewerber Texte für Probeübersetzungen vergeben, um auch junge Talente zu entdecken. Während eines Wochenendseminars mit dem Verlag und der Stiftung wurden dann bereits übersetzte Texte im Plenum kritisch besprochen. Da es in den deutschsprachigen Verlagen kaum Lektoren gibt, die des Türkischen mächtig sind, wurde es zu einer zeitraubenden Aufgabe für uns Herausgeber, alle Übersetzungen in mehreren Durchgängen zu lektorieren. Diese intensive Zusammenarbeit zwischen Übersetzern, Herausgebern und der Verlagslektorin war fruchtbar und diente unserem obersten Ziel, die Qualität der deutschen Übersetzungen aus dem Türkischen auf ein höheres Niveau zu bringen Mehrere Übersetzer, die an unserem Projekt mitgearbeitet haben, wurden inzwischen auch von anderen renommierten Verlagen mit Übersetzungen betraut.

Vor- und Nachworte, Herausgeber einzelner Bände

Da die Bände aus technischen Gründen nicht in chronologischer Reihenfolge erscheinen konnten, hielten wir es für angebracht, die einzelnen Werke durch ausführliche Vor- bzw. Nachworte in den historischen Kontext einzuordnen und damit immer wieder die Konzeption der gesamten Reihe deutlich zu machen. Wir konnten für einzelne Bände auch türkische Experten als Mitherausgeber gewinnen.

Der Stellenwert der *Türkischen Bibliothek* im Gesamtkomplex der deutschen Übersetzungsliteratur aus dem Türkischen

In der Geschichte gab es immer wieder Anlässe, die im deutschen Sprachraum zur Rezeption osmanisch-türkischer oder moderner türkischer Literatur führten. So erweckten Goethes Vorstellung von der Weltliteratur und die Entstehung der Orientalistik im 19. Jahrhundert das Interesse der gebildeten europäischen Leser an den orientalischen Literaturen. In den Jahren 1836–1838 erschien das vierbändige Monumentalwerk *Geschichte der osmanischen Dichtkunst* des österreichischen Orientalisten Joseph von Hammer-Purgstall. Kulturelle, wirtschaftliche und vor allem militärische Beziehungen zwischen Deutschland und dem Osmanischen Reich führten zeitweise zu einer regen Übersetzungstätigkeit. Die Freundschaft zwischen Kaiser Wilhelm und Sultan Abdülhamit II. und die Waffenbrüderschaft im Ersten Weltkrieg brachte die Völker einander näher. Türken lernten deutsch und Deutsche türkisch. Das zeigt die rege Publikation von Sprachlehrbüchern und Lexika am Anfang des 20. Jahrhunderts. Ein faszinierendes Unternehmen war etwa die Sammlung eines ganzen Ramazan-Repertoires von Karagözstücken, die der Orientalist Hellmut Ritter als Adjutant im Ersten Weltkrieg in Istanbul aus mündlicher Überlieferung aufzeichnete und nach und nach in drei Bänden publizierte. In den Jahren 1904–1929 erschienen 26 Bände in einer Reihe, die auch *Türkische Bibliothek* genannt wurde. Es handelt sich um Übersetzungen deutscher Orientalisten, die u. a. Fürstenspiegel, Chroniken, sufische Abhandlungen, aber auch Skizzen aus dem Istanbuler Alltagsleben umfassten. Auch die Nationalliteratur (Millî Edebiyat) der Jungtürkenzeit und der frühen Republik wurde in Deutschland in den 1920–40er Jahren wahrgenommen. Halide Edip, Yakup Kadri, Hüseyin Rahmi, Reşat Nuri und Peyami Safa wurden bald nach Erscheinen ihrer Werke ins Deutsche übersetzt. Alle diese Bücher blieben auf ein kleineres Publikum beschränkt. Erst ab den 1960er Jahren begannen die deutschen Übersetzungen türkischer Literatur auch eine breitere Öffentlichkeit zu erreichen. Ein Durchbruch war die Erzählanthologie von Wilfried Brands bei Erdmann *Pforte des Glücks* (1963). Zum Bekanntheitsgrad der türkischen Literatur in Deutschland hat auch das Wirken des Literaturwissenschaftlers, Schriftstellers und Übersetzers Yüksel Pazarkaya beigetragen. Seine zweisprachige Gedichtanthologie *Die Wasser sind weiser als wir* (1973) hat mich bei ihrem Erscheinen begeistert. Unter den übersetzten türkischen Romanen gab es auch echte Publikumserfolge, wie *Memed mein Falke* (1982) von Yaşar Kemal und *Die Rache der Schlangen* (1981) von Fakir Baykurt, die beide im ländlichen, anatolischen Milieu spielen. Das war die Zeit, als der Zuzug der türkischen ‚Gastarbeiter' die deutsch-türkischen Beziehungen wesentlich bestimmte.

Die Situation dieser Beziehungen hat sich Anfang des 21. Jahrhunderts grundlegend gewandelt: Eine selbstbewusste, ökonomisch starke Türkei bewirbt sich um die Aufnahme in die Europäische Union. Bekanntlich hat kein anderes Land des Vorderen Orients derart tief greifende Reformen wie die Türkei erlebt, erfolgreich umgesetzt und dabei eine eigene nationale Identität aufgebaut. Dieser historische Prozess, der von Anfang an eng mit Verwestlichungstendenzen verknüpft war, spiegelt sich mit allen seinen Widersprüchen in der türkischen Literatur seit 1900.

Wer sich über die deutsche Übersetzungsliteratur aus dem Türkischen allgemein informieren will, hat heute ein wertvolles Hilfsmittel zur Verfügung. Tayfun Demir hat 1995 die erste Fassung eines sehr nützlichen, umfangreichen Heftes herausgebracht, in dem er möglichst alle je erschienenen literarischen Übersetzungen aus dem Türkischen ins Deutsche aufführt. Innerhalb der Literatursparten ist es alphabetisch angeordnet und mit kleinen Erklärungstexten, Fotos und Bildern versehen, auch die Übersetzer sind genannt. Zur Buchmesse 2008, bei der die Türkei Gastland war, erschien eine zweite erweiterte Fassung. Auch die bis 2008 erschienen Bände der *Türkischen Bibliothek* sind eingearbeitet. Sogar die einzelnen Autoren und Titel der Geschichten der beiden Erzählbände sind aufgeführt.

Die Zielgruppe unseres Übersetzungsprojekts

Es ging zunächst darum, einer deutschen Leserschaft durch das Medium Literatur, die dafür hervorragend geeignet ist, einen möglichst umfassenden Eindruck von den geistigen Prozessen zu geben, die die neue Türkei geformt haben und ihre Menschen bewegen. Die Lektüre unserer Bücher bietet Unterhaltung und verschafft Erkenntnisgewinn. Sie stärkt die Urteilskraft der Leser, um bei der Frage „Gehört die Türkei nach Europa?" mitreden zu können.

Sehr wichtig als Zielgruppe sind uns auch die vielen Mitbürger türkischer Herkunft, die bisher keine Gelegenheit hatten, die Literatur ihrer ursprünglichen Heimat kennen zu lernen. Vor allem den jungen Menschen, die in unserem kulturellen Kontext sozialisiert wurden, besser deutsch als türkisch sprechen und sehr oft wegen ihrer Herkunft einer kulturellen Diskriminierung ausgesetzt sind, bieten wir mit der *Türkischen Bibliothek* die Möglichkeit, sich bei der Suche nach ihren kulturellen Wurzeln mit dem literarischen Erbe der Türkei näher vertraut zu machen.

Dazu gehören die Studenten der zweiten und dritten Generation, die oft kaum etwas über die Literatur, die in der Türkei produziert wird, wissen. Das habe ich als akademische Lehrerin an der Universität Freiburg erfahren. Eine Reihe von Studierenden, vor allem auch türkischer Herkunft, besuchten während meiner letzten aktiven Jahre meine Seminare und schrieben unter meiner Obhut Magisterarbeiten über literarische Themen. Damals habe ich ein Instrument wie die *Türkische Bibliothek* sehr vermisst.

Wenn man nämlich an deutschen Universitäten im Rahmen der Turkologie oder Islamwissenschaft einen Schwerpunkt Türkische Literatur etablieren möchte, muss man den Studierenden einen Eindruck von den verschiedenen literarischen Gattungen und einen Überblick über die türkische Literaturgeschichte vermitteln. Da aber fundierte Kenntnisse der türkischen Sprache in der Regel erst während der ersten Studiensemester erworben werden, kommt man lange nicht über die gemeinsamen Lektürekurse hinaus. Türkische Originaltexte in größeren Mengen zu lesen, ist den Studierenden nicht zuzumuten. Um aber Lehrveranstaltungen durchführen und Haus- bzw. Examensarbeiten vergeben zu können, die bestimmte Themenbereiche behandeln, kann man nun auf die Übersetzungen in der *Türkischen Bibliothek* zurückgreifen. Unter Anleitung kann der rote Faden der türkischen modernen Literaturgeschichte verfolgt werden (auch mithilfe der ausführlichen Vor- bzw. Nachworte), und aus den 20 Bänden lassen sich verschiedene Cluster bilden, mit denen bestimmte Themen erarbeitet werden können. Man kann z. B. einen Zyklus von Istanbul-Romanen zusammenstellen, nämlich *Verbotene Lieben* (Uşaklıgil), *Der Dämon in uns* (Ali), *Der Müßiggänger* (Atılgan), *Seelenfrieden* (Tanpınar) usw. Auch die beiden Ankara-Romane *Die Mieter des Herrn A.* (Esendal) und *Sich hinlegen und sterben* (Ağaoğlu) kann man sinnvoll thematisieren. Wenn man verschiedene Romanhelden gegenüberstellt, erfährt man etwas über das Spannungsverhältnis zwischen Individuum und Gesellschaft. Ich selbst habe versucht, anhand von vier Romanen der *Türkischen Bibliothek* den Wandel in den Geschlechterbeziehungen zu verfolgen (Glassen 2009). Es gibt noch viele andere Möglichkeiten, wenn man den Gedichtband und die Erzählbände oder auch den Märchenband heranzieht. Die Dokumentation von Tayfun Demir hilft dabei, noch andere Übersetzungen zu finden, die die Werke der *Türkischen Bibliothek* thematisch sinnvoll ergänzen.

Die Arbeit mit Originaltexten darf natürlich nicht zu kurz kommen. Es sollten immer neben den übersetzten Romanen, Erzählungen oder Gedichten noch nicht übersetzte Werke, die dazu passen, gemeinsam gelesen werden oder in einer Kontrastfiguration von Studierenden als Referat selbständig behandelt werden.

Unsere literarischen Übersetzungen sollen über die Turkologie hinaus auch Material für die Vergleichende Literaturwissenschaft und die Gender-Forschung bieten, Forschungsgebiete, die mit ganz verschiedenen kulturwissenschaftlichen Fragestellungen in der global vernetzten Welt immer mehr Gewicht erhalten.

In unserem Essayband *Hundert Jahre Türkei* finden sich einige grundlegende Aufsätze zur türkischen Literatur, die sonst schwer zugänglich sind: z. B. der Vortrag von Halit Fahri Ozansoy, den der damals angesehene Dichter 1935 vor Schülern des Galatasaray Lisesi gehalten hat und in dem er selbstkritisch nach Gründen sucht, warum die moderne türkische Literatur noch nicht den Weg in die Weltliteratur gefunden habe. Erst gute Übersetzungen hervorragender Werke verschaffen aber einer Nationalliteratur den Durchbruch in die Weltliteratur. Wir hoffen, dass die *Türkische Bibliothek* mit ihrer Auswahl auch dazu beiträgt, dass türkische Autoren im internationalen Rahmen mehr und mehr wahrgenommen werden.

Literatur

Da wir auf Anmerkungen im Text verzichtet haben, hier die wichtigen Nachweise zu den Bänden der Türkischen Bibliothek und einigen Schriften, die wir im Zusammenhang damit erwähnt haben, in alphabetischer Folge:

Adak, Hülya / Glassen, Erika (Hg.) (2010): *Hundert Jahre Türkei – Zeitzeugen erzählen*, Zürich.

Adıvar, Halide Edip (2010): *Mein Weg durchs Feuer*, übersetzt von Ute Birgi-Knellessen, Nachwort von Erika Glassen, Zürich.

Ağaoğlu, Adalet (2008): *Sich hinlegen und sterben*, übersetzt von Ingrid Iren, Nachwort von Erika Glassen, Zürich.

Ali, Sabahattin (2007): *Der Dämon in uns*, übersetzt von Ute Birgi-Knellessen, Nachwort von Erika Glassen, Zürich.

Atay, Oğuz (2008): *Der Mathematiker*, übersetzt von Monika Carbe, Nachwort von Gürsel Aytaç, Zürich.

Atılgan, Yusuf (2007): *Der Müßiggänger*, übersetzt von Antje Bauer, Nachwort von Yüksel Pazarkaya, Zürich.

Demir, Tayfun (Hg.) (1995): *Türkische Literatur in deutscher Sprache – Eine Bibliographie mit Erläuterungen*, Duisburg.

Demir, Tayfun (Hg.) (2008): *Türkische Literatur in deutscher Sprache (1800–2008)*, Duisburg.

Erbil, Leyla (2005): *Eine seltsame Frau*, übersetzt von Angelika Gillitz-Acar und Angelika Hoch, Nachwort von Erika Glassen, Zürich.

Erdoğan, Aslı (2008): *Die Stadt mit der roten Pellerine*, übersetzt von Angelika Gillitz-Acar und Angelika Hoch, Nachwort von Karin Schweißgut, Zürich.

Esendal, Memduh Şevket (2009): *Die Mieter des Herrn A.*, übersetzt von Carl Koß, Nachwort von Monika Carbe, Zürich.

Glassen, Erika (2007): „Die Türkische Bibliothek", in INAMO (= Informationsprojekt Naher und Mittlerer Osten) (52), S. 58–59.

Glassen, Erika / Fişekçi, Turgay (Hg.) (2008): *Kultgedichte-Kült Şiirleri*, Vorwort von Erika Glassen, Zürich.

Glassen, Erika (2009): „Geschlechterbeziehungen im Wandel: Die „Türkische Bibliothek" als Quelle zur Sozialgeschichte", in: Badry, Roswitha / Rohrer, Maria / Steiner, Karin (Hg.): *Liebe, Sexualität, Ehe und Partnerschaft – Paradigmen im Wandel. Beiträge zur orientalistischen Gender-Forschung*, Freiburg, S. 153–168.

Glassen, Erika / Özdemir, Hasan (Hg.) (2010): *Im Reich der Schlangenkönigin*, Nachwort von Erika Glassen, Zürich.

Kulin, Ayşe (2010): *Der schmale Pfad*, übersetzt von Angelika Gillitz-Acar und Angelika Hoch, Nachwort von Jens Peter Laut, Zürich.

Mungan, Murathan (2006): *Palast des Ostens*, übersetzt von Birgit Linde und Alex Bischof, Nachwort von Börte Sagaster, Zürich.

Sagaster, Börte (Hg.) (2006): *Liebe, Lügen und Gespenster*. Nachwort von Börte Sagaster, Zürich.

Tanpınar, Ahmet Hamdi (2008): *Seelenfrieden*, übersetzt von Christoph K. Neumann, Nachwort von Wolfgang Günter Lerch, Zürich.

Toptaş, Hasan Ali (2006): *Die Schattenlosen*, übersetzt von Gerhard Meier, Nachwort von Erika Glassen, Zürich.

Turan, Tevfik (Hg.) (2005): *Von Istanbul nach Hakkâri – Eine Rundreise in Geschichten*, Nachwort von Erika Glassen, Zürich.

Türkische Bibliothek, verfügbar unter: http://www.tuerkische-bibliothek.de [Letztes Zugriffsdatum 10.02.2010].

Ümit, Ahmet (2005): *Nacht und Nebel*. Übersetzung und Nachwort von Wolfgang Scharlipp, Zürich.

Uşaklıgil, Halid Ziya (2007): *Verbotene Lieben*. Übersetzung und Nachwort von Wolfgang Riemann, Zürich.

Uyurkulak, Murat (2008): *Zorn*, übersetzt von Gerhard Meier, Nachwort von Jens Peter Laut, Zürich.

Beiträgerinnen und Beiträger

Akcan, Esra: Assoc. Prof. Dr., University of Illinois at Chicago; Arbeitsschwerpunkte: Moderne und zeitgenössische Architektur, Architekturtheorie, deutsch-türkische Beziehungen

Berman, Nina: Prof. Dr., Ohio State University; Arbeitsschwerpunkte: Deutsche Kultur / Literatur und der Nahe Osten / Afrika, vergleichende Literaturwissenschaft, kulturwissenschaftliche Theorie

Bosse, Elke: Dr., Universität Hildesheim; Arbeitsschwerpunkte: Interkulturelle Kommunikation an Hochschulen, angewandte Diskursforschung zu interkultureller Kommunikation

Coşan, Leyla: Assoc. Prof. Dr., Marmara Üniversitesi; Arbeitsschwerpunkte: Imagologie, Kulturgeschichte

Dawidowski, Christian: Prof. Dr., Universität Osnabrück; Arbeitsschwerpunkte: Interkultureller Literaturunterricht, empirische Literaturdidaktik, Literatur der Moderne und der Gegenwart

Dayıoğlu-Yücel, Yasemin: Dr., Universität Hamburg; Arbeitsschwerpunkte: Interkulturelle Literaturwissenschaft, türkisch-deutsche Literatur, Katastrophenliteratur

Eğit, Kasım: Prof. Dr., Ege Üniversitesi; Arbeitsschwerpunkte: Literaturwissenschaft, Textanalyse und Textinterpretation, Übersetzungswissenschaft

Eğit, Yadigar: Prof. Dr., Ege Üniversitesi; Arbeitsschwerpunkte: Angewandte Sprachwissenschaft, Soziolinguistik, Übersetzungswissenschaft

Glassen, Erika: Prof. Dr, Universität Freiburg; Arbeitsschwerpunkte: Autobiographische Schriften türkischer Frauen, persische und türkische Literatur unter mentalitäts- und rezeptionshistorischen Gesichtspunkten

Göktürk, Deniz: Prof. Dr., University of California, Berkeley; Arbeitsschwerpunkte: Film, Medien und Öffentlichkeiten (in deutsch-türkisch-europäisch-amerikanischen Kontexten), kulturelle Aspekte von Migration, Komik als Intervention

Gutjahr, Ortrud: Prof. Dr., Universität Hamburg; Arbeitsschwerpunkte: Neuere deutsche Literatur und Interkulturelle Literaturwissenschaft, Theater- und Medienforschung, Literatur und Psychoanalyse

Hinnenkamp, Volker: Prof. Dr., Hochschule Fulda; Arbeitsschwerpunkte: Interkulturelle Kommunikation, interaktionale Soziolinguistik, Mehrsprachigkeit

Hofmann, Michael: Prof. Dr., Universität Paderborn; Literatur der Aufklärung und der Weimarer Klassik, Interkulturelle Literaturwissenschaft, deutsch-türkische Literatur

İpşiroğlu, Zehra: Prof. Dr., Universität Duisburg-Essen; Arbeitsschwerpunkte: Literatur- und Theaterdidaktik, Kinder-und Jugendliteratur, kreatives Schreiben

Jakubanis, Matthias: Universität Osnabrück; Arbeitsschwerpunkte: Empirische Sozial- und Leseforschung

Karakuş, Mahmut: Prof. Dr., İstanbul Üniversitesi; Arbeitsschwerpunkte: Interkulturelle Literaturwissenschaft, vergleichende Literaturwissenschaft, interkulturelle Hermeneutik

Kartarı, Asker: Prof. Dr., Kadir Has Üniversitesi; Arbeitsschwerpunkte: Interkulturelle Kommunikation, Migration, Ethnographie der Kommunikation

Kaya, Ayhan: Prof. Dr., İstanbul Bilgi Üniversitesi; Arbeitsschwerpunkte: Europäische Identitäten, Euro-Turks, tscherkessische Diaspora in der Türkei

Kayaoğlu, Ersel: Assoc. Prof. Dr., İstanbul Üniversitesi; Arbeitsschwerpunkte: Intermedialität, Literaturwissenschaft, Rezeption der deutschsprachigen Literatur in der Türkei

Konuk, Kader: Assoc. Prof. Dr., University of Michigan; Arbeitsschwerpunkte: Türkisch-deutsche Studien, Kultur- und Literaturgeschichte des Exils, der Migration und der Reise

Ozil, Şeyda: Prof. Dr. Istanbul Üniversitesi; Arbeitsschwerpunkte: Deutsch-türkische Studien, angewandte Sprachwissenschaft, Grammatik und Syntax

Pohlmeier, Inga: Universität Paderborn; Arbeitsschwerpunkte: Deutsch-türkische Gegenwartsliteratur, interkulturelle Literaturdidaktik, Theorie und Praxis des Deutschunterrichts

Polat, Tülin: Prof. Dr. İstanbul Üniversitesi; Arbeitsschwerpunkte: Didaktik und Methodik des Deutschen als Fremdsprache, Deutschlehrerausbildung und Interkulturalität, Fremdsprachenpolitik

Steinbach, Udo: Prof. Dr., Philipps-Universität Marburg; Arbeitsschwerpunkte: Naher Osten, politischer Islam, Stellung der Minderheiten im Nahostgebiet

Struck, Ernst: Prof. Dr., Universität Passau; Arbeitsschwerpunkte: Kulturgeographie, Regionalforschung in Brasilien und in der Türkei, geopolitische Fragen der EU-Mitgliedschaft der Türkei

Sunata, Ulaş: Dr., Bahçeşehir Üniversitesi; Arbeitsschwerpunkte: Migrationsforschung, Frauen- und Geschlechterforschung

Şenöz-Ayata, Canan: Assoc. Prof. Dr., İstanbul Üniversitesi; Arbeitsschwerpunkte: Textlinguistik, Fachtextlinguistik und interkulturelle Textsortenlinguistik

Tapan, Nilüfer: Prof. Dr., İstanbul Üniversitesi; Arbeitsschwerpunkte: Didaktik und Methodik des Deutschen als Fremdsprache, Deutschlehrerausbildung und Interkulturalität, Fremdsprachenpolitik

Wiese, Heike: Prof. Dr., Universität Potsdam; Arbeitsschwerpunkte: Multiethnolekte, Variation im Bereich Grammatik – Informationsstruktur im Gegenwartsdeutschen, sprachliche Architektur

Yeşilada, Karin E.: Dr, Universität Paderborn; Arbeitsschwerpunkte: Türkisch-deutsche Literatur und Film, deutschsprachige Gegenwartsliteratur, Orient- und Islamdiskurse